高等职业教育城市轨道交通通信信号技术专业系列规划教材

城市轨道交通信号基础设备

林瑜筠　林一鸣◎主　编
赵德生　刘湘国　张玉霞◎副主编

中国铁道出版社有限公司
CHINA RAILWAY PUBLISHING HOUSE CO., LTD.

内 容 简 介

本书为高等职业教育城市轨道交通通信信号技术专业系列规划教材之一，全面介绍了城市轨道交通信号各种基础设备的基本组成、基本原理和应用，共包含10章内容，分别是：信号继电器、信号机、转辙机、轨道电路、计轴器、应答器、信号电源、光（电）缆、防雷和接地装置，以及光纤骨干网。

本书可作为职业院校城市轨道交通通信信号技术专业的教材及城市轨道交通技术的培训用书，也可作为从事城市轨道交通信号专业的工程技术人员和技术工人的学习资料。

图书在版编目（CIP）数据

城市轨道交通信号基础设备/林瑜筠，林一鸣主编. —北京：中国铁道出版社有限公司，2020.8（2024.7重印）
高等职业教育城市轨道交通通信信号技术专业系列规划教材
ISBN 978-7-113-26933-3

Ⅰ. ①城… Ⅱ. ①林… ②林… Ⅲ. ①城市铁路-铁路信号-信号设备-高等职业教育-教材 Ⅳ. ①U239.5

中国版本图书馆CIP数据核字（2020）第092154号

书　　名：**城市轨道交通信号基础设备**
作　　者：林瑜筠　林一鸣

策　　划：吕继函
责任编辑：吕继函　　**编辑部电话**：（010）83527746
封面设计：尚明龙
责任校对：苗　丹
责任印制：樊启鹏

出版发行：中国铁道出版社有限公司（100054，北京市西城区右安门西街8号）
网　　址：https://www.tdpress.com
印　　刷：三河市兴博印务有限公司
版　　次：2020年8月第1版　2024年7月第5次印刷
开　　本：787 mm×1 092 mm　1/16　印张：15.75　字数：410千
书　　号：ISBN 978-7-113-26933-3
定　　价：45.00元

前　言

城市轨道交通(包括地铁系统、轻轨系统、单轨系统、有轨电车、磁浮系统、自动导向轨道系统和市域快速轨道系统)具有运量大、速度快、安全可靠、污染轻、受其他交通方式干扰小等特点,能够改善城市交通拥挤、乘车困难的问题,对减少空气污染也有一定作用。因此,城市轨道交通是现代化都市所必需的交通方式。

20 世纪 90 年代以来,我国城市轨道交通加快了建设步伐,尤其是进入 21 世纪,迎来了城市轨道交通建设的高潮。截至 2019 年底,我国除北京、上海、天津、重庆、广州、深圳、武汉、南京、杭州、宁波、厦门、青岛、沈阳、大连、长春、哈尔滨、成都、西安、苏州、无锡、福州、南昌、长沙、昆明、郑州、合肥、南宁、石家庄、佛山、东莞、贵阳、乌鲁木齐、常州、徐州、济南、呼和浩特、兰州等 40 个城市已建成规模和档次不同的地铁和轻轨并进行扩展和延伸外,还有南通、绍兴、洛阳、济南、兰州、芜湖、太原等正在建设,城市轨道交通运营总里程已达 6 736.2 km(未计入港澳台地区数据),居世界第一位,并呈现着十分广阔的发展前景。

在城市轨道交通的各项设备中,信号设备是非常重要和关键的,具有不可替代的作用。城市轨道交通的安全、运行速度、输送能力和运行效率与信号系统密切相关,采用 ATC 已成为城市轨道交通的共同选择。信号系统不仅是城市轨道交通安全运行的保证,而且也已成为城市轨道交通调度指挥和运营管理的中枢神经。选择合适的信号系统可以产生巨大的经济效益和社会效益。

城市轨道交通的各项信号基础设备,包括信号继电器、信号机、转辙机、轨道电路、计轴器、应答器、信号电源屏、光(电)缆、防雷和接地装置等,它们是构成城市轨道交通联锁系统和 ATC 系统的基础。因此,熟悉各项信号基础设备的基本组成、基本原理和应用,对于掌握联锁技术和 ATC 技术是必需的。

随着城市轨道交通信号技术的发展,信号基础设备也在发展之中。本书在编写中根据当前城市轨道交通信号系统的实际情况,对已淘汰的设备,如时间继电器、灯丝转换继电器、动态继电器、透镜式色灯信号机不予以介绍,对目前现场应用广泛的设备,如 LTE-M 单独作为一节进行介绍。

本书尽可能涵盖全国各地城市轨道交通所采用的信号基础设备,并且顾及早期和近期的不同情况,各地各校在组织教学时,应本着因地制宜、因时制宜的原则选择教学内容。本书不介绍铁路信号基础设备的内容,需要了解相关内容时请阅读相关书籍。本课程是《城市轨道交通概论》的后续课程,凡是《城市轨道交通概论》中介绍的内容,不再重复;本课程同时也是《城市轨道交通联锁系统》《城市轨道交通 ATC 系统》的前导课,凡是应该在《城市轨道交通联锁系统》《城市轨道交通 ATC 系统》中介绍的内容,本书一律不再赘述。

本书由南京铁道职业技术学院林瑜筠、上海地铁维护保障有限公司通号分公司林一鸣任主编,南京铁道职业技术学院赵德生、湖南高速铁路职业技术学院刘湘国、陕西交通职业技术学院张玉霞任副主编。林瑜筠编写了第一章、第二章和第三章;赵德生编写了第四章;张玉霞编写了第五章和第六章;刘湘国编写了第七章;林一鸣编写了第八章、第九章和第十章。

本书在编写过程中,得到许多单位和同仁的大力支持和热情帮助,于此表示衷心的感谢。

由于我国城市轨道交通信号设备制式纷杂,资料难以搜集齐全,再加上编者水平所限,时间仓促,书中不免有错误、疏漏、不妥之处,恳望读者批评指正,以不断提高本书水平,为我国城市轨道交通事业的发展尽绵薄之力。

编　者

2020 年 4 月

目　录

第一章　信号继电器

继电器是自动控制系统中常用的电器，它用于接通和断开电路，用以发布控制命令和反映设备状态，从而构成自动控制和远程控制电路。各个领域的自动控制系统无一不采用继电器。城市轨道交通信号技术中广泛采用继电器，称之为信号继电器（在信号系统中，可简称继电器），其作为计算机式信号系统的接口部件，都发挥着重要的作用。继电器动作的可靠性直接影响到信号系统的可靠性和安全性。

第一节　信号继电器概述

一、继电器的基本原理

继电器是一种电励开关，其类型很多，性能各不相同，结构形式各种各样，但都由电磁系统和接点系统两大主要部分组成。电磁系统主要由线圈、固定的铁芯和轭铁，以及可动的衔铁构成；接点系统主要由动接点和静接点构成。在线圈中通入一定数值的电流后，由电磁作用或感应方法产生电磁吸引力，吸引衔铁，衔铁带动接点系统，改变其状态，以反映输入电流的状况。

最简单的电磁继电器如图 1-1（a）所示。它就是一个带接点的电磁铁，其动作原理也与电磁铁相似。给线圈中通以一定数值的电流后，在衔铁和铁芯之间就产生一定数量的磁通，该磁通经铁芯、衔铁、轭铁和气隙形成一个闭合磁路，铁芯对衔铁就产生了吸引力。吸引力大小取决于所通电流的大小。当电流增大到一定值，吸引力增大到能克服衔铁向铁芯运动的阻力时（主要是衔铁自重），衔铁就被吸向铁芯。由衔铁带动的动接点（随衔铁一起动作的接点）也随之动作，与动合接点（前接点，以下称前接点）接通。此状态称为继电器励磁吸起（以下简称吸起）。

吸引力随电流的减小而减小，当吸引力减小到不足以克服衔铁重力时衔铁靠自重落下（称为释放），衔铁带动动接点与前接点断开，与动断接点（后接点，以下称后接点）接通。此状态称为继电器失磁落下（以下简称落下）。

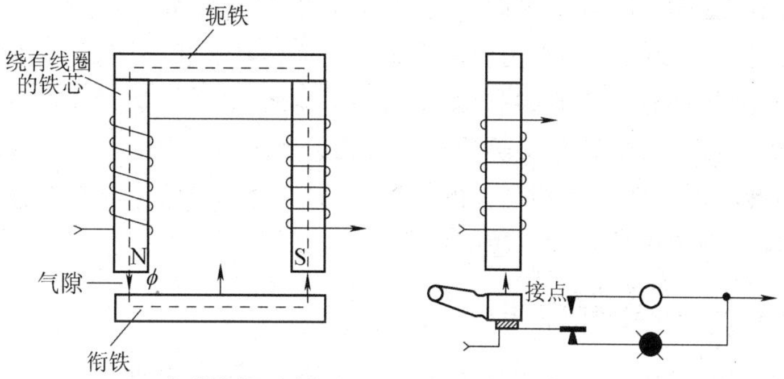

(a) 电磁继电器原理　　(b) 信号点灯电路

图 1-1　电磁继电器的基本原理

可见，继电器具有开关特性，可利用它的接点通、断电路，构成各种控制和表示电路。例如可构成图 1-1(b)中的信号点灯电路，前接点接通点亮绿灯，后接点接通点亮红灯。

二、继电器的继电特性

继电器的特性是当输入量达到一定值时，输出量发生突变，如图 1-2 所示。继电器线圈回路为输入回路，继电器接点所在回路为输出电路。当线圈中电流 I_x 从 0 增加到某一定值 I_{x_2} 时，继电器衔铁被吸引，前接点闭合，接点回路中的电流 I_y 从 0 突然增大到 I_{y_2}。此后，若 I_x 继续增大，由于接点回路中阻值不变，I_y 保持不变。当线圈中电流 I_x 减小到 I_{x_1} 时，继电器衔铁释放，输出电流 I_y 突然从 I_{y_2} 减小到 0。此后，I_x 再减小，I_y 保持为 0 不变。

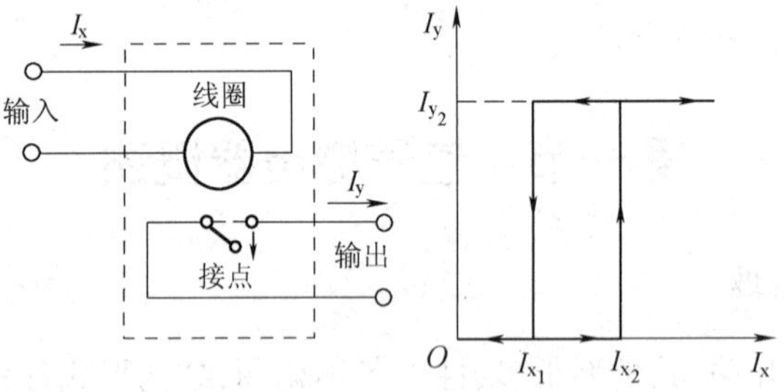

图 1-2　继电特性

三、继电器的作用

继电器具有继电特性，能以极小的电信号来控制执行电路中相当大的对象，能控制数个对象和数个回路，能控制远距离的对象。由于继电器的这种性能，给自动控制和远程控制创造了便利的条件，所以，它广泛应用于国民经济各部门的生产过程控制和国防系统的自动和远程控制之中，也广泛应用于城市轨道交通信号技术的各个方面。

随着电子技术的迅速发展，电子器件尤其是微型计算机以其速度快、体积小、容量大、功能强等技术优势，在相当大程度上逐渐取代继电器，构成自动控制和远程控制系统，使技术水准大大提高。但是，继电器与电子器件相比，仍具有一定的优势，如开关性能好(闭合时阻抗小、断开时阻抗大)，有“故障—安全”(发生故障时导向安全)性能，能控制多个回路，抗雷击性能强，无噪声，不受周围温度影响等。因此，它仍然具有广阔的应用空间，将长期存在。

以前，信号继电器在以继电技术构成的系统，如继电集中联锁中，起着核心作用。而信号继电器在以电子元件和计算机构成的系统，如计算机联锁等系统中，作为其接口部件，具有将系统主机与信号机、轨道电路、转辙机等执行部件结合起来的作用。虽然已出现全电子化的系统，但要全部取消继电器仍然需要相当长的时期。所以，不仅现在，而且未来，信号继电器在城市轨道交通信号技术领域中始终起着重要的作用。

四、城市轨道交通对继电器的要求

信号继电器作为城市轨道交通信号系统中的主要(或重要)器件，在运用中的安全、可靠就是保证各种信号设备正常使用的必要条件。为此，城市轨道交通信号对继电器提出了极其严格的要求：

(1)动作必须可靠、准确。

(2)使用寿命长。

(3)有足够的闭合和断开电路的能力。

(4)有稳定的电气特性和时间特性。

(5)在周围介质温度和湿度变化很大的情况下,均能保持很大的电气绝缘强度。

五、继电器分类

继电器类型繁多,可按不同方式分类如下:

1. 按动作原理分类,可分为电磁继电器和感应继电器

电磁继电器是通过继电器线圈中的电流在磁路的气隙(铁芯与衔铁之间)中产生电磁力,吸引衔铁,带动接点动作的。此类继电器数量最多。

感应继电器是利用电流通过线圈产生的交变磁场与另一交变磁场在翼板中所感应的电流相互作用产生电磁力,使翼板转动而动作的。

2. 按动作电流分类,可分为直流继电器和交流继电器

直流继电器是由直流电源供电的。它按所通电流的极性,又可分为无极、偏极和有极继电器。直流继电器都是电磁继电器。

交流继电器是由交流电源供电的。它按动作原理,有电磁继电器,也有感应继电器。

整流式继电器虽然用于交流电路中,但它用整流元件将交流电整流为直流电,所以其实质上是直流继电器。

3. 按输入量的物理性质分类,可分为电流继电器和电压继电器

电流继电器反映电流的变化,它的线圈必须串联在所反映的电路中。该电路中必有被反映的器件,如电动机绕组、信号灯泡等。

电压继电器反映电压的变化,它的线圈励磁电路单独构成。

4. 按动作速度分类,可分为正常动作继电器和缓动继电器

正常动作继电器衔铁动作时间为0.1~0.3 s。大部分信号继电器属于此类,通常不要加"正常动作"四个字,简称为继电器。

缓动继电器衔铁动作时间超过0.3 s,分为缓吸、缓放。时间继电器是利用脉冲延时电路或软件设定使之缓吸。缓放型继电器则利用短路铜环产生磁通使之缓动,主要取其缓放特性。

5. 按接点结构分类,可分为普通接点继电器和加强接点继电器

普通接点继电器具有开断功率较小的接点能力,以满足一般信号电路的要求,多数继电器为普通接点继电器,通常不要加"普通接点"四个字,简称为继电器。

加强接点继电器具有开断功率较大的接点的能力,以满足电压较高、电流较大的信号电路的要求。

6. 按工作可靠程度分类,可分为安全型继电器和非安全型继电器

安全型继电器(N型)是无须借助于其他继电器,亦无须对其接点在电路中的工作状态进行监督检查,其自身结构即能满足一切安全条件的继电器,其特点是:

(1)当线圈断电时,衔铁可借助于自身重量释放,从而使前接点可靠断开。

(2)选用合适的接点材料,构成非熔接性前接点,或采用能防止接点熔接的特殊结构(例如接熔断器、接点串联)。

(3)当一组不应闭合的后接点仍然闭合时,结构上能防止所有前接点闭合。

非安全型继电器(C型)是必须监督检查接点在电路中的工作状态,以保证安全条件的继电器,其特点是:

(1)由于继电器在使用时已检查了衔铁的释放,因此不必采用非熔接性接点材料。

(2)当一组不应闭合的前接点仍然闭合时,结构上能保证所有后接点不闭合。反之亦然。N型继电器主要依靠衔铁自身释放,故又称重力式继电器,C型继电器主要依靠弹簧弹力释放衔铁,故又称弹力式继电器。一般说来,N型继电器的安全性、可靠性高于C型继电器。

第二节　安全型继电器

AX系列安全型继电器,是由我国自行设计和制造的。经几十年的运用考验,证明其安全可靠、性能稳定,能满足信号电路对继电器提出的各种要求。它是我国铁路信号继电器的主要定型产品,也广泛应用于城市轨道交通之中。

一、安全型继电器概述

安全型继电器是直流24 V系列的重弹力式直流电磁继电器,其典型结构为无极继电器,其他各型继电器由无极继电器派生。因此,绝大部分零件都能通用。

1. 插入式和非插入式

安全型继电器分为插入式和非插入式。插入式多为单独使用,非插入式常使用于有防尘外壳的组匣中。两者的区别仅在于,插入式继电器带有透明性很好的外罩(由聚甲基丙烯酸甲酯或聚碳酸酯制成),用以密封防尘,同时为了与插座配合使用,插入式继电器安装在酚醛塑料制成的胶木底座上。插入式无极继电器如图1-3所示。

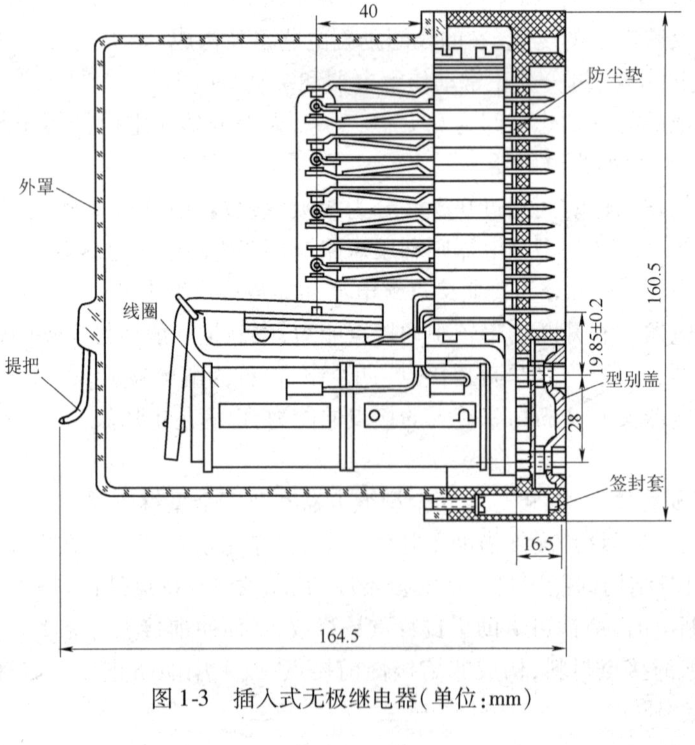

图1-3　插入式无极继电器(单位:mm)

插入式继电器的外形尺寸为163 mm×48.5 mm×160 mm,重量为1.2～1.8 kg;非插入式继电器的外形尺寸为(131～149)mm×35 mm×(105～140)mm(视不同品种略有不同),重量为1.0～1.6 kg。

在实际使用中,为便于维修,多采用插入式继电器。

2. 安全型继电器的型号表示法

安全型继电器型号用汉字拼音字母和数字表示,字母表示继电器种类,数字表示线圈的电阻值(单位Ω),例如。继电器型号的含义见表1-1。

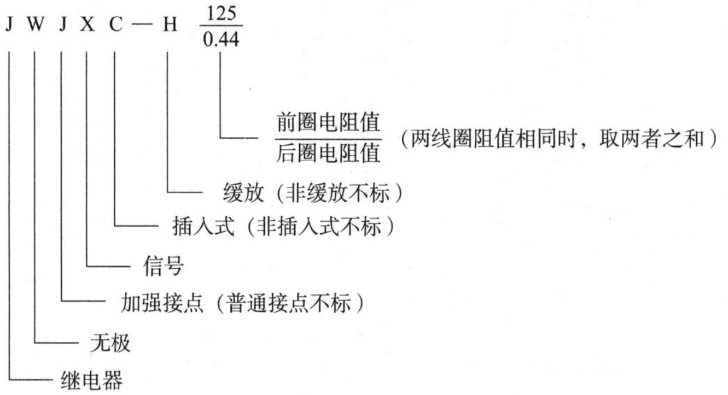

AX 型继电器

表 1-1 继电器代号含义表

代号	含义		代号	含义	
	安全型	其他类型		安全型	其他类型
A		安全	R		二元
B		半导体	S		时间、灯丝、双门
C	插入	插入	T		通用
D		单门、动态	W	无极	
H	缓放	缓放	X	信号	信号、小型
J	继电器、加强接点		Y	有极	
P	偏极		Z	整流	整流

3. 安全型继电器的品种及用途

安全型继电器具有无极、无极加强接点、无极缓放、无极加强接点缓放、整流式、有极、有极加强、偏极4种8类20个品种及3个派生品种,城市轨道交通用的各种继电器见表1-2。它们的特性和线圈电阻值各不相同,在信号电路中有不同的作用。

4. 继电器插座

安全型继电器组成插入式,需加装继电器插座板,其结构和与继电器的联结方式如图1-4所示。利用继电器下部螺栓露出部分将继电器插座板插入,用螺母紧固,然后用螺母紧固型别盖。

插座插孔旁所注接点编号系无极继电器的接点编号,其他各型继电器的接点系统的位置及使用编号与之不同,而实际使用的插座仅此一种,所以必须按图1-5所示符号对照使用。

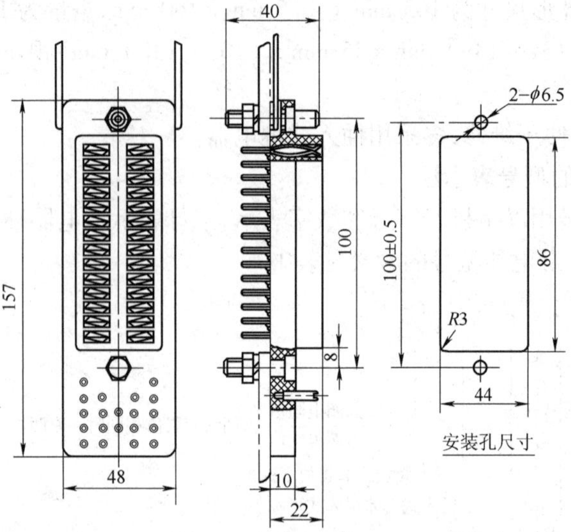

图 1-4　安全型继电器插座(单位:mm)

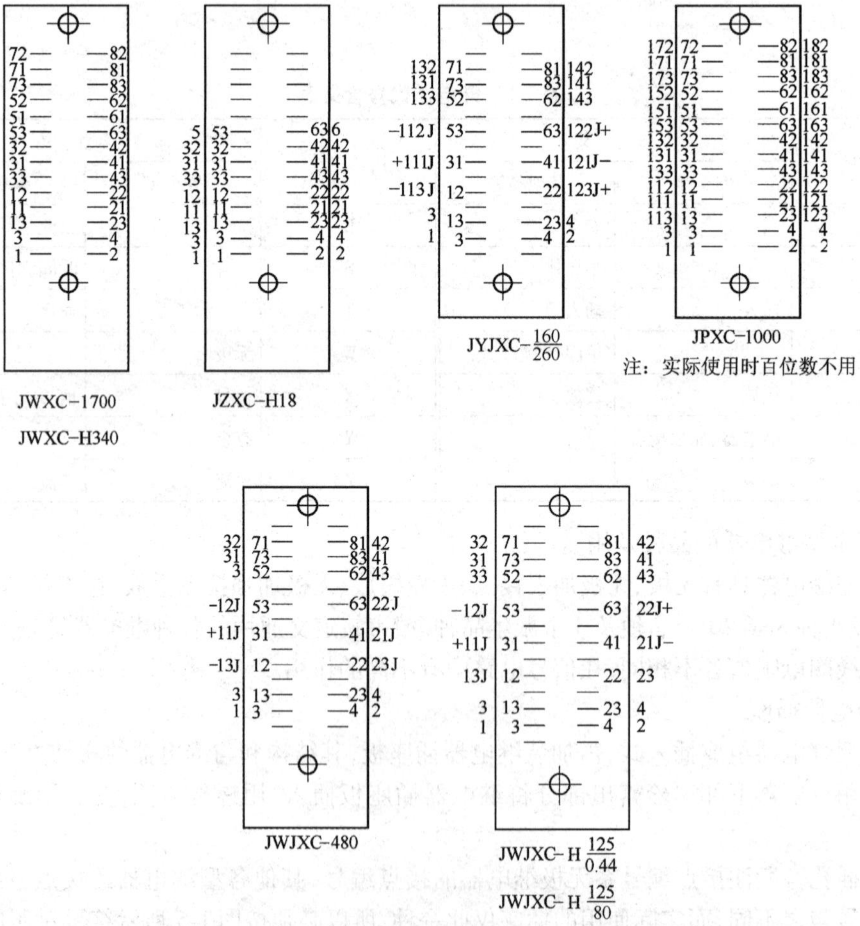

图 1-5　插座接点编号对照

安全型继电器有多种类型，为防止不同类型的继电器错误插接，在插座下部鉴别孔内铆以鉴别销。鉴别销号码详见表 1-2。

表 1-2　安全型继电器的基本情况

品种序号	规格序号	继电器名称	型　　号	接点组数	鉴别销号码	线圈连接	电源片连接	
							连接	使用
1	1	无极继电器	JXWC-1700	8QH	11、51	串联	2、3	1、4
	2	无极加强接点继电器	JWJXC-480	2QH,2QHJ	15、51	串联	2、3	1、4
	3	无极缓放继电器	JWXC-H340	8QH	12、52	串联	2、3	1、4
	4	无极加强接点缓放继电器	JWJXC-H$\frac{125}{0.44}$	2QH,4QJ,2H	15、55			
	5		JWJXC-H$\frac{125}{80}$		31、52			
2	6	整流式继电器	JZXC-H18	4QH	13、53	串联	1、4	5、6
3	7	有极加强接点继电器	JYJXC-$\frac{160}{260}$	2DF,2DFJ	15、54	单独	—	1、2/3、4
4	8	偏极继电器	JPXC-1000	8QH	14、51	串联	2、3	1、4

表中，Q 表示前接点，H 表示后接点，D 表示定位接点，F 表示反位接点，J 表示加强接点。
例如，8QH 表示 8 组普通前后接点组，2DFJ 表示 2 组加强定反位接点组。

各种继电器型别盖上的鉴别孔不同，根据规定的鉴别孔逐个钻成，以与鉴别销相吻合。鉴别孔位置及型别盖外形如图 1-6 所示。

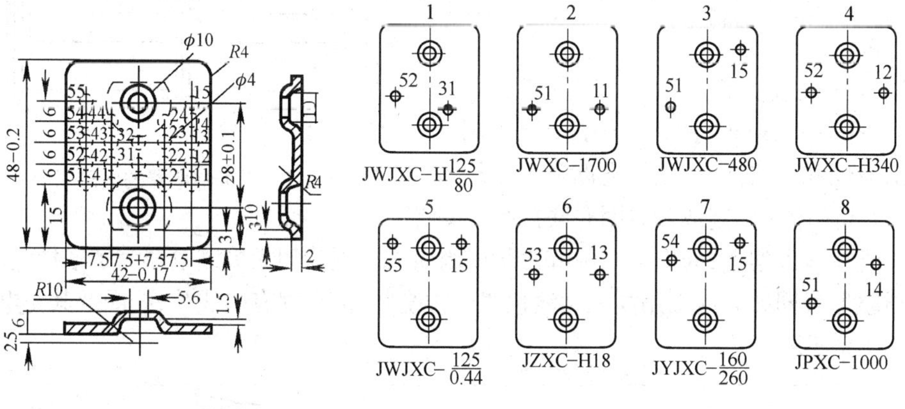

图 1-6　型别盖外形及鉴别孔位置

5. 安全型继电器的特点

在城市轨道交通信号系统中，凡是涉及行车安全的继电电路都必须采用安全型继电器。所谓安全型继电器是指它的结构必须符合“故障—安全”原则（发生安全侧故障的可能性远远大于发生危险侧故障的可能性；处于禁止运行状态的故障有利于行车安全，称为安全侧故障；处于允许运行状态的故障可能危及行车安全，称为危险侧故障）。它是一种不对称器件，在故障情况下使前接点闭合的概率远小于使后接点闭合的概率。这样，就可以用前接点代表危险侧信息,用后接点代表安全侧信息。

为了达到“故障—安全”要求,安全型继电器在结构上有以下特点:

(1)前接点采用熔点高,不会因熔化而使前接点粘连的导电性能良好的材料。

(2)增加衔铁重量,采用“重力恒定”原理在线圈断电时强制将前接点断开。

(3)采用剩磁极小的铁磁材料构成磁路系统,并在衔铁与极靴之间设有一定厚度的非磁性止片,当衔铁吸起时仍有一定的气隙以防剩磁吸力将衔铁吸住。

(4)衔铁不致因机械故障而卡在吸起状态。

6. 安全型继电器的寿命

继电器的寿命指的是接点的寿命,包括电寿命和机械寿命。继电器的电寿命,规定为普通接点 2×10^6 次,加强接点 2×10^5 次,有极继电器的加强定位、反位接点接通 1×10^5 次,断开 1×10^3 次。机械寿命 10×10^6 次。

二、安全型继电器的结构和动作原理

1. 无极继电器

无极继电器有 9 个品种,常用的是 JWXC-1700 及缓放的 JWXC-H340 型等。

(1)直流无极继电器的结构

JWXC 型直流无极继电器的结构如图 1-3 所示。无极继电器由电磁系统和接点系统两大部分组成。电磁系统包括线圈、铁芯、轭铁和衔铁,如图 1-7 所示,具有结构紧凑、加工方便等特点。

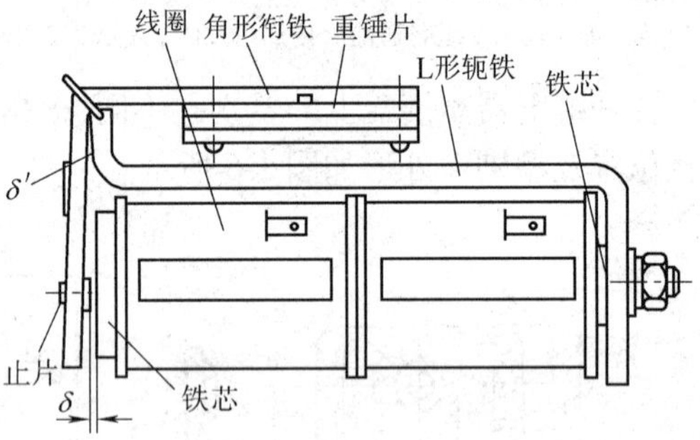

图 1-7　无极继电器的电磁系统

①线圈

线圈水平安装在铁芯上,分为前圈和后圈,之所以采用双线圈,主要是为了增强控制电路的适应性和灵活性,可根据电路需要单线圈控制、双线圈串联控制或双线圈并联控制。

线圈绕在线圈架上,线圈架由酚醛树脂压制而成。缓放型无极继电器为了增加缓放时间,采用铜质阻尼线圈架。线圈用高强度漆包线密排绕制,抽头焊有引线片,线圈及其与电源片的连接如图 1-8 所示。

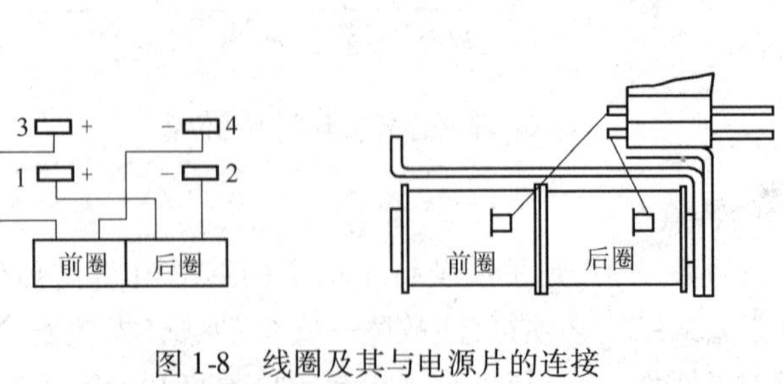

图 1-8　线圈及其与电源片的连接

②铁芯

铁芯由电工纯铁制成,其为软磁材料,具有较小的剩磁。外层镀锌防护。铁芯如图 1-9 所示。它的尺寸,根据继电器的规格不同而有区别。缓放型继电器尺寸大些,以加大缓放时间或减小工作值。

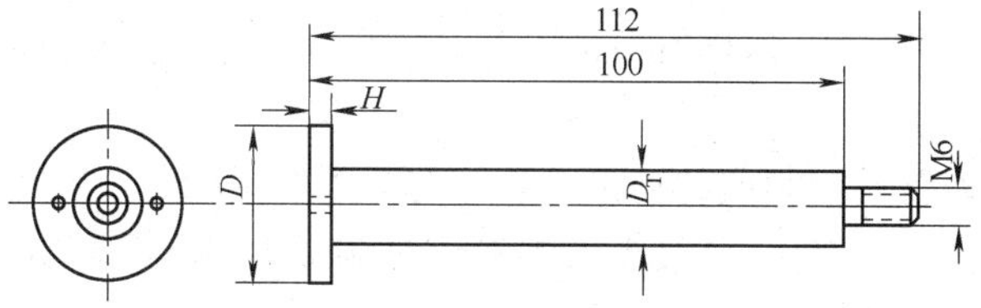

图 1-9 铁芯(单位:mm)

极靴在铁芯头部,用冷镦法加粗。在极靴正面钻有两个圆孔,是为了组装和检修时紧固和拆装铁芯用的。

③轭铁

轭铁呈 L 形,由电工纯钢板冲压成型,外表镀多层铬防护。

④衔铁

衔铁为角形,靠蝶形钢丝卡固定在轭铁的刀刃上,动作灵活。衔铁由电工纯铁冲压成型,衔铁上铆有重锤片,以保证衔铁靠重力返回。重锤片由薄钢板制成,其片数由接点组的多少决定,使衔铁的重量基本上满足后接点压力的需要。一般 8 组后接点用三片,6 组用两片,4 组用一片,2 组不用。

衔铁上有止片,止片由黄铜制成,安装在衔铁与铁芯闭合处。止片有 6 种厚度,因继电器规格不同而异,可取下按规格更换。止片用以增大继电器在吸起状态的磁阻,减小剩磁影响,保证继电器可靠落下。

在电磁系统中,除衔铁和铁芯间工作气隙 δ 外,在轭铁的刀口处尚有第二工作气隙 δ',以减小磁路的磁势降,从而提高继电器的灵敏度。

⑤接点系统

接点系统如图 1-10 所示。处于电磁系统上方,通过接点架、螺钉紧固在轭铁上,两者成为一个整体。用螺钉将下止片、电源片单元、银接点单元、动接点单元以及压片按顺序组装在接点架上。在紧固螺钉前,应将拉杆、绝缘轴、动接点轴与动接点组装好。

无极继电器接点系统采用两排纵列式联动结构,因此,接点组数只能成偶数增减。拉杆传动中心线与接点中心线一致,以减少不必要的传动损失。为减少接点组组装时的积累公差,将接点片与托片组合压在酚醛塑料内以形成单元块。单元块之间为平面接触,易于控制公差,同时提高了接点组之间的绝缘强度。

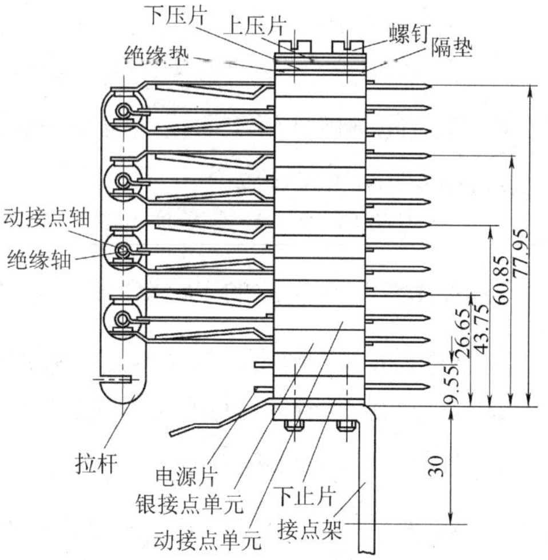

图 1-10 无极继电器的接点系统(单位:mm)

银接点单元由锡磷青铜带制成的接点片与

由黄铜制成的托片,两组对称地压在胶木内。在接点簧片的端部焊有银接点。

接点接触时碰撞会产生颤动,颤动将形成电弧,对接点有较大的破坏作用,为消除这种颤动,必须设置托片。在调整继电器时,可在接点片和托片间加一个初压力,保证接点刚接触时可动部分的动能被接点片吸收,这样既可消除颤动,又可缩短接点的完全闭合时间,大大减轻了接点的烧损。

动接点单元由锡磷青铜带制成的动接点簧片与黄铜板制成的补助片压制在酚醛塑料胶木内。动接点簧片端部焊有动接点,动接点由银氧化镉制成。电源片单元由黄铜制成的电源片压在胶木内。

拉杆有铁制的和塑料制的,衔铁通过拉杆带动接点组。

绝缘轴用冻石瓷料(一种新型陶瓷材料)制成,抗冲击强度足够。动接点轴由锡磷青铜制成。

压片由弹簧钢板冲压成弓形,分上、下两片,其作用是保证接点组的稳固性。下止片由锡磷青铜板制成,外层镀镍,它在衔铁落下时起限位作用。

接点架由钢板制成,用稳钉与轭铁固定,保证接点架不变位。接点架的安装尺寸是否标准,角度是否准确,对继电器的调整有很大影响。

无极继电器均为普通接点。

(2)无极继电器的动作原理

无极继电器的磁系统为无分支磁路,如图 1-11 所示。在线圈上加上直流电压后,线圈中的电流 I 使铁芯磁化,在铁芯内产生工作磁通 Φ,它由铁芯极靴处经过主工作气隙 δ 进入衔铁,又经过第二工作气隙 δ' 进入轭铁,然后回到铁芯,形成一闭合回路。在工作气隙 δ 处,由于磁通 Φ 的作用,铁芯与衔铁间产生电磁吸引力 F_D,当 F_D 大到足以克服机械负载的阻力 F_j(主要是衔铁自重)时,衔铁即与铁芯吸合。此时衔铁通过拉杆带动动接点运动,使后接点断开,前接点闭合。

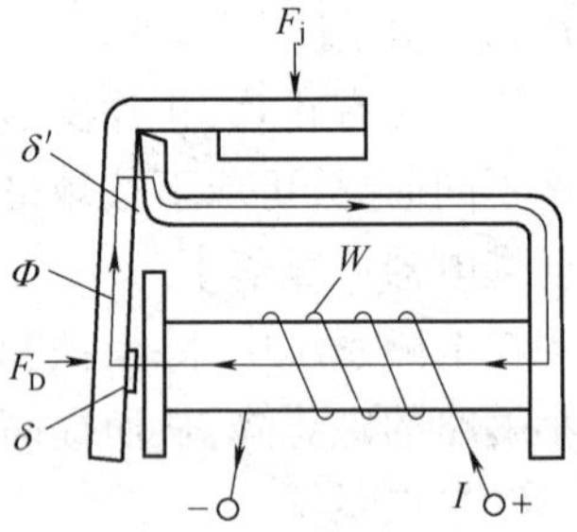

图 1-11　无极继电器磁路

当线圈中的电流减小时,铁芯中的磁通按一定规律随之减小,吸引力也随着减小。当电流小到一定值时,它所产生的吸引力小于机械力时,衔铁离开铁芯,被释放。此时拉杆带动动接点运动,使前接点断开,后接点闭合。

2. 无极加强接点继电器

加强接点继电器是为通断功率较大的信号电路而设计的。无极加强接点继电器有 3 个品种,JWJXC-480 型和缓放的 JWJXC-H $\frac{125}{0.44}$、JWJXC-H $\frac{125}{80}$型。

JWJXC-480 型继电器,其磁系统具有加大尺寸的无极磁路,接点系统由两组普通接点和两组加强接点组成,表示为 2QH 和 2QHJ。普通接点与无极继电器相同,加强接点则具有特殊设计的大功率接点和磁吹弧器。

JWJXC-H $\frac{125}{0.44}$和 JWJXC-H $\frac{125}{80}$型无极加强接点缓放继电器,其电磁系统和无极缓放继电器(JWJXC-H340)相同。接点系统由两组带磁吹弧器的加强前接点、两组不带磁吹弧器的加强后接点和两组普通接点组成,即 2QJ、2H、2QH。前圈为主线圈,后线圈为电流保持线圈。

无极加强接点继电器电磁系统虽与无极继电器相同,但由于接点系统结构的改变,引起磁系统的结构参数有较大变化。无极加强接点继电器的线圈与电源片连接方式与无极继电器相同。

无极加强接点继电器的接点系统如图 1-12 所示。它的普通接点与无极继电器相同。加强接点组由加强动接点单元和带磁吹弧器的加强接点单元组成。为了防止接点组间的飞弧短路,在两组加强接点间安装既耐高温、又具有良好绝缘性能的云母隔弧片,隔弧片铆在拉杆上。为保证加强接点的安装空间,增加了空白单元。只有带熄弧器的加强后接点才有熄弧磁钢。

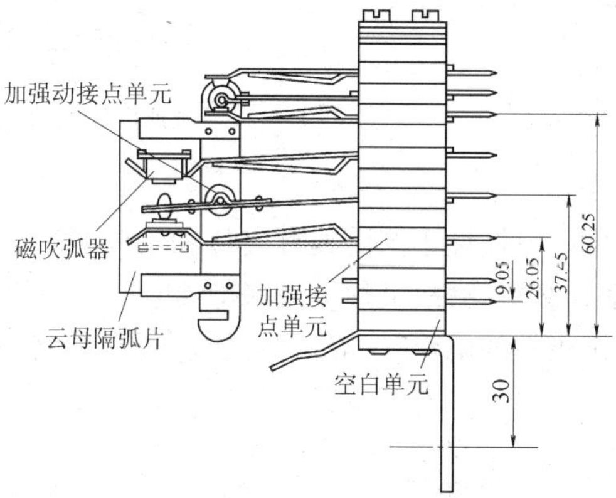

图 1-12 无极加强接点继电器的接点系统(单位:mm)

由锡磷青铜片冲压成型的加强动接点片头部,铆有由银氧化镉制成的动接点。而加强静接点片头部,同样铆接银氧化镉接点,在接点的同一位置点焊了安装磁钢的熄弧器夹。

熄弧磁钢由铝镍钴合金或铁镍铝合金制成,其熄弧原理是利用电弧在磁场中受力运动而产生吹弧作用,使电弧迅速冷却而熄灭。为避免电弧烧损接点及对磁钢去磁,加强接点端部设有导弧角,使电弧迅速移到接点及磁钢的前部位置。

由于磁钢吹弧方向与极性有关,因此,熄弧磁钢极性的安装有特定的要求。

磁熄弧器的安装与接点电流方向如图 1-13 所示。

3. 整流式继电器

整流式继电器用于交流电路中,它通过内部的半波或全波整流电路将交流电变为直流电而动作。之所以如此,是为了避免在 AX 系列继电器中采用结构形式完全不同的交流继电器,以提高产品的系列化、通用化程度。

整流式继电器的电磁系统与无极继电器相同,只是磁路结构参数有所不同。更主要的是,在接点组上方安装由二极管组成的半波或全波整流电路。

整流式继电器,主要采用 JZXC-H18 及派生的 JZXC-H18F。

JZXC-H18 型继电器为具有缓放特性的整流式继电器,其采用铜线圈架,接点系统为 4QH 接点组。在接点组上方,安装由二极管 2CP25 组成的桥式全波整流电路。JZXC-H18F 是 JZXC-H18 的派生型号,具有防雷性能,以保护整流二极管免遭击穿。

整流式继电器的线圈、整流器与电源片连接如图 1-14 所示。

整流式继电器的接点系统结构与无极继电器相同,零部件全部通用,只是接点的编号有区别。

整流式继电器动作原理与无极继电器相同,但由于交流电源通过整流后动作继电器,在线圈上加上的是全波或半波的脉动直流电,其中存在交变成分,使电磁吸引力产生脉动,工作时发出响声,对继电器正常工作带来不利影响。

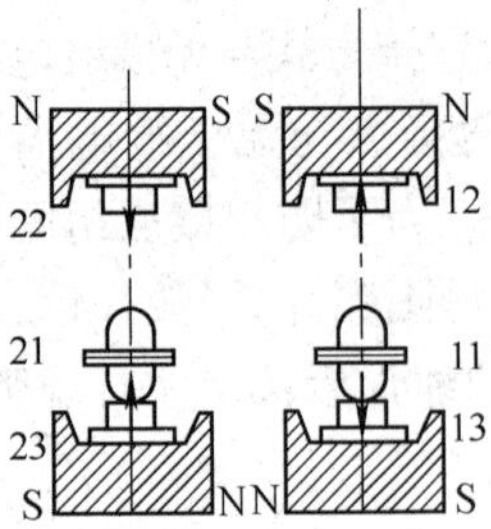

图 1-13　磁熄弧器的极性安装

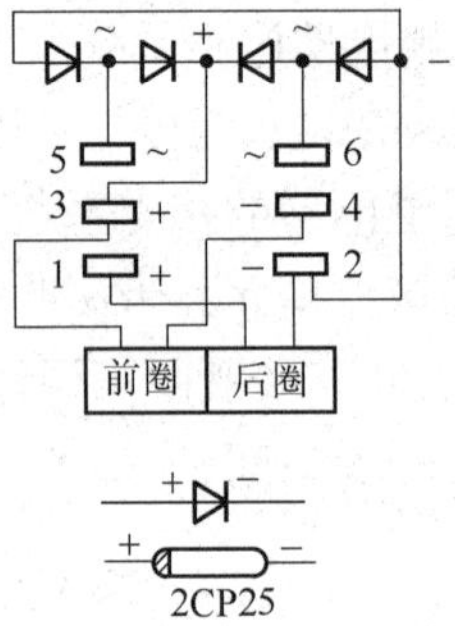

图 1-14　整流式继电的线圈、整流器与电源片连接

4. 有极继电器

有极继电器根据线圈中电流极性不同而具有定位和反位两种稳定状态,这两种稳定状态在线圈中电流消失后,仍能继续保持,故又称极性保持继电器。它的特点是磁系统中增加了永久磁钢。在线圈中通以规定极性的电流时,继电器吸起,断电后仍保持在吸起位置;通以反方向电流时,继电器打落,断电后保持在打落位置。

有极继电器,主要采用 JYJXC-$\frac{160}{260}$型。

(1)有极继电器的结构

有极继电器的磁路结构与无极继电器基本相同,不同的只是用一块端部呈刃形的长条形永久磁钢代替无极继电器的部分轭铁。磁钢与轭铁间用螺钉联结。

在与轭铁联结的部位有两个大于螺钉的圆孔,便于与轭铁安装时适当地调节磁钢的前后位置。磁钢上部的中间位置有一台面,以形成均匀的第二工作气隙。台面的中间有一凹槽,使拉杆下部不致与磁钢抵触而影响第二工作气隙的调整。

有极继电器的角形衔铁的尾部加装两个青铜螺钉,用来调节第二工作气隙的大小。在铁芯部位没有加装止片。

有极继电器的线圈引线与电源片的连接与无极继电器相同。

有极继电器衔铁位置的定位、反位规定为:衔铁与铁芯极靴之间的间隙最小时(即吸起状态)的位置规定为定位,此时闭合的接点叫作定位接点(符号为 D,相当于前接点);衔铁与铁芯极靴之间的间隙最大时(即打落状态)的位置规定为反位,此时闭合的接点叫作反位接点(符号为 F,相当于后接点)。

对于分线圈使用的有极继电器 JYJXC-$\frac{160}{260}$,则规定前圈的电源片 3 接电源正极,4 接电源负极时,为定位吸起;而后圈的电源片 2 接电源正极,1 接电源负极时,为反位打落。

有极继电器的接点系统与无极继电器相同,但加强接点片加厚,取消接点托片,动接点片改为面接触以增大接触面积。

加强接点继电器磁熄弧器的极性如图 1-15 所示。

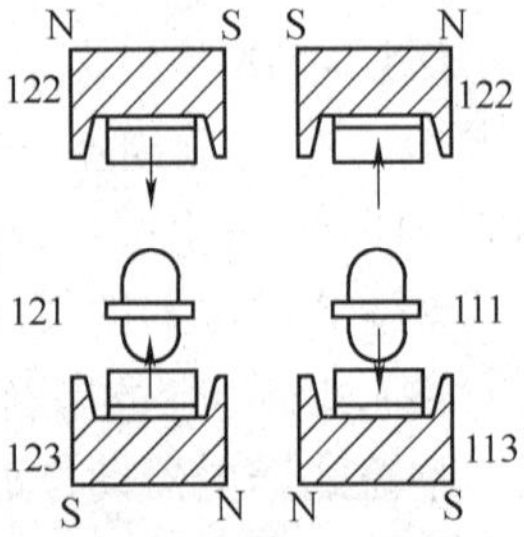

图 1-15　磁熄弧器的极性

(2)有极继电器的工作原理

有极继电器的磁路系统由永磁磁路与电磁磁路两部分组合而成,为不对称的并联磁路结构,如图 1-16 所示。

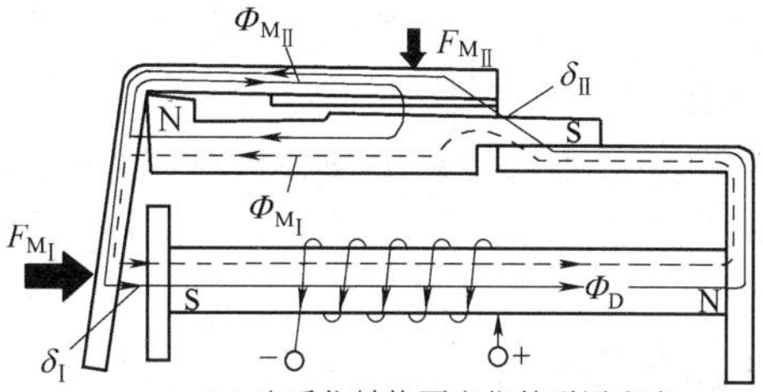

(a) 由反位转换至定位的磁通方向

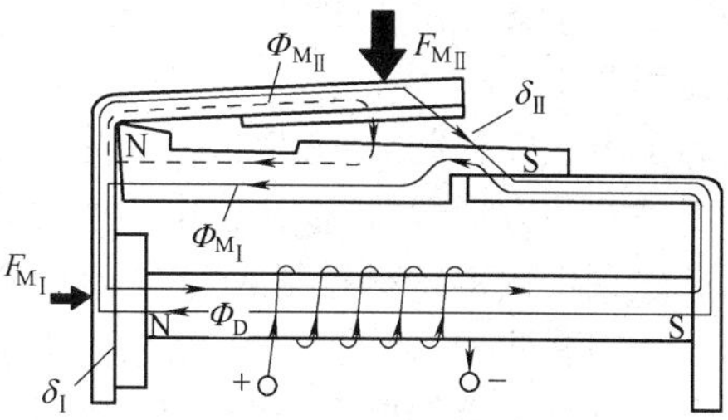

(b) 由定位转换至反位的磁通方向

图 1-16　有极继电器的磁路

永久磁钢的磁通分为 Φ_{M_I} 和 $\Phi_{M_{II}}$ 两条并联支路。Φ_{M_I} 从 N 极出发，经衔铁、第一工作气隙 δ_1、铁芯、轭铁，到 S 极；$\Phi_{M_{II}}$ 从 N 极出发，经衔铁上部、重锤片、第二工作气隙 δ_{II}，到 S 极。这两条支路不对称，磁路的不平衡就形成有极继电器的正向转极值与反向转极值的较大差别。

当衔铁处于打落状态时（反位），由于 $\delta_I \gg \delta_{II}$，因此 $\Phi_{M_{II}} \gg \Phi_{M_I}$。由 $\Phi_{M_{II}}$ 所产生的吸引力 $F_{M_{II}}$ 与衔铁重力、动接点预压力共同作用，克服了 Φ_{M_I} 产生的吸引力 F_{M_I} 与后接点压力，使衔铁保持在稳定的打落位置。反之，当衔铁处于吸合状态（定位）时，由于$\delta_I \ll \delta_{II}$，因此 $\Phi_{M_I} \gg \Phi_{M_{II}}$，$\Phi_{M_I}$ 的吸引力 F_{M_I} 将克服 $\Phi_{M_{II}}$ 产生的吸引力 $F_{M_{II}}$、衔铁重力及接点的反作用力，使衔铁处于稳定的吸合位置。

显然，有极继电器从一种稳定位置转变到另一种稳定的位置，只有依靠电磁力的作用。如图 1-16 所示，电磁磁通 Φ_D经过的是一个无分支的磁路，即铁芯、轭铁、δ_{II}、重锤片、衔铁、δ_I、极靴。磁通的方向由线圈中的电流极性决定。对于电磁通来说，永久磁钢是一个很大的磁阻，如同气隙一般。

图 1-16(a)表示有极继电器出反位转换到定位的过程。继电器原处于反位状态，现在线圈中通以正极性电流，产生电磁通 Φ_D的方向是极靴处为 S 极。这时在 δ_1 处 Φ_D 与 Φ_{M_I} 方向一致，磁通是加强的，等于 $\Phi_D + \Phi_{M_I}$。而在 δ_{II} 处 Φ_D 与 $\Phi_{M_{II}}$ 方向相反，磁通是削弱的，等于 $\Phi_{M_{II}} - \Phi_D$。当 Φ_D 增到足够大时，$\Phi_{M_I} + \Phi_D > \Phi_{M_{II}} - \Phi_D$，则总电磁吸引力 $F_{MD_I} > F_{MD_{II}}$，F_{MD_I} 将克服 $F_{MD_{II}}$、衔铁重力及接点反作用力，使衔铁开始吸合。在衔铁吸合过程中，随着 δ_I 的不断减小、δ_{II} 的不断增大，$F_{MD_I} \gg F_{MD_{II}}$，衔铁便迅速运动到吸合位置。

如果改变线圈电流极性，如图 1-16(b)所示。则铁芯中电磁通 Φ_D 的方向随之改变，极靴处为 N 极。则在 δ_1 处 Φ_D 与 Φ_{M_I} 方向相反，磁通削弱，等于 $\Phi_{M_I} - \Phi_D$；在 δ_{II} 处 Φ_D 与 $\Phi_{M_{II}}$ 方向相同，磁通加强，等于 $\Phi_{M_{II}} + \Phi_D$，当 $\Phi_{M_{II}} + \Phi_D > \Phi_{M_I} - \Phi_D$ 时，$F_{MD_{II}} \gg F_{MD_I}$，在 $F_{MD_{II}}$、衔铁重力、接点作用力的共同作用下，衔铁返回到打落位置。

5. 偏极继电器

JPXC-1000 型偏极继电器是为了满足信号电路中鉴别电流极性的需要设计的。它与无极继电器不同，衔铁的吸起与线圈中电流的极性有关，只有通过规定方向的电流时，衔铁才吸起，而电流方向相反时，衔铁不动作。但它又不同于有极继电器，只有一种稳态，即衔铁靠电磁力吸起后，断电就落下，落下是稳定状态。

(1)偏极继电器的结构

偏极继电器的磁路系统与无极继电器基本相同，如图 1-17 所示。但铁芯的极靴是方形的，在方形极靴下方用两个螺钉固定永久磁钢，使衔铁处于极靴和永久磁钢之间，受永磁力的作用偏于落下位置。由于永磁力的存在，衔铁只安装一块重锤片，后接点的压力由永磁力和重锤共同作用产生。

铁芯由电工纯铁制成，方形极靴是先冲压成型后再与铁芯焊成整体的。

由于铁芯为方形极靴，衔铁也由半圆形改为方形，以增加受磁面积，降低气隙磁阻。

永久磁钢由铝镍钴材料制成，其上部为 N 极，下部为 S 极。

两线圈串联使用，接线方式同无极继电器。

接点系统与无极继电器完全相同，具有 8QH 接点组。

(2)偏极继电器的工作原理

偏极继电器的磁路系统由永磁磁路与电磁磁路两部分组合而成。永磁的磁通 Φ_M 从 N 极出发，经第三工作气隙 δ_{III}进入衔铁后分为两条并联支路；一部分磁通 Φ_{M_1}经第一工作气隙 δ_I进入方形极靴，然后直接返回 S 极；另一部分磁通 Φ_{M_2}穿过第二工作气隙 δ_{II}进入轭铁，再经铁芯至方形极靴，返回 S 极。由于 $\delta_I > \delta_{II}$，所以 $\Phi_{M_2} > \Phi_{M_1}$，而 $\Phi_M = \Phi_{M_1} + \Phi_{M_2}$，故 $\Phi_M \gg \Phi_{M_1}$。这样，δ_{III}处由 Φ_M 产生的永磁力 F_M 远大于 δ_I处由 Φ_{M_1}产生的永磁力，使衔铁处于稳定的落下位置。

线圈通电后，铁芯中产生电磁通 Φ_D，Φ_D 的磁路与无极继电器相同，如图 1-17(a)所示。若线圈中电流方向使电磁通在极靴处为 S 极，这时，在 δ_I处 Φ_D 和 Φ_{M_1}方向相同，总磁通为两者之和，相应的总电磁吸引力 F_{MD_1}增大；在 δ_{II}处，Φ_D 和 Φ_{M_2}方向相反，总磁通为两者之差，相应的总电磁吸引力 F_{MD_2}减小。由于力臂相差较大，F_{MD_1}的增大较 F_{MD_2}的减小作用要大得多，因此，对衔铁的总吸引力 F_{MD}增大。当 $F_{MD} > F_M$时，F_{MD}克服 F_M 与接点的反作用力，使衔铁被吸合。

衔铁吸合后，磁路气隙发生变化，$\delta_{III} \gg \delta_I$，永磁磁通在磁路中大大减小，$F_M$ 显著减小，这时只要有一定值的电流存在，衔铁即保持在吸起状态。

断开线圈电源时，衔铁重力和接点的反作用力使衔铁返回。在衔铁返回的过程中，δ_I 增大，δ_{II} 减小，永磁磁通 Φ_M迅速增加，加速衔铁的返回，直到衔铁被下止片阻挡为止。

当线圈通以反极性电流时如图 1-17(b)所示，由于电磁通 Φ_D 改变了方向，在 δ_I 处，Φ_D 与 Φ_{M_1}相减，而在 δ_{II} 处 Φ_D 与 Φ_{M_2}相加，总的电磁吸引力反而下降，因此衔铁不会吸合。从而具有鉴别电流极性的功能。

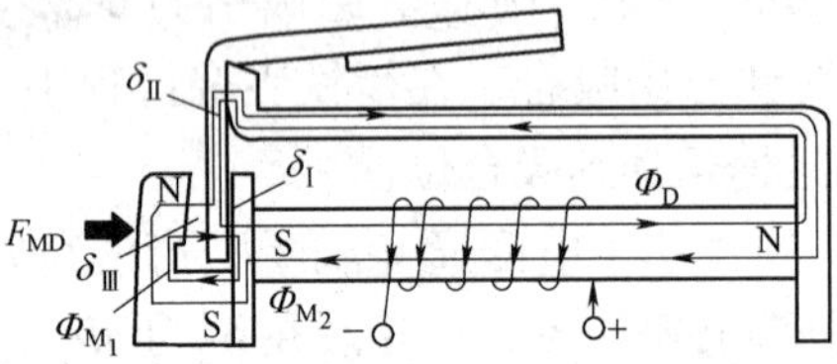

(a) 衔铁吸合时的永磁及电磁磁路

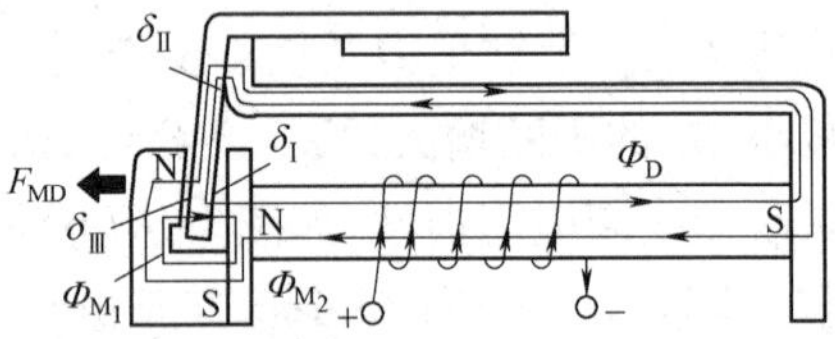

(b) 通以反极性电源时的永磁及电磁磁路

图 1-17　偏极继电器磁路及工作原理

但是，反极性不吸起是有条件的，如果不断增大反极性电流，使电磁通足以克服永磁的作用，即 $F_D - F_{M_1} > F_M$，则衔铁可在反极性电流作用下吸合，这是不允许的。因此，在偏极继电器的电气特性上加上一条特殊的标准，即反向加 200 V 电压，衔铁不能吸起，以保证其工作的可靠性。

三、安全型继电器的特性

安全型继电器的特性包括电气特性、时间特性和机械特性。这些特性用来表征继电器的性能，是使用和检修继电器的重要依据。

1. 电气特性

电气特性是安全型继电器的基本要求,也是设计和实现信号逻辑电路的依据。电气特性包括额定值、充磁值、释放值、工作值、反向工作值、转极值,以及反向不工作值。

(1)额定值,是指满足继电器安全系数所必须接入的电压或电流值。

AX 系列继电器的额定电压为直流 24 V,作为轨道继电器、灯丝继电器、道岔启动继电器时除外。

(2)充磁值,是指为了测试继电器的释放值或转极值,可预先使继电器磁系统磁化,向其线圈通以 4 倍的工作值或转极值,此值称为充磁值。这样可使继电器磁路饱和,在此条件下测试释放值或转极值。

(3)释放值,是指向继电器通以规定的充磁值,然后逐渐降低电压或电流,至全部前接点断开时的最大电压或电流值。

(4)工作值,是指向继电器线圈通电,直到衔铁止片与铁芯接触、全部前接点闭合,并满足规定接点压力所需要的最小电压或电流值。此值是继电器的磁系统及接点系统刚好能工作的状态,一般规定工作值不大于额定值的 70%。

(5)反向工作值,是指向继电器线圈反向通电,直到衔铁止片与铁芯接触、全部前接点闭合,并满足接点压力时所需要的最小电压或电流值。造成反向工作值大于工作值的原因是受磁路剩磁影响所致,反向工作值一般不大于工作值的 120%。

(6)转极值,是指使有极继电器衔铁转极的最小电压或电流值,又分为正向转极值和反向转极值。

正向转极值是使有极继电器的衔铁转极,全部定位接点闭合,并满足规定接点压力时的正向最小电压或电流值。

反向转极值是使有极继电器的衔铁转极,全部反位接点闭合,并满足规定接点压力时的反向最小电压或电流值。

(7)反向不工作值,是指向偏极继电器线圈反向通电,继电器不动作的最大电压值。

释放值与工作值之比称为返还系数。返还系数对于信号继电器有着特别重要的意义,返还系数越高,标志着继电器的落下越灵敏。规定普通继电器的返还系数不小于 30%,缓放型继电器不小于 20%,轨道继电器不小于 50%。

AX 系列继电器的电气特性见表 1-3。

表 1-3 安全型继电器的电气特性和时间特性

<table>
<tr><th rowspan="3">规格序号</th><th rowspan="3">继电器型号</th><th rowspan="3">线圈电阻(Ω)</th><th colspan="6">电 气 特 性</th><th colspan="2">时间特性</th></tr>
<tr><th rowspan="2">额定值</th><th rowspan="2">充磁值</th><th rowspan="2">释放值不小于</th><th rowspan="2">工作值不大于</th><th rowspan="2">反向工作值不大于</th><th rowspan="2">转极值不小于</th><th colspan="2">缓放时间不小于(s)</th></tr>
<tr><th>18 V</th><th>24 V</th></tr>
<tr><td>1</td><td>JWXC-1700</td><td>850×2</td><td>24 V</td><td>67 V</td><td>3.4 V</td><td>16.8 V</td><td>18.4 V</td><td>—</td><td rowspan="2">—</td><td rowspan="2">—</td></tr>
<tr><td>2</td><td>JWXC-480</td><td>240×2</td><td>24 V</td><td>64 V</td><td>4.8 V</td><td>16 V</td><td>17.6 V</td><td>—</td></tr>
<tr><td>3</td><td>JWXC-H340</td><td>170×2</td><td>24 V</td><td>46 V</td><td>2.3 V</td><td>11.5 V</td><td>12.6 V</td><td>—</td><td>0.45</td><td>0.50</td></tr>
<tr><td rowspan="2">4</td><td rowspan="2">JWJXC-H125/0.44</td><td rowspan="2">$\frac{125}{0.44}$</td><td rowspan="2">$\frac{24\ V}{2\ A}$</td><td rowspan="2">48 V</td><td rowspan="2">2.5 V</td><td rowspan="2">12 V</td><td rowspan="2">13.2 V</td><td rowspan="2">—</td><td>0.35</td><td>0.45</td></tr>
<tr><td colspan="2">后圈电流由 5 A 降至 1.5 A 断电时 0.3</td></tr>
</table>

续上表

规格序号	继电器型号	线圈电阻(Ω)	电气特性						时间特性	
			额定值	充磁值	释放值不小于	工作值不大于	反向工作值不大于	转极值不小于	缓放时间不小于(s)	
									18 V	24 V
5	JWJXC-H125/80	$\frac{125}{80}$	24 V	$\frac{48\ V}{48\ V}$	$\frac{2.5\ V}{2.5\ V}$	$\frac{12\ V}{12\ V}$	$\frac{13.2\ V}{13.2\ V}$	—	$\frac{0.4}{0.4}$	$\frac{0.5}{0.5}$
6	JZXC-H18	9×2	AC 150 mA	AC 400 mA	AC 40 mA	AC 110 mA	—	—	AC100 mA 时 0.15	
7	JYJXC-160/260	$\frac{160}{260}$	24 V	$\frac{64\ V}{64\ V}$	— —	— —	— —	正向 10~16 V 反向 10~16 V	— —	— —
8	JPXC-1000	500×2	24 V	64 V	4 V	16 V	反向不工作电压大于 200 V		—	—

注:JWXC-H340 型继电器当电压在 18 V 时缓吸时间不大于 0.35 s,24 V 时不大于 0.3 s。

2. 时间特性

电磁继电器的电磁系统是具有铁芯的电感。在接通或断开电源时,由于电磁感应作用,在铁芯中产生涡流,在线路中产生感应电流。这些电流产生的磁通阻碍铁芯中原来的磁通的变化,所以电磁继电器或多或少地都具有一些缓动的时间特性。

在各种继电器控制的电路中,由于它们完成的作用不一样,对继电器的时间特性要求也不一样,如果不能满足对时间特性的要求,控制电路便不能正常工作。因此不仅要了解继电器固有的时间特性,而且还要按电路的要求,设法改变继电器的时间特性。

(1)继电器的时间特性

电磁继电器线圈所具有的电感不仅电感量大,而且是非线性的。再加上继电器磁路中的工作气隙在动作过程中是变化的,因此继电器线圈中的电流变化规律较为复杂。

从线圈通电到衔铁动作,带动后接点断开,前接点接通,需要一定的时间。从线圈断电到衔铁动作,带动前接点断开,后接点接通,也需要一定的时间。即吸合需要时间,释放也需要时间。

吸合时间是指向继电器通入额定值起至全部前接点闭合所需的时间(包括通电至后接点断开的吸起起动时间和从后接点断开到前接点闭合的衔铁运动时间)。返回时间是指向继电器通入额定值,从线圈断电时至前接点断开所需的时间(包括断电至前接点断开的缓放时间和从前接点断开至后接合闭合的衔铁运动时间)。继电器动作时间如图 1-18 所示。

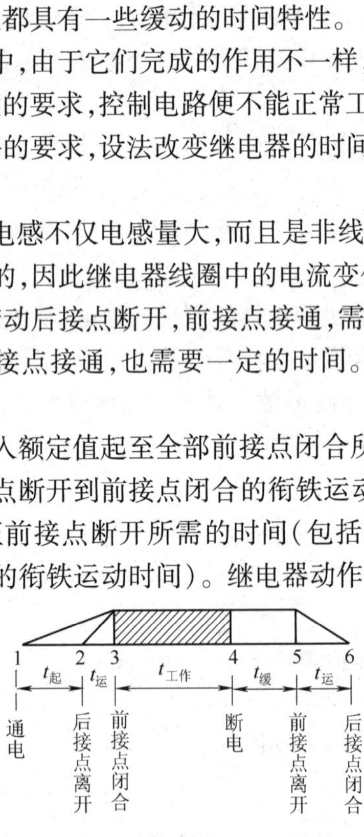

图 1-18 继电器动作时间

例如 JWXC-1700 型继电器的吸合时间为 0.10~0.15 s,返回时间为 0.015~0.02 s。可见继电器都是缓动的,但其缓吸、缓放时间都非常短。

（2）改变继电器时间特性的方法

继电器用于控制电路中，要满足不同控制对象对时间特性的要求，光依靠继电器的固有时间特性是不行的，必须根据需要改变继电器的时间特性。改变继电器时间特性的方法有两种，一是改变继电器的结构，二是用电路来实现。

①改变继电器结构以获得继电器的缓动

用改变继电器结构的方法来改变继电器的时间特性，如改变衔铁与铁芯间止片厚度，来改变继电器的返回时间；选用电阻率较高的铁磁材料，以缩短继电器的动作时间；增大线圈导线的线径来减小继电器的吸合时间等方法。而采用的最多的方法是在继电器铁芯上套短路铜环使继电器缓动，构成缓放型继电器。安全型继电器用铜线圈架作为铜环，如图 1-19 所示。

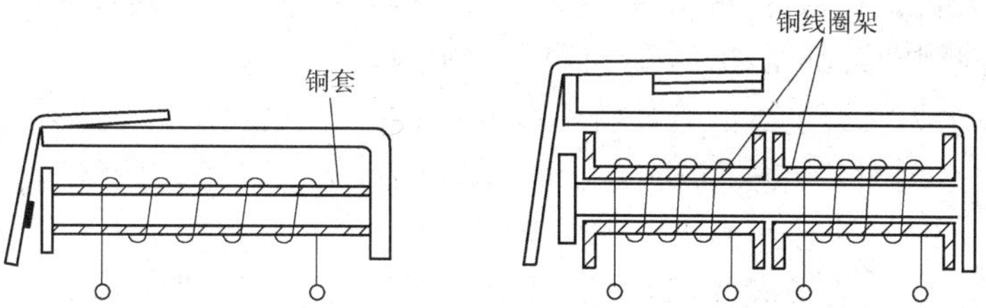

图 1-19　缓放型继电器的铜线圈架

这样的继电器，当其线圈接通电源或断开电源时，铁芯中的磁通发生变化，在铜线圈架中产生感应电流（涡流），感应电流所产生的磁通阻止原磁通的变化，使铁芯中的磁化变化减慢（即接通电源时感应电流产生的磁通与原磁通方向相反，使磁通增长减慢；切断电源时感应电流的磁通与原磁通方向相同，使磁通减小变慢），从而使继电器缓吸缓放。在具体电路中，最多利用的是它的缓放特性。

同样的继电器在不同的工作电压下，缓放时间是不同的，如 JWXC-H340 型继电器在 18 V 时缓放时间为 0. 45 s，而在 24 V 时为 0. 5 s。

②构成缓放电路以获得继电器的缓放

通过电路的方法，改变继电器时间特性的方法有：提高继电器端电压使其快吸；与继电器线圈并联 RC 串联电路使其快吸；在继电器线圈两端并联电阻或二极管使其缓放；短路继电器一个线圈使其缓放等。

采用最多的是在继电器线圈两端并联 RC 串联电路，使继电器缓吸缓放，如图 1-20 所示。在继电器通电时，电容器充电，因充电电流一开始很大，在 R 上产生较大压降，降低了继电器的端电压，使继电器线圈中的电流增长减缓，起到缓吸作用。在继电器断电时，依靠电容器 C 的放电，使继电器缓放。

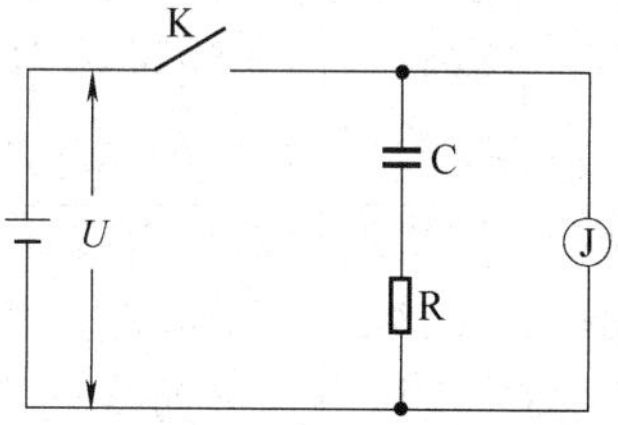

图 1-20　继电器线圈两端并联 RC 电路

缓放时间长短与电容器的容量、放电回路中的电阻值及继电器的释放值有关。可通过改变 C 的电容量和 R 的电阻值来获得所需要的缓放时间。

电路中 R 的作用除上述调节缓放时间外，还限制电容器的充电电流，防止电路振荡。

缓放型继电器的缓放时间最长仅 0. 5 s，不能满足一些信号电路对时间的要求，因此常用在继电器线圈两端并联 RC 电路的方法来获得所需要的缓放时间。

3. 安全型继电器的机械特性与牵引特性

在继电器衔铁的动作过程中，衔铁上受到电磁吸引力和反作用力。电磁吸引力又称牵引力；反作用力与之方向相反，对于安全型继电器来说是由衔铁（及重锤片）的重力和接点簧片的弹力组成的，所以称为机械力，要使继电器可靠工作，牵引力必须大于机械力，因此牵引力的大小要根据机械力来确定。

(1)机械特性

AX系列继电器机械力的大小与接点片的数量、重锤片的数量、衔铁的动程等有关，而且在衔铁的整个运动过程中所受到的机械力不是固定不变的，而是在一个很大的范围内变化的。也就是说，继电器的机械力 F_J 是随着衔铁与铁芯间的气隙 δ 的变化而变化的。$F_J=f(\delta)$ 的变化关系称为继电器的机械特性，表示这种变化关系的曲线，称为机械特性曲线。

不同类型的继电器，其结构不同，机械特性也不同。图1-21所示为无极继电器的机械特性曲线，图中纵坐标表示衔铁运动时所克服的机械力 F_J（单位为N），横坐标表示衔铁与铁芯间的工作气隙 δ（单位为mm），横轴上线段 Oa 代表最大气隙 δ_a 值，$O\delta_0$ 代表止片厚度，$a\delta_0$ 代表衔铁动程值（$\delta_a-\delta_0$）。

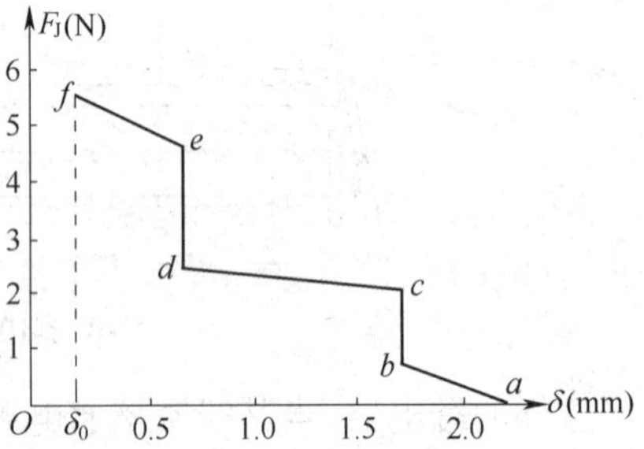

图1-21　无极继电器的机械特性曲线

继电器衔铁释放时气隙最大，这时在衔铁重力和动接点片的预压力（动接点片预先向下弯曲变形所产生的弹力）的作用下，使动接点片与后接点片间保持一定的压力，以保证接触良好。后接点片的预压力与衔铁重力及动接点片预压力之和相平衡，衔铁上的机械力 F_J 为零，在机械特性曲线上用 a 点表示。

当衔铁开始运动，工作气隙从 δ_0 逐渐减小时，后接点片的挠度随着逐渐减小，使后接点片与动接点片之间的压力逐渐减小。这时后接点片给予动接点片的作用力也逐渐减小，动接点片的挠度逐渐增大。因此，随着气隙的减小，机械力 F_J 逐渐增大，如线段 ab 所示。该线段的陡度由后接点片和动接点片的弹性变形决定。

当动接点与后接点刚分离时，动接点片失去了后接点片对它的作用力，使机械力突然增大，如线段 bc 所示。其值决定于衔铁重量和动接点片的预压力之和。

衔铁继续运动，使动接点片逐渐向上弯曲，由于动接点片的挠度加大，使动接点片对衔铁的压力逐渐上升，如线段 cd 所示。上升的陡度由动接点片的弹性变形决定。

当动接点片与前接点片接触并使前接点片刚离开上托片时，动接点片上增加了前接点的预压力，使机械力突然加大，如线段 de 所示。其值决定于动接点片的弯曲挠度所产生的弹力及前接点的预压力之和。

为使动接点片与前接点片间接触良好，必须要求它们之间有一定的压力，所以衔铁仍需运动，直至衔铁运动完毕。在这一过程中由于动接点片和前接点片共同弹性变形，弹力增大，所以机械力较快上升，如线段 ef 所示。

可见，继电器的机械特性曲线是一条折线，它表示了衔铁运动在不同位置时的机械反作用力 F_J。折线上 c、e 两个折点突出向上，它们反映了衔铁运动在这两个位置的机械反作用力变化最大。如果继电器的牵引力在这两个位置均能大于机械反作用力，该继电器就能吸起。所以 c、e 两个点中的一个，一般作为确定牵引力的依据，称为临界点。

机械特性曲线可根据材料力学计算求得，也可通过实验求得。

（2）牵引特性

当无极继电器线圈上加上直流电源后，铁芯中就产生磁通，磁通经过铁芯与衔铁间的气隙δ时，对衔铁产生电磁吸引力，称为牵引力F_Q。牵引力F_Q与线圈的磁势（线圈的匝数和所加电流的乘积IW，通常称安匝）及气隙大小有关。当δ一定时，F_Q与安匝（IW）的平方成正比；当安匝一定时，F_Q与δ的平方成反比，即F_Q随δ呈双曲线规律而变化。牵引力F_Q随工作气隙δ变化的关系$F_Q=f(\delta)$，称为牵引特性。牵引特性曲线如图1-22所示。从图中可看出，当安匝一定时，牵引力F_Q随δ的减小呈双曲线规律急剧增大；而相同的工作气隙，在不同的安匝下，牵引力F_Q也不同，安匝大，牵引力也大。因此，不同的安匝值牵引力F_Q与工作气隙δ的牵引特性曲线也不同，安匝大，曲线$F_Q=f(\delta)$位置就高。

（3）牵引特性与机械特性的配合

将机械特性曲线和一族牵引特性曲线用同一比例尺绘在同一坐标上，如图1-23所示。这一族牵引特性曲线对应于不同的继电器安匝。显然，要使继电器吸起，就必须要求继电器衔铁在整个运动过程中，牵引力处处大于或等于机械力。也就是说，牵引特性曲线必须在机械特性曲线之上，至少也要与机械特性曲线相切。如前述，机械特性曲线上的c和e点是两个突出的折点，如果衔铁运动到这两点时牵引力都大于或等于机械力，那么在其他点的牵引力都能满足要求。因此，只要根据这两点中的任一点相切在另一点之上的牵引特性曲线，就能确定该继电器的吸起安匝。在图1-23中，$(IW)_3$的牵引特性曲线不能满足要求，因它虽与e点相切，上部分处于机械特性曲线之上，但下部分处于机械特性曲线之下，说明下部分的牵引力小于机械力，继电器不能吸起。而与c点相切的$(IW)_2$牵引特性曲线，除c点牵引力等于机械力外，其余都大于机械力，所以能使继电器吸起，$(IW)_2$就是吸起安匝。又因为c点的牵引力等于机械力，所以这个吸起安匝称为临界安匝，切点c称为临界点。为使继电器可靠吸起动作，继电器的安匝应大于临界安匝，在临界安匝上再加上一个储备量，即乘以储备系数K，就成为工作安匝$(IW)_G$。

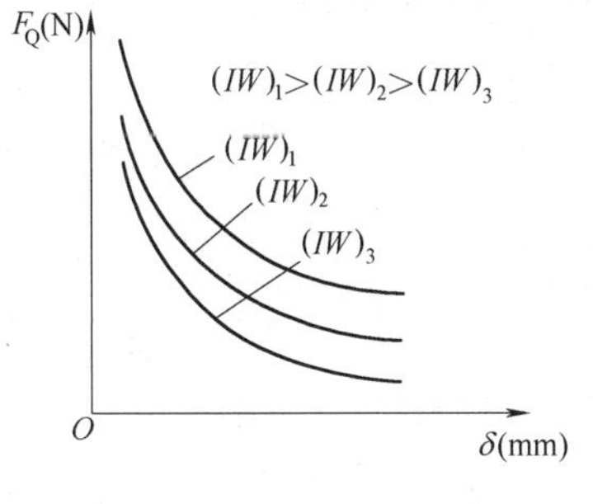

图1-22　牵引特性曲线

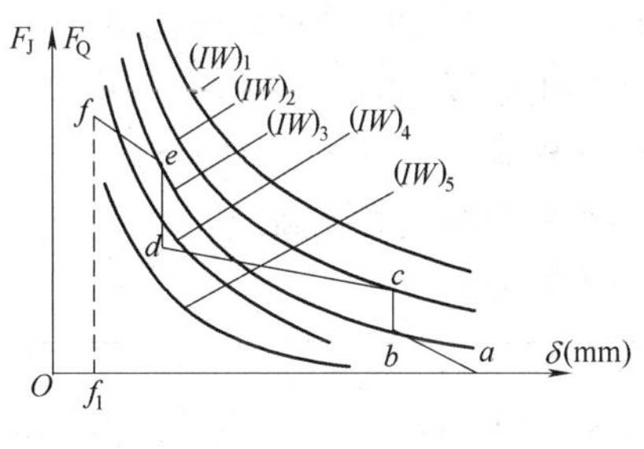

图1-23　牵引特性曲线与机械特性曲线配合

储备系数K越大，牵引力越大，吸起时间越短。但K不能过大，K过大不但造成不必要的功率消耗，而且因吸引力过大会造成接点在闭合时发生剧烈振动，影响接点稳定工作，甚至产生强烈的电弧或火花使接点损坏。K值一般为1.1～1.3。

安全型继电器的机械特性见表1-4。

表 1-4 安全型继电器的机械特性

<table>
<tr><th rowspan="2">规格序号</th><th rowspan="2">继电器型号</th><th colspan="2">接点间隙不小于(mm)</th><th colspan="2">普通接点压力不小于(mN)</th><th colspan="2">加强接点压力不小于(mN)</th><th colspan="2">托片间隙不小于(mm)</th></tr>
<tr><th>普通</th><th>加强</th><th>动合</th><th>动断</th><th>动合</th><th>动断</th><th>普通接点</th><th>加强接点</th></tr>
<tr><td>1</td><td>JWXC-1700</td><td>1.3</td><td>—</td><td>250</td><td rowspan="8">150</td><td>—</td><td>—</td><td rowspan="8">0.35</td><td>—</td></tr>
<tr><td>2</td><td>JWJXC-480</td><td>3</td><td>5</td><td>150</td><td>400</td><td>300</td><td>0.1~0.3</td></tr>
<tr><td>3</td><td>JWJXC-H340</td><td rowspan="4">1.3</td><td>—</td><td>250</td><td>400</td><td>300</td><td>0.1~0.3</td></tr>
<tr><td>4</td><td>JWJXC-H $\frac{125}{0.44}$</td><td>2.5</td><td rowspan="2">150</td><td rowspan="3">—</td><td rowspan="3">—</td><td rowspan="3">—</td></tr>
<tr><td>5</td><td>JWJXC-H $\frac{125}{80}$</td><td rowspan="2">—</td></tr>
<tr><td>6</td><td>JZXC-H18</td><td>250</td></tr>
<tr><td>7</td><td>JYJXC-$\frac{160}{260}$</td><td>4.5</td><td>7</td><td>150</td><td>2 200</td><td>2 200</td><td>0.1~0.3</td></tr>
<tr><td>8</td><td>JPXC-1000</td><td>1.3</td><td>—</td><td>250</td><td>—</td><td>—</td><td>—</td></tr>
</table>

四、安全型继电器接点

继电器接点是继电器的执行机构，通过接点来反映继电器的状态，进行电路的控制。对于继电器接点，从接点材质到接点结构，从接点组数到接点容量，都有较高的要求。对频繁通断大电流的接点，还必须采取灭火花措施。

1. 对接点系统的要求

在实际应用过程中，继电器的大部分故障发生在接点系统上，因此继电电路的可靠性在很大程度上取决于接点系统工作的可靠性。为保证继电器的可靠工作，必须对接点系统有一定的要求，这些要求包括：

(1)接点闭合时，接触可靠，接触电阻小而且稳定。

(2)接点断开时，要可靠分开，接点间电阻为无穷大，即有一定的间隙。

(3)接点在闭合和断开过程中没有颤动。

(4)不发生熔接。

(5)耐各种腐蚀。

(6)导热率和导电率要高。

(7)使用寿命长。

2. 接点参数

(1)接点材质

对接点材质的基本要求是机械强度高、导电率和导热率高、耐腐蚀、熔点较高、加工容易、价格适宜。

(2)接点电阻

接点接触时两导体间的连接是接触表面间若干个接触过渡段的结合，因此它的电阻比同样形状、尺寸的整个导体要大得多，这种接触连接所形成的电阻叫作接触电阻。接触电阻与接点材料、接点间压力、接点的接触形式、接点间电压降、温度及化学腐蚀、电腐蚀等因素有关。

接点电阻由接触电阻及接点本身的电阻两部分组成。

由于接触电阻的存在,使通过接点的电流在接触过渡区产生功率损失,使接点发热。接点发热后增大了材料的电阻系数,减低了机械强度。由于发热和散热是同时进行且取得平衡的,所以接点通电后,能产生一定的温升(接点温度与周围环境温度之差),使接点电阻和机械强度保持在一定范围内。

总的要求是尽量减小接点电阻,以避免过高的接点温升与电压降。因此对接点电阻均要提出不允许超过的电阻值。

(3)接点压力

接触点之间的压力和材质,在很大程度上决定着接点电阻的大小。开始接触的瞬间,接点压力加在为数不多的接触点上,这些接触点被压平,使两接触表面更加接近一些,产生一些新的接触点,总的接触电阻就会降低。但当压力达到某数值时,再增大压力,也不会使接点电阻有明显减小。

因为接点间存在压力,接点支撑件(接点弹片等,一般采用弹性元件)能产生弹性变形,为了避免因振动等因素造成接触分离,所以对接点压力要有明确的最低值。

(4)接点齐度

同一继电器的所有接点,理论上要求同时接触。但在接点系统的生产过程中,从工艺上不可能做到没有误差,因而接点很难做到完全同时接触。继电器各组接点同时接触的误差称为接点不齐度,要求其越小越好。

(5)接点间隙

在动接点和静接点开始分离的瞬间,接点间产生很高的电场,接点间隙中的自由电子在此电场力的作用下可从阴极向阳极高速移动,这样就产生了接点间的电弧。另外,这些电子与气体中的自由电子撞击,使气体电离,进一步使电弧加剧。电弧的产生使接点迅速氧化和点燃,加速接点的损耗,缩短使用寿命。但当接点间隔增大后,拉长了电弧,可使电弧熄灭。此外,接点间隙小时,雷电效应亦可能使接点间产生放电现象,故要求接点间有足够大的间隙。

(6)接点滑程

接点表面的腐蚀、氧化和灰尘等对接触电阻有很大影响。为了保证接点的可靠工作,当接点开始接触后,要求接点相互之间有一定程度的位移,该位移叫作接点滑程。

3. 接点容量

继电器接点所允许通过的最大电流称为接点容量,继电器在使用时严禁超出接点允许容量,以保证各类接点达到规定的接点寿命动作次数。超出接点容量使用时,可造成接点接触面拉弧烧损,使接点接触电阻增大,寿命缩短,严重时造成器材或设备烧损。

安全型继电器的接点容量见表1-5。

表1-5 接点容量

<table>
<tr><th>接点类型</th><th>电源</th><th>电压(V)</th><th>电流(A)</th><th>负载性质</th></tr>
<tr><td>普通接点</td><td>直流</td><td>24</td><td>1</td><td rowspan="3">电阻</td></tr>
<tr><td rowspan="2">无极加强接点</td><td>直流</td><td rowspan="2">220、380</td><td rowspan="2">5</td></tr>
<tr><td>交流</td></tr>
</table>

续上表

接点类型	电源	电压(V)	电流(A)	负载性质
有极加强接点	直流	220	7.5	电感0.05 H
		180	15	

4. 接点材料

一般继电器要求接点材料的电阻系数小，抗压强度低，而且不易氧化或其氧化物电阻率小。因为，接触材料电阻系数越小，接点本身的电阻越小，接触电阻就越小；材料的抗压强度越小，在一定的接点压力下，接触面积就越大，则接触电阻越小。

银的电阻率最低，银的氧化膜的导电率与纯银几乎相等，且抗压强度不高，因此几乎所有类型的继电器，都采用银和银合金作为接点材料。

对控制大电流和高电压的接点，应选择耐电腐蚀和难熔的材料，例如钨和金属陶瓷等。钨熔点高，硬度也很高，不会熔合，几乎没有机械磨损，耐电腐蚀能力强，但它在大气中易氧化。金属陶瓷，大部分是由两种互相不能熔成合金的成分，用金属陶制法（粉末冶金法）制成的。它磨损小，熔点非常高，耐电腐蚀能力强，不易熔合，导电导热性能好，很适宜作为接点材料。银氧化镉就是其中的一种，其基本物质为银（85%～80%），起导电作用，氧化镉（12%～15%）起导热作用，获得了最佳配合。它在高温下（990 ℃）还能以爆炸形式分解出氧与镉的蒸汽，起到对电弧的吹动和消除游离的效应，形成自动吹弧作用，提高了接点的熄弧性能。特别是它与银接点配合使用时，具有防粘连、接触电阻小等特点。

安全型继电器的普通接点，静接点常用银或银氧化镉制成，动接点常用银氧化镉制成。加强接点的静接点、动接点均用银氧化镉制成。

规定：普通接点的接触电阻，银—银应不大于0.03 Ω，银—银氧化镉应不大于0.05 Ω，银—银碳应不大于0.3 Ω，银氧化镉—银氧化镉应不大于0.1 Ω。加强接点的接触电阻，当为银氧化镉—银氧化镉时应不大于0.1 Ω。

5. 接点的接触形式

接点的接触形式，有面接触、线接触和点接触三种，如图1-24所示。从表面上看，面接触的接触面最大，接触电阻最小。但实际上并非如此，由于接点的接触面稍有歪斜，两个接点的接触面就不能全面接触，往往只能在一个点或一个不大的面积上接触，因此接触电阻仍然较大。而且接触的部分每次闭合都有不同，加上接点表面的氧化物层自动净化能力不良，所以接触电阻很不稳定。线接触的压力比较集中，在接点闭合和断开过程中，线接触的接点表面能沿另一接点表面滑动，表面氧化层和灰尘会自动脱落，起到自动净化的作用，使接触电阻减小，而且接触电阻也较稳定。点接触压力最为集中，接触电阻也最稳定，但接触电阻大，散热面积小，温升高，只适用于小功率的控制电路中。

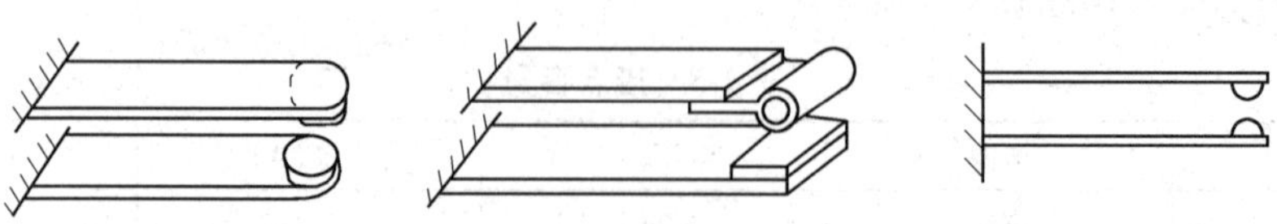

(a) 面接触式　(b) 线接触式　(c) 点接触式

图1-24　接点的接触形式

如JWXC型无极继电器的接点采用点接触方式。在接点簧片的端部开一条0.5 mm宽的细长槽口,在槽的两边各焊一个银接点(由直径1.5 mm的银丝制成,如图1-25所示)。它与动静点一起构成点接触方式,且形成一个簧片上有两个接触点的并联接触方式,大大提高了触头接触的可靠性。

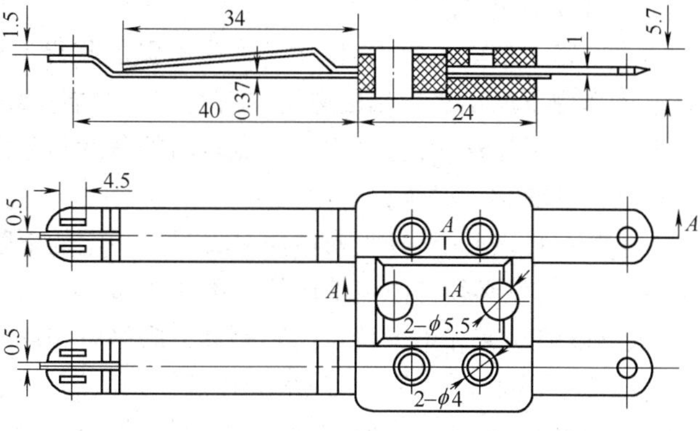

图1-25 银接点单元(单位:mm)

JYJXC-$\frac{160}{260}$型加强接点有极继电器,为满足通断较大电流的需要,除了加强接点片厚度外,接点也采用了面接触方式。

6. 接点的灭火花电路

为了提高接点的使用寿命,应设法避免接点间发生火花。发生火花的原因,是由于接点控制电路中有电感元件,电感元件中储存着磁场能量,当接点断开时往往以高电压击穿空气隙,这些能量释放在接点之间,形成火花放电(但此时,因电流未达到电弧临界电流 I_0,不会产生电弧)。要消灭接点火花,必须采取措施将这部分磁场能量引出,不使它在接点上,使接点间的电压低于击穿空气的电压,那么接点间的火花即可消灭。具体方法一般采用灭火花电路,总的原理是利用灭火花电路沟通电感负载所产生的感应电流回路,以降低自感电势,并把磁场能量消耗在回路中的电阻上,这样接点间的电压就可能降低到不能击穿空气隙,避免接点火花的出现。

灭火花电路如图1-26所示。图1-26(a)为灭火花电阻与电路电感元件并联,图1-26(b)为灭火花二极管与电路电感元件并联,图1-26(c)为灭火花电阻电容与电路电感元件并联,图1-26(d)为灭火花电阻与接点并联,图1-26(e)为灭火花电阻电容与接点并联。灭火花电阻电容与接点并联是最常用的方法,在接点断开瞬间,电感负载所产生的感应电流流经并联在接点上的电容和电阻串联电路,使接点上的电压降至击穿空气隙电压之下,而避免发生火花。此时,磁场能量消耗在回路电阻上。

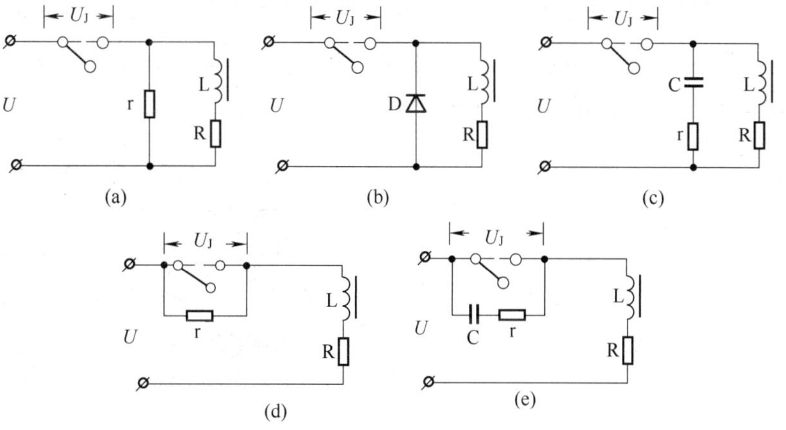

图1-26 灭火花电路

7. 熄灭接点电弧

当电路中的电流较大时（大于产生电弧的临界电流 I_0 时），在接点断开过程中，由于在强大电场作用下从负极发出的电子具有足够大的能量使气体分子发生强烈游离，就在接点间产生电弧。电弧温度很高，会引起接点材料的蒸发与喷溅，更加剧了接点的电腐蚀，同时还引起接点表面的氧化。必须设法熄灭接点电弧。

电弧在接点间燃烧时，对电路来说具有一定的电阻值，使电路继续保持接通状态。要使电弧自行熄灭，就必须使电流值的增长率小于零，电流逐渐减小至零。要保证这一点，有两条途径：限制电路功率和增大接点间隙距离。限制电路功率，可使电流值达不到临界电流，但不是任何情况下都能采用的。单纯增大接点间距离熄弧效果有限。于是，在接点组数有多余的情况下，可采用几组接点串联的方法。串联几组接点，增大了接点间距离，也提高了电弧临界电压，有较好的熄弧效果。

最常用的则是磁吹弧，这种方法是利用磁场的电磁力把电弧拉长，起到增大接点间距离的作用。使电弧拉长到加在接点间的电压不足以维持电弧燃烧所需的电压而自行熄灭。

磁吹弧法是在接点上加装一块永久磁钢（简称永磁），永磁磁通经过接点间的气隙构成磁路。接点断开时在接点之间产生电弧，实际上就是电子和离子在接点间的移动。当接点间产生电弧时，电子和离子上就要受到永磁的电磁力作用，使电弧吹得向外拉长，最后使电弧自行熄灭，如图 1-27 所示。

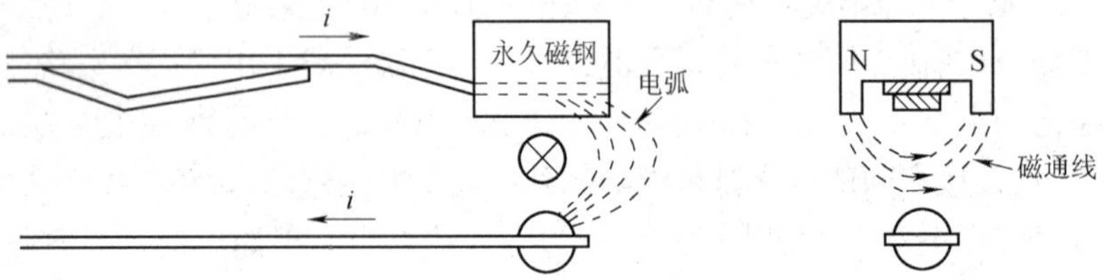

图 1-27　磁吹弧

磁吹弧的方向根据左手定则确定，如图 1-28 所示。此时要求通过接点电流的方向，应符合使接点间电弧向外吹的原则。否则，向内吹弧，非但不会熄灭电弧，还会造成接点的损伤。因此，加强接点上的磁吹弧继电器，如 JWJXC-480、JWJXC-H$\frac{125}{0.44}$、JYJXC-$\frac{160}{260}$等都规定了接点的正负极性，使用中要注意磁吹弧的方向。这样，接点电流产生的磁场方向与磁钢的磁场方向一致，还保证不会产生对磁钢的去磁作用。

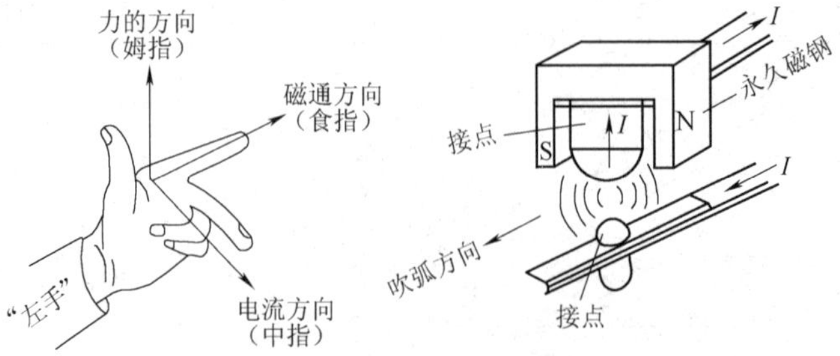

图 1-28　磁吹弧方向示意图

用永久磁钢作磁吹弧有许多优点：可节省铜线和绝缘材料，灭弧系统结构简单；灭弧功能较稳定；没有电能消耗；可使接点开距缩小。

第三节 时间继电器

JSBXC-850 和 $JSBXC_1$-850 型时间继电器是一种缓吸继电器，借助电子电路，获得 180 s、30 s、13 s、3 s 四种延时，以满足信号电路的需要。时间继电器由时间控制单元与 JWXC-370/480 型无极继电器组合而成。时间控制单元装在印制电路板上，安装在接点组的上方。鉴别销号码 14、55。时间继电器的基本情况见表 1-6。

表 1-6 时间继电器的基本情况

继电器名称	型号	鉴别销号码	线圈参数	线圈参数		电气特性		动作时间(s)			
								连接端子 51-52 53-12			
			连接	电阻(Ω)	充磁值(mA)	释放值不小于(mA)	工作值不大于(mA)	51-52	51-61	51-63	51-83
半导体时间继电器	JSBXC-850	14、55	单独	370/480	$\frac{56}{54}$	$\frac{4}{3.8}$	$\frac{14}{13.4}$	180 ±27	30 ±4.5	13 ±1.95	3 ±0.45
单片可编程时间继电器	$JSBXC_1$-850							180 ±9	30 ±1.5	13 ±0.65	3 ±0.15

一、JSBXC-850 型半导体时间继电器

1. 延时电路

JSBXC-850 型半导体时间继电器（型号中 S 为时间，B 为半导体，850 是 370 和 480 之和）的时间控制电路如图 1-29 所示，其核心是由单结晶体管等组成的脉冲延时电路。

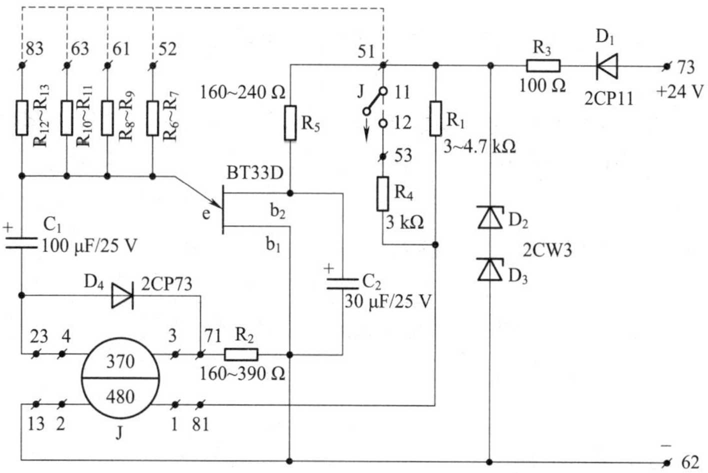

图 1-29 JSBXC-850 型半导体时间继电器的延时电路

在单结晶体管 BT 的发射极 e 和第一基极 b_1 的放电回路中接入继电器 J 的前圈（3-4，370 Ω），它的后圈（1-2，480 Ω）通过电阻 R_1 直接与电源相连。接通电源时，后圈有电流流过，其电路为：+24V 电源（73 端子）—二极管 D_1—R_3—R_1—$J_{1\text{-}2}$—电源（62 端子）。但是，R_1 的阻

值很大，为 3 ~4.7 kΩ，因此流过后圈的电流很小，继电器 J 不会动作。与此同时，电容器 C_1 开始充电，其电路为：+24 V 电源（73 端子）—D_1—R_3—R_6 ~ R_7（或 R_8 ~ R_9、R_{10} ~ R_{11}、R_{12} ~ R_{13}）—C_1—$\begin{bmatrix} D_4 \\ J_{4\text{-}3} \end{bmatrix}$—$R_2$—电源（62 端子）。

此电流流过前圈的方向正好与后圈的相反，继电器不会动作。

当电容器 C_1 充电电压上升至高于单结晶体管 BT 的击穿电压时，BT 的发射极 e 与第一基极 b_1 间导通，C_1 放电，其电路为：C_1（+）—$BT_{e\text{-}b1}$—R_2—$J_{3\text{-}4}$—C_1（-）。

此电流流过前圈的方向与后圈的相同，当两者之和达到继电器的工作值时，继电器吸起，其前接点 11-12 沟通了自闭电路，电路为：+24 V 电源（73 端子）—D_1—R_3—$\begin{bmatrix} R_1 \\ J_{11\text{-}12}—R_4 \end{bmatrix}$—$J_{1\text{-}2}$—电源（62 端子）。

由于 R_4 的接入，电路的电阻值降低近一半，流过后圈的电流大于继电器的落下值，继电器可靠吸起。

2. 延时时间

以上可见，由于 BT 和 C_1 组成的脉冲延时电路的存在，使继电器从接通电源到完全吸起经过了一段时间，这段时间就是继电器的缓吸时间。缓吸时间与充电电路的时间参数有关。C_1 的电容量越大，充电至单结晶体管 BT 击穿电压的时间越长，则缓吸时间越长。充电电路的电阻值越大，电容器的充电电流越小，充电时间必然延长，相应地缓吸时间越长。在端子 52、61、63、83 上分别接入不同阻值的电阻，即获得四种延时。一般情况是：连接端子 51-52，为 3 min；51-61 为 30 s；51-63 为 13 s；51-83 为 3 s。此外，通过端子的不同连接还可获得其他延时时间，如 51 与 61、63 相连，为 9s；51 与 61、63、83 相连，为 2.3 s，以满足电路的特殊需要。

3. 其他元件的作用

（1）二极管 D_1

D_1 是防止电源极性接错而设的，电源接错时它使电路不通。

（2）稳压管 D_2、D_3

D_2、D_3 与 R_3 串联后成为稳压电路，稳压值为 19.5 ~20.5 V，使继电器电源电压在 21 ~27 V 间变化时保持标准值的吸起时间，以消除电源电压波动对延时的影响。

（3）二极管 D_4

D_4 并在继电器前圈两端，构成继电器断电时产生的反电势回路，以免击穿单结晶体管。

（4）电容器 C_2

C_2 是单结晶体管第二基极的平滑电容，也是稳压电路的滤波电容，以消除电源杂音对电路延时的干扰。

（5）电阻 R_5

R_5 是单结晶体管的基极电阻。

4. 特性

JSBXC-850 型继电器的电气特性与 JWXC-$\frac{370}{480}$ 型相同，但有以下补充规定：

（1）继电器的延时误差不能超出标准值的 ±15%。

（2）在通电至继电器吸起的缓吸时间内，后接点的压力为 0.098 ~0.147 N。

5. 接点使用

JSBXC-850 型继电器的接点编号与无极继电器相同。图 1-29 中，除 73、62 外，时间控制单元的端子号与继电器接点完全相同。除 73 接 + 电源，62 接 – 电源以及按所需时间连接对应接点外，继电器内部尚需连接 1-81、2-13、3-71、4-23、11-51、12-53。因此，可供电使用的只有第 3、4 组两组接点组和第 2 组前接点。

二、JSBXC$_1$-850 型时间继电器

JSBXC-850 型时间继电器采用 RC 延时电路，在使用中由于电容器老化和环境温度变化，延时时间有漂移，需定期检修和调整其时间常数。而 JSBXC$_1$-850 型可编程时间继电器，是新一代的时间继电器，它采用微电子技术，通过单片机软件设定不同的延时时间。它采用动态电路输出，延时精度高(±5%)，不需要调整，电路安全可靠；它不改动继电器的外部配线，代用很方便。

JSBXC$_1$-850 型时间继电器内部电路如图 1-30 所示。电路由 4 部分组成：输入电路、控制电路、电源电路和动态输出电路。

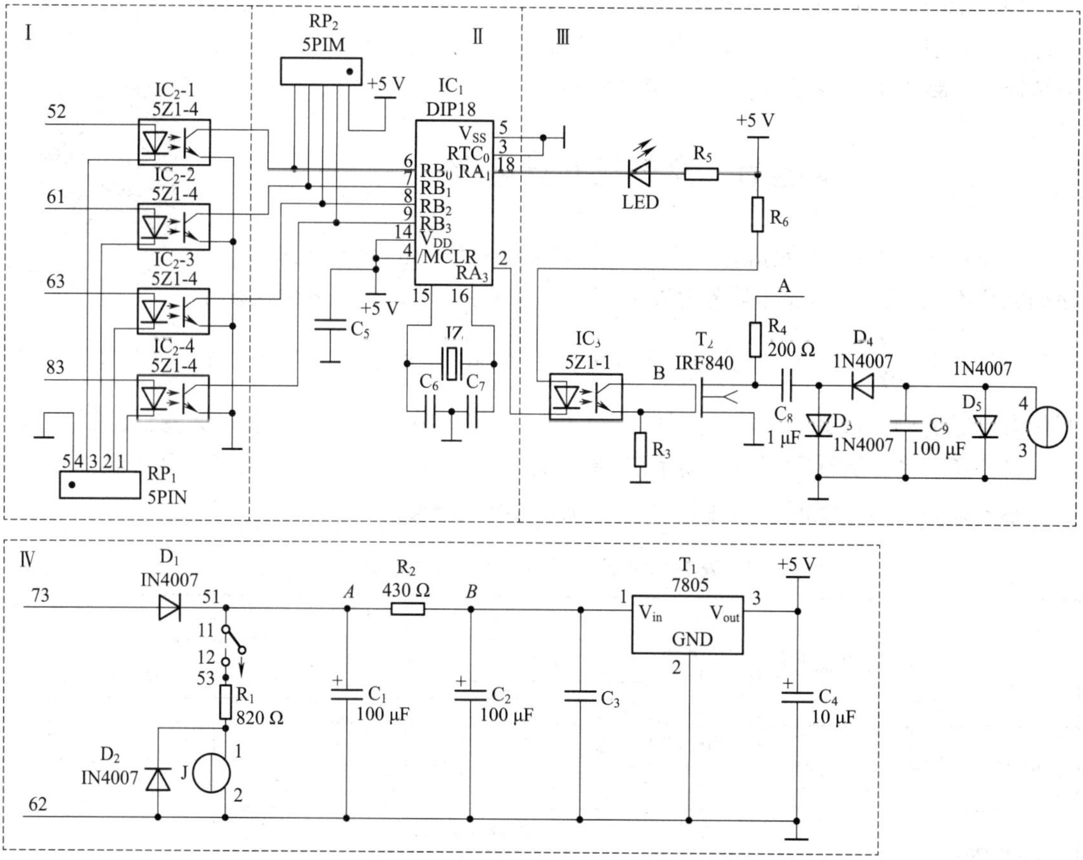

图 1-30 JSBXC$_1$-850 型时间继电器内部电路

“Ⅰ”为输入部分，经 4 个光电耦合器 IC$_{2\text{-}1}$ ~ IC$_{2\text{-}4}$(5Z1-4 型)输入端不同连接，设定不同的延时时间，其连接同 JSBXC-850 型继电器。光电耦合器起隔离作用，将外部电路和单片机隔离开。当光电耦合器的发光二极管有输入导通时，其光敏三极管就导通。否则，就截止。

"Ⅱ"为控制电路，由 IC_1（DIPl8 型）和晶体振荡器 JZ 及 C_6、C_7 等组成。JZ 为 IC_1 提供振荡源。当 IC_1 的输入端 RB_0 ~ RB_3 其中一个有输入时，通过软件的设定，其输出端 RA_1、RA_3 在不同的延时时间后就有序列脉冲输出。在延时过程中发光二极管 LED 每秒钟闪亮一次。

"Ⅲ"为动态输出部分。当单片机的输出，通过光电耦合器 IC_3 接至 MOS 管 T_2（IRF840 型）栅极时在序列脉冲的作用下，T_2 反复导通和截止。T_2 导通时，对电容器 C_8 充电。T_2 截止时，C_8 对 C_9 放电。当 C_9 上电压充至继电器工作值时，通过前圈（370 Ω）使继电器吸起。

继电器吸起，其前接点 11-12 闭合，又使后圈（480 Ω）励磁，于是继电器可靠吸起。

"Ⅳ"为电源部分。经 73-62 输入的电源经 D_1 鉴别极性。C_1、R_2、C_2 组成的滤波电路滤除交流成分，三端稳压器 T_1（7805 型）稳压，为单片机提供工作电源。

$JSBX_1$ 型继电器在使用时应注意以下各点：

（1）继电器线圈两端并联有二极管，所以线圈的 1、3 端应接正电，2、4 端接负电。

（2）如果继电器缓吸时间出现误差，应更换控制电路中的晶振或单片机。

（3）如果继电器通电后工作正常，但发光二极管不亮，可更换发光二极管。

（4）如果继电器通电后不吸起，此时若发光二极管每秒闪 1 次，应检查动态输出电路中的元件是否有损坏；若发光二极管不闪，应对四部分电路进行分别检查。经检查输入条件正确，则是控制电路板出现故障，建议应更换电路板。

第四节　交流二元继电器

交流二元继电器

交流二元继电器，二元指有两个互相独立又互相作用的交变电磁系统。根据频率不同，交流二元继电器分为 25 Hz 和 50 Hz 两种。在城市轨道交通采用直流牵引，JRJC-$\frac{45}{300}$ 型和 JRJC-$\frac{40}{265}$ 型二元继电器用于 50 Hz 相敏轨道电路中作轨道继电器。它们具有可靠的频率选择性和相位选择性，对于轨端绝缘破损和不平衡造成的干扰能可靠地防护。另外还有动作灵活的翼板转动系统、紧固的整体结构，不仅经久耐用，而且便于维修。

本节介绍 50 Hz 交流二元继电器，它们的基本情况见表 1-7。

表 1-7　交流二元继电器的基本情况

型号		接点组数	线圈电阻(Ω)	电气特性				轨道电流滞后局部电压相位角
				额定值		工作电压不大于(V)	释放电压不小于(V)	
				电压(V)	电流(A)			
JRJC-45/300	局部	2Q 2H	300	220	0.08			162° ±5°
	轨道		45			14	7	
JRJC-40/265	局部	4 组转换	265	220	0.11			
	轨道		40			14	7	

一、交流二元继电器的结构

JRJC-$\frac{45}{300}$ 型和 JRJC-$\frac{40}{265}$ 型交流二元继电器的结构相同，仅参数不同，接点组数不同。

JRJC-$\frac{45}{400}$型交流二元继电器结构如图 1-31 所示，由电磁系统、翼板、接点等主要部件组成。

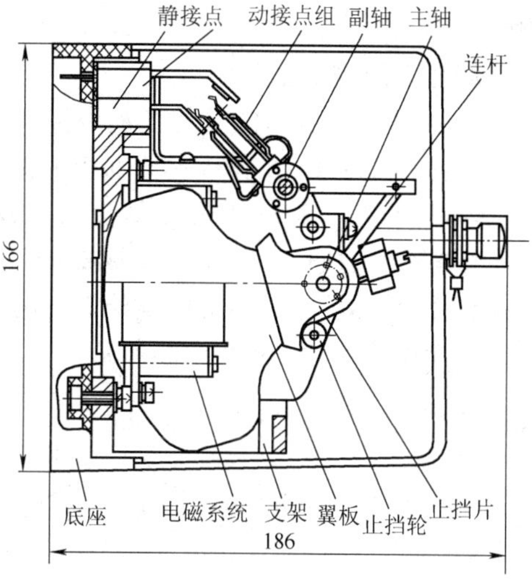

图 1-31 JRJC-$\frac{45}{300}$型继电器结构（单位：mm）

1. 电磁系统

电磁系统包括局部电磁系统和轨道电磁系统。局部电磁系统由局部铁芯和局部线圈组成。轨道电磁系统由轨道铁芯和轨道线圈组成。铁芯均由硅钢片叠成。线圈是用高强度漆包线绕在线圈骨架上而构成的。

2. 翼板

翼板是将电磁系统的能量转换为机械能的关键部件。翼板由 1.2 mm 厚的铝板冲裁而成，安装在主轴上。翼片尾端安装有重锤螺母，对翼板起平衡作用。在翼板一侧的主轴上还安装一块 2.0 mm 厚由钢板制成的止挡片，与轴成一整体，使翼板转至上、下极端位置时受到限制。

3. 接点组

动接点固定在副轴上，主轴通过连杆带动副轴上的动杆单元使动接点动作，接点组编号如图 1-32 所示。

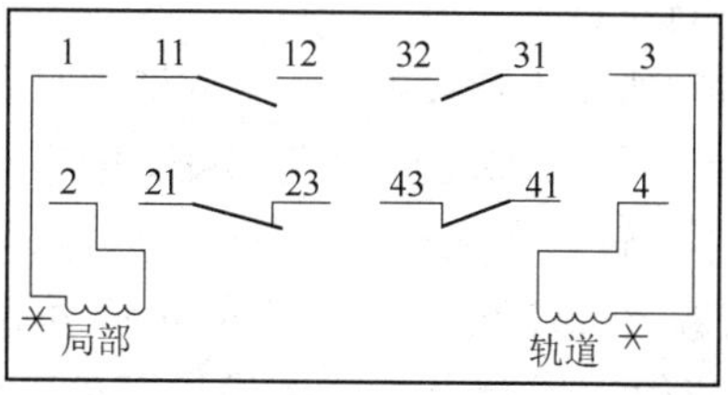

图 1-32 JRJC-$\frac{45}{300}$型继电器接点组编号

JRJC-$\frac{45}{300}$型继电器插座外形尺寸为 126 mm × 165 mm 要占两个安全型继电器的位置。

二、交流二元继电器的工作原理

1. 交流二元继电器的相位选择性

交流二元继电器的磁系统如图 1-33 所示。

当局部线圈和轨道线圈中分别通以一定相位差的交流电流 i_J 和 i_G 时，形成交变磁通 Φ_J 和 Φ_G，磁通穿过翼板时就形成了磁极 J 和 G，在翼板中分别产生感应电流，可看作是由许多环绕磁通的电流环所组成，故称为涡流，以 i_{WJ} 和 i_{WG} 表示。涡流 i_{WG} 和 i_{WJ} 分别与磁通 Φ_J 和 Φ_G 作用，产生电磁力 F_1 和 F_2，即轨道线圈的磁通 Φ_G 在翼板中感应的电流 i_{WG}，在局部线圈磁通 Φ_J 作用下产生力 F_1；局部线圈的磁通 Φ_J 在翼板中感应的电流 i_{WJ}，在轨道线圈磁通 Φ_G 作用下产生力 F_2。F_1 和 F_2 的方向可由左手法则决定，如图 1-34 所示。

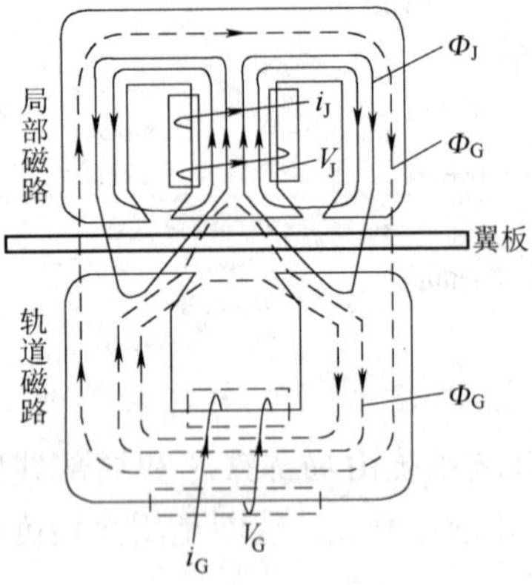

图 1-33　JRJC 型继电器的磁系统

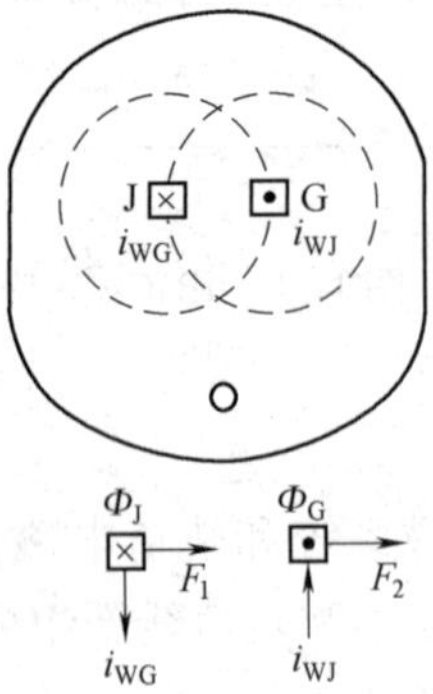

图 1-34　涡流在磁通作用下产生力

轨端绝缘

若使 F_1 和 F_2 同方向，必须 Φ_J 和 Φ_G 方向相反，i_{WG} 和 i_{WJ} 方向相同，或者 i_{WG} 和 i_{WJ} 方向相反，而 Φ_J 和 Φ_G 方向相同。只要在 Φ_J 和 Φ_G 相差 90°的条件下，F1 和 F_2 是同方向的，即任何瞬间翼板总是受一个方向的转动力的作用。当 Φ_J 超前 Φ_G90°时，在翼板上得到正方向转矩，接通前接点；而当 Φ_J 滞后 Φ_G90°时，则在翼板上得到反方向转矩，使后接点更加闭合。如果仅在任一线圈通电，或两线圈接入同一电源，翼板均不能产生转矩而动作，这就是交流二元继电器所具有的可靠的相位选择性，由此可解决轨端绝缘破损的防护问题。

2. 交流二元继电器的频率选择性

如果轨道线圈混入干扰电流，所产生的转矩在一个周期内时平均值为零，即轨道线圈混入干扰电流与固定的 50 Hz 局部电流相作用，翼板不产生转矩，不能使继电器误动。同时，由于翼板的惯性较大，使继电器缓动，跟不上转矩变化的速率，使继电器保持原来的位置而不致误动。

由于交流二元继电器具有频率选择性，不仅可以防止牵引电流的干扰，而且对于其他频率也有同样的作用。可以证明，当轨道线圈电流频率为局部电流频率的 n 倍时，不论电压有多高，翼板均不能产生转矩使继电器误动。

第五节　继电器的应用

应用继电器可构成各种控制和表示电路，统称继电电路。在具体的应用过程中，涉及如何选用继电器,如何识读继电电路,如何分析继电电路,以及如何判断继电器故障等方面。掌握这些技能,有利于正确运用继电器。

一、电路中选择继电器的一般原则

根据电路要求,按继电器的主要参数和指标进行选择。

(1)继电器类型、线圈电阻,应满足各种电路的具体要求。

(2)电路中串联使用继电器时,串联的继电器的数量应满足各继电器正常工作电压的要求。

(3)继电器的接点最大允许电流不应小于电路的工作电流,必要时可采用接点并联的方法。

(4)继电器的接点数量不能满足电路要求时,应设复示继电器,复示继电器应能及时反映主继电器的动作状态。设置复示继电器时一般只设一级复示,当接点数量还不能满足要求时可改变其设计。

(5)电路中串联继电器接点时,要使串联继电器接点的接触电阻不影响电路的正常工作。

二、继电器的表述

1. 继电器的名称符号

继电器一般是根据它的主要用途和功能来命名的,例如反映按钮动作的继电器称为按钮继电器,控制信号的继电器称为信号继电器。为了便于标记,继电器符号用汉语拼音字头来表示,例如信号继电器表示为 XJ。在一个控制系统中会用到许多继电器,同一作用和功能的继电器也不止一个,它们的名称必须有所区别。例如以 LXJ 代表列车信号继电器,DXJ 代表调车信号继电器。

同一个继电器的线圈和接点必须用该继电器的名称符号来标记,以免互相混淆。同一个继电器的各接点组还需用其编号注明,以防重复使用。

2. 继电器的定位

继电器有两个状态:吸起状态和落下状态。在电路图中只能表达这两种状态中的一种,应有所规定。电路图中继电器呈现的状态称为通常状态(简称常态),或称为定位状态。在信号系统中遵循以下原则来规定定位状态。

(1)继电器的定位状态应与设备的定位状态相一致,信号布置图中所反映的设备状态约定为设备的定位状态。例如一般信号机以关闭为定位状态,道岔以开通定位为定位状态,轨道电路以空闲为定位状态。

(2)根据"故障—安全"原则,继电器的落下状态必须与设备的安全侧相一致。例如,信号继电器的落下应与信号关闭相一致,轨道继电器落下应与轨道电路占用相一致。这样,才能实现电路发生断线故障时导向安全侧。

根据以上两条原则就可确定继电器的定位状态了。例如,信号继电器 XJ 落下与信号关闭相对应,规定 XJ 落下为定位状态;道岔定位表示继电器 DBJ 吸起与道岔处于定位相对应,规定 DBJ 吸起为定位状态,而道岔反位表示继电器 FBJ 吸起应与道岔处于反位相对应,故规定 FBJ 落下为定位状态。轨道继电器 GJ 吸起与轨道电路空闲相对应,规定 GJ 吸起为定位状态。

在电路图中,凡以吸起为定位状态的继电器,其线圈和接点处均以"↑"符号标记之;凡以落下为定位状态的继电器,其线圈和接点处均以"↓"符号标记之。

3. 继电器图形符号

在继电电路中，涉及继电器线圈和接点组，它们的图形符号分别见表1-8和表1-9，这些图形符号反映了继电器的某些特性，因此绘图时必须正确选用，以免混淆。表中的接点图形符号有工程图用和原理图用两种。工程图用的符号略为复杂，但能准确表达接点的状态，且不致因笔误而造成误解，所以工程图必须采用工程图用符号。原理图用的接点符号比较简单，但稍有笔误即易造成误认，仅限于设计草图和教学中使用。

继电器符号可画在电路图的不同位置，也可以画在不同的图纸上，当然它们的名称符号要标记清楚。在继电器线圈符号上要注明其定位状态的箭头和线圈端子号。

对于继电器的前接点和后接点，只标出其接点组号，而不必详细表明动接点、前接点、后接点号。但从图中可看出，例如第一组接点，其动接点为11，前接点接通为11-12，后接点接通为11-13。

而对于有极继电器，因无法用箭头表示其状态，所以必须表明其接点号，如111-112接通表示定位接点接通，111-113接通表示反位接点接通，百位数1是为了区别于其他继电器而增加的。

三、继电器线圈的使用

对于有两个线圈参数相同的继电器，它的线圈有多种使用方法：可以两个线圈串联使用，连接2-3电源片，使用1、4电源片；可以两个线圈并联使用，电源片1-3连接，2-4连接，使用1、2或3、4电源片；也可以两个线圈分别使用或单线圈单独使用。

无论哪一种使用方法，都要保证继电器的工作安匝和释放安匝，才能使继电器可靠工作。

可见，单线圈使用时，为了保证得到与两线圈串联使用时同样的工作安匝，通过线圈的电流必须比串联时大一倍，所消耗功率也大一倍。此时，电源容量要大，线圈易发热。因此，继电器大多采用两线圈串联使用的方法。但当电路需要时，也采用分线圈使用的方法。两线圈并联使用时，所需电压比串联时低一半，一般使用在较低电压的电路中。

表1-8　继电器线圈的图形符号

序　号	符　号	名　称	说　明
1	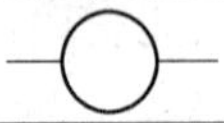	无极继电器	
	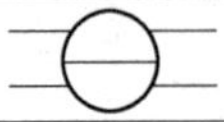		两线圈分接
2		无极缓放继电器	
3			单线圈缓放
4		无极加强继电器	
5	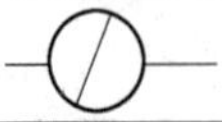	有极继电器	
6	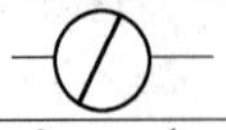	有极加强继电器	
	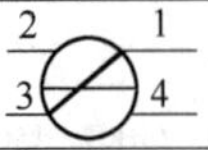		两线圈分接
7	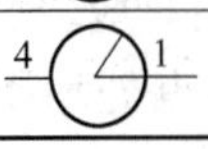	偏极继电器	

续上表

序　号	符　号	名　称	说　明
8	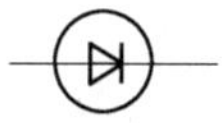	整流式继电器	
9	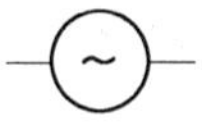	交流继电器	
10	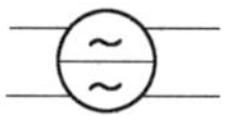	交流二元继电器	

表 1-9　继电器接点的图形符号

序　号	符　号		名　称	说　明
	标准图形	简化图形		
1	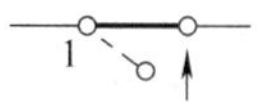	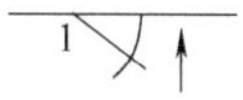	前接点闭合	
2	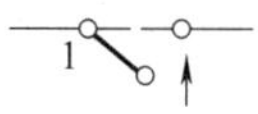	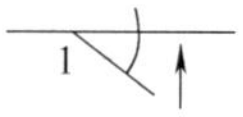	后接点断开	
3	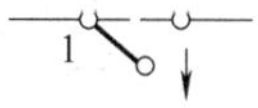		前接点断开	
4	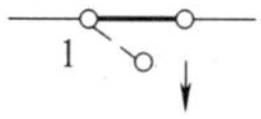		后接点闭合	
5	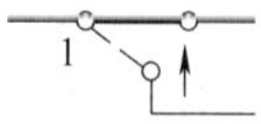		前、后接点组	前接点闭合 后接点断开
	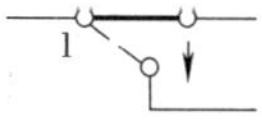			前接点断开 后接点闭合
6	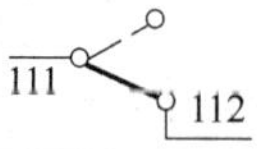	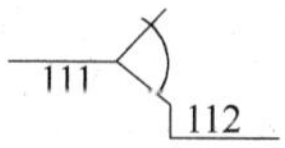	极性定位接点闭合	
7	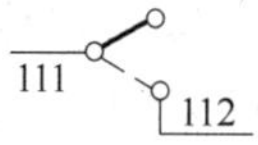	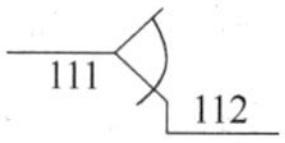	极性定位接点断开	
8	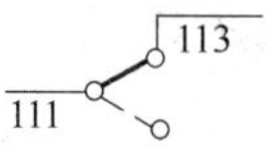	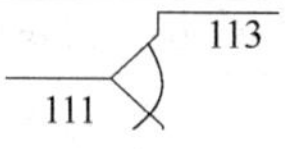	极性反位接点闭合	
9	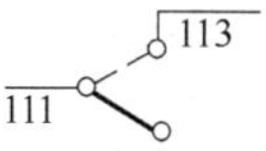	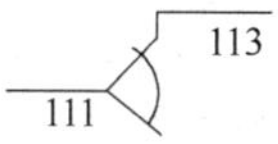	极性反位接点断开	
10	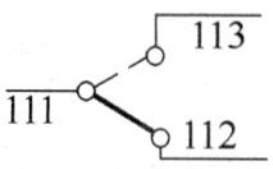	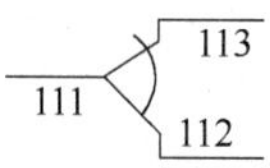	极性定、反位接点组	定位接点闭合 反位接点断开
	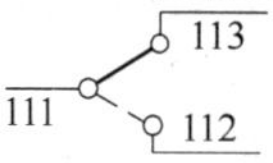	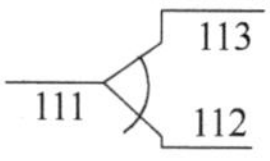		定位接点断开 反位接点闭合

四、继电器基本电路

1. 串联电路和并联电路

根据继电器接点在电路中的连接方式,继电电路可分为串联、并联和串并联三种基本形式。

(1)串联电路

串联电路指继电器接点串联连接的电路,其功能是实现逻辑“与”的运算。图1-35为一串联电路,3个接点必须同时闭合才能使继电器DJ吸起。从逻辑功能来看,接点在电路中的串接顺序是任意的,而且动接点是否接向电源也是任意的。但从工程角度出发,应考虑接点的有效使用,如AJ的后接点可用在别的电路中。

(2)并联电路

由几个继电器接点并联连接的电路称为并联电路,它的功能是实现逻辑“或”运算。如图1-36所示为3个接点并联的例子,其中任一个接点闭合都会使继电器DJ吸起。从工程角度看,也要考虑接点组的有效利用。

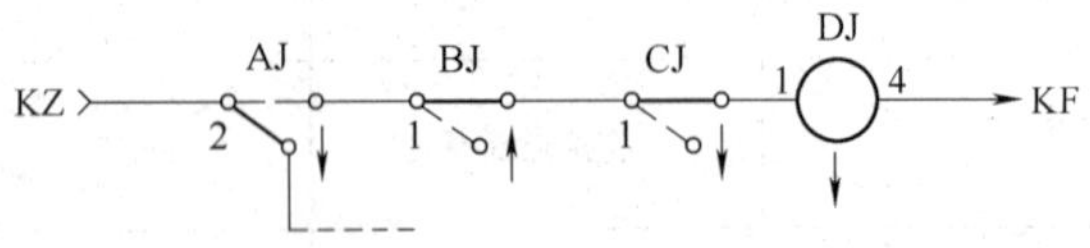

图1-35　串联电路

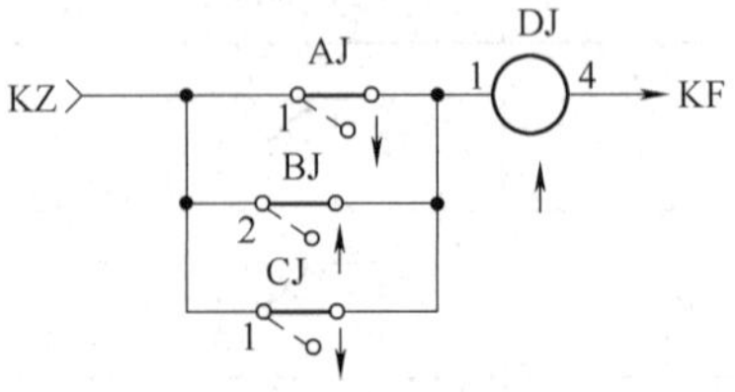

图1-36　并联电路

(3)串并联电路

根据逻辑功能的要求,在电路中有些接点串联,有些接点并联,这类电路称为串并联电路,如图1-37所示。

2. 自闭电路

在继电器构成的控制系统中,常需要将某一动作记录下来为以后的过程做准备。例如图1-38所示的按钮继电器电路,按下自复式按钮A后,继电器AJ经过励磁电路吸起。但松开按钮后,继电器就不能保持吸起。为此,增加由自身前接点构成的电路,使按钮松开后,继电器不落下。这条由自身前接点构成的电路称为自闭电路。有了自闭电路后继电器就有了记忆功能。当然,当它完成任务后,就必须由表示该任务完成的继电器接点使其复原。

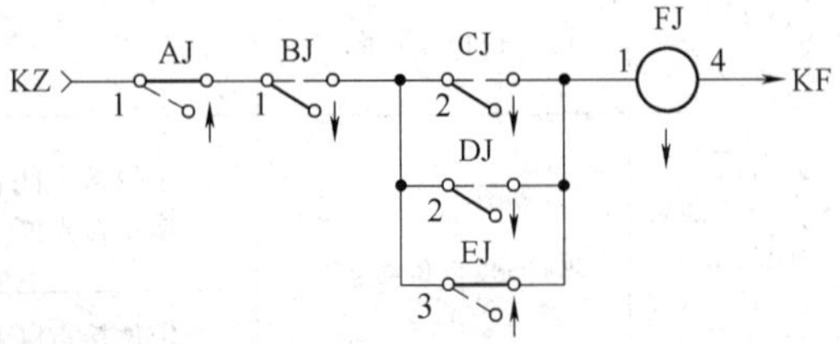

图1-37　串并联电路

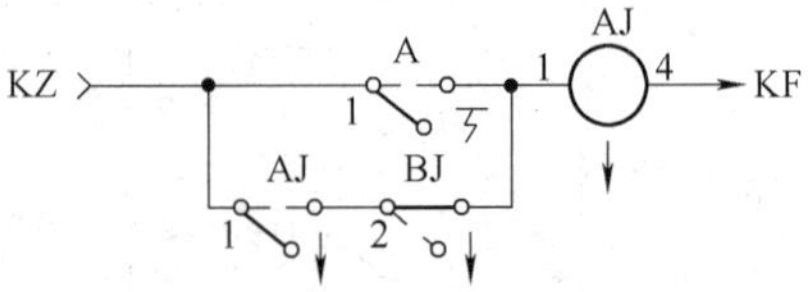

图1-38　自闭电路

五、继电电路的分析法

在设计和分析继电电路时，为了便于认识和掌握电路的逻辑功能、继电器动作顺序、继电器动作时机和继电器励磁回路，需采用一些简便的分析方法，通常有动作程序法、时间图解法和接通径路法。

1. 动作程序法

动作程序法用来表示继电器的动作过程，着重反映继电电路的时序关系因果关系，而不严格地表达逻辑功能。

用符号表示各继电器状态的变化，"↑"表示继电器吸起，"↓"表示继电器落下，(这里↑、↓表示继电器的动作，不要和电路图中表示继电器定位状态的↑、↓相混淆)。"→"表示促使继电器吸起、落下。"|"表示逻辑"与"。

例如对于图 1-39(a)所示的脉动偶电路(由两个继电器组成的脉冲形成电路)，可写出它的动作程序，如图 1-39(b)所示。

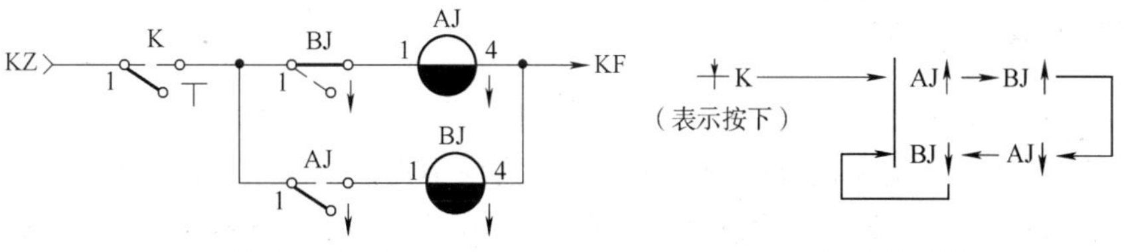

图 1-39 脉动偶电路及其动作程序

2. 时间图解法

有些继电电路的时间特性要求较严格，整个电路动作过程与继电器的时间特性(如缓放时间的长短)密切相关。这时，可用时间图解法来较准确地进行分析。时间图解法能很清楚地表示出各继电器的工作情况、相互关系和时间特性，能正确地反映整个电路的动作过程。

时间图解法就是把继电器线圈通电、前接点断开、后接点闭合、线圈断电、前接点断开、后接点闭合等都用时间图表示出来。继电器之间的互相关系，在时间图上用箭头表示。

如图 1-39 所示的脉动偶电路，它的动作过程的时间图如图 1-40 所示。

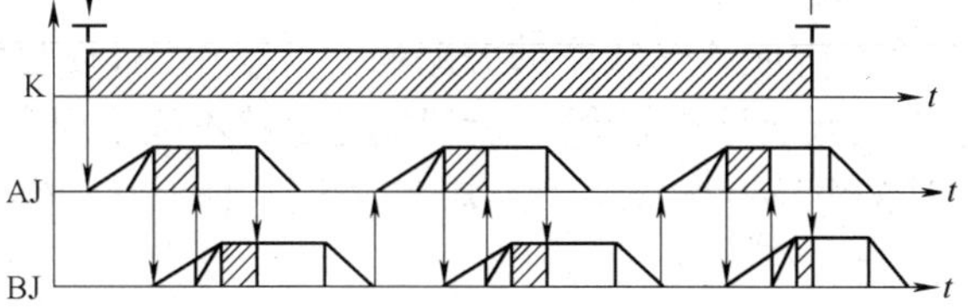

图 1-40 脉动偶电路时间图解

3. 接通径路法

接通径路法用来描述继电器励磁电流的径路，即由电源正极经继电器接点、线圈及其他器件(按钮接点、二极管等)流向电源负极的回路,它是在分析继电器电路中常用的方法(俗称跑电路,不一定写下来)。

例如,对于图 1-39 所示的脉动偶电路,其励磁电路如下:

$$KZ—K_{11\text{-}12}—BJ_{11\text{-}13}—AJ_{1\text{-}4}—KF$$

$$KZ—K_{11\text{-}12}—AJ_{11\text{-}12}—BJ_{1\text{-}4}—KF$$

式中各接点及器件的下标是它们在电路中具体连接的接点号或端子号,接点之间用"—"联系,它表示经由,而不用"→",没有促使的含义,以避免和动作程序法中的"→"相混淆。

一个继电器可能有多条励磁电路,需分别对接通径路予以描述。

接通径路法仅表达了继电电路的导通路径,而不能反映电路的逻辑功能。对于复杂的继电电路,在对其逻辑功能不熟悉的情况下,可先用接通径路来加以描述。

在实际应用过程中,通常将动作程序法和接通径路法结合起来使用,一方面,在掌握继电电路动作程序的情况下,能方便地跑通电路;另一方面,在跑通电路的过程中,加深对动作程序的理解。

六、继电器电路安全措施

继电器电路中常见故障有:熔断器熔断(断路器脱扣)、断线、脱焊、螺丝松脱、线圈烧坏、接点接触不良、器件失效、插接件接触不良、线间绝缘不良、线路混入电源等,故障种类很多。但就其对电路的影响可以归纳为两大类:一类使电路开路,称为断线故障;另一类使电路混线,称为混线故障。断线故障会导致吸起的继电器错误落下或使应吸起的继电器不能吸起。混线故障可能使不应吸起的继电器错误吸起或使已吸起的继电器不能及时落下,继电器电路的安全性主要是解决断线防护和混线防护问题。

1. 断线防护电路

电路的断线故障远多于混线故障,据此必须按闭合电路法(以电路断开对应安全侧,以电路闭合对应危险侧)设计继电电路,即发生断线故障时使继电器落下以满足"故障—安全"的要求。图 1-41 所示的两个电路是等效的。即 AJF 是 AJ 的复示继电器,但两者结构不一样,图 1-41(a)符合闭合电路原理,无论何处发生断线故障都导致 AJF 在落下状态,具有"故障—安全"性能。

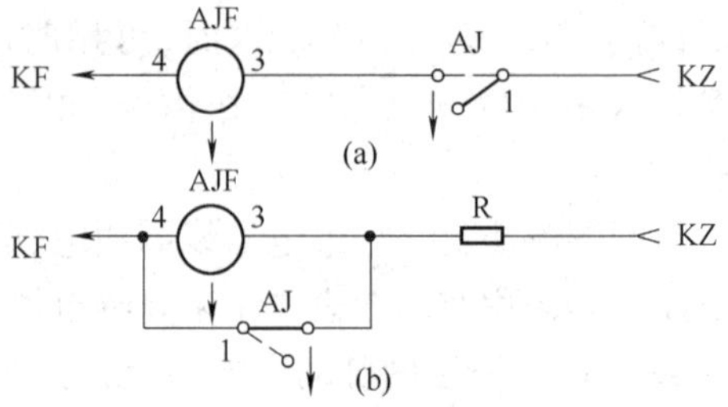

图 1-41　断线防护电路

图 1-41(b)是利用 AJ 的接点构成 AJF 线圈的旁路而使 AJF 落下,称为旁路控制电路,其发生断线故障时 AJF 反而错误吸起而导向危险侧,所以安全电路不能采用旁路控制电路。

按闭合电路原理设计的电路是断线保护的基本方法,它能对任何断线故障有反映,故可认为它具有断线故障自检能力。

2. 混线防护电路

继电电路按闭合电路原理设计,在混线故障情况下就有可能使继电器错误吸起而导向危险侧。因此尽管混线故障远少于断线故障,也必须慎重地采取防护措施。实际上,要使电路的各点都进行混线防护,是困难的,也是不可能的。室内环境较好,只要采取严格的施工工艺,电路极少发生混线故障,一般不采取防护措施。

(1)位置法

位置法也称远端供电法,是针对室外电路之间混线而采取的措施。例如,在图1-42 中两电路的逻辑功能是等同的,但电路结构不同,图 1-42(a)的继电器和电源均在电路的同一侧,发生混线故障时继电器将无条件地错误吸起,这十分危险。而在图 1-42(b)中,继电器和电源分设在电路两侧,发生混线故障时,一方面使继电器短路,另一方面在接点 DB(转辙机接点)闭合的情况下使电源处的熔断器熔断,从而使继电器落下,导向了安全侧。所以,位置法的关键是继电器和电源必须分别设在可能混线位置的两侧。

(2)极性法

极性法是针对室外电路混入电源而采取的措施。如图 1-43 所示,电路中采用偏极继电器。当 Q 线上混入正电时,与电源极性一致,则继电器 1JGJ 仍保持吸起,Q 线上混入负电时,则熔断器熔断,使继电器 1JGJ 落下导向安全侧。在 H 线上混入电源情况同样如此。如果在列车占用 1JG 时,1GJ↓,此时若在 Q 上混入负电,H 线上混入正电,则 1JGJ 因极性不符,不吸起,而如果采用无极继电器就不能达到此目的。

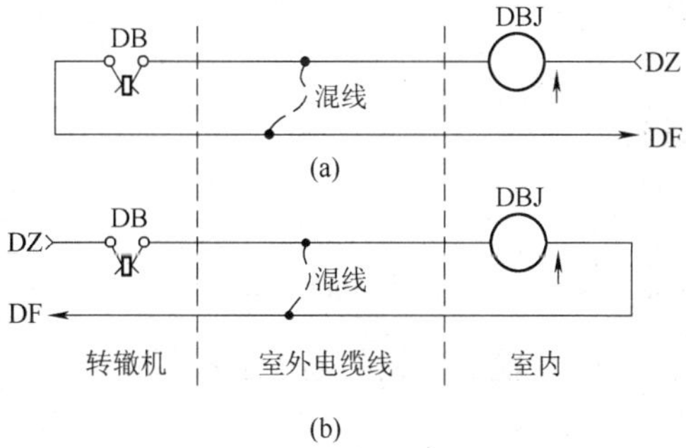

图 1-42 混线防护电路

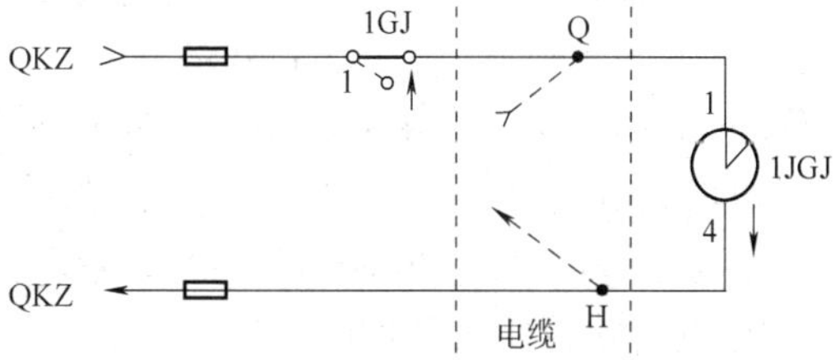

图 1-43 极性法混线防护电路

(3)双断法

双断法是在电路的 Q 线和 H 线上都接入同样的控制接点,来防止混线混电故障,如图 1-44 所示。如不采用双断,则当 a、b 两点同时发生接地或控制接点引出端子间发生短路等故障时,尽管控制接点未闭合,也能使继电器错误吸起。但若采用双断法,这种可能性就大大减小。Q 线或 H 线混入电源,也可防护。

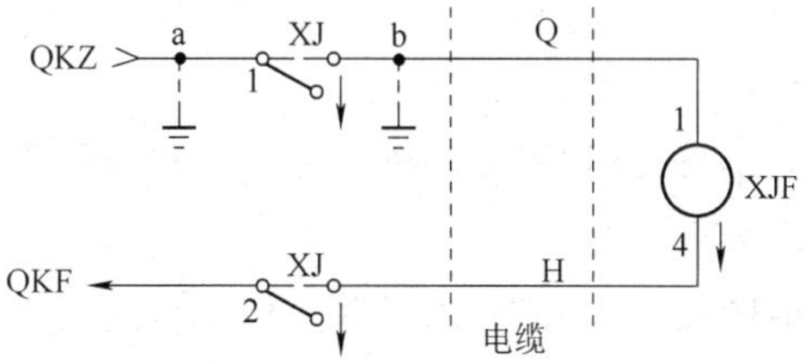

图 1-44 双断法混线防护(1)

又如图 1-45(a)所示,若不采用双断法,继电器 1DBJ 和 1FBJ 的 Q 线之间发生混线故障,则 1FBJ 将错误吸起;若采用双断法,如图 1-45(b)所示,则 Q 线间发生混线故障时也不会使 1FBJ 错误吸起。

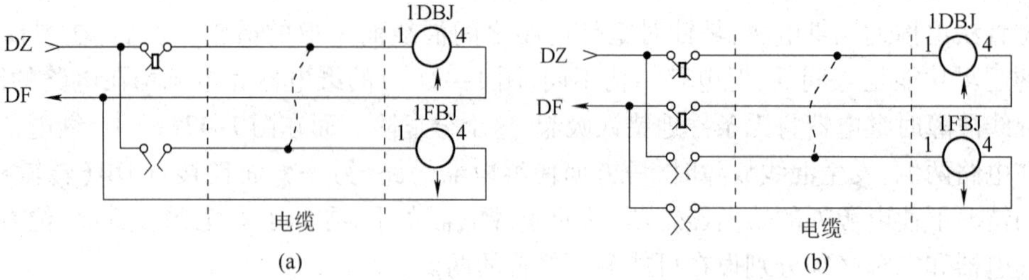

图 1-45 双断法混线防护(2)

(4)独立电源法

独立电源法也称为电源隔离法。从上述双断法分析中可以看出,在混线故障情况下导致继电器错误吸起的原因在于继电器未采用独立电源或多个继电器共用一个电源所致。如果每个继电器有各自的电源且没有公共回线,那么任何两条线路混线都不会构成错误的闭合电路使继电器吸起。但为每个继电器设直流电源很不经济,故在直流电路中未采用,然而在交流电源中可以很方便地利用变压器实现电源隔离,例如轨道电路、信号点灯电路和道岔表示电路都采用变压器隔离。图 1-46 所示为道岔表示电路,其中的 BB 就是专用的隔离变压器。

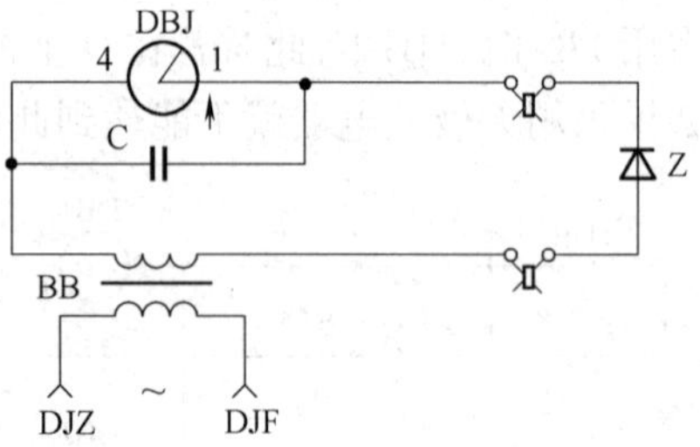

图 1-46 独立电源防护

以上几种措施也可能同时采用。

此外还有分路法(当继电器处于落下状态时接通继电器线圈的分路线,以防止因混入电源而错误吸起)、分线法(重要的继电器电路不与其他继电器共用回线)等。

复习思考题

1. 简述继电器的基本原理。
2. 何谓继电特性?继电器在城市轨道交通信号中有哪些作用?
3. 信号继电器如何分类?
4. 识读表 1－1 中的安全型继电器型号。
5. 安全型继电器的插座编号、鉴别销和型别盖有什么作用?举例说明。
6. 安全型继电器有哪些特点?
7. 简述无极继电器的结构和工作原理,由哪些主要部件组成?各起什么作用?
8. 无极加强继电器结构上有何特点?
9. 整流式继电器结构上有哪些特点?其与无极继电器有何异向?
10. 有极继电器的磁路结构有何特点?简述其工作原理。
11. 偏极继电器的磁路结构有何特点?简述其工作原理。
12. 安全型继电器的电气特性主要包括哪些?各有什么含义?
13. 如何改变安全型继电器的时间特性?

14. 什么是安全型继电器的机械特性和牵引特性？它们应如何配合？

15. 安全型继电器接点采用什么材料？为什么采用这些材料？安全型继电器的接点有哪些接触形式？

16. 如何灭接点火花？如何灭弧？

17. 交流二元继电器结构有何特点？用于何处？它如何具有相位选择性和频率选择性？

18. 总结各类继电器的异同。

19. 电路中选择继电器有哪些原则？

20. 识读各种继电器的名称和图形符号。

21. 继电器线圈有哪些使用方法？各用于何种场合？

22. 有哪些基本继电电路？何谓自闭电路？有何作用？

23. 继电电路采用哪些分析电路的方式？各有什么特点？

24. 继电电路如何进行断线防护？何谓闭路式原理？

25. 继电电路如何进行混线防护？各种防护方法各有什么特点？

第二章　信　号　机

城市轨道交通多采用 LED 信号机。在城市轨道交通中,列车的运行速度不取决于信号的显示,即信号为非速差信号。允许信号的绿灯、黄灯并不表示列车的运行速度,而是代表列车的运行进路是走道岔直股还是弯股。

第一节　LED 信号机

LED 信号机构采用铝合金材料,信号点灯单元由发光二极管 LED 构成。LED 信号机构及控制系统,在 LED 驱动电路与二极管供电方式的设计方面取得突破,从机械结构到电路的安全可靠性,以及现场安装、操作、更换等方面,经不断完善、改进已形成系列产品。LED 信号显示系统作为一种节能、免维护的新型光源被成功运用。

在城市轨道交通中,为了减小设备限界对安全运营的影响,采用机构比较小的 LED 信号机构。

一、LED 信号机的优点

LED 信号机构采用轻便、耐腐蚀的单灯铝合金机构,组合灵活、安装简单。显示距离超过 1.5 km 且清晰可辨,安全可靠。通过监测控制系统的电流,可监督信号显示系统的工作状态,预警异常情况,有助于准确判断故障点,并及时处理。LED 信号机构重量大大减小,便于施工安装,密封条件好,使用寿命长,可达 10^5 h。用 LED 取代传统的双丝信号灯泡和透镜组,从而彻底消除灯丝断丝这一多发性的信号故障,可以做到免维护,结束了普通信号机定期更换信号灯泡的维修方式,减少维修工作量,节省维修费用。

用发光盘取代信号灯泡具有以下的显著优点:

(1)可靠性高

发光盘是用上百只发光二极管和数十条支路并联工作的,在使用中即使个别发光二极管或支路发生故障也不会影响信号的正常显示,提高了信号显示的可靠性。

(2)寿命长

发光二极管的寿命是信号灯泡的 100 倍,改用发光盘后可免除经常更换灯泡的麻烦且有利于实现免维修。

(3)节省能源

传统信号灯泡耗电为 25 W,而发光盘的耗电量还不到信号灯泡的 1/2。

(4)聚焦稳定

发光盘的聚焦状态在产品设计与生产中已经确定:现场不需调整,给安装与使用带来方便,并能始终保持良好的聚焦状态。

(5)光度性好

发光盘除有轴向主光束外,还有多条副光束,有利于增强主光束散角之外及近光显示效果。

(6)无冲击电流

点灯时没有类似信号灯泡冷丝状态的冲击电流,有利于延长供电装置的使用寿命,并减少对环境的电磁污染。

二、LED 信号机组成和工作原理

LED 信号机由铝合金信号机构、LED 发光盘和发光盘专用点灯装置组成。

1. 铝合金信号机构

铝合金信号机构分为高柱机构和矮型机构。

高柱信号机构由背板总成、箱体总成、遮檐和悬挂装置 4 部分组成。背板总成带有背板,并用来安装箱体总成。背板总成分为二灯位背板总成(设有两个灯位安装孔)和三灯位背板总成(设有三个灯位安装孔)两种,两种背板总成的高度不同。把每个灯位组装成一个整体称为高柱箱体总成。箱体总成也分为二灯位箱体总成和三灯位箱体总成两种,两种机构除背板总成不同外,其余均相同。用两个箱体总成分别固定在二灯位背板总成上,即构成二灯位高柱信号机构。用三个箱体总成分别固定在三灯位背板总成上,即构成三灯位高柱信号机构,如图 2-1 所示。遮檐用螺钉装在机构箱体上的玻璃卡圈上。悬挂装置将背板总成固定在信号机水泥机柱上,采用现有的上部托架、下部托架等设备并经特殊的喷涂表面处理,以增强其抗锈蚀能力。

矮型机构分为二灯位矮型机构(图 2-2)和三灯位矮型机构两种,厂家已按二灯位(或三灯位)组装成一个整体。

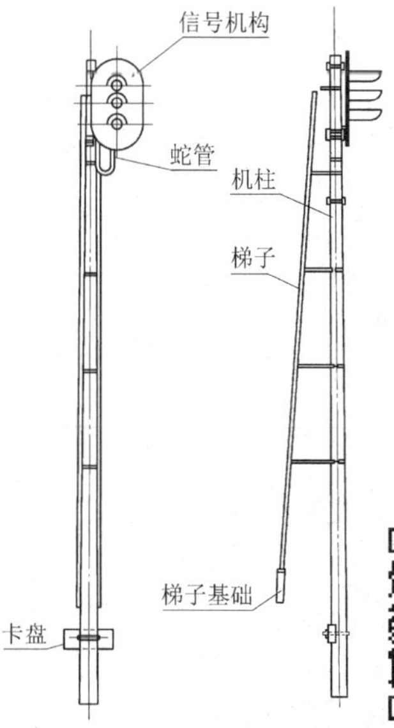

图 2-1 高柱信号机

高柱色灯信号机

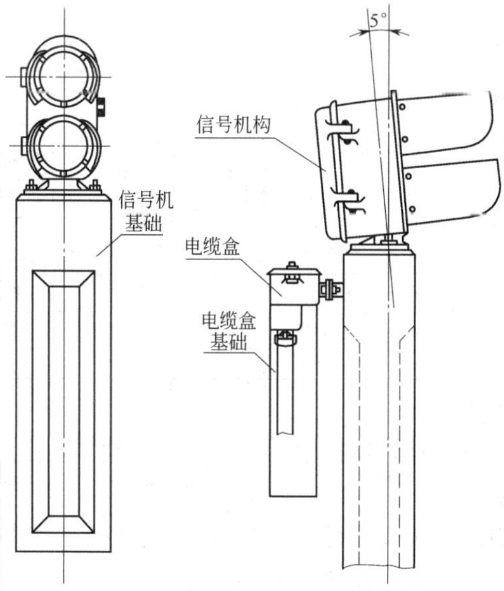

(a) 正面 (b) 侧面

图 2-2 矮型信号机

矮型信号机

2. LED 发光盘

LED 发光盘(简称发光盘)是采用发光二极管制成的信号灯的新光源,分为高柱发光盘、矮型发光盘和表示器发光盘。

发光盘为圆形盘状结构,可与多种传统信号机构兼容,其上安装众多发光二极管,如图 2-3 所示。

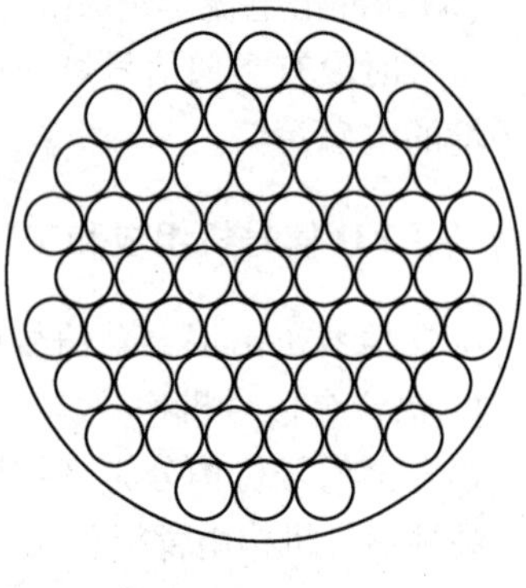

图 2-3　发光盘

发光盘前罩上有鉴别销,以确认该灯位的颜色。只有发光盘的灯光颜色与该灯位灯箱玻璃卡圈上的鉴别槽相吻合时才能安装。

发光盘前罩上有三个突出的卡销,用来在安装时对准灯箱玻璃卡圈上的三个卡槽,以安装牢固。

为满足曲线轨道的信号显示,可根据现场实际需要,安装偏散镜片,叠装在需要偏散的发光盘的前面。

发光盘后面有一个凸起的防雷盒。

3. 发光盘专用点灯装置

发光盘专用点灯装置是与发光盘配套使用的点灯装置。该装置输出的是稳定的 12 V 直流电压,不仅性能稳定可靠,能适用于电压波动较大的区段,而且使用方便,现场不需要调整。

发光盘专用点灯装置原理框图如图 2-4 所示,由隔离变压器、整流电路、稳压电路和告警电路构成。输入电源经变压、整流后,由两路稳压电路进行稳压,两路稳压电路热备,以保证输出稳定的 12 V 直流电压。当发光盘内部 LED 损坏数量超过总数的 30% 及主、备路电源一路发生故障时,均产生告警条件,接通告警电路发出告警。

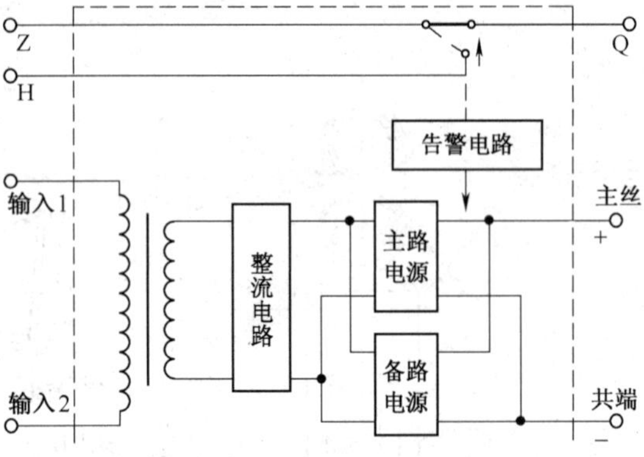

图 2-4　发光盘专用点灯装置原理框图

装置采用主、备路电源热备切换的工作模式,当主路电源发生故障时,自动切换到备路电源。

电路采用电磁兼容设计,具有较强的抗电磁干扰能力。

输入端一侧接防雷模块。

装置输入端采用变压器隔离,具有体积小、重量轻、稳压范围宽等特点;采用一体化设计,配线简单,施工方便;采用插入式安装方式,便于检修和更换。

第二节 轨旁信号机

一、轨旁信号机的设置

1. 轨旁信号机的设置原则

(1)设于列车运行方向右侧

城市轨道交通采用右侧行车制,其轨旁信号机设于列车运行方向的右侧,在地下部分一般安装在隧道壁上。特殊情况(如因设备限界、其他建筑物或线路条件等影响)可设于列车运行方向的左侧。

(2)信号机柱的选择

高柱信号机具有显示距离远,观察位置明确等优点,因此车辆段的进段、出段信号机,以及停车场的进场、出场信号机,均采用高柱信号机。

由于隧道内安装空间有限,一般采用半高柱信号机(最低灯位距轨面为 1.2 m)或者矮型信号机。

调车信号机由于对显示距离要求不远,采用矮型信号机。

(3)信号机限界

信号机不得侵入设备限界。设备限界是用以限制设备安装的控制线。

直线地段的设备限界是在直线地段车辆限界外扩大一定安全间隙后形成的;车体肩部横向向外扩大 100 mm,边梁下端横向向外扩大 30 mm,接触轨横向向外扩大 185 mm,车体竖向加高 60 mm,受电弓竖向加高 50 mm,车下悬挂物下降 50 mm。

曲线地段设备限界应在直线地段设备限界的基础上,按平面曲线不同半径过超高或欠超高引起的横向和竖向偏移量,以及车辆、轨道参数等因素计算确定。

2. 信号机的设置

城市轨道交通的信号机设置不同于铁路,规定在 ATC 控制区域的线路上道岔区设防护信号机,其他类型的信号机可根据需要设置。《地铁设计规范》对信号机的设置未做具体规定,各地城市轨道交通的信号机设置可能不尽相同。

(1)正线上的信号机设置

正线上的道岔区设防护信号机。防护信号机设于道岔岔前和岔后的适当地点,如图 2-5 所示。具有出站性质的道岔防护信号机应设引导信号。

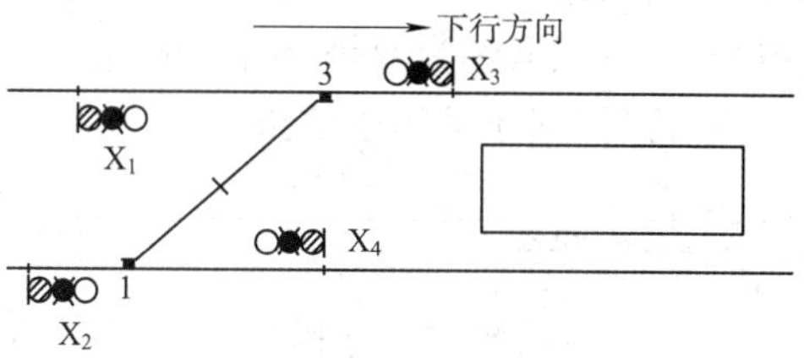

图 2-5 防护信号机的设置示意图

采用 ATC 的城市轨道交通:自动闭塞通过信号机已失去主体信号的作用,所以区间分界点一般可不设通过信号机。当 ATP 车载设备发生故障时,为便于司机掌握列车运行位置,可结合系统特点设置必要的地点标志,根据需要也可设置通过信号机(例如,站间距离较大采用后备模式时)。

车站一般不设进站信号机,在正向出站方向的站台侧列车停车位置前方适当地点设置出站信号机和发车指示器。

线路尽头设阻挡信号机。

某折返站的信号机布置示意如图 2-6 所示。车站应设发车指示器或发车计时装置。

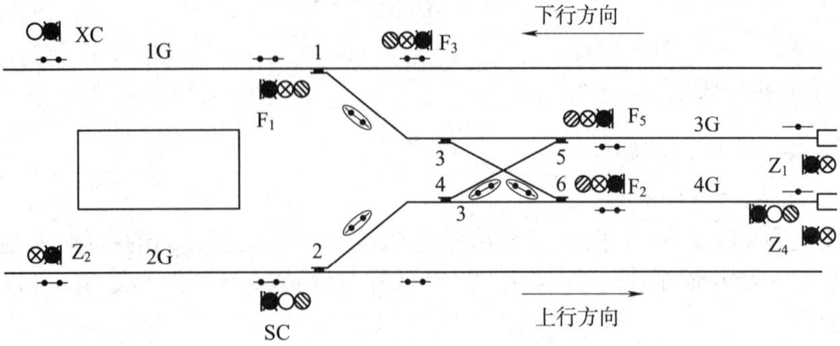

图 2-6　某折返站的信号设备平面布置

(2)车辆段/停车场的信号机设置

在车辆段/停车场入口处设进段(进场)信号机,在车辆段/停车场出口处设出段(出场)信号机。列车进段后按列车进路进库,需设进、出库信号机;若按调车方式进库,则不设进、出库信号机。在同时能存放两列及以上列车的停车线中间进段方向,设列车阻挡信号机(可兼作调车信号机)。车辆段/停车场内其他地点根据需要设调车信号机。

3. 信号机命名

正线上的防护信号机、冠以“F”,下缀编号,下行方向编为单号,上行方向编为双号,从站外向站内顺序编号,或以运行方向分别冠以“X”“S”,并下缀编号。为区别所在车站,可在编号后缀车站编号,用字母表示,如 X_{3E},指的是该线第五个车站的 X_3 信号机;或在编号前缀车站编号,用数字表示:如 X1001,指的是该线第十个车站的 X_1 信号机。

出站信号机按运行方向命名为 XC、SC,阻挡信号机冠以“Z”,下缀编号,下行方向编为单号,上行方向编为双号,从站内向站外顺序编号。

区间通过信号机按运行方向命名为 XQ、SQ,下缀编号,下行方向编为单号,上行方向编为双号。

车辆段(停车场)的进段(场)信号机冠以“JD”,出段(场)信号机冠以“CD”。一般为两条进出段(场)线,后缀编号,可以 A、B 区分。进库信号机冠以“JK”,以 1、2 区分;出库信号机冠以“CK”,后缀运用线的编号。列车阻挡信号机和调车信号机冠以“D”,下缀编号,下行咽喉编为单号,上行咽喉编为双号,从段外向段内顺序编号。

也可以根据业主的要求命名。

二、信号显示

1. 信号显示颜色的选择

城市轨道交通信号颜色的选择,应能达到显示明确、辨认容易、便于记忆和具有足够的显示距离等基本要求。经过理论分析和长期实践,信号的基本色为红、黄、绿三种,再辅以蓝色、月白色,构成信号的基本显示系统。

城市轨道交通信号的光源为白炽灯产生的白色光。白光是一种复合光,由红、橙、黄、绿、青、蓝、紫七种颜色的光混合而成。其中红光波长最多,紫光波长最短,一般来说,波长越长,穿透周围介质(如空气、水汽等)的能力越强,显示距离越远。

同样强度的光，红光最诱目，因为人眼对红色辨认最敏感且红色比其他颜色的光都更能引人注意，对人会产生不安全感，所以规定红色灯光为停车信号是最理想的。

黄色（实际上是橙黄色，简称黄色）玻璃透过光线的能力较强，显示距离较远，又具有较高的分辨力，辨认正确率接近100%，故采用黄色灯光作为注意和减速信号。

绿色和红色的反差最大，容易分辨，而绿色灯光显示距离亦较远，能满足信号显示的要求，故采用绿色灯光作为按规定速度运行的信号。

调车信号机一般不采用红色灯光，而选用蓝色灯光作为禁止调车信号较合适，因其具有较高的诱目性和较大的辨认率。车辆段内均按调车方式行车时，其调车信号机采用红色灯光作为禁止调车信号。调车信号机的允许信号采用月白色灯光，主要目的是可与一般普通照明电源相区别。蓝色、月白色灯光虽显示距离较近，但因为调车速度较低，所以能满足调车作业的需要。

2. 机构选用和灯光配列

色灯信号机的机构有二显示、三显示。二显示和三显示可以单独使用，也可以组合（以及与单显示机构组合）构成各种信号显示。

（1）色灯信号机灯光配列和应用的规定

①当根据实际情况需减少灯位时，应用空位停用方式处理。减少灯位的处理方式可以维持信号机应有的外形，以防误认，如阻挡信号机只占红灯，将另一灯位封闭，又如防护信号机若无直向运行方向时，仍采用三显示机构，将绿灯封闭；存车线中间进段方向的列车阻挡信号机采用二显示机构，将绿灯封闭。

②以两个基本灯光组成一种显示时，应有一定的间隔距离，以保证显示清晰，如防护信号机的红灯和黄灯同时点亮表示引导信号，其间隔开一个绿灯灯位。

③双机构加引导信号是一种专门的信号机型式，需要时，进段（场）信号机可采用此型式。

（2）各种信号机的灯光配列

①防护信号机

防护信号机采用三显示机构，自上而下灯位为黄（或月白）、红、绿。若不允许反方向直行，如图2-6中的F_1，绿灯封闭；若不允许正方向直行，如图2-6中的F_2、F_5，绿灯封闭；若位于岔后没有侧向位置，如图2-6中的F_3，不点单黄灯（此时黄灯仅作引导信号）。

出站信号机

②出站信号机

出站信号机仅指示出站时，采用二显示机构，自上而下灯位为绿、红；兼作防护信号机时，如图2-6中的SC，采用三显示机构，自上而下灯位为黄、绿、红。

③阻挡信号机

阻挡信号机为一个红灯。

④进段（场）信号机

进段（场）信号机灯光配列可同防护信号机，亦可采用双机构（两个二显示）带引导机构，自上而下灯位为黄、绿、红、黄、月白。

⑤出段（场）信号机

出段（场）信号机采用三显示机构，红、绿、带调车白灯。

⑥列车阻挡信号机、

列车阻挡信号机采用三显示机构，绿灯封闭，红灯，带调车白灯。

⑦调车信号机

调车信号机采用二显示机构,自上而下灯位为白、蓝(或红)。车辆段为有列车进路时,调车信号机采用蓝灯;只有调车进路时,可用红灯代替蓝灯。

⑧通过信号机

若采用自动闭塞,其通过信号机为三显示机构,自上而下灯位为黄、绿、红。

3. 信号显示制度

(1)信号显示基本要求

①信号机定位

将信号机经常保持的显示状态作为信号机的定位。信号机定位的确定,一般是考虑保证行车安全,提高运输效率及信号显示自动化等因素。除采用自动闭塞时,通过信号机显示绿灯为定位外,其他信号机一律以显示禁止信号(红灯或蓝灯)为定位。

②信号机关闭时机

除调车信号机外,其他信号机,当列车第一轮对越过该信号机后及时地自动关闭。调车信号机在调车车列全部越过调车信号机后自动关闭。

③视作停车信号

信号机的灯光熄灭、显示不明或显示不正确时,均视为停车信号。但是在某些信号控制系统中,正常模式状态下规定信号机灭灯,后备模式才点亮信号机。

(2)信号显示意义

《地铁设计规范》对信号显示未做统一规定。一般,除预告信号机外,所有正线信号机的主体信号均为绿、红、黄(或月白)三显示,绿灯表示运行,开通直股;黄灯(或月白)表示运行,开通弯股;红灯表示停车。有的进段信号机带引导月白灯。预告信号机为黄、绿、红三显示。

在有些城市采用CBTC的轨道交通线路,正线信号机增加蓝灯显示。CBTC正常运用时,显示蓝灯,使用降级模式时,才显示相应灯光。

(3)信号显示距离

各种轨旁信号机及表示器的显示距离应符合下列规定:

①调车信号应不小于200 m。

②引导信号应不小于100 m。

③各种轨旁信号机显示距离为无遮挡条件下的最小显示距离。

三、信号机控制模式

信号机按控制模式有普通信号机、连续通过信号机、自动信号机三种。

1. 普通信号机

普通信号机由人工手动排列进路时,条件满足后开放信号。

2. 连续通过信号机

当信号机设为连续通过信号机后,并且列车出清进路中所需检查的轨道电路后,信号机立即自动重新开放。其办理手续为先排列好进路,信号机开放后,再将该信号机设为连续通过信号。如果要取消进路,需要先取消该信号机模式,才可以取消进路。当连续通过信号机未被设为连续通过时,按普通信号机处理。

3. 自动信号机

在信号机设为自动信号机后,并且当列车占用轨道区段后,信号机自动开放信号。当自动信号机未被设为自动时,按普通信号机处理。

复习思考题

1. LED 信号机如何组成?简述其工作原理。
2. LED 信号机有哪些优点?
3. 轨旁信号机的设置有哪些原则要求?
4. 简述各种信号机的作用及对设置位置的要求。
5. 信号机如何命名?
6. 信号机构如何选用?
7. 信号机如何进行灯光配列?
8. 简述各种信号机的显示意义。
9. 对信号显示距离有哪些规定?
10. 信号机有哪些控制模式?

第三章　转　辙　机

道岔的转换和锁闭是直接关系行车安全的关键。由转辙机转换和锁闭道岔，易于集中操纵，实现自动化。转辙机是重要的信号基础设备，它对于保证行车安全，提高运输效率，改善行车人员的劳动强度，起着非常重要的作用。

第一节　概　述

转辙机是转辙装置的核心和主体，除转辙机本身外，还包括外锁闭装置和各类杆件、安装装置，它们共同完成道岔的转换和锁闭。

转辙机

一、转辙机的作用

转辙机的作用是：

(1)转换道岔的位置，根据需要转换至定位或反位。

(2)道岔转至所需位置而且密贴后，实现锁闭，防止外力转换道岔。

(3)正确地反映道岔的实际位置，道岔的尖轨密贴于基本轨后，给出相应的表示。

(4)道岔被挤或因故处于“四开”(两侧尖轨均不密贴)位置时，及时给出报警及表示。

二、对转辙机的基本要求

对转辙机的基本要求是：

(1)作为转换装置，应具有足够大的拉力，以带动尖轨作直线往返运动。当尖轨受阻不能运动到底时，应随时通过操纵使尖轨回复原位。

(2)作为锁闭装置，当尖轨和基本轨不密贴时，不应进行锁闭。一旦锁闭，应保证不致因车通过道岔时的震动而错误解锁。

(3)作为监督装置，应能正确地反映道岔的状态。

(4)道岔被挤后，在未修复前不应再使道岔转换。

三、转辙机的分类

1. 按传动方式分类

按传动方式分类，转辙机可分为电动转辙机、电动液压转辙机。

电动转辙机由电动机提供动力，采用机械传动。多数转辙机都是电动转辙机，包括 ZD6 系列转辙机和 S700K 型电动转辙机、ZDJ9 型电动转辙机。

电动液压转辙机简称电液转辙机，由电动机提供动力，采用液力传动。ZYJ7 型转辙机即为电液转辙机。

2. 按供电电源种类分类

按供电电源种类,转辙机可分为直流转辙机和交流转辙机。

直流转辙机采用直流电动机,工作电源是直流电。ZD6 系列电动转辙机就是直流转辙机,由直流 220 V 供电。直流电动机的缺点是,由于存在换向器和电刷,易损坏,故障率较高。

交流转辙机采用三相交流电源或单相交流电源,由三相异步电动机或单相异步电动机(现大多采用三相异步电动机)作为动力。S700K 型电动转辙机、ZDJ9 型电动转辙机和 ZYJ7 型电液转辙机为交流转辙机。交流转辙机采用感应式交流电动机,不存在换向器和电刷,因此故障率低,可以做到在额定的动作次数内免维护,而且单芯电缆控制距离远。

3. 按锁闭道岔的方式分类

按锁闭道岔的方式,转辙机可分为内锁闭转辙机和外锁闭转辙机。

内锁闭转辙机依靠转辙机内部的锁闭装置锁闭道岔尖轨,是间接锁闭的方式。ZD6 系列转辙机采用内锁闭方式。内锁闭方式,锁闭可靠程度较差,列车对转辙机的冲击大。

外锁闭转辙机虽然内部也有锁闭装置,但主要依靠转辙机外的外锁闭装置锁闭道岔,将密贴尖轨直接锁于基本轨,斥离尖轨锁于固定位置,是直接锁闭的方式。S700K 型电动转辙机、ZDJ9 型电动转辙机和 ZYJ7 型电液转辙机都采用外锁闭方式。外锁闭方式锁闭可靠,列车对转辙机几乎无冲击。

4. 按是否可挤分类

按是否可挤,转辙机分为可挤型转辙机和不可挤型转辙机。

可挤型转辙机内设挤岔保护(挤切或挤脱)装置,道岔被挤时,动作杆解锁,保护了整机。不可挤型转辙机内不设挤岔保护装置,道岔被挤时,挤坏动作杆与整机连接结构,应整机更换。电动转辙机和电液转辙机都有可挤型和不可挤型。

此外,各种转辙机还有不同转换力和动程的区别。

四、转辙机的设置

城市轨道交通的正线上一般采用 9 号单开道岔,每组道岔可用一台 ZD6-D 型电动转辙机牵引。如果正线上采用的是 9 号 AT 道岔,其为弹性可弯道岔,每组道岔需要两点牵引,即一组道岔需两台转辙机牵引:若采用 S700K 型或 ZDJ9 型电动转辙机,则第一、第二牵引点各用一台转辙机;若采用 ZYJ7 型电液转辙机,则第一牵引点用一台 ZYJ7-B 型主机,第二牵引点用一台 SH6 型转换锁闭器,也可第一、第二牵引点各用一台 ZYJ7-B 型电液转辙机。

如果采用 9 号三开道岔,则一组道岔需两台转辙机牵引。复式交分道岔的两组尖轨和两组可动心轨各由一台转辙机牵引。

个别线路采用 12 号道岔,尖轨由两台转辙机牵引,采用 18 号可动心轨道岔时,尖轨由三台转辙机牵引,可动心轨由两台转辙机牵引。

车辆段(停车场)一般采用 7 号单开道岔,通常一组道岔由一台转辙机牵引,可采用一台 ZD6-D 型电动转辙机。

第二节 ZD6 系列电动转辙机

ZD6 系列电动转辙机是城市轨道交通使用最广泛的电动转辙机,包括 D、E、J 等派生型号。

ZD6-A 型是 ZD6 系列转辙机的基本型，其他型号 ZD6 型转辙机都是以 ZD6-A 型为基础改进、完善而发展起来的。故以 ZD6-A 型转辙机为重点进行介绍。

ZD6 型电动转辙机

一、ZD6-A 型转辙机

1. ZD6-A 型电动转辙机结构

ZD6-A 型电动转辙机主要由电动机、减速器、摩擦联接器、主轴、动作杆、表示杆、移位接触器、外壳等组成，如图 3-1 所示。

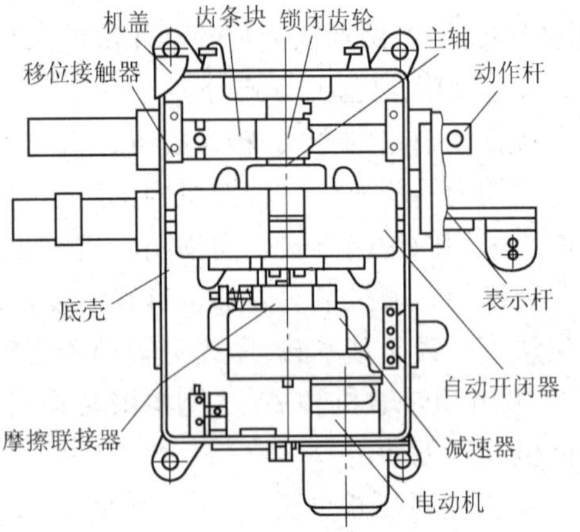

图 3-1 ZD6-A 型电动转辙机结构

电动机为电动转辙机提供动力，采用直流串激电动机。

减速器用来降低转速以获得足够的转矩，并完成传动。由第一级齿轮和第二级行星传动式减速器组成。两级间以输入轴联系，减速器由输出轴和主轴联系。

摩擦联接器构成输出轴与主轴之间的摩擦连接，防止尖轨受阻时损坏机件。

主轴由输出轴通过启动片带动旋转，主轴上安装锁闭齿轮。锁闭齿轮和齿条块相互动作，将转动变为平动，通过动作杆带动道岔尖轨运动，并完成锁闭作用。

动作杆和齿条块用挤切销相连。正常动作时，齿条块带动动作杆；挤岔时，挤切销折断，动作杆和齿条块分离，避免机件损坏。

表示杆由前、后表示杆及两个检查块组成。表示杆随尖轨移动，只有当尖轨密贴且锁闭后，自动开闭器的检查柱才能落入表示杆缺口，接通道岔表示电路。挤岔时，表示杆被推动，顶起检查柱，从而断开道岔表示电路。

自动开闭器由静接点、动接点、速动片、速动爪、检查柱组成，用来表示道岔尖轨所在位置。

移位接触器用来监督挤切销的受损状态，道岔被挤或挤切销折断时，断开道岔表示电路。

安全接点（遮断接点）用来保证维修安全。正常使用时，遮断接点接通，才能接通道岔动作电路。检修时，断开遮断接点，以防止检修过程中转辙机转动影响维修人员作业。

壳体用来固定转辙机各部件，防护内部机件免受机械损伤和雨水、尘土侵入，提供整机安装条件。它由底壳和机盖组成。底壳是壳体的基础，也是整机安装的基础。底壳上设有特定形状的窗孔，便于整机组装和分解。机盖内侧周边有盘根槽，内镶有密封用盘根（胶垫）。

2. 主要部件及作用

（1）电动机

电动机是电动转辙机的动力源，要求具有足够的功率，以获得必要的转矩和转速。电动机要有较大的启动转矩，以克服尖轨与滑床板间的静摩擦。道岔需要向定、反位转换，要求电动机能够逆转。

ZD6-A 型转辙机配用断续工作制直流串激电动机。直流电动机的正转和反转可通过改变激磁绕组（定子绕组）中或电枢（转子绕组）中的电流方向来实现。为配合四线制道岔控制电路，采用正转和反转分开定子绕组的方式，如图 3-2 所示。两个定子绕组通过公共端子分别与转子绕组串联。

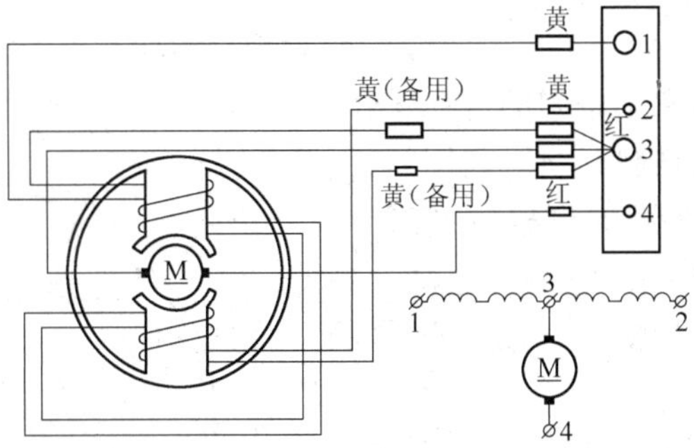

图 3-2　电动机内部接线

(2)减速器

因体积、重量的限制，转辙机所用电动机功率不可能很大，为了得到较大的转矩来带动道岔转换，必须用减速器把转速降下来。

ZD6-A 型转辙机的减速器由两级组成，第一级为定轴传动外啮合齿轮，即小齿轮带动大齿轮，减速比为 103:27；第二级为渐开线内啮合行星传动式减速器，减速比为 41:1，于是总减速比为 $103/27\times41/1=156.4$。

行星传动式减速器如图 3-3 所示。内齿轮靠摩擦联接器的摩擦作用“固定”在减速器壳内，其里装有外齿轮。外齿轮通过滚动轴承装在偏心的轴套上，偏心轴套用键固定在输入轴上。外齿轮上有八个圆孔，每个圆孔内插入一根套有滚套的滚棒，八根滚棒固定在输出轴的输出圆盘上。当外齿轮作摆式旋转时，输出轴就随着旋转。

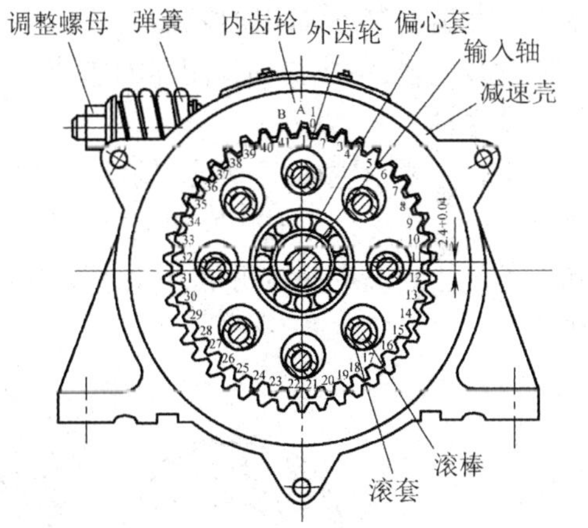

图 3-3　行星传动式减速器

当输入轴随第一级减速齿轮顺时针旋转时，偏心轴套也顺时针旋转，使外齿轮在内齿轮里沿内齿圈作逐齿啮合的偏心运动。当输入轴旋转一周，外齿轮也做一周偏心运动。外齿轮 41 个齿，内齿轮 42 个齿槽，两者相差 1 齿。因此，外齿轮作一周偏心运动时，外齿轮的齿在内齿轮里错位一齿。在正常情况下，内齿轮静止不动，迫使外齿轮在一周的偏心运动中反方向旋转一齿的角度(如图 3-4 中，外齿轮 1 从 A 进入 B，齿 2 进入 A)。当输入轴顺时针方向旋转 41 周，外齿轮逆时针方向旋转一周(齿 1 又返回原位 A)，带动输出轴逆时针方向旋转一周，这样就达到了减速的目的。

外齿轮既在输入轴的作用下作偏心运动，又与内齿轮作用做旋转运动，类似于行星的运动，即既有自转又有公转，所以外齿轮称为行星齿轮，该种减速器称为行星传动式减速器。

为了达到机械转动的平衡，内齿轮里有两个外齿轮，它们共同套在一个输出轴圆盘的 8 根滚棒上，两个外齿轮之间偏向成 180°。

(3)传动装置

传动装置包括减速齿轮、输入轴、减速器、输出轴、启动片、主轴。减速齿轮、输入轴、减速器、输出轴作为减速装置已做介绍。

①启动片

启动片是介于减速器和主轴间的传动媒介。如图3-4所示,它连接输出轴与主轴,利用其正、反两面互相垂直成“十”字形的沟槽,在旋转时自动补偿两轴不同心的误差。它还与速动片相配合,在解锁、锁闭过程中控制自动开闭器的动作。

启动片除了起连接主轴的作用外,还对自动开闭器起控制作用。启动片的十字连接方法,使它与输出轴、主轴同步动作,因此能反映锁闭齿轮各个动作阶段(解锁、转换、锁闭)所对应的转角,用它来控制自动开闭器的动作最能满足要求。

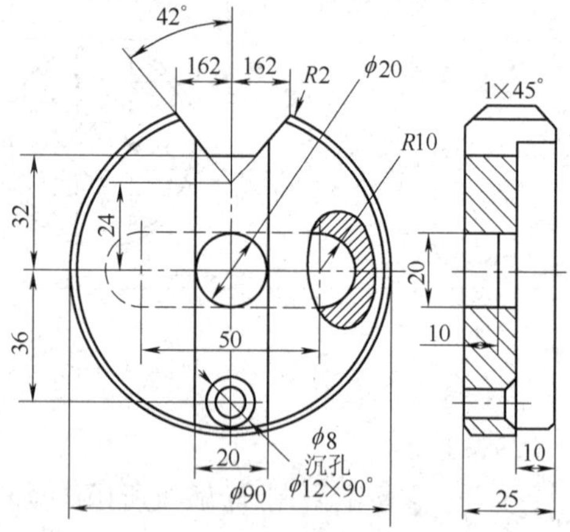

图3-4　启动片(单位:mm)

启动片上有一梯形凹槽,道岔锁闭后总会有一个速动爪占据其中。道岔解锁时,启动片一方面带动主轴转动,另一方面利用其凹槽的坡面推动速动爪上的小滚轮,使速动爪抬起,以断开表示接点。在道岔转换过程中,两个速动爪均抬起。在道岔接近锁闭阶段,启动片的凹槽正好转到应速动断开道岔电机电路的速动爪下方,与速动片配合,完成自动开闭器的速动。

②主轴

主轴主要由主轴、主轴套、轴承、止挡栓等组装而成,如图3-5所示。主轴带动锁闭齿轮,通过与齿条块配合完成转换和锁闭道岔。主轴上的止挡栓用来限制主轴的转角,使锁闭齿轮和齿条块达到规定的锁闭角,并保证每次解锁以后都能使两者保持最佳的啮合状态,使整机动作协调。

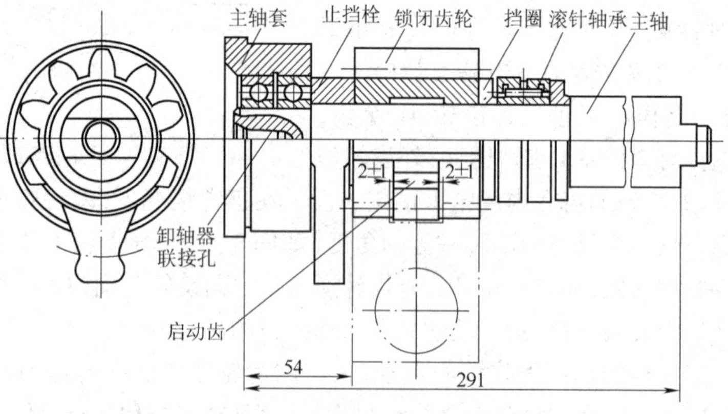

图3-5　主轴(单位:mm)

(4)转换锁闭装置

转换锁闭装置由锁闭齿轮和齿条块、动作杆组成,用来把旋转运动改变为直线运动,以带动道岔尖轨位移,并最后完成内部锁闭。

①锁闭齿轮和齿条块

锁闭齿轮如图3-6(a)所示,共有7个齿,其中1和7是位于中间的起动小齿,在它们之间是锁闭圆弧。齿条块上有6个齿7个齿槽,如图3-6(b)所示。中间4个是完整的齿,两边的两个是中间有缺槽的削尖齿。缺槽是为了锁闭齿轮上的起动小齿能顺利通过而设的。

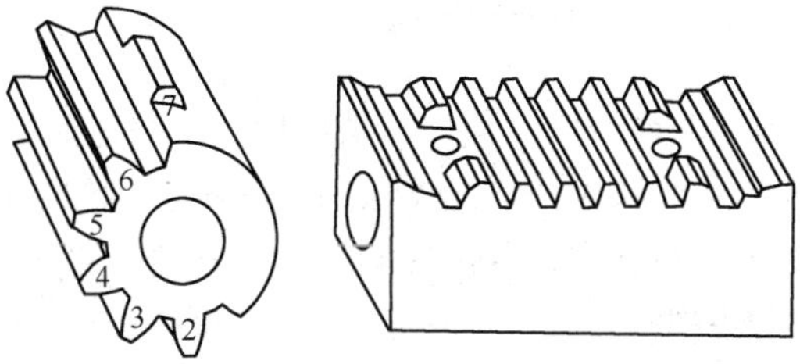

(a)锁闭齿轮　　(b)齿条块

图3-6　锁闭齿轮和齿条块

当道岔在定位或反位,尖轨与基本轨密贴时,锁闭齿轮的圆弧正好与齿条块的削尖齿弧面重合,如图3-7所示。这时如果尖轨受到外力要使之移动,或列车经过道岔使齿条块受到水平作用力,这些力只能沿锁闭圆弧的半径方向传给锁闭齿轮,它不会转动,齿条块及固定在其圆孔中的动作杆也不能移动,这样就实现了对道岔的锁闭。

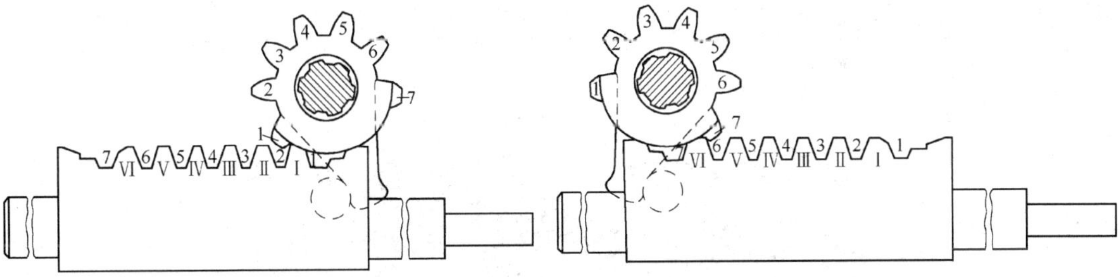

(a)定位锁闭状态　　(b)反位锁闭状态

图3-7　转辙机的内锁闭

电动转辙机每转换一次,锁闭齿轮与齿条块要完成解锁、转换、锁闭三个过程。

a. 解锁

假设图3-7(a)所示为定位锁闭状态,若要将道岔转至反位,电动机必须逆时针旋转,输入轴顺时针旋转,使输出轴逆时针旋转,通过启动片带动主轴及锁闭齿轮作逆时针转动。此时,锁闭齿轮的锁闭圆弧面首先在齿条块的削尖齿上滑退,锁闭齿轮上的起动小齿1从削尖齿Ⅰ旁经过。当主轴旋转32.9°时,锁闭圆弧面全部从削尖齿上滑开,起动小齿1与齿条块齿槽1的右侧接触,解锁完毕。

b. 转换

起动小齿拨动齿条块,锁闭齿轮带动齿条块移动,即将转动变为平动。锁闭齿轮转至306.1°时,齿条块及动作杆向右移动了165 mm,使原斥离尖轨转换到反位,与另一基本轨密贴。

c. 锁闭

道岔转换完毕必须进行锁闭,否则齿条块及动作杆在外力作用下可倒退,造成“四开”的危险。道岔转换完毕后,锁闭齿轮继续转动到339°,锁闭齿轮的起动小齿7在削尖齿Ⅵ旁经过,锁闭齿轮上的圆弧面与齿条块削尖齿弧面重合,实现了锁闭,如图3-7(b)所示。此时,止挡栓碰到底壳上的止挡桩,锁闭齿轮停止转动。

②动作杆

动作杆是转辙机转换道岔的最后执行部件。动作杆一端与道岔的密贴调整杆相连接,带动尖轨运动,其通过挤切销和齿条块联成一体,正常工作时,它们一起运动。之所以用挤切销联结,是为了挤岔时,动作杆和齿条块能迅速脱离联系,使转辙机内部机件不受损坏。挤切销分主销和副销,分别装于锁闭齿轮削尖齿中间开口处的挤切孔内。主销挤切孔为圆形,主销能顺利插入起主要连接作用。副销挤切孔为扁圆形,副销插入起备用连接作用。如果是非挤岔原因使主销折断,副销还能起到连接作用,这是因为,副销挤切孔为扁圆形,齿条块在动作杆上有3 mm的窜动量。

(5)自动开闭器

自动开闭器用来及时、正确反映道岔尖轨的位置,并完成控制电动机和挤岔表示的功能。在解锁过程中,由自动开闭器接点断开原表示电路,接通准备反转的动作电路;锁闭后,由自动开闭器接点自动断开电动机动作电路,接通表示电路。

自动开闭器由4排静接点、两排动接点、两个速动爪、两个检查柱及速动片等组成。静接点、动接点、速动爪、检查柱对称地分别装于主轴的两侧,但又是一个整体,如图3-8所示。

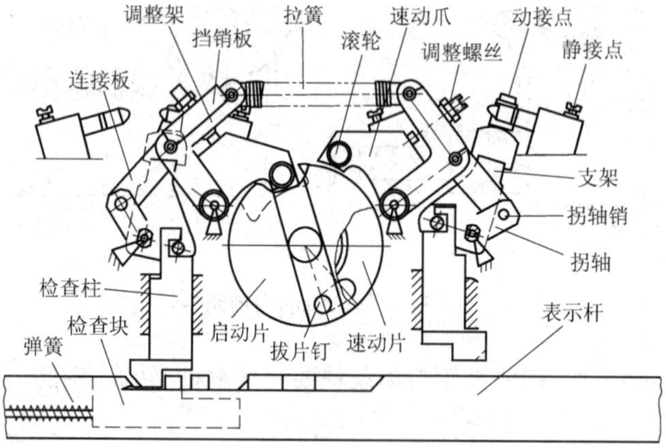

图3-8 自动开闭器及与表示杆的动作关系

①自动开闭器的组成

自动开闭器分为接点部分、动接点块传动部分及控制部分。接点部分包括动接点块、静接点、接点座等。静接点左右对称地安装在接点座上。两组动接点块分别安装在左右拐轴上,拐轴以接点座为支承。动接点块可以在拐轴转动时改变对静接点组的接通位置。

动接点块传动部分包括速动爪及其爪尖上的滚轮、接点调整架、连接板和拐轴，这些部件左、右各有一套。调整接点调整架上的螺钉可以改变动接点插入静接点的深度。

控制部分由拉簧、检查柱、速动片（还应包括启动片）组成。拉簧连接两边的调整架，将两边的动接点拉向内侧，为动接点速动提供动力。检查柱在道岔正常转换时，对表示杆缺口起探测作用。道岔不密贴，缺口位置不对，检查柱不会落下，它阻止动接点块动作，不能构成道岔表示电路。挤岔时，检查柱被表示杆顶起，迫使动接点块转向外方，断开道岔表示电路。

②速动片

速动片如图 3-9 所示。它有一个矩形缺口，缺口对面有一腰形扁孔。速动片通过速动衬套套在主轴上。启动片上的拨片钉插入速动片的腰形孔中。道岔锁闭后，拨片钉总是在腰形孔的一端。道岔解锁后，主轴反转，拨片钉在腰形孔中空走一段才拨动速动片一起转动。

速动片套在速动衬套上，速动衬套又卡在接点座上，它不随主轴转动。速动片直径比启动片略大，正常情况下总有一个速动爪的小滚轮压在它上面，所以即使主轴转动，速动片也不会跟着转。它的转动只有靠拨片钉拨动。

速动片的速动原理可用图 3-10 来说明。在锁闭齿轮进入锁闭阶段时，齿条块已不再动，为了完成内锁闭，主轴还在转动，启动片和速动片也在转动。这时启动片的梯形凹槽已经转到速动爪的下方，为速动爪的落下准备好条件。但是，速动片仍然支承着速动爪，使它不能落下。只有当速动片再转过一个角度，使速动爪突然失去支承，就在拉簧的强力作用下，迅速落向启动片凹槽底部，实现了自动开闭器的速动。因此速动的关键是尖爪从速动片的缺口尖角边（图中的 ab）突然跌落。否则，尖爪沿启动片梯形凹槽边（图中的 a′b′）下滑，就不会有速动效果。

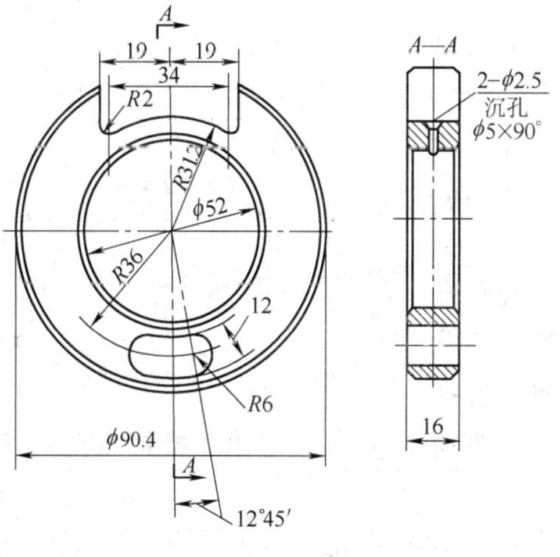

图 3-9 速动片（单位：mm）

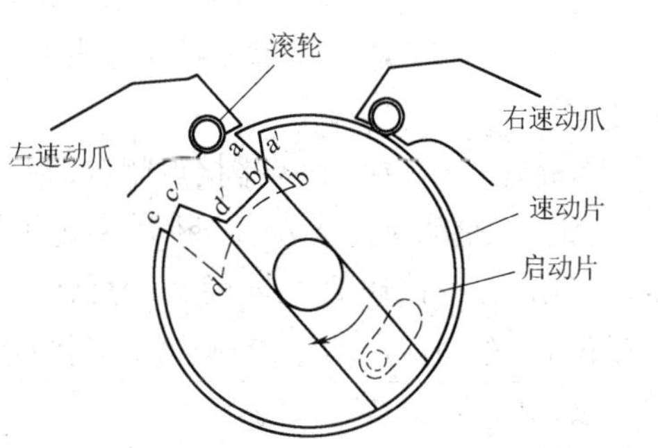

图 3-10 速动原理

③自动开闭器的动作原理

自动开闭器的动作受启动片和速动片的控制。输出轴转动时带动启动片转动。速动片由启动片上的拨片钉带动转动。它们之间的动作关系及受它们控制的速动爪的动作情况，如图 3-11 所示。

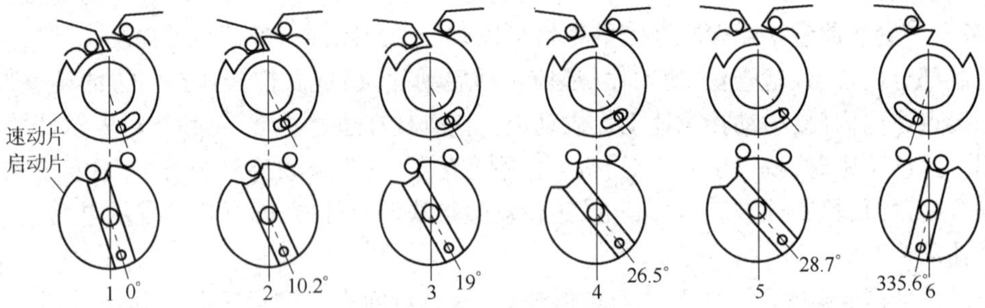

图 3-11　启动片、速动片及速动爪的动作关系

道岔在定位时,启动片沟槽与垂直线成 10.5°角,将这个起始状态作为 0°(图 3-11 中的位置 1)。假设启动片逆时针转动,固定在左速动爪上的滚轮与启动片斜面接触,左速动爪随滚轮沿斜面滚动向上升(图 3-11 中的位置 2),使调整架、连接板、拐轴、支架等相互传动(图 3-8)。当启动片转至 10.2°时,自动开闭器第 3 排接点断开;转至 19°,第 4 排接点开始接通断开;转至 26.5°时,左速动爪的滚轮升至最高(图 3-11 中的位置 4),左动接点完全打入第 4 排静接点。启动片转至 28.7°时,拨片钉移动至速动片导槽尽头(图 3-11 中的位置 5),拨动速动片随启动片一起转动,一直转到 335.6°时,速动片缺口对准右速动爪,在弹簧作用下,右速动爪迅速落入速动片缺口内(图 3-11 中的位置 6),带动右动接点,使第 1 排接点迅速断开,第 2 排接点迅速接通。同时,带动右检查柱落入表示杆检查块的反位缺口内,检查道岔确已转换至反位密贴状态。

④自动开闭器接点

自动开闭器有两排动接点,4 排静接点。它们的编号是,站在电动机处观察,自右至左分别为第 1 排、第 2 排、第 3 排、第 4 排接点,如图 3-12 所示。每排接点有 3 组接点,自上而下顺序编号,为第 1 排接点为 11-12、13-14、15-16,余类推。

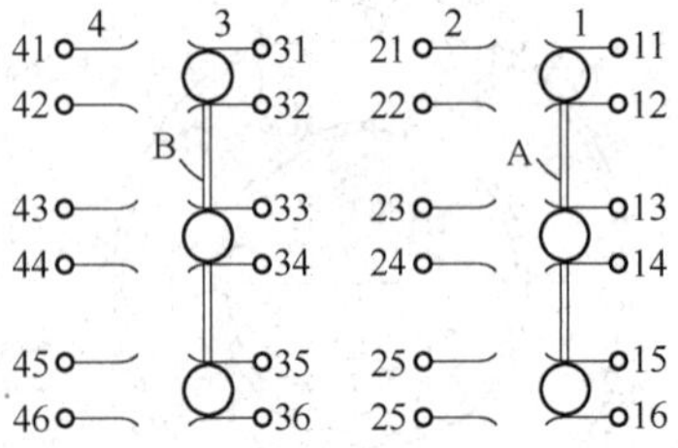

图 3-12　自动开闭器接点

若转辙机定位时 1、3 排接点闭合,则转辙机向反位动作,解锁时,左动接点先动作,断开第 3 排接点,切断道岔定位表示电路;接通第 4 排接点,为反转做好准备。转换至反位后,右动接点动作,断开第 1 排接点,切断电动机动作电路;接通第 2 排接点,沟通道岔反位表示电路。

若转辙机定位时 2、4 排接点闭合,则转向反位时,右动接点先动作,断开第 2 排接点,接通第 1 排接点;转换到反位时,左动接点动作,断开第 4 排接点,接通第 3 排接点。

从反位转向定位时,接点动作情况与上述相反。

(6)表示杆

电动转辙机的表示杆与道岔的表示连接杆相连随道岔动作,用来检查尖轨是否密贴,以及在定位还是在反位。

表示杆由前表示杆、后表示杆及两个检查块组成,如图 3-13 所示。两杆通过并紧螺栓和调整螺母固定在一起。前表示杆的前伸端设有连接头,用来和道岔的表示连接杆相连。并紧螺栓装在后表示杆的长孔与相对应的前表示杆圆孔里。前表示杆后端有横穿后表示杆的调整螺母,后表示杆末端有一轴向长孔,内穿一根调整螺杆并拧入调整螺母内,在调整螺杆颈部用销子将它与后表示杆联成一体。松开并紧螺栓,拧动调整螺杆时,它带动后表示杆在调整螺母内前后移动。由于后表示杆前端与并紧螺栓相连的是一长孔,所以调整范围较大,为 86 ~ 167 mm,以满足不同道岔开程的需要。

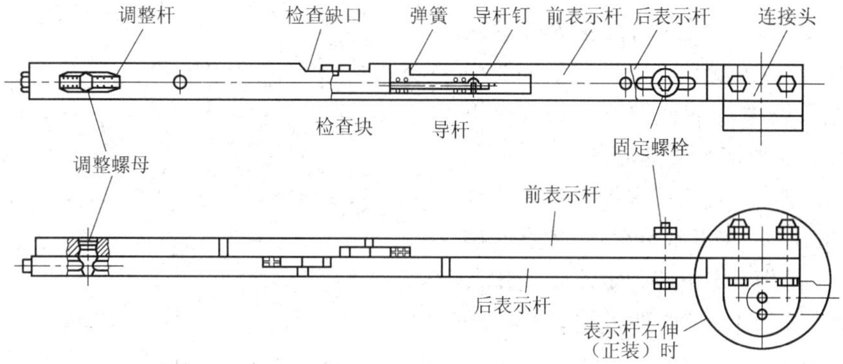

图 3-13　表示杆

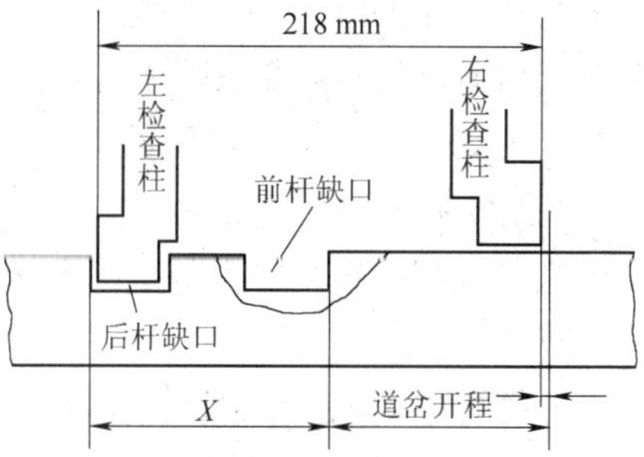

图 3-14　表示杆与检查柱的关系

为检查道岔是否密贴,在前后表示杆的腹部空腔内分别设一个检查块。每个检查块上有一个缺口,道岔转换到位并密贴后自动开闭器所带的检查柱落下此缺口,使自动开闭器动作。设两个检查块是为了满足道岔定位和反位检查的需要,若左侧检查柱落在后表示杆缺口中,则右侧检查柱将落在前表示杆缺口中,如图 3-14 所示。检查柱落入表示杆缺口时,两侧应各有 1.5 mm 的空隙。

在现场维修中调整表示杆缺口是一项重要的工作,现场调整应在道岔密贴调整好以后进行。先在动作杆伸出位置,调整表示连接杆螺母,使前表示杆上的标记与窗口标记重合,这时检查柱应落入表示杆缺口并保持每侧有 1.5 mm 的间隙。然后在动作杆拉入位置,道岔密贴后,松开并紧螺栓,调整后表示杆的螺母,使检查柱落入后表示杆的缺口且保持每侧有 1.5 mm 的间隙。再经几次定、反位动作试验,设备工作正常,上紧并紧螺栓,调整工作即告完毕。检查块轴向有一导杆,上面穿有弹簧和导杆钉,平时靠弹簧弹力顶住检查块,以完成对检查柱的检查。挤岔时,检查块缺口被检查柱占有,挤岔瞬间检查块动不了,挤岔的冲击力使表示杆向检查块运动,弹簧受到压缩,检查块和检查柱并未直接受到挤岔冲击力,不会损坏。另一方面,表示杆被挤,用缺口斜面迫使检查柱抬起,脱离检查块缺口,各部件不致受损。此时由于检查柱的抬起,自动开闭器的动接点立即退出静接点组,断开道岔表示电路。

(7)摩擦联接器

摩擦联接器是保护电动机和吸收转动惯量的联结装置。当道岔因故转不到底时,电动机电路不能断开,如果电动机突然停转,电动机将会因电流过大而烧坏。另外,在正常使用中,道岔转换到位,电动机的惯性将使内部机件受到撞击或毁坏。要解决这两个问题,又要在正常情况下能带动道岔转换,就要求机械传动装置不能采用硬性联接而必须采用摩擦联接。因此 ZD6-A 型转辙机中在行星传动式减速器中安装了摩擦联接器。

ZD6-A 型的摩擦联接器是在行星传动式减速器内齿轮延伸部分的小外圆上套以可调摩擦板构成的,如图 3-15 所示。

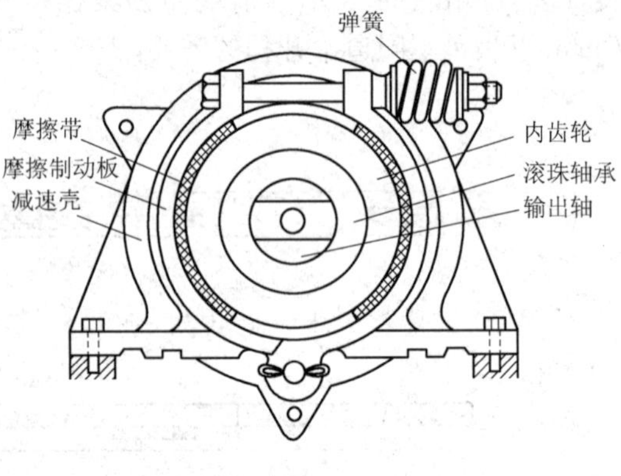

图 3-15　摩擦联接器的结构

行星传动式减速器的内齿轮大外圆装在减速壳内,可自由滑动。内齿轮延伸的小外圆上装上有摩擦带的摩擦制动板。摩擦制动板下端套在固定于减速壳的夹板轴上,当上端由螺栓弹簧压紧时,内齿轮就靠摩擦作用而被“固定”。在正常情况下,依靠摩擦力,内齿轮反作用于外齿轮,使外齿轮作摆式旋转,带动输出轴转动,使道岔转换。当发生尖轨受阻不能密贴和道岔转换完毕电动机惯性运动的情况下,输出轴不能转动,外齿轮受滚棒阻止而不能自转,但在输入轴带动下作摆式运动,这样外齿轮对内齿轮产生一个作用力,使内齿轮在摩擦制动板中旋转(称为摩擦空转),消耗能量,保护电动机和机械传动装置。

摩擦联接器的摩擦力要调整适当,过紧会失去摩擦联接作用,损坏电动机和机件;过松不能正常带动道岔转换。摩擦联接器的松紧用调整螺母调整弹簧压力来实现,调整的标准是,额定摩擦电流应为额定动作电流的 1.3 ~1.5 倍。

(8)挤切装置

挤切装置包括挤切销和移位接触器,用来进行挤岔保护,并给出挤岔表示。

①挤切销

两个挤切销(主销和副销)把动作杆与齿条块连成一体,如图 3-16 所示。道岔在定位或反位时,齿条块被锁闭齿轮锁住,道岔也就被锁住。挤岔时,来自尖轨的挤岔力推动动作杆,当此力超过挤切销能承受的机械力时,主、副挤切销先后被挤断,动作杆在齿条块内移动,道岔即与电动转辙机脱离机械联系,保护转辙机主要机件和尖轨不被损坏。挤岔后,只要更换挤切销即可恢复使用。

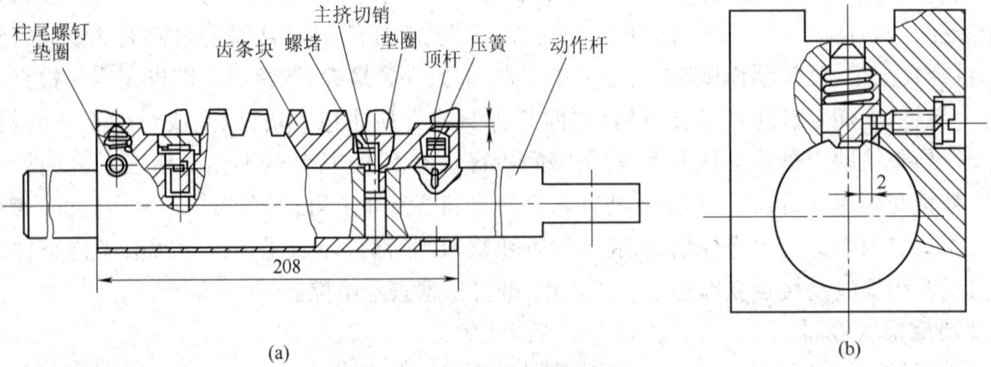

图 3-16　挤切装置(单位:mm)

②移位接触器

自动开闭器检查柱和表示杆中段特制了斜面,挤岔时表示杆被推动,表示杆中段的斜面顺着检查柱的斜面移动,将检查柱顶起,使一排动接点离开静接点组,从而断开了表示电路。若挤岔时表示杆无动程或动程不足,检查柱没有顶起来,表示电路断不开,这将十分危险。为了确保断开表示电路,ZD6 型转辙机设有移位接触器。

移位接触器安装于机壳内侧,动作杆上方,由触头、弹簧、顶销、接点等组成,如图3-17 所示,受齿条块内两端的顶杆控制。平时顶杆受弹簧弹力,顶杆下端圆头进入动作杆上成 90°的圆坑内。挤岔时齿条块不动,挤切销被挤断,动作杆在齿条块内产生位移,顶杆下端被挤出圆坑,使顶杆上升,将移位接触器的顶销顶起,断开它的接点,从而断开道岔表示电路。移位接触器上部留有小孔,以便挤岔后予以恢复。

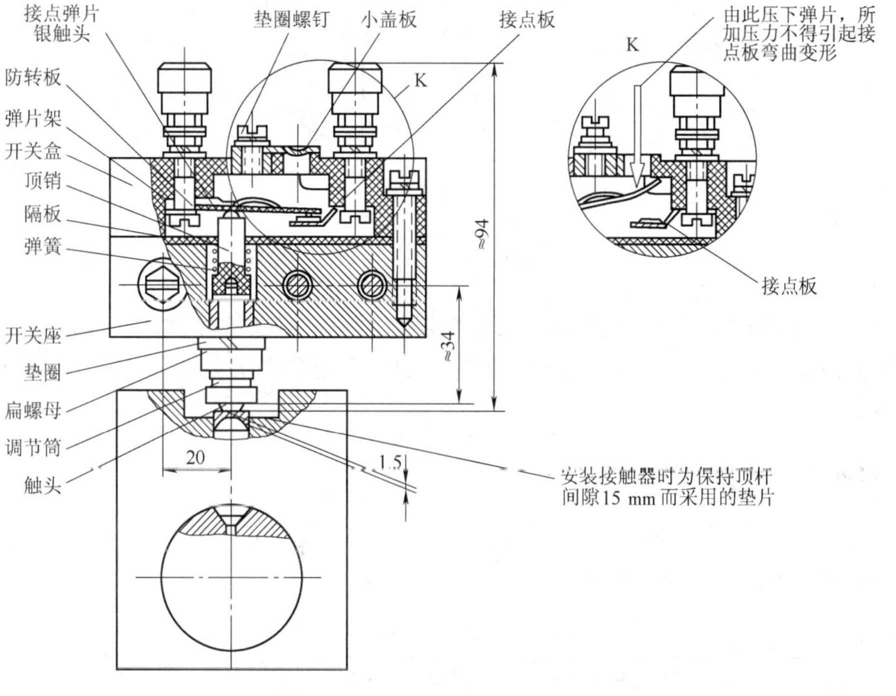

图 3-17 移位接触器(单位:mm)

3. ZD6-A 型电动转辙机整体动作过程

图 3-18 所示是 ZD6-A 型电动转辙机的传动原理图,图中表示的各机件所处的位置是处于左侧锁闭(假设为定位)的状态,此时自动开闭器第 1、3 排接点闭合。现简述从定位转向反位的传动过程。

当电动机通入规定方向的道岔控制电流,电动机轴按图中所示的逆时针方向旋转。电动机通过齿轮带动减速器,这时输入轴按顺时针方向旋转,输出轴按逆时针方向旋转。输出轴通过启动片带动主轴,按逆时针方向旋转。锁闭齿轮随主轴逆时针方向旋转,锁闭齿轮在旋转中完成解锁、转换、锁闭三个过程,拨动齿条块,使动作杆带动道岔尖轨向右移动,密贴于右侧尖轨并锁闭。同时通过启动片、速动片、速动爪带动自动开闭器的动接点动作,与表示杆配合,断开第 1、3 排接点,接通第 2、4 排接点,完成电动转辙机转换、锁闭及给出道岔表示的任务。

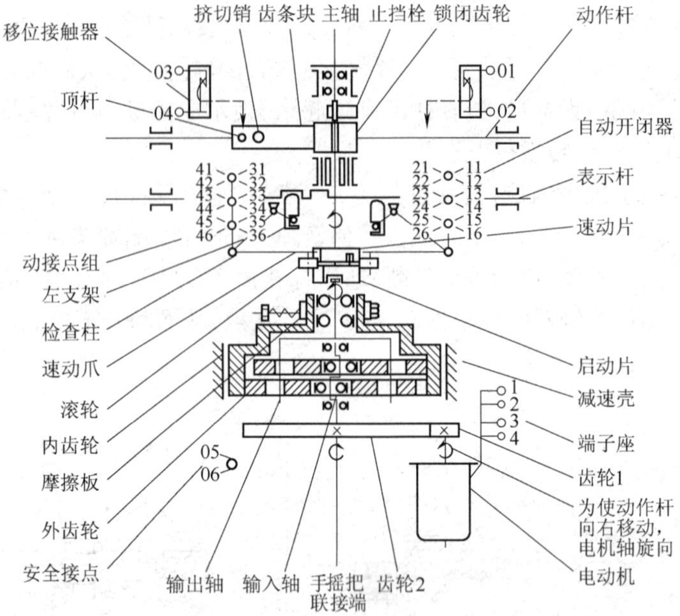

图 3-18　ZD6-A 型电动转辙机传动原理

手动摇动转辙机时，先用钥匙打开盖，露出摇把插孔。将摇把插入减速大齿轮轴，摇动转辙机至所需位置。此后虽抽出摇把，但安全接点被断开，必须打开机盖，合上安全接点，转辙机才能复原。

二、ZD6 系列电动转辙机

ZD6 系列电动转辙机包括满足各种需求的 ZD6 型转辙机的派生型号，它们的简况见表 3-1。各型 ZD6 电动转辙机的额定工作电压均为直流 160 V。

表 3-1　ZD6 系列转辙机简况

型　号	额定负载（N）	工作电流（A）	转换时间（s）	动作杆动程（mm）	表示杆动程（mm）	主锁闭力（N）	副锁闭力（N）	特点及类型	适应范围
ZD6-A	2 450	≤2.0	≤3.8	165^{+2}_{0}	135～185	29 420±1 961	—	单锁闭，可挤	单开道岔
ZD6-D	3 430	≤2.0	≤5.5	165^{+2}_{0}	135～185	29 420±1 961	29 420±1 961	双锁闭，可挤	单开道岔
ZD6-E	5 884	≤2.2	≤6.5	190^{+2}_{0}	140～196	49 033±3 266	>88 254	双锁闭，不可挤	道岔第一点牵引
ZD6-J	5 884	≤2.2	≤9	165^{+2}_{0}	50～130	29 420±1 961	—	单锁闭，可挤	道岔第二点牵引

ZD6-A 型、D 型转辙机单机使用时，摩擦电流为 2.3～2.9 A，E 型和 J 型双机配套使用时，单机摩擦电流为 2.0～2.5 A。

1. ZD6-D 型转辙机

ZD6-D 型转辙机是在 ZD6-A 型的基础上研制的，适用于牵引道岔尖轨。它扩大了表示杆的功能，使之对尖轨也有机械锁闭作用，构成双锁闭。在表示杆检查块处增加一个销子(称为副锁闭销)，使检查块与表示杆联为一体，检查柱落入缺口，道岔便被表示杆锁住。挤岔时副锁闭销切断，表示杆照常有挤岔断表示的功能。在前表示杆上设有前、中、后三个横穿孔，使后表示杆与之配合时有更大的选择余地，这样就扩大了表示杆动程的可调范围，使之既能适应普通道岔尖轨的动程，也能适应交分道岔和可动心轨道岔的动程需要。

2. ZD6-E 型转辙机

ZD6-E 型转辙机在原有电流消耗的前提下，增大了牵引力，扩大了转换动程，具有双锁闭功能，还设计了与之配套的新型电动机。适用于特种断面的道岔、大号码道岔。将单侧圆弧锁闭改进为卧式圆柱体下方两侧对称圆弧接触面，实现双圆弧组成的圆槽锁闭，提高了锁闭的可靠性。启动齿结构从原来的半齿弱力启动改进为全齿啮合抗过载强力启动，提高了耐磨性能，延长了零件的使用寿命。强化了减速器，采用轴承钢，增设了固化板，行星齿轮的滚动轴承由滚珠式改为滚柱式，增加壳体局部厚度，提高了机械强度。

3. ZD6-J 型转辙机

ZD6-J 型转辙机是 ZD6-D 型的派生产品，适用于 AT 道岔的第二牵引点，用来辅助牵引尖轨。它与 ZD6-E 型转辙机配合牵引 AT 道岔，称为“双机牵引”制式。它更换了 ZD6-E 型转辙机的第一级减速齿轮，使之与 ZD6-E 型动作同步。用前表示杆的第一个横穿孔，以适用道岔第二点动程小的需要。取消杆内副锁闭销，使之顺利地实现挤岔报警。

三、ZD6 型电动转辙机的安装

1. ZD6 型电动转辙机的安装装置

ZD6 型转辙机的安装装置如图 3-19 所示，由基础角钢尖端杆、密贴调整杆、连接杆、螺栓、螺母等组成。

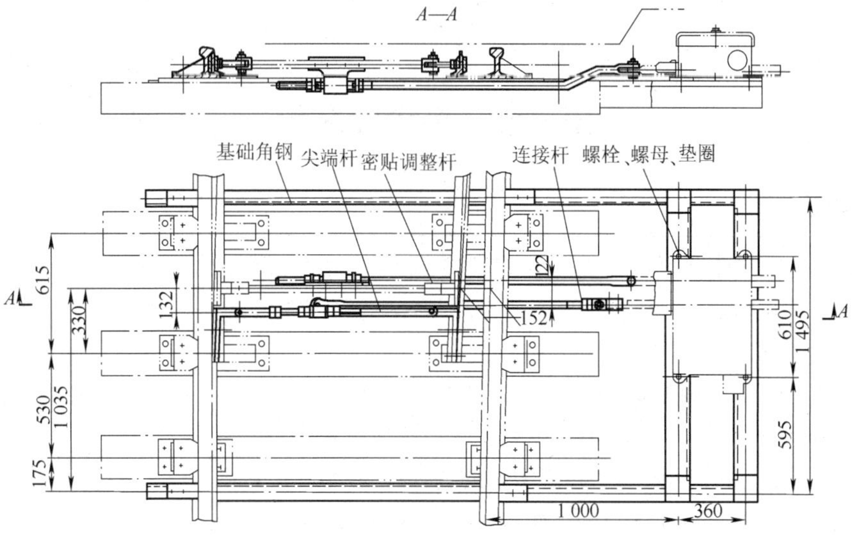

图 3-19 ZD6 型转辙机的安装(单位:mm)

ZD6 型转辙机安装在不等边角钢上，角钢通过角形铁固定在基本轨上，密贴调整杆通过立式杆架与道岔的第一连接杆相连，再通过螺栓与电动转辙机的动作杆相连。动作杆通过密贴调整杆、第一连接杆带动道岔尖轨转换并密贴。通过密贴调整杆上的轴套，可调整尖轨的密贴。尖端杆通过尖端铁固定在尖轨上，再通过舌铁与连接杆的接头铁相连，连接杆通过螺栓与电动转辙机的表示杆相连。这样，尖轨的位置可由表示杆来反映。通过尖端杆上的螺母可调整前表示杆缺口的位置。

2. ZD6 型转辙机的安装方式

电动转辙机宜设在线路外侧，一般都将转辙机的电动机对向岔尖，电动转辙机的安装位置分为正装和反装，它们的区别在于动作杆相对于电动机的伸出位置。若站在电动机侧看，动作杆向右伸，即为正装；动作杆向左伸，即为反装。

无论电动转辙机正装，还是反装，在道岔定位时，都有动作杆伸出和拉入两种情况。如图3-20所示，即有四种情况：正装拉入为定位、正装伸出为定位、反装拉入为定位、反装伸出为定位。其中正装拉入和反装伸出为定位时，如图3-20(a)所示，自动开闭器第1、3排接点接通。正装伸出和反装拉入为定位时，如图3-20(b)所示，自动开闭器第2、4排接点接通。据此来决定电动转辙机道岔电路采用何种类型。

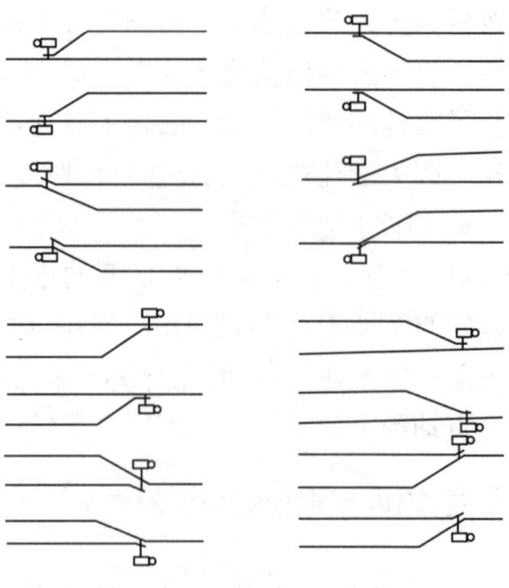

图 3-20　ZD6 型电动转辙机安装方式

在判定电动转辙机定位接通的时候，要掌握电动转辙机内部件的动作规律，动作杆、表示杆的运动方向与自动开闭器的动接点的运动方向是相反的。在正装拉入为定位时，从反位向定位转换时，表示杆向左运动，动接点向右运动，故定位时1、3排接点闭合。反装伸出也是如此。而在正装伸出为定位时，从反位向定位转换时，表示杆向右运动，动接点向左运动，故定位为2、4排接点闭合。反装拉入与此相同。

第三节　外锁闭装置

一、分动外锁闭

当道岔由转辙机带动转换至某个特定位置后，通过本身所依附的锁闭装置，直接把尖轨与基本轨密贴夹紧并固定，称为道岔的外锁闭，即道岔的锁闭主要不是依靠转辙机内部的锁闭装置，而是依靠转辙机外部的锁闭装置实现的。

由于外锁闭道岔的两根尖轨之间没有连接杆，在道岔转换过程中，两根尖轨是分别动作的，所以又称分动外锁闭道岔。分动外锁闭道岔转换设备的特点：

(1)改变了传统的框架式结构，使尖轨的整体刚性大幅度下降。

(2)尖轨分动后，转换启动力小，而且一根尖轨的变形不影响另一根尖轨，由此造成的反弹、抗劲等转换阻力均减小很多。

(3)两根分动尖轨在外锁闭装置作用下,无论是在启动解锁,还是密贴锁闭过程中,所需的转换力均较小,避开了两根尖轨最大反弹力的叠加时刻。

(4)同时承担两根尖轨弹性力的过程,是在密贴尖轨解锁以后到斥离尖轨锁闭以前这一较短的时间内,而此时正是电动机功率输出的最佳时刻,使电气特性和机械特性得到良好的匹配。

(5)外锁闭装置一旦进入锁闭状态,车辆过岔时,轮对对尖轨产生的侧向冲击力基本上不传到转辙机上,即具有隔力作用,有利于延长转辙机及各类转换部件的使用寿命。

(6)由于两尖轨间无连接杆,所以密贴尖轨很难在外力作用下与基本轨分离,可靠地保证了行车安全。

(7)由于密贴尖轨与基本轨之间由外锁闭装置固定,克服了内锁闭道岔靠杆件推力或拉力使尖轨与基本轨密贴易造成4 mm失效的较大缺陷。

二、钩式外锁闭装置

钩式外锁闭装置的锁闭方式为垂直锁闭。锁闭力通过锁闭铁、锁闭框直接传给基本轨。锁闭铁和锁闭框基本不承受弯矩,锁闭更加可靠。同时各配件全部是锻造调质处理,具有良好的综合机械性能。钩式外锁闭装置受力结构合理,能有效适应道岔尖轨的不良状态,锁闭可靠,安装调整方便。

钩式外锁闭装置分为分动尖轨用和可动心轨用两种,城市轨道交通中一般只用到分动尖轨用钩式外锁闭装置。

1. 分动尖轨用钩式外锁闭装置的结构

分动尖轨用钩式外锁闭装置由锁闭杆、锁钩、锁闭框、尖轨连接铁、锁轴、锁闭铁组成,如图3-21所示。

转辙机和外锁闭装置

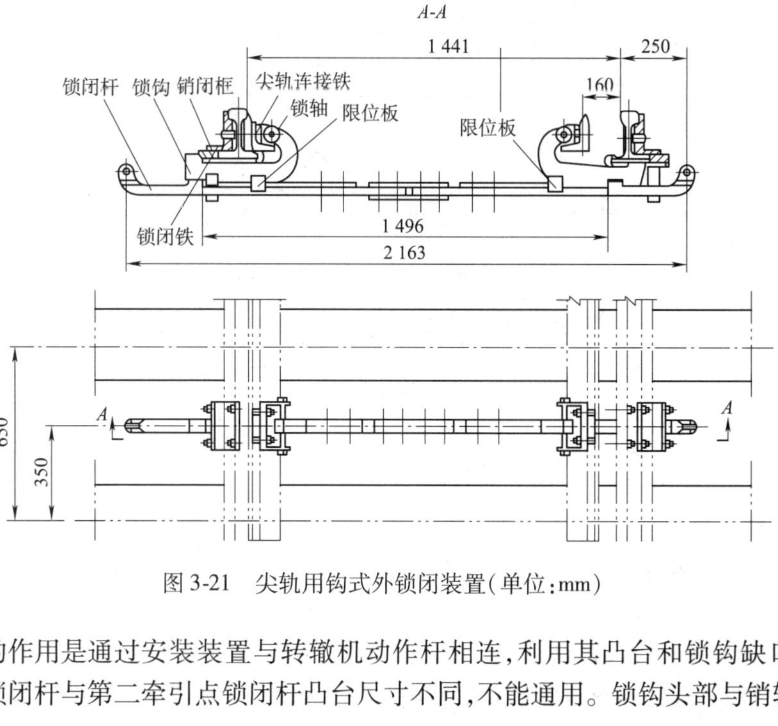

图3-21 尖轨用钩式外锁闭装置(单位:mm)

锁闭杆的作用是通过安装装置与转辙机动作杆相连,利用其凸台和锁钩缺口带动尖轨。第一牵引点锁闭杆与第二牵引点锁闭杆凸台尺寸不同,不能通用。锁钩头部与销轴连接,下部缺口与锁闭杆凸台作用，通过连接铁带动尖轨运动，尾部内斜面与锁闭铁作用锁闭密贴尖轨和基本轨。第一点牵引点锁钩与第二牵引点锁钩也不能通用。

锁闭框固定锁闭铁，支承锁闭杆。锁闭铁与锁钩作用锁闭尖轨和基本轨，导向槽在锁闭杆两侧槽内起导向作用。锁闭框用螺栓与基本轨连接，锁闭铁插入锁闭框方孔内，并用固定螺栓紧固。尖轨连接铁用螺栓与尖轨连接，由锁轴将其与锁钩连接。锁钩底部缺口对准锁闭杆的凸块，并与锁闭杆共同穿入锁闭框。

2. 分动尖轨用钩式外锁闭装置动作原理

当转辙机动作杆带动锁闭杆移动，密贴尖轨处的锁钩缺口随之入槽并移动。当动作到另一侧尖轨与基本轨密贴时，锁钩沿锁闭杆斜面向上爬起，锁钩升至锁闭杆凸块顶面时，锁钩同时被锁闭铁和锁闭杆卡住不能落下，实现了锁闭。本侧锁钩的缺口卡在锁闭杆的凸起处不能移动，保持尖轨与基本轨的开口基本不变。其解锁、转换、锁闭过程如图 3-22 所示（设左侧原处于密贴状态）。

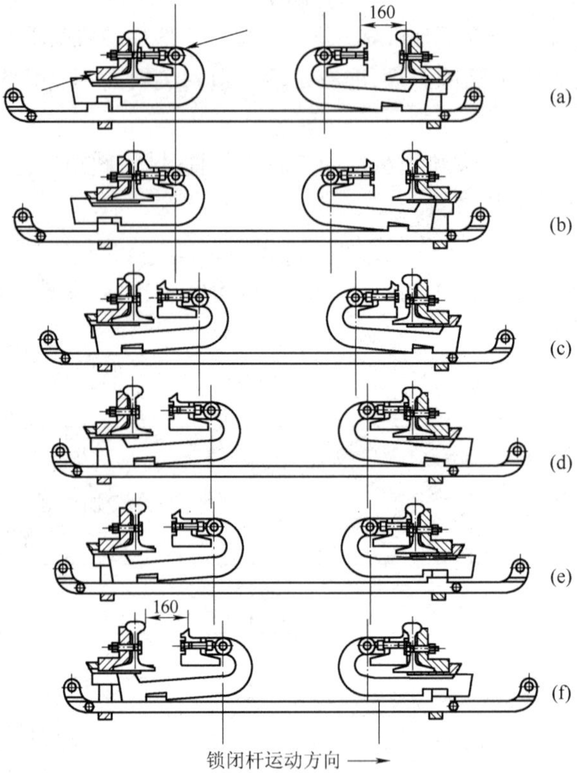

图 3-22　钩式外锁闭装置动作过程示意图（单位：mm）

（1）道岔解锁过程

开始转换前，左侧处于密贴锁闭状态［图 3-22（a）］。转辙机动作杆带动锁闭杆运动，左侧尖轨（原密贴尖轨）的锁钩缺口与锁闭杆凸块接触，锁闭量逐渐减小，但该尖轨不动。而锁闭杆凸块带动右侧尖轨（原斥离尖轨）的锁钩运动，道岔开程逐渐减小［图3-22（b）］。运动至 60 mm 时，锁闭杆左端凸块移动至锁钩块口内，两根尖轨处于解锁状态［图 3-22（c）］。

(2)道岔转换过程

锁闭杆继续运动,带动两侧锁钩运动,从而带动两根尖轨继续活动[图 3-22(d)]。当锁闭杆动作 160 mm 时,锁闭杆凸块与右侧锁钩的缺口脱离,并抬起锁钩的燕尾部,使其沿锁闭铁的斜面上升,该锁钩后部锁闭[图 3-22(e)]。

(3)道岔锁闭过程

虽然右侧尖轨已密贴,但锁闭杆继续运动,带动左侧锁钩及左侧尖轨继续移动。当锁闭杆动作 220 mm 时,右侧尖轨由于锁钩及锁闭框的作用,使该锁钩固定在不变的位置,有足够的锁闭量,实现了锁闭。这时左侧锁钩的缺口与锁闭杆的凸块相咬合,由于转辙机具有内锁作用,使锁钩处于不动位置,有足够的开程,对斥离尖轨也实现了锁闭[图 3-22(f)]。

第四节　S700K 型电动转辙机

经数年的实践表明,S700K 型转辙机结构先进,工艺精良,不但解决了长期困扰信号维修人员的电机断线、故障电流变化、接点接触不良、移位接触器跳起和挤切销折断等惯性故障,而且可以做到“少维护,无维修”,符合中国铁路运营的特点和发展方向,也适用于城市轨道交通。

城市轨道交通运行速度不高,可采用普通的直流转辙机,但采用三相交流电动转辙机优点十分明显。由于采用三相交流电动机,线路上的电能损失大大减少;又由于采用摩擦力非常小的滚珠丝杠传动装置,因此机械效率高。这样,在同样的控制电流下,可增大控制距离,或减小电缆芯线的截面。采用三相电动转辙机后,由于没有直流电动机的整流子,维修工作量大为减少。

S700K 型电动转辙机的产品代号来自德文“Simens-700-Kugelgewinde”,其含义为“西门子—具有 6 860 N(700 kgf)保持力—带有滚珠丝杠”的电动转辙机。

一、S700K 型电动转辙机的特点

S700K 型电动转辙机适用于采用外锁闭的道岔,它具有以下主要特点:

(1)采用交流三相电动机,不仅从根本上解决了原直流电动转辙机必须设置整流子而引起的故障率高、使用寿命短、维修量大的不足,而且减少了控制导线截面,延长了控制距离,当采用直径为 1.0 mm 的信号电缆时,单芯电缆控制距离可达 6.5 km。

(2)采用直径 32 mm 的滚珠丝杠作为驱动装置,延长了转辙机的使用寿命。

(3)采用具有簧式挤脱装置的保持联结器,并选用不可挤型零件,从根本上解决了由挤切销劳损造成的惯性故障。

(4)采用多片干式可调摩擦联结器,经工厂调整加封,使用中无须调整。

二、S700K 型电动转辙机分类

S700K 型电动转辙机规格齐全,不仅能满足道岔尖轨、可动心轨的单机牵引,而且也能满足双机、多机牵引的需要。

S700K 型电动转辙机的机身是通用的,经配件组装,可组成不同种类。不同种类的转辙机、动作杆有不同的动程,表示杆也有不同的动程,转换力不同,也可以根据需要重新进行组合成为新的种类。

根据安装方式不同,每一种类又分为左装、右装两种。左装(面对尖轨,转辙机安装在线路左侧)的转辙机型号用字母 A 加上奇数表示,如 A13、A15;右装(面对尖轨,转辙机安装在线路右侧)的转辙机型号用字母 A 加上偶数表示,如 A14、A16 等。不同种类的 S700K 型电动转辙机不能通用。

部分 S700K 型电动转辙机概况见表 3-2。表中动程指转辙机动作杆动程,包括转辙机带动可动轨经过的道岔开程和外锁闭装置完成锁闭所经过的距离。道岔动程指检测杆的行程即转辙机带动可动轨所经过的道岔开程。两者不同。

表 3-2　部分 S700K 型电动转辙机概况

代　号 左/右装	型　号	动　程 (mm)	道岔动程 (mm)	转换力 (N)	适用的道岔
A13/A14	220/160	220	160	3 000	9 号道岔第一牵引点
A15/16	150/75	150	75	4 500	9 号道岔第二牵引点

三、S700K 型电动转辙机结构

1. S700K 型电动转辙机的整体结构

S700K 型电动转辙机主要由外壳、动力传动机构、检测和锁闭机构、安全装置、配线接口五大部分组成,其结构如图 3-23 所示。

S700K 型电动转辙机

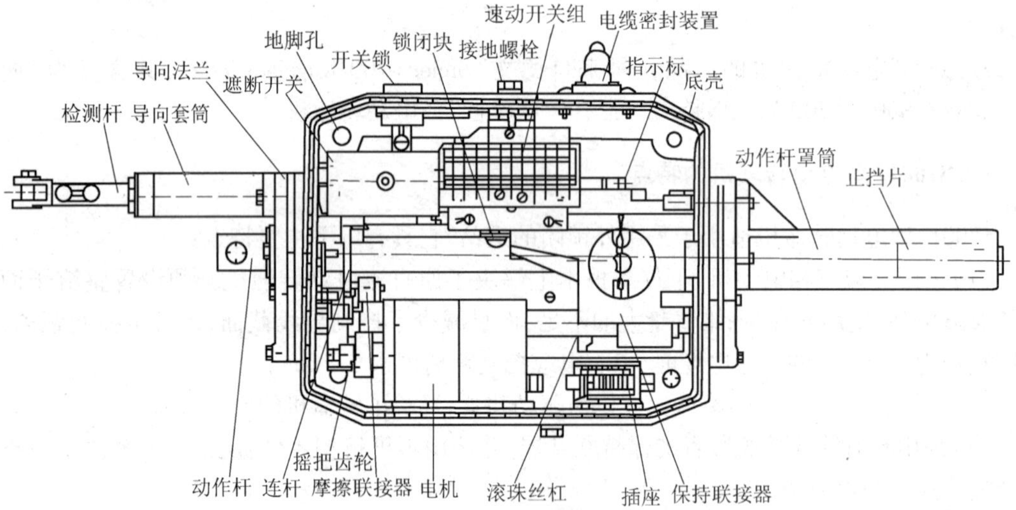

图 3-23　S700K 型电动转辙机结构图

(1)外壳

主要由铸铁底壳、机盖、动作杆套筒、导向套筒、导向法兰等组成。

(2)动力传动机构

主要由三相交流电动机、齿轮组、摩擦联接器、滚珠丝杠、保持联接器、动作杆等组成。

(3)检测和锁闭机构

主要由检测杆、叉形接头、速动开关组、锁闭块和锁舌、指示标等部分组成。

(4)安全装置

主要由开关锁、遮断开关、连杆、摇把孔挡板等组成。

(5)配线接口

主要由电缆密封装置、接插件插座组成。

2. S700K 型电动转辙机主要部件及其作用

(1)三相交流电动机

三相交流电动机为转辙机提供动力,为笼式转子,定子三个绕组呈星形接法。每相的引出线为单根多股软线,其星形汇接在安全接点座第 61、71、81 端子上,由跨接片跨接。由于采用交流电动机,没有直流电动机的整流子,自然消除了电动机电枢断线、枢间混线、炭刷与整流子接触不良等惯性故障,从而提高了设备的可靠性和使用寿命,减少了维修量。

(2)齿轮组

齿轮组由摇把齿轮、电动机齿轮、中间齿轮及摩擦联接器齿轮组成。其中摇把齿轮与电动机齿轮是一个传递系统,使得能用摇把对转辙机进行人工操纵。电动机齿轮、中间齿轮、摩擦联接器齿轮是一个传递系统,将电动机的旋转驱动力传递到摩擦联接器上,并将电动机的高速转速降速,以增大旋转驱动力,适应道岔转换的需要,这是转辙机的第一级降速。

(3)摩擦联接器

摩擦联接器将齿轮组变速后的旋转力传递给滚珠丝杠,摩擦联接器内有三对主被金属摩擦片,分别固定在外壳和滚珠丝杠上,摩擦片的端面有若干压力弹簧,通过调整弹簧压力,可以使主被摩擦片之间的摩擦结合力大小发生变化,实现了电动机和传动机构之间的软联接。这样,就可消耗因电动机转动惯性带来的电动机动作电路断开后的剩余动力,在尖轨转换中途受阻不能继续转换时不使电动机被烧毁,即当作用于滚珠丝杠上的转换阻力大于摩擦结合力时,主被摩擦片之间相对打滑空转,保护了电动机。

摩擦联接器的摩擦力必须能调节,使道岔在正常工作情况下,电动机能够带动转辙机工作,在道岔转换终了或尖轨被阻时,使电动机能克服摩擦联接器的压力而空转,以保证电动机不致被烧毁。所以摩擦联接器调整好的摩擦力必须稳定,才能保证转辙机的可靠工作。

对于交流转辙机来说,其动作电流不能直观地反映转辙机的拉力,现场维修人员不能像对直流转辙机那样,通过测试动作电流来对摩擦力进行监测,必须由专业人员用专业器具才能进行这一调整。转辙机在出厂时已对摩擦力进行标准化测试调整,所以现场维修人员不得随意调整摩擦力。

(4)滚珠丝杠

滚珠丝杠相当于一个直径 32 mm 的螺栓和螺母,如图 3-24 所示。当滚珠丝杠正向或反向旋转一周时,螺母前进或后退一个螺距。它一方面将电动机的旋转运动变成丝杠的直线运行;另一方面起到减速作用,减速比取决于丝杠的螺距。

(5)保持联接器

保持联接器是转辙机的挤脱装置,利用弹簧的压力通过槽口式结构将滚珠丝杠与动作杆连接在一起。如图 3-25 所示。当道岔的挤岔力超过弹簧压力时,动作杆滑脱,起到整机不被损坏的保护作用,相当于 ZD6 型电动转辙机的挤岔装置。

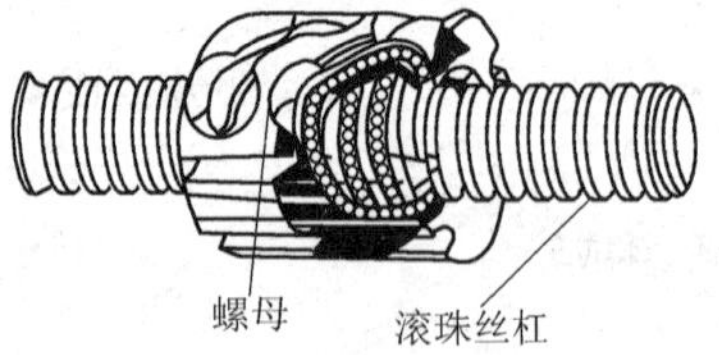

图 3-24　滚珠丝杠

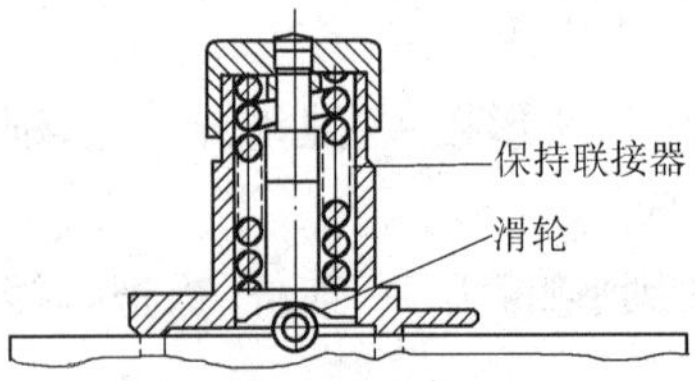

图 3-25　保持联接器

根据现场实际需要,保持联接器可采用可挤型和不可挤型。可挤型是指保持联接器利用其内部弹簧的压力将滚珠丝杠和动作杆连接在一起,弹簧的挤岔阻力可分别设定为 9 kN、16 kN、24 kN、30 kN 等,当道岔的挤岔阻力超过弹簧设定压力时,动作杆滑脱,实现挤岔时的整机保护;不可挤型是工厂将保持联接器内部的弹簧取消,放一个止挡环,用于阻止与动作杆相连的保持栓的移动,成为硬连接结构。挤岔锁定力为 90 kN。当道岔挤岔阻力超过 90 kN 时,挤坏硬连接结构的保持联接器,需整机送回工厂修理。

保持联接器的顶盖是加铅封的,维修人员不得随意打开。铅封打开后,必须由专职人员重新施封,以保证其安全可靠地运用。

(6)检测杆

检测杆随尖轨或可动心轨转换而移动,用来监督道岔在终端位置时的状态。检测杆有上、下两层,上层检测杆用于监督拉入密贴的尖轨或可动心轨拉入时的工作状态,下层检测杆用于监督伸出密贴的尖轨或可动心轨伸出时的工作状态,如图 3-26 所示。

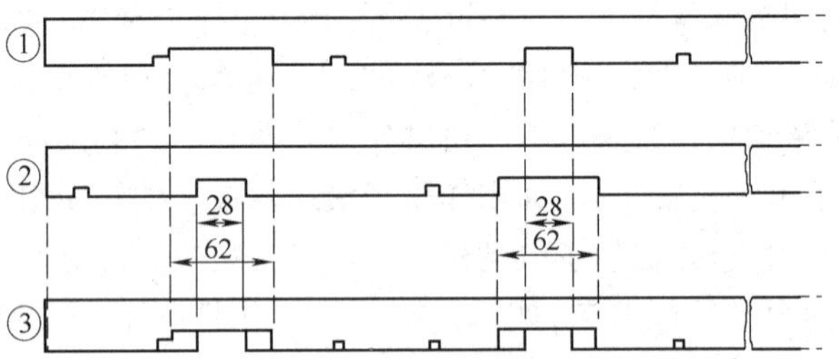

图 3-26　左装式 S700K 型电动转辙机检测杆示意图(单位:mm)

上、下层检测杆之间没有连接或调整装置,外接两根表示杆,分别调整。道岔转换时,由尖轨或可动心轨带动检测杆运动。当密贴尖轨或可动心轨密贴,斥离尖轨或可动心轨到达规定位置,上、下层检测杆的大小缺口对准转辙机的锁闭块时,锁舌才能弹出。就是说,密贴尖轨或可动心轨,斥离尖轨或可动心轨到达规定位置时,才能给出有关表示。

(7)锁闭块和锁舌

道岔在终端位置,当检测杆指示缺口与指示标对中时,锁闭铁及锁舌应能正常弹出。锁闭块的正常弹出使速动开关的有关启动接点闭合及表示接点断开。锁舌的正常弹出用于阻挡转辙机的保持联接器的移动,实现转辙机的内部锁闭。锁舌的伸出量一般大于或等于 10 mm,但最小伸出量不得小于 9 mm。

转辙机开始动作后，锁舌在锁闭块的带动作用下应能正常缩入。锁闭块的缩入，应可靠地断开表示接点；锁舌的缩入，应完成转辙机的内部解锁。

(8)速动开关

速动开关实际上是采用了沙尔特堡接点组的自动开闭器。它随着尖轨或可动心轨的解锁、转换、锁闭过程中锁闭块的动作自动开闭，以自动开闭电动机动作电路和道岔表示电路。

速动开关包括定位动作接点(DD)、反位动作接点(FD)、定位表示接点(DB)、反位表示接点(FB)。在尖轨或可动心轨解锁以后，断开原表示电路，DB、FB 都断开，表示道岔处于不密贴状态。然后闭合反转用的电机电路，为随时回转做好准备。在尖轨或可动心轨转换过程中，必须保证自动开闭器不动，排除 DB、FB 有闭合的可能性。在尖轨或可动心轨锁闭后应及时断开电动机动作电路，接通表示电路。若尖轨或可动心轨不密贴，严禁表示接点闭合。道岔在“四开”位置，应可靠断开表示电路。

速动开关组示意图如图 3-27 所示，分上、下两层。站在速动开关一侧看，每层各分左右两排接点组，每排由左至右依次排列六组接点。每排的前两组接点分别由两组接点串联使用，如 11-12 由下排第一、二组接点串联使用，实际上每排接点可有四组接点使用。

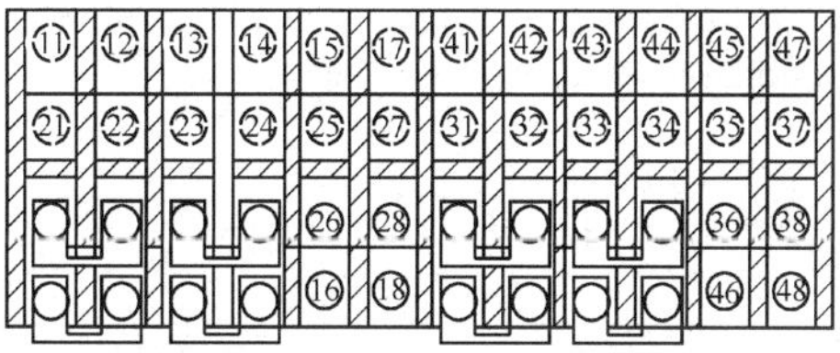

图 3-27　速动开关组示意图

图 3-27 中，左侧下层 11-12、13-14、15-16、17-18 为第 1 排接点组，上层 21-22、23-24、25-26、27-28 为第 2 排接点组；右侧上层 31-32、33-34、35-36、37-38 为第 3 排接点组，下层 41-42、43-44、45-46、47-48 为第 4 排接点组。

第 1、4 排为动作接点，第 2、3 排为表示接点。锁闭时，哪一侧的锁舌弹出，则该侧所对应的上层接点接通，下层接点断开；解锁及转换时，两个锁舌均缩进，这时下层两排接点(第 1、4 排)接通，上层两排接点(第 2、3 排)断开。

道岔在定位时，自动开闭器的第 1 排、第 3 排接点闭合的叫“1、3 闭合”，自动开闭器的第 2 排、第 4 排接点闭合的叫“2、4 闭合”，这和 ZD6 型电动转辙机的提法相同。

S700K 型电动转辙机无论“1、3 闭合”还是“2、4 闭合”，其内部配线完全一样，只需通过室外连线 X2 与 X3、X4 与 X5 的交叉和二极管的换向来实现。

(9)开关锁与安全接点座

开关锁是操纵遮断开关闭合和断开的机构，用来在检修人员打开电动转辙机机盖进行检修作业或车务人员插入摇把转换道岔时，可靠断开电动机动作电路，防止电动机误动，保证人身安全。当钥匙立着插入并逆时针转动 90°时，遮断开关被可靠断开。恢复时须提起开关锁上的锁闭销，同时将插入的钥匙顺时针转动 90°，遮断开关被可靠接通。

遮断开关接通时，摇把挡板能有效阻挡摇把插入摇把齿轮，防止用钥匙打开电动转辙机机盖；断开遮断开关时，摇把能顺利插入摇把齿轮或用钥匙打开电动转辙机机盖，此时电动机的动作电源将被可靠地切断，不经人工操纵和确认，不能恢复接通。

安全接点座如图3-28所示。安全接点11-12是遮断开关,它在开关锁的直接操纵下闭合和断开,需要进行内部检修或人工断开动作电路时,用钥匙打开开关锁,断开安全接点,切断动作电路,起到保护作用。人工摇动道岔时,打开摇把孔板,也断开安全接点,防止在手摇道岔时室内扳动道岔使其误动。

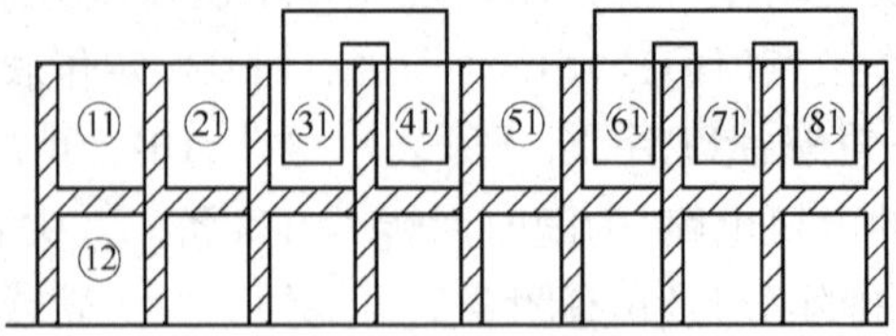

图3-28 安全接点座

端子31、41为安全接点11-12、电动机引线U、速动开关接点25、26的汇流排。端子61、71、81为三相交流电动机星形节点的汇流排。

3. S700K型电动转辙机内部配线

S700K型电动转辙机内部配线如图3-29所示。图中包括接插件、速动开关组、安全接点座和三相交流电动机,所有配线及端子均与实物相吻合。

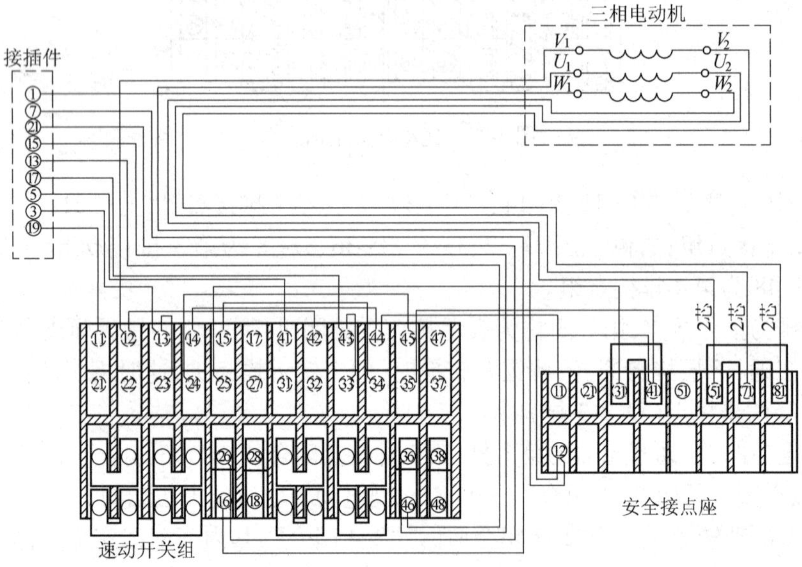

图3-29 S700K型电动转辙机内部配线图

4. TS-1型接点系统

沙尔特堡接点组体积小,结构单薄,抗震能力明显不足,在使用过程中,接点接触不良、点螺丝滑扣松动、虚焊等故障逐年上升。由于该接点在转换过程中没有动作扫程,遇特定条件会出现接点冰冻粘接故障。该种接点的封闭结构给查找故障、更换接点带来不便。为了减少故障,提高设备运用质量,研制了TS-1型新型接点系统,以取代沙尔特堡接点。

TS-1型接点系统由开关盒、转换驱动机械、插接件等组成,如图3-30所示。

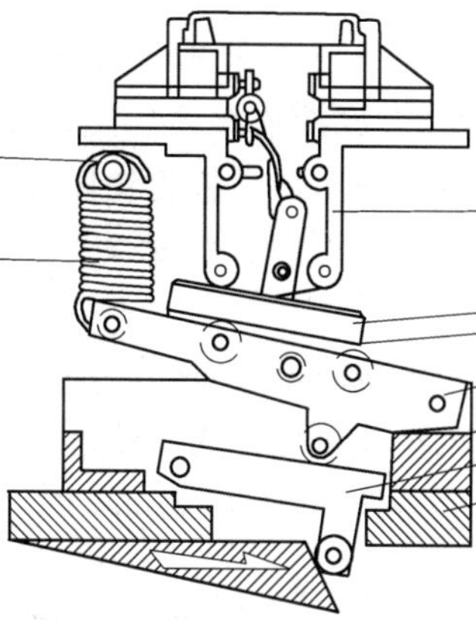

图 3-30 TS-1 型接点系统

TS-1 型接点和沙尔特堡接点组安装尺寸不同，S700K 型转辙机两滑块上部大盖板须重新制作。当转辙机电动机旋转，滚珠丝杠下方的动作推板开始动作时，锁闭滑块由左向右推移，大滑块前端斜面驱动速动爪滚轮向上顶起，并推动启动架向上提升，启动架前部滚轮逐步将开关盒下部连板向上推动，开关盒中动接点也随之开始动作，中部接点拉簧随动接点拐臂由右向左摆动，并拉伸，动接点触头向上移动与左侧静接点摩擦后断开，从而断开原表示电路。当上下拐臂过中心点后，动接点由于拉簧作用，从左侧迅速转换与右侧静接点接触，接通反转电路。当转辙机转至终点，检测杆到位后，另一组接点下部的大滑块由右向左移动，在复位大弹簧的作用下，速动爪落下，起动架尾部抬起，左侧滚轮推动联接板上移，动接点由右迅速与左侧静接点接触，断开转辙机动作电路，接通新的表示电路。

该接点组将动、静接点由水平方向的上下接触改为垂直方向的左右接触，减少了列车震动对接点的损伤；增设了扫程，防止冻冰粘接；增大了接点接触压力，提高了接触可靠性；接点组壳体透明敞开，方便检查；为可拆卸式，可快速更换。

TS-1 型接点组采用了类似 ZD6 型电动转辙机的接点排列顺序，便于掌握。

四、S700K 型电动转辙机的动作原理

1. S700K 型电动转辙机的传动过程

S700K 型电动转辙机的机械传动机构按如下过程工作。

(1)电动机的转动通过减速齿轮组，传递给摩擦联接器。

(2)摩擦联接器带动滚珠丝杠转动。

(3)滚珠丝杠的转动带动丝杠上的螺母水平移动。

(4)螺母通过保持联结器经动作杆、锁闭杆带动道岔转换。

(5)道岔的尖轨或可动心轨经外表示杆带动检测杆移动。

2. S700K 型电动转辙机的动作过程

S700K 型电动转辙机的动作可分为三个过程：第一为解锁过程，也是断开表示接点的过程；第二为转换过程；第三为锁闭过程，也是接通表示接点的过程。现以 220 mm 动程转辙机定位拉入为例分述各过程。

(1)解锁及断开表示接点过程

当操纵道岔,需使转辙机动作杆由拉入变为伸出位置时,三相电动机得到 380 V 交流电源,使电动机顺时针方向旋转,经齿轮组及摩擦连接器使滚珠丝杠向顺时针方向旋转,从而使丝杠上的螺母向左侧运动。在运动过程中,由操纵板将锁闭块顶进,使表示接点断开,同时带动左锁舌向缩进方向运动,直至左锁舌完全缩进。

(2)转换过程

在转辙机解锁后,由于三相电动机继续转动,故滚珠丝杠上的螺母继续向左运动,带动保持联接器向左运动,由于保持联接器与动作杆固定为一体,使动作杆向左侧(伸出方向)运动,带动道岔尖轨或可动心轨进行转换,当动作杆运动 220 mm 时,即完成了转换过程。

(3)锁闭及接通表示接点过程

当动作杆向左侧运动了 220 mm 时,检测杆在尖轨带动下运动了 160 mm,这时锁闭块弹出,接通表示接点,同时右锁舌也弹出,锁住保持联结器,使动作杆不得随意窜动。

3. S700K 型电动转辙机的动作程序

S700K 型电动转辙机的动作程序与 ZD6 型电动转辙机的动作程序大致相同,即:断表示→解锁→转换→锁闭→给出另一位置表示。

以 220 mm 动程的 S700K 型电动转辙机为例,其动作程序为:电动机转动→中间齿轮转动→摩擦联接器转动→滚珠丝杠转动→丝杠螺母移动→操纵板将锁闭块顶入,断开原表示→锁舌缩入,解锁→滚珠丝杠螺母带动保持联接器移动→外锁闭装置开始解锁→动作杆移动 60 mm 时外锁闭装置解锁完毕→道岔转换→动作杆移动 220 mm 时内检测杆缺口对准锁闭块,锁闭块弹出,进入检测杆缺口→锁舌伸出→断开启动电路,接通表示。与 ZD6 型电动转辙机不同的是,S700K 型具有表示电路自检锁闭功能,卡缺口时,锁舌伸不出来,内锁闭无法锁闭,不能接通表示电路,即有道岔表示时转辙机必须在内锁闭状态。而 ZD6 型表示电路不检查锁闭,检查柱不落槽,转辙机照样能实现内锁闭。

五、S700K 型电动转辙机的安装

S700K 型电动转辙机各牵引点分别由一台转辙机牵引,各台转辙机同时动作,采用钩式外锁闭装置。

用于尖轨第一、第二牵引点的 S700K 型电动转辙机安装图分别如图 3-31、图 3-32 所示。对应每一牵引点将转辙机固定在托板上,经钢枕与钢轨连接。安装装置主要由托板、弯头杆、尖端铁、长表示杆、短表示杆等组成。

六、S700K 型电动转辙机的调整

分动外锁闭道岔调整的基本顺序是:先调密贴,再调锁闭量,最后调表示缺口。

1. 密贴调整

尖轨与基本轨的密贴调整通过在锁闭铁与锁闭框之间增减调整片来进行。定、反位锁闭量之差大于 3 mm 时,可通过减少密贴调整片,同时在尖轨连接铁和尖轨间增加调整垫来调整。

2. 锁闭量调整

定、反位锁闭量之差大于 2 mm 时就应翻转弯头动作杆的叉形接头进行调整。

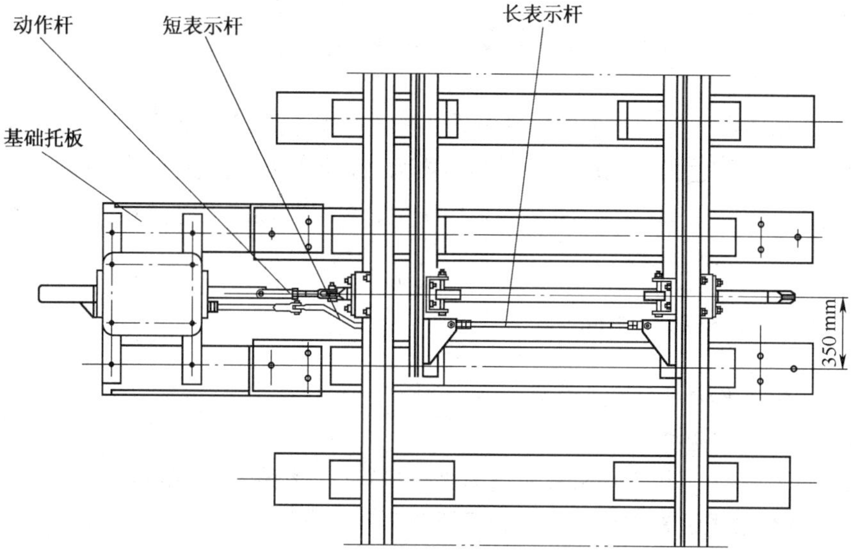

图 3-31　用于尖轨第一牵引点的 S700K 型电动转辙机安装图

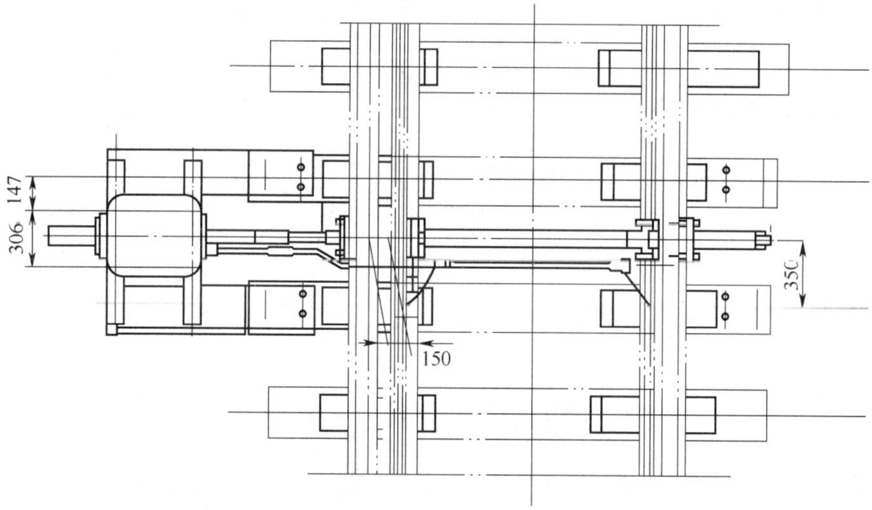

图 3-32　用于尖轨第二牵引点的 S700K 型电动转辙机安装图(单位:mm)

弯头动作杆的叉形接头的螺距为 3 mm,就是说叉形接头每翻转 360°,弯头动作杆的长度变化 3 mm,可由此推算出需调锁闭量相对应叉形接头的翻转角度。

3. 转辙机表示缺口调整

当尖轨与基本轨处于密贴状态时,观察缺口标记是否处于检测缺口的中心位置,如偏离可调整与尖轨连接的外表示杆的长度,使缺口至最佳位置(1.5 mm ±0.5 mm)。心轨表示缺口不论定位、反位均要求达到 1.5 mm ±0.5 mm,如不符合规定,则可调整外表示杆的长度来实现。调整时,应先调伸出位置缺口,后调缩进位置缺口。

第五节　ZDJ9 系列电动转辙机

ZDJ9 型电动转辙机是借鉴了国内外成熟的先进技术,结合我国铁路和道岔的实际情况进行优化设计,并根据道岔的不同转换动程和转换力,以及交流、直流不同供电方式开发的系列产品。具有转换力大、效率高等特点。既适用于尖轨分动外锁闭道岔的转换,又可用于尖轨联动的内锁闭道岔的转换。

一、ZDJ9 系列电动转辙机的特点

ZDJ9 型电动转辙机具有以下特点:

(1)采用滚珠丝杠减速,效率较高。

(2)交流系列采用三相 380 V 交流电动机,故障少,电缆单芯控制距离长。

(3)接点系统采用铍青铜静接点组和铜钨合金动接点环。

(4)伸出杆件用镀铬防锈,伸出处用聚乙烯堵孔圈和油毛毡防尘圈支承和防尘。

(5)转动和滑动面用 SF2 复合材料衬套和衬垫,维护工作量小。

(6)停电或维修时需手动转换的情况下,可转动手动开关轴,断开安全接点插入手摇把,予以手动转换转辙机。

二、ZDJ9 系列电动转辙机的结构

ZDJ9 型转辙机结构如图 3-33 所示,由底壳、盖、电动机、减速器、摩擦联接器、滚珠丝杠、动作杆、左右锁闭杆、接点组、安全开关组、挤脱器、接线端子等组成。

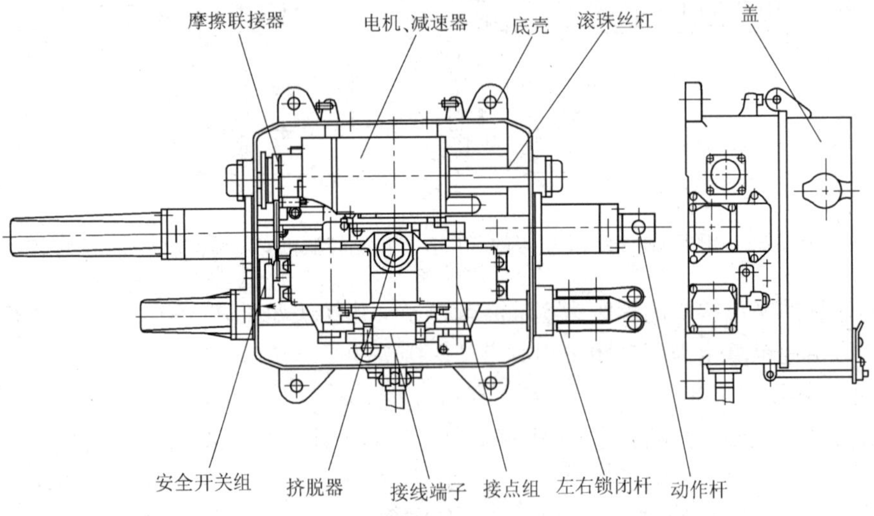

图 3-33　ZDJ9 型电动转辙机结构图

1. 电动机

为 ZDJ802-4 型专用交流电动机，额定输出功率 0.4 kW，当电源电压为三相 380 V、单相电阻为 54 Ω 时，额定转矩为 2 N·m，转速大于或等于 1 330 r/min。

2. 减速器

为两级减速，在改变转换力或转换时间时，可以变动减速比。ZDJ9-A 型第一级速比为 38/26，第二级速比为 46/18，总速比为 3.74。ZDJ9-B 型第一级速比为 44/20，第二级速比亦为 46/18，总速比为 5.63。双机牵引的道岔要求第二牵引点先动，使得两者达到同步。

3. 滚珠丝杠

选用国产磨削丝杠，直径 ϕ32 mm，导程 10 mm。由于导程大，滚珠也大，故可靠性高。

4. 摩擦联接器

采用干摩擦，主动片是 4 片外摩擦片，用钢带加工，被动片为 3 片内摩擦片，用 12 个弹簧加压。

5. 自动开闭器

自动开闭器接点组与 ZD6 型相同，只是将动接点支架改进成为有两处压嵌连接的结构，因此左右调整板设在同侧，缩小了接点组尺寸，减少了零件品种。

6. 安全接点

采用沙尔特堡开关。

7. 接线端子

采用德国产笼式弹簧的 2 线接线端子，由于接线部分没有螺纹连接，使用中无须检查或重新拧紧，能抗振动和冲击，是一种免维护的接线端子。

三、ZDJ9 系列电动转辙机的动作原理

ZDJ9 型转辙机动作原理图如图 3-34 所示。电动机上装有减速器，电动机的驱动力矩经减速器减速后传到摩擦联接器，由摩擦联接器的内摩擦片通过花键传动滚珠丝杠，将转动转换为螺母的平动。螺母外套有推板套，其上固定有动作板，推板套推动动作杆上的锁块，在锁闭铁作用下，形成了转辙机的解锁、转换、锁闭过程。ZDJ9-A 型的锁闭铁直接固定在底壳上；ZDJ9-B 型的锁闭铁被挤脱器固定在底壳上，挤脱力 28 kN ± 2 kN。

ZDJ9-A 型的左右锁闭杆分别与第一牵引点两根分动的尖轨相连，在动作杆上的锁块被推板套锁闭在锁闭铁上，与密贴尖轨相连的锁闭杆被锁闭柱锁在密贴位置，这样就形成了双杠锁闭。一根锁闭杆上锁闭用的直缺口和挤岔表示用的斜缺口的距离与尖轨动程有关，只能适用于 160 mm ± 6 mm，超过此动程范围需另配锁闭杆。锁闭杆断面为 20 mm × 50 mm，其弯曲程度为 ZD6 型表示杆的 3.7 倍，保证了第二锁闭的可靠性。

ZDJ9-B 型的左、右表示杆与第二牵引点的两根分动的尖轨相连，表示杆内检查块的结构、密贴检查和挤岔断表示原理均与 ZD6 型相同。其仅在动作杆上有锁闭，故为单杆锁闭。挤岔时，通过斥离尖轨的动作，使表示杆的斜面推动检查柱断开表示接点，给出挤岔表示。同时斥离尖轨推动外锁闭杆，进而推动动作杆，当动作杆上的挤岔力超过挤脱力时，锁闭铁就脱开挤

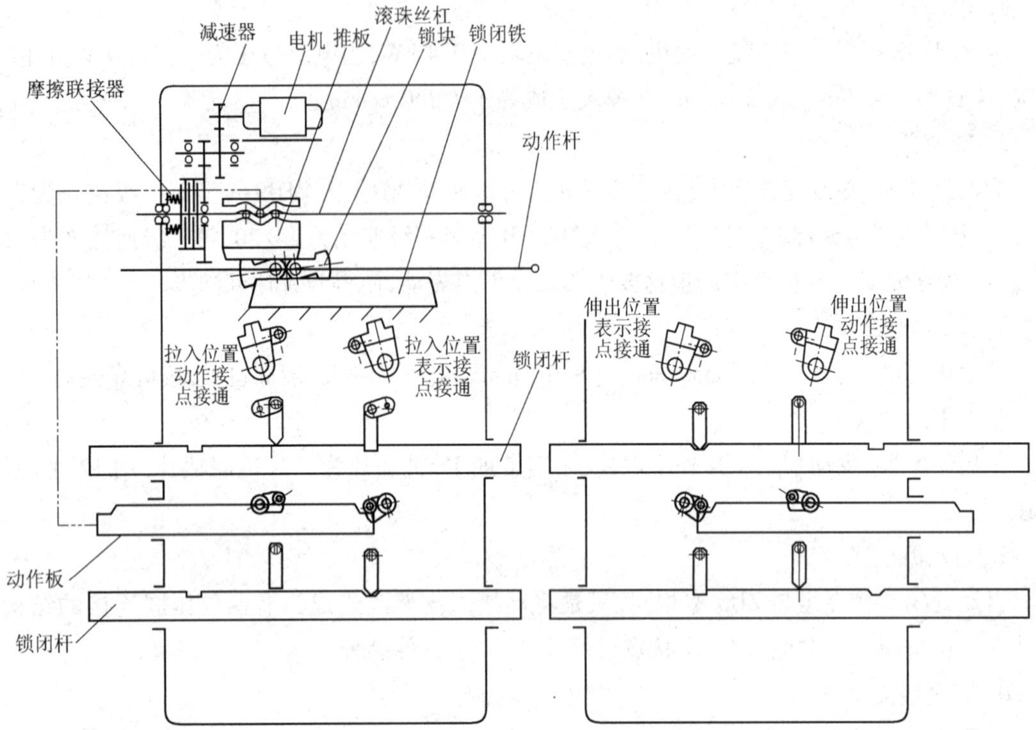

图 3-34　ZDJ9-A 型转辙机动作原理图

脱柱,动作杆解锁。此时,锁闭铁移动 8 mm,锁闭铁上凹槽推动水平顶杆,再推动竖顶杆、动接点支架,从而断开表示。非经人工恢复锁闭铁,不能再接通表示。

为防止惯性反弹,在推板套与动作杆间加有阻尼机构。当推板套推动锁块进入锁闭位,动作杆停止不动,推板套继续前进,到动作板使电动机电源断开时,推板套因惯性继续前进,推板套与动作杆间有相对移动,推板套内的弹簧在动作杆槽的斜面上压缩,弹力使摩擦块在动作杆侧面上摩擦而吸收惯性,即防止了惯性反弹。

四、ZDJ9 型电动转辙机系列

ZDJ9 型电动转辙机分成 ZDJ9 型交流系列和 ZD9 型直流系列,两者的区别仅在于分别采用交流电动机和直流电动机。交流转辙机电源电压为 AC380 V,直流转辙机电源电压为 DC220 V,它们的工作电流均不大于 2 A。

ZDJ9 型和 ZD9 型转辙机又分为 A、B、C、D、E、F 不同的派生型号,它们的基本情况见表 3-3。其中 A、B 为分动外锁闭道岔所用,分别用于第一、第二牵引点;C、D 为联动内锁道岔所用,分别用第一、第二牵引点;E 用于非提速区段第二牵引点;F 用于单机牵引的道岔。

表 3-3 ZD(J)9 型转辙机主要技术特性

型号		额定转换力(kN)	动程(mm)	动作时间不大于(s)		挤脱力(kN)	锁闭方式	挤切方式	适用范围
交流系列	直流系列			交流	直流				
ZDJ9 170/4K	ZD9 170/4K	4	170 ±2	5.8	8	28 ±2	双杆内锁	可挤	尖轨动程 152 mm 以下道岔
ZDJ9-A 220/2.5 K	ZD9-A 220/2.5 K	2.5	220 ±2	5.8	8	—	双杆内锁	不可挤	分动外锁双机牵引第一点,三机牵引第一点、第二点、可动心轨第一点
ZDJ9-B 150/4.5 K	ZD9-B 150/4.5 K	4.5	150 ±2	5.8	8	28 ±2	单杆内锁	可挤	分动外锁双机牵引第二点,三机牵引第三点,可动心轨第二点
ZDJ9-C 220/2.5 K	ZD9-C 220/2.5 K	2.5	220 ±2	5.8	8	—	双杆内锁	不可挤	分动外锁多机牵引第一牵引点
ZDJ9-D 150/4.5 K	ZD9-D 150/4.5 K	4.5	150 ±2	5.8	8	28 ±2	单杆内锁	可挤	联动内锁第二牵引点

第六节 ZYJ7 型电动液压转辙机

电动液压转辙机(简称电液转辙机)是采用电动机驱动、液压传动方式来转换道岔的一种转辙装置。液压式转辙机取消了齿轮传动和减速器,简化了机械结构,将机械磨损减至最低程度,减少了维修工作量。但液压传动对液压介质要求较高,对元件要求也高,传动效率较低。ZYJ7 型电液转辙机适用于提速道岔,城市轨道交通采用 ZYJ7 型电液转辙机的原因同前述 S700K 型电动转辙机。

一、液压传动

液压传动是用液体为工作介质来传送能量的。油压传动是液压传动的一种,是利用油液的压力来传递能量的。

液压传动借助于处于密闭容器内的液体的压力来传递能量和动力。液体虽然没有立体的几何形状,却有几乎不变的容积。当它被容纳于密闭的系统之中时,就可以将压力由一处传递到另一处。当高压液体在管道、油缸中流动时,就能传递机械能。任何液压传动都是建立在这种通过处于密闭容器中的受压液体流动来传递机械能的基础上的。

液压传动的优点有:

(1)易于获得很大的力或力矩,并且易于控制。使用油泵容易获得较高的压力(7 ~ 35 MPa),油缸的有效承压面积较大,可获得很大的力或力矩,这是其他传动方式难以做到的。

(2)易于实现直线的往复运动,直接推动工作机构,适合牵引道岔尖轨移位。

(3)易于调整调速比。如用节流阀调速时,流量变速若由 0.02 L/min 变到 100 L/min,调速比就达 5 000,这是其他传动方式无法比拟的。

(4)输出功率大、体积小。油泵的外形尺寸仅为同功率电机的 12% ~ 13%,质量仅为 10% ~ 20%。

(5)操纵力较小,传动平稳、均匀。

(6)在往复和旋转运动中,可以经常快速而无冲击地变速和换向。由于液压机构重量轻,惯性小,可获得高速反应。中等功率的电动机启动,正常需要 1 ~2 s,而同功率的液压机构不超过0.1 s。

(7)易于获得各种复杂的动作及防止过载事故。

(8)易于布局及操纵,根据需要可增设多个牵引点。

(9)自动润滑,元件的寿命较长。

(10)易与电气设备配合,制作出性能良好、自动化程度很高的复合控制系统。

液压传动的缺点有:

(1)容易出现泄漏。

(2)油的黏度随温度变化会引起工作机构的不稳定性。

(3)空气渗入液压系统后会引起系统工作不良,如发生振动、窜动、爬行、噪声,都是由于空气渗入液压系统而造成的。尤其是在密封或液压系统设计得不合理时,空气很容易渗入。

(4)元件精度要求高,不易加工,价格较贵,对使用维修的要求较高。

(5)液压油易受污染,从而加剧元件的磨损和堵塞,使整机性能下降,寿命缩短甚至损坏。

二、ZYJ7 型电动液压转辙机

ZY7 型电液转辙机

1. ZYJ7 型电液转辙机的结构

ZYJ7 型电液转辙机由主机和 SH6 型转换锁闭器两部分组成,分别用于第一牵引点和第二牵引点。ZYJ7 型电液转辙机、SH6 型转换锁闭器结构图分别如图 3-35、图 3-36 所示。

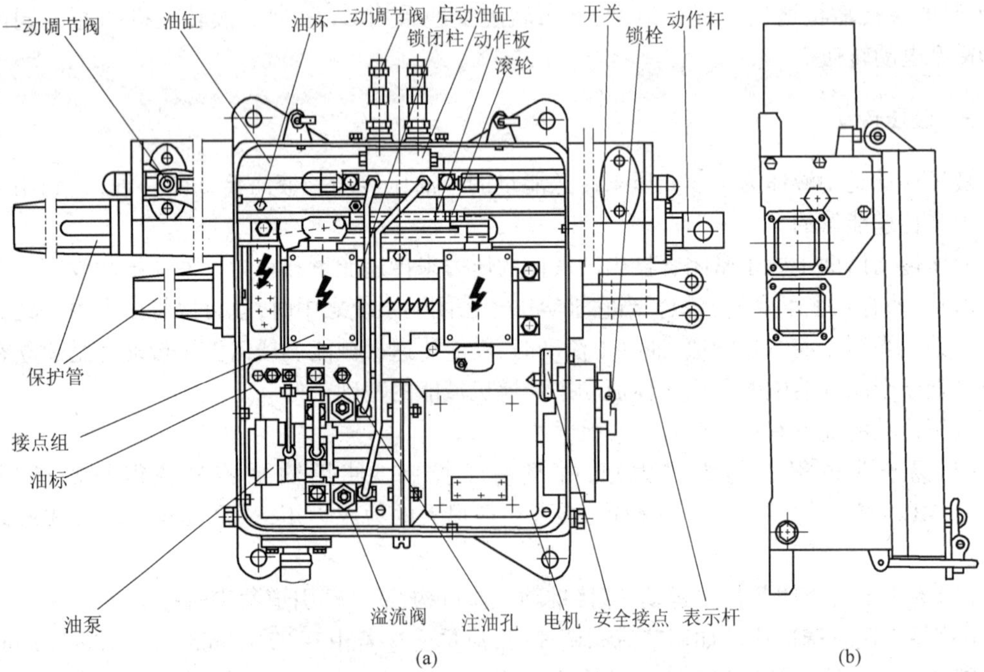

图 3-35　ZYJ7 型电液转辙机结构图

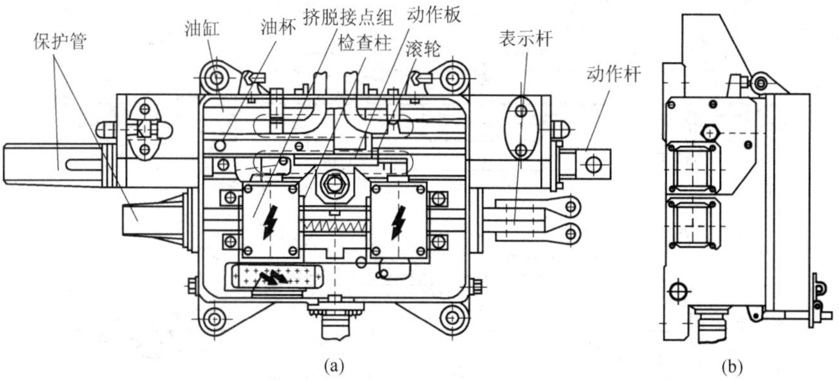

图 3-36　SH6 型转换锁闭器结构图

ZYJ7 型电液转辙机主机主要由电动机、油泵、油缸、启动油缸、接点系统、锁闭杆、动作杆等部分组成。SH6 型转换锁闭器(亦称副机)主要由油缸、挤脱接点、表示杆、动作杆组成。

2. ZYJ7 型电液转辙机的部件

(1)电动机

采用交流三相异步电动机,型号为 Y80S-6-B35,额定电压 380 V,额定电流 2 A,转速 910 r/min。电动机将电能变为机械能,为整机提供动力,该电动机增加了惯性轮,保证转辙机转换到位后开闭器接点不致颤动。

(2)油泵

采用双向斜盘轴向柱塞式油泵,额定压力 9 MPa,排油量 2.1 mL/r。双向柱塞泵的特点是构造简单、寿命长、工作可靠,其结构如图 3-37 所示。泵内装有 9 个不同的柱塞,柱上有弹簧和钢球,并装有厚薄不同的钢质片,下边有沟槽。在受力挤压后便吸出和挤出液压油。当电动机带动油泵往一个方向旋转时,泵的柱塞就可从一端吸出液压油注入另一端,经反复高速吸出和注入,即可泵出液压油;电动机反转时,可带动油泵从另一端吸出和注入液压油,泵出反方向液压油,所以称为柱塞式油泵。ZYJ7 型的油泵结构是改进型的,取消了柱塞弹簧(只保留一根弹簧),提高了容积效率和机械效率。

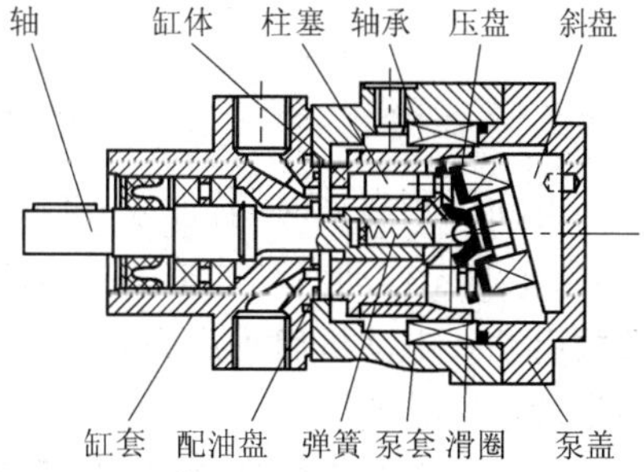

图 3-37　油泵结构图

(3)油缸

油缸用来将注入缸内的液压力转换或机械力,以推动尖轨或可动心轨转换,其由活塞杆、缸座、缸筒、缸套、接头体、连接螺栓和密封圈组成,如图 3-38 所示。活塞杆两端的螺孔与连接螺柱的一端紧固,连接螺栓另一端与杆架相连,杆架又连在机体外壳上,这样就使得活塞杆固定,用缸筒运动来推动尖轨或可动心轨转换。油缸动程为转辙机动程加 50 mm。

(4)启动油缸

启动油缸的作用是在电动机刚启动时先给一个小的负载,待转速提高、力矩增大时再带动负载,来克服交流电动机启动性能的不足。启动油缸由缸体、缸筒、柱塞、垫块、螺堵及 O 形圈组成,如图 3-39 所示。启动油缸用两个接头阀将油路板与缸体上的两个孔连接起来,使得其在油路中与油缸并联。柱塞和缸筒位于启动油缸体内。

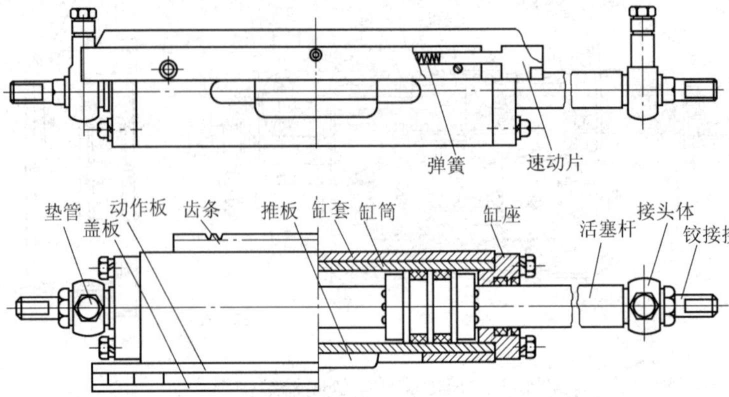

图 3-38　油缸及推板

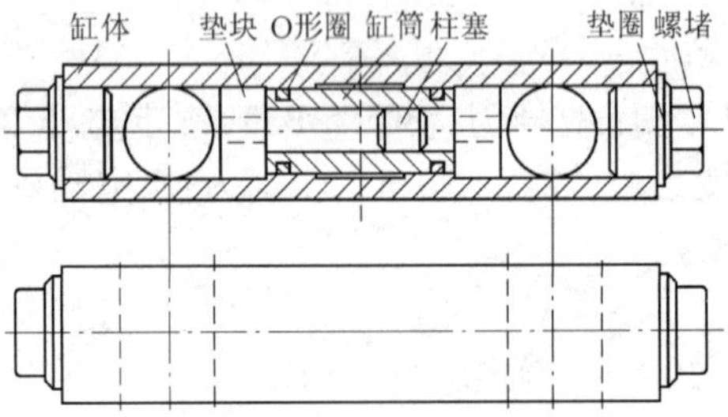

图 3-39　启动油缸

当电动机刚启动时，若油泵右侧为高压油，则启动油缸右孔为高压，因启动油缸与油缸并联，则高压油先推动启动油缸的柱塞向左移动，由于柱塞力很小，相当于电动机只带一个很小的负载启动。电动机启动后力矩增大，启动油缸也已被充满，液压油再充入油缸，推动油缸动作以带动道岔转换。

当道岔需向反方向转换时，电动机反转，油缸左孔为高压，这时启动油缸的柱塞向右移动，即可解决反方向操纵道岔时电动机启动力矩小的问题。

(5)单向阀

单向阀就像二极管单向导电那样，正向的液压油流畅通，反向的液压油流则被关闭而不能通过。单向阀由阀体、空心螺柱、钢球、O 形圈、挡圈等组成，如图 3-40 所示。阀体内有两个钢球，装在与空心螺栓同心的圆槽内，螺栓与油路板间经加垫的密封圈坚固连接，为防止失灵，做成双层阀门。挡圈用来防止钢球封死上部出油口。

单向阀可使液压油从空心螺栓底部掀起钢球顺利进入，此时另一端的单向阀被返回油流冲击而使钢球堵在空心螺栓的圆槽内，封住油口即堵死了油流通道。这样就有效地保证了油流单方向通过。油路中单向阀的通畅和堵塞性能的好坏直接影响着油路的正常工作。

(6)溢流阀

溢流阀主要由阀体和阀芯等组成，如图 3-41 所示。阀芯装在阀体顶端并用弹簧、弹垫、密封螺母紧固。溢流阀的作用是，通过调整弹簧弹力，保证油路中液压油的压力不超过一定的限值,以防止道岔转换受阻时,电动机电源没被断开时油路中油液压力不断升高而损坏各部液压件;当道岔转换到位而电动机仍没停转时,使高压油释放压力。经回油管回油箱。它相当于电动转辙机摩擦联结器的作用。

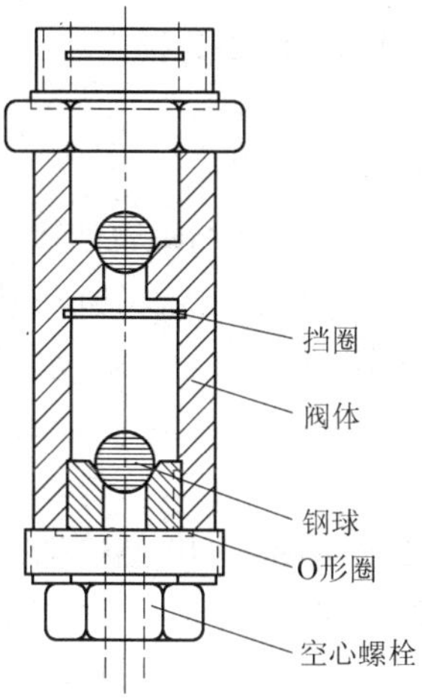

图 3-40 单向阀

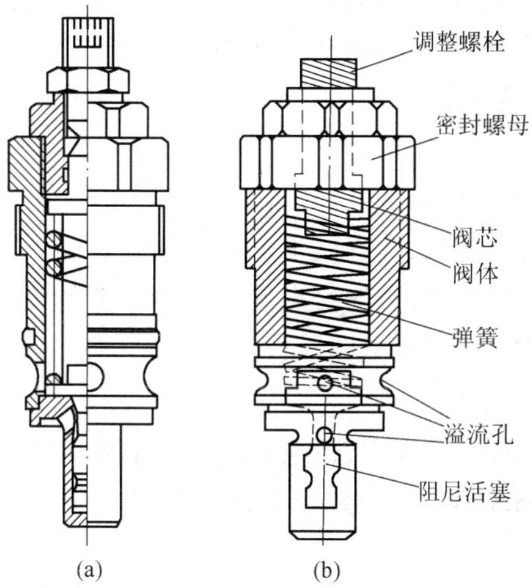

图 3-41 溢流阀

溢流阀在正常油压下,阀座下部的压力油进入阻尼活塞底部,形成向上的液压力小于调压弹簧的压力,此时阀芯的锥面与阀座压紧,压力油被堵住,溢流阀不溢流。

当道岔受阻或转换到位电动机还没断开电源时,油压增大,此压力大于弹簧的压力,阀芯就向上移动,溢流阀的阀口开启,高压油进入阀座上部,经阀体侧孔流入溢流板的回油孔,使液压油流回油箱构成溢流。当油路中压力降到小于此数值时,压力弹簧恢复原位,阀芯的锥面又压紧了阀座,将压力油封堵住。这样就可使油路中压力大于一定数值(可根据需要调整弹簧的压力)时开始溢流,既保证了油路正常动作,又保护了液压件不被损坏。

(7)调节阀

调节阀(调节螺柱)用来改善副机油缸与主机油缸在转换道岔时的同步性。

(8)节流阀

设在主机油缸活塞杆的两端,用来调节进入主机油缸液压油的流速。

(9)滤清器

滤清器也称滤芯,用合金粉末压铸而成,用来防止杂物进入溢流阀及油缸,造成油路卡阻,以保证油路系统的可靠性。

(10)推板

推板是嵌在油缸套上的矩形钢板,其大部分嵌在缸套内,斜面凸起露在缸套外面,如图 3-38 所示。凸起的斜面动作时推动锁块,从而使动作杆运动。

(11)动作杆

方形动作杆上装设两个活动锁块,与油缸侧面的推板配合工作。动作杆外侧有圆孔,用销子和外锁闭杆连接。转换道岔时,油缸带动推板,推板推动锁块,锁块通过轴销与动作杆相连。道岔转换至锁闭位置时,推板将动作杆上的锁块挤于锁闭铁斜面上。

(12)锁闭杆

主机的伸出与拉入位置各设一根锁闭杆,外端通过长、短外表示杆与尖轨相连。内方开有方槽,与接点组系统的锁闭柱方棒相配合。当尖轨转换到位锁闭后,锁闭柱落入锁闭杆上的方槽内,使接点接通相应的表示电路。由于锁闭杆上方槽为矩形,锁闭柱下端也为矩形,所以具有锁闭作用,故称为锁闭杆。两锁闭杆分别连接在两尖轨上,一根作为锁闭杆;另一根即作为斥离尖轨的表示杆。

(13)表示杆

副机的伸出与拉入位置各设一根表示杆,外端通过长、短表示杆与尖轨连接。内方开有斜槽,与接点组系统的检查柱下端斜角相配合,检查道岔位置。当尖轨转换到位锁闭时,检查柱下端落入表示杆缺口,使接点接通相应位置的表示电路。副机表示杆不起锁闭作用。挤岔时,检查柱上提断开表示电路。

(14)接点组

电液转辙机可采用普通自动开闭器,也可采用沙尔特堡 S800aW40 型速动开关。如采用沙尔特堡 S800aW40 型速动开动时,则接点排列如图 3-42 所示。

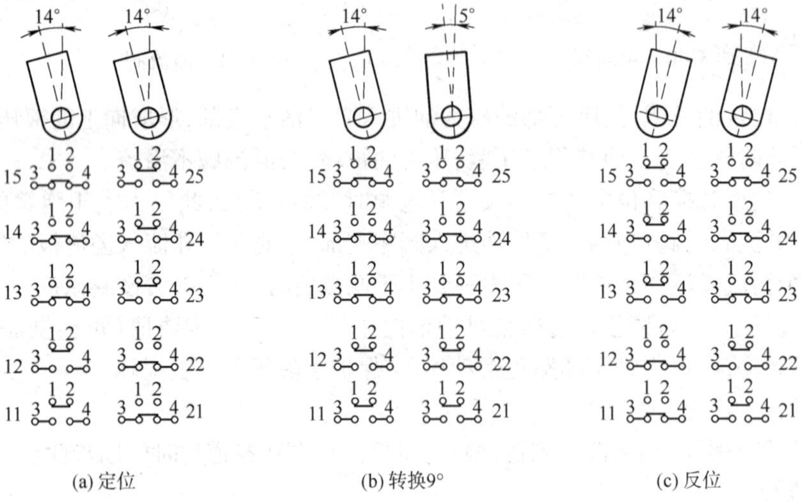

图 3-42　ZYJ7 型转辙机的接点开关转换位置关系图

接点编号方法是:站在电动机、油泵一侧,两排接点左边的第一位数为 1,右边的为 2;由近至远是第二位数的 1、2、3、4、5,每组接点的左上为第三位数的 1,右上为 2,左下为 3,右下为 4。

当动接点架转换 9°时,将常闭的 23-1-2 接点断开,断开表示。电液转辙机转换终了,启动片掉入圆弧内,开关迅速动作,依靠开关的弹力接通反位的 13、21、14-1-2 接点,接通新的表示电路。若此时,锁闭杆缺口不对,不能接通表示电路。

(15)挤脱器

挤脱器安装在 SH6 型转换锁闭器上。挤脱器与锁闭铁经定力机构与机壳连在一起。当道岔被挤时(挤切力大于该挤脱器预先调整的压力 30. 4 kN 时),锁闭铁位移,转换接点组断开表示电路,及时给出挤岔表示。

挤脱器由机壳上立柱形的固定桩与动作杆连接的锁闭铁靠凹凸槽吻合连接。固定桩内装有环形弹簧,经紧固后将锁闭铁与机壳连接起来,挤脱器如图3-43所示。

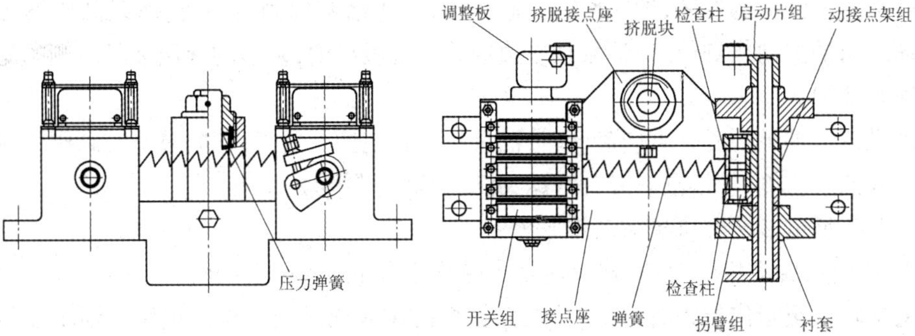

图3-43 挤脱器

如果道岔被挤,动作杆带动锁闭铁挤出凹槽,启动片随之移动,斜面带动拐臂轴上的小滚轮抬起,使动接点退出,断开表示电路。此时动作杆连接的锁闭铁与机壳上的固定桩失去连接,来自动作杆的挤切力再不能传给内方的其他部件,起到了挤岔保护作用。另外,道岔被挤时,表示杆的移动也能及时断开表示,可以说是双重保护。

3. ZYJ7型电液转辙机的动作原理

(1)ZYJ7型电液转辙机的油路系统

①ZYJ7型电液转辙机油路系统的组成

ZYJ7型电液转辙机的油路系统为闭式系统,如图3-44所示。油路系统可分成四部分:动力源、操纵控制装置、执行机构和辅助装置。油泵是整个系统的动力源,用以将机械能变成液压油的压力能。调节阀、单向阀、溢流阀等组成操纵控制装置,用以调节液压油的压力、流向和流量,从而实现不同的工作循环。油缸是系统的执行机构,可以把液压油的压力能变成机械能。滤清器、油池是辅助装置。

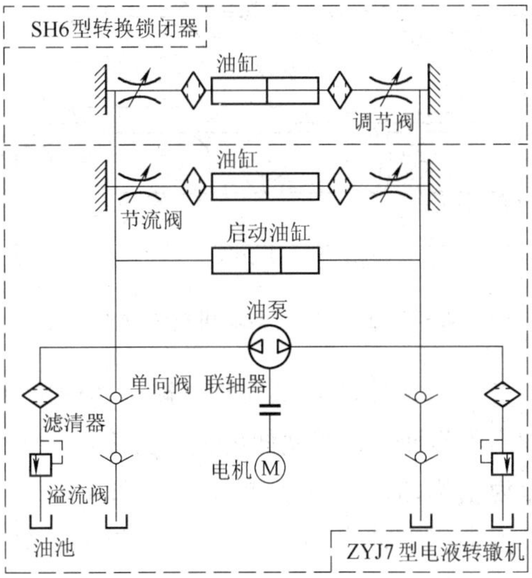

图3-44 ZYJ7型电液转辙机的油路系统

②ZYJ7 型电液转辙机油路系统的动作原理

当电动机带动油泵逆时针方向旋转时,油泵从油缸右侧腔内吸出油,泵出的液压油经活塞杆中心圆孔注入油缸的左腔,即左腔内为高压油,由于活塞杆固定不动,所以高压油推动油缸向左移动。当油缸动作到位时,油泵从右边的单向阀吸出油,泵出的液压油经左侧的滤清器和溢流阀回到油池。

电动机带动油泵顺时针方向旋转时,油泵从油缸左侧腔内吸入油,泵出的高压油通过活塞杆空腔进入油缸右侧,使油缸右腔为高压,此时油缸向右移动。

(2)ZYJ7 型电液转辙机机械动作原理

ZYJ7 型电液转辙机的解锁、转换锁闭作用原理图如图 3-45 所示。

当道岔转换至定位位置时(例如拉入),推板的拉入锁闭面与拉入锁块的锁闭面相吻合使锁块不能移动,拉入锁块的斜锁闭面与锁闭铁拉入锁闭面相互吻合,使锁块和动作杆不能伸出,此时称为转辙机拉入锁闭状态,如图 3-45(a)所示。

当电动机启动,泵出的高压油推动油缸向伸出方向移动时,推板随油缸移动,移动 25 mm 时推板拉入锁闭面全部退出拉入锁块的锁闭面,此时,转辙机为解锁状态。推板继续移动,即带动伸出锁块、销轴、动作杆移动,动作杆又带动拉入锁块离开锁闭铁拉入锁闭面,迫使拉入锁块移动,拉入锁块动作面跟随推板拉入动作面,这时转辙机进入了转换状态,如图 3-45(b)所示。

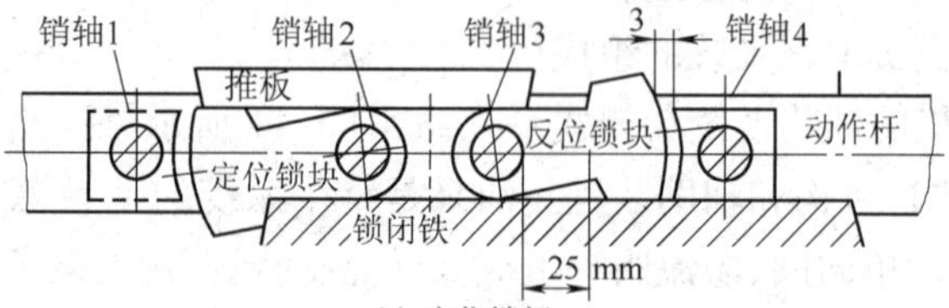

(a) 定位锁闭

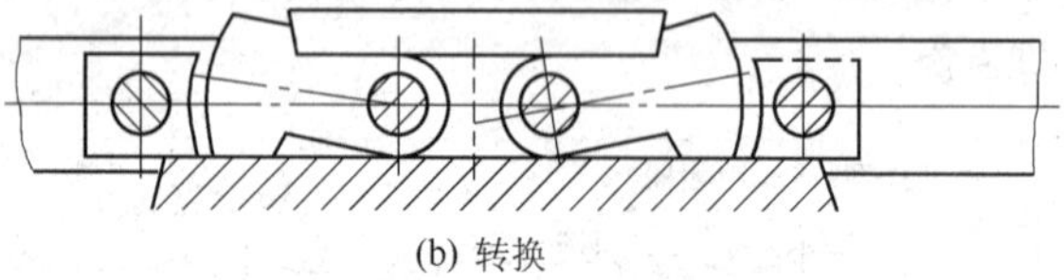

(b) 转换

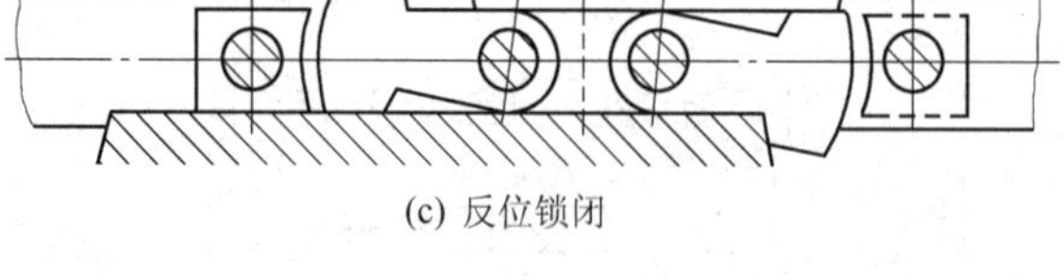

(c) 反位锁闭

图 3-45　ZYJ7 型电液转辙机机械动作原理图

油缸和推板继续移动,至伸出锁块锁闭面将要与锁闭铁伸出锁闭面接触,则进入增力状态,这时伸出锁块由推板伸出动作面和锁闭铁伸出锁闭面接触。此后推板面向前 15.2 mm(动作杆相应动作 7.6 mm)即为增力阶段。推板继续移动 9.8 mm(从两面开始接触,共移动 25 mm)伸出锁块斜锁闭面与锁闭铁伸出锁闭面完全密贴吻合,转辙机为伸出锁闭状态,如图 3-45(c)所示。

(3)ZYJ7 型电液转辙机的检查和表示

ZYJ7 型电液转辙机的检查和表示装置由固定座、拐臂、锁闭检查柱、轴承座、传动杆及齿轮、动作板、速动片、弹簧、接点组和内外表示杆组成。

转辙机处于拉入位置时,锁闭检查柱与内表示杆的主锁闭杆缺口对应,只有缺口对准,锁闭检查柱方可落入检查口。用此来检查道岔尖轨密贴,并通过拐臂带动接点组构成表示电路。转辙机在伸出位置时,锁闭检查柱与副锁闭杆缺口对应,即检查了此时尖轨的密贴。

接点组与动作板、速动片、启动片的动作关系如图 3-46 所示。

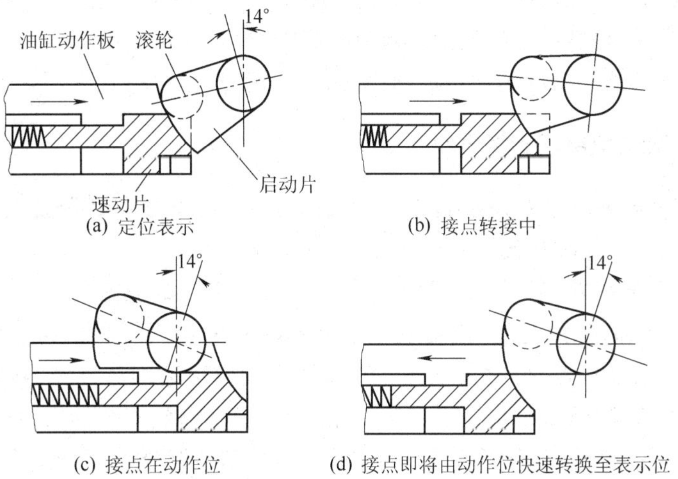

图 3-46 接点组与动作板、速动片、启动片的动作关系

当油缸侧面上的动作板向左移动 1.4 mm 时,动作板的斜面开始推动接点组的滚轮。油缸移动 17.4 mm,动接点组转换,断开原表示接点。油缸移动 25 mm,油缸侧面的推板刚接触反位锁块的锁闭面时,推板将定位锁块解锁,油缸解锁动程结束。道岔尖轨转换,当尖轨与基本轨密贴时,油缸走完了转换动程,油缸侧面的推扳动作面进入反位锁块的锁闭面,动作杆不再动作,油缸继续移动的锁闭动程为 17.4 mm。当锁闭动程为 23.6 mm 时,接点组的启动片在弹簧的作用下,快速落入动作板上速动片圆弧内,即快速地断开电动机电源,接通现表示接点。

当自动开闭器使用沙尔特堡 S800aW40 型速动开关时,其接点由拐臂轴上的凸轮带动。

由此可见,转辙机实现了两处锁闭:①将动作杆通过锁块锁在锁闭铁上(锁闭铁连接底壳);②将锁闭杆通过锁闭柱、接点座锁在底壳上。

(4)ZYJ7 型电液转辙机的手动转换

为满足电源中断或发生其他故障对转换道岔及检修作业的需要,ZYJ7 型电液转辙机设置了手动装置,分为手摇装置和扳动装置两种。

手摇装置是用摇把直接摇动电动机机轴,因电机与油泵相连,可使油泵泵出液压油。顺时针摇动时,右侧泵出液压油,反之左侧泵出液压油,油缸则沿着液压油方向移动。插入摇把前应先断开安全接点。手摇电液转辙机时只要在主机处摇动,副机即被带动。

扳动装置由扳手、方轴齿轮、齿条、拉板、钩块组成。扳手转动方轴和齿轮,齿轮带动齿条连同钩块(钩块直接钩在油缸的缺口上)直接动作油缸。道岔自定位扳至反位,扳手需转动 1.6 圈。在扳手插入方轴前应确认短路阀被打开。

4. ZYJ7 型电液转辙机的安装装置

采用单机多点牵引时，ZYJ7 型电液转辙机安装在尖轨或可动心轨的第一牵引点处，SH6 型转换锁闭器安装在尖轨或可动心轨的第二牵引点之处。

采用单机单点牵引时，每个牵引点设一台 ZYJ7 型电液转辙机，它们固定在托板上，经钢枕与钢轨线路连接。安装装置主要由托板（也是成对使用）、弯头动头杆、尖端铁及长、短表示杆等组成。各部件的安装和作用与前述不带导管装置的 S700K 型电动转辙机安装装置基本相同。

5. ZYJ7 型电液转辙机的调整

尖轨和可动心轨的密贴调整与 S700K 型电动转辙机的密贴调整相同。ZYJ7 型的表示杆缺口调整可直接拧主、副表示杆的调整螺母，使检查柱落入主、副表示杆缺口，其缺口间隙应为 2 mm ±0.5 mm（转换锁闭器应为 4 mm ±1.5 mm）。定、反位可以分别调整，互不影响。

三、ZYJ7GZ 轨枕型电液转换系统

ZYJ7CZ 轨枕型电液转换系统能转换、锁闭各种规格、型号的外锁闭道岔，并能正确反映尖轨及可动心轨辙叉的位置和状态。

ZYJ7GZ 型电动液压转辙机是在 ZYJ7 基础上改进的新型电液转辙机，整套系统继承了 ZYJ7 的优点，并将转辙机和转换锁闭器安装在两基本轨的中间钢枕内，把转换设备的重量尽可能均匀地融于线路设备当中，大大改善了道岔区段的轨道动力学性能。液压站和中转盒分别安装在钢枕的头部，液压站也可下道安装。整套系统重量轻、安装简便灵活、易于维护、不妨碍工务养护，具有转换平稳、运用稳定、占地位置小等优势。除适用于列车高速运行外，特别适用城市轨道交通等一些线路两侧空间相对狭小的地点。图 3-47 为 ZYJ7GZ 型电液转辙机尖轨一动外锁及安装装置示意图。

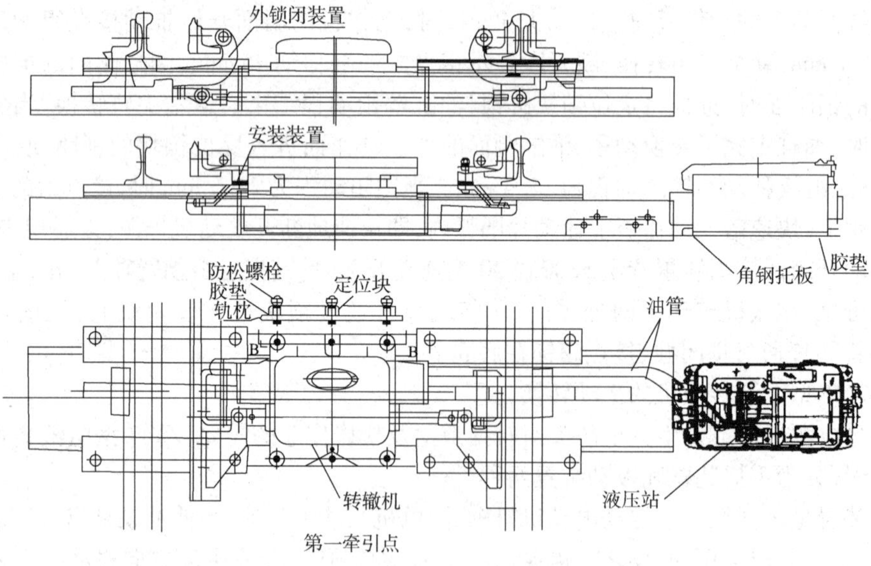

图 3-47　ZYJ7GZ 型电液转辙机安装示意图

1. ZYJ7GZ 轨枕型电液转换系统的组成

ZYJ7GZ 轨枕型电液转换系统主要由电液转辙机主机、液压站、SH6GZ 型转换锁闭器、中

转盒、钩形外锁闭装置及安装装置等组成。主机与副机共用一套动力系统，两者之间靠油管连接传输动力。

(1)电液转辙机主机

ZYJ7GZ 型电液转辙机又称主机，用于第一牵引点。转辙机的结构如图 3-48 所示，主要由转换锁闭机构、表示锁闭机构、手动安全机构等组成。

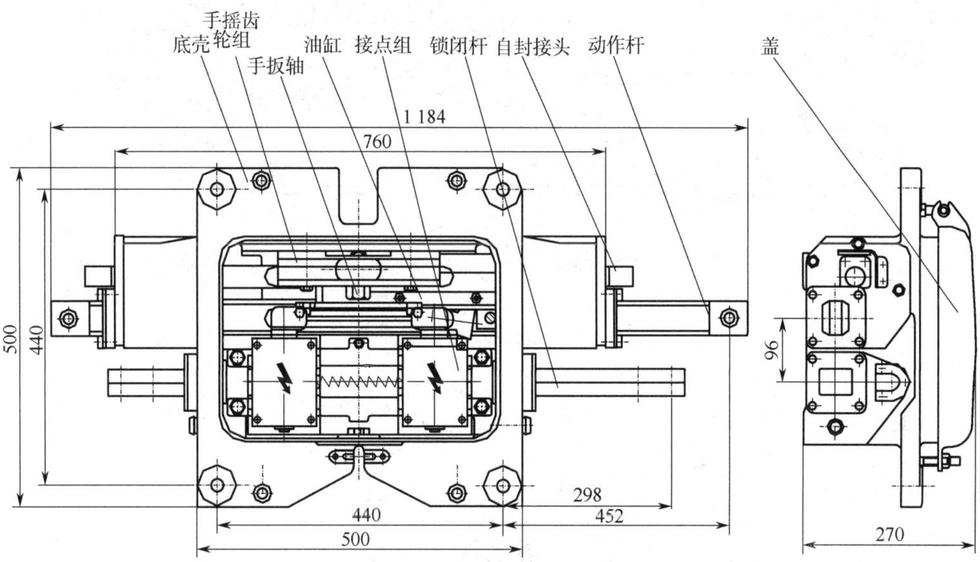

图 3-48 ZYJ7GZ 型转辙机结构示意图(单位:mm)

转换锁闭机构由油缸、推板、动作杆、锁块、销轴、加强板及锁闭铁等零部件组成，作用是转换锁闭尖轨在密贴位置，该机构锁闭尖轨后能承受 100 kN 的轴向锁闭力。

表示锁闭机构由接点组、锁闭杆等零部件组成，作用是正确反映尖轨状态并锁闭尖轨在终端位置，该机构锁闭尖轨后能承受 30 kN 的轴向锁闭力。

手动安全机构的作用是(打开液压站内两腔溢流阀)用手摇装置扳动道岔。

(2)液压动力机构(液压站)

液压站位于第一牵引点处，其结构如图 3-49 所示，作用是将电能变为液压能。液压站由电动机、联轴器、油泵、油管、单向阀、滤芯、溢流阀及油箱等组成。

液压站设有手动安全机构(遮断器)，作用是手摇扳动道岔时，切断电动机启动电源后，才能够插入手摇把，且非经人工恢复，不能接通电动机启动电源。

(3)SH6GZ 型转换锁闭器结构

SH6GZ 型转换锁闭器又称副机，用于第二牵引点。副机的结构如图 3-50 所示，主要由转换锁闭机构，挤脱和表示机构等组成。

转换锁闭机构由油缸组、推板、动作杆、锁块、销轴、加强板及锁闭铁等零部件组成。作用是转换锁闭尖轨在密贴位置。

(4)中转盒

中转盒位于第二牵引点处，其结构如图 3-51 所示，主要功能是连接转辙机、液压站及转换锁闭器油管和配线，方便拆装转换设备。

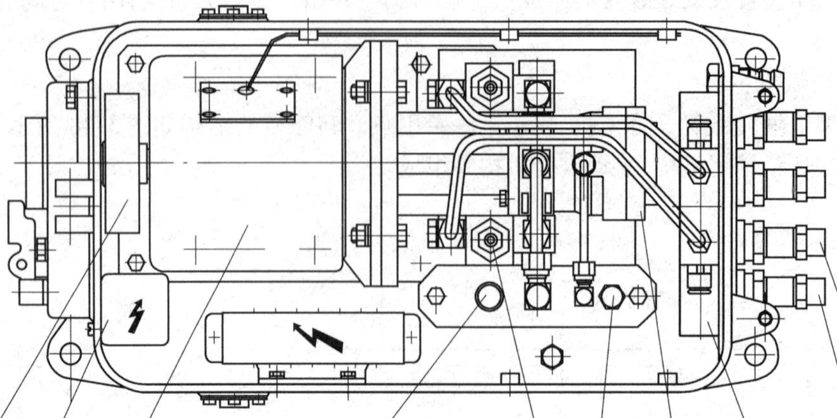

图 3-49　液压站结构示意图

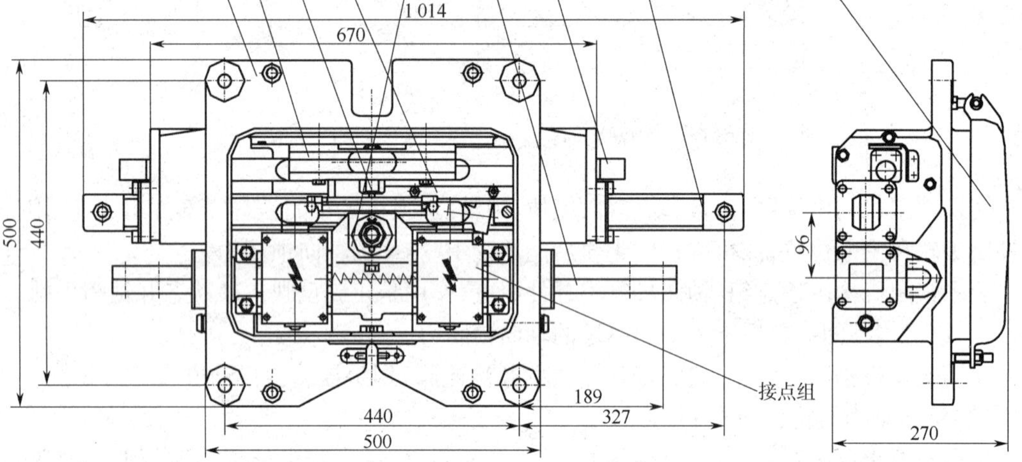

图 3-50　SH6GZ 型转换锁闭器结构示意图(单位:mm)

2. ZYJ7GZ 型电动液压转辙机的油路系统

ZYJ7GZ 型电动液压转辙机油路系统如图 3-52 所示,为闭式系统。当电机带着油泵旋转,使油缸左右移动。为了改善交流电机启动特性,与油缸并联了启动油缸。液压站上一动调节阀和二动调节阀用于调节主机油缸与副机油缸,在转换道岔时实现同步动作。

3. ZYJ7GZ 型电动液压转辙机的特点

ZYJ7GZ 型电动液压转辙机具有以下技术特点:

(1)采用两点牵引时,SH6GZ 型转换锁闭器和信号楼之间不必铺设电缆,也不必在信号楼内增设控制电路。两牵引点之间采用油管传输,可避免机械磨损和旷动,安装简便,适用于多点牵引。外锁采用钩形外锁闭装置,道岔密贴强度高,调整方便,易于维护和检修。

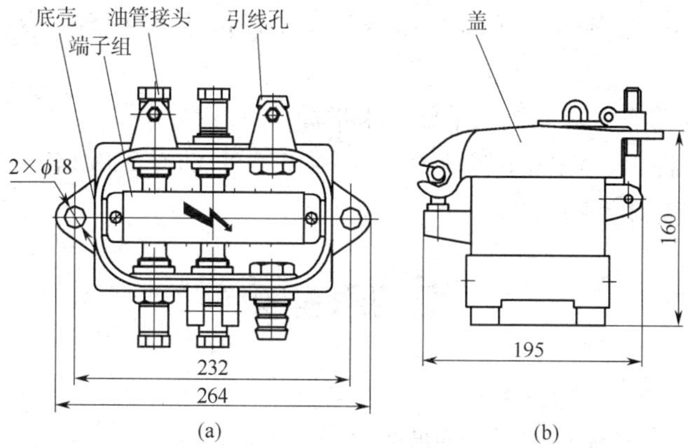

图 3-51 中转盒结构示意图(单位:mm)

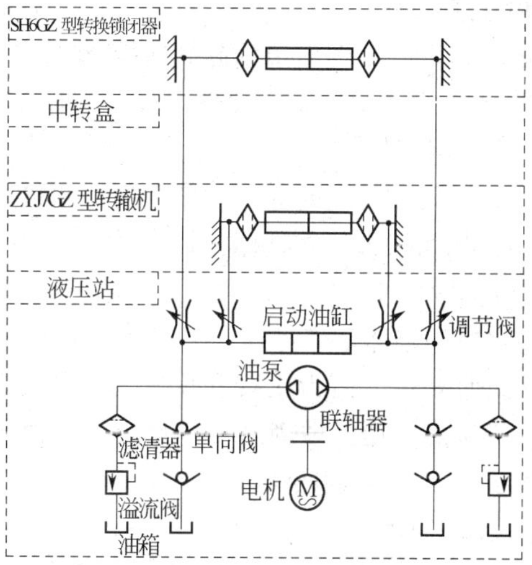

图 3-52 ZYJ7GZ 型电动液压转辙机油路系统

(2)双杆(动作杆、表示锁闭杆)锁闭尖轨在密贴位置。

(3)壳体采用铝合金材料,整机重量轻、机械强度高、方便现场施工安装。在防尘、防水、防潮方面比普通 ZYJ7 型电液转辙机优越。

(4)整机采用液压传动、机械锁闭,磨损小、寿命长、锁闭可靠。

(5)油缸密封采用新型组合密封圈,降低了摩擦系数,各部管路接头采用国际先进水平的液压接头,油路系统密封可靠,不渗漏。液压动力系统下道,方便检修、易于更换。转辙机和转换锁闭器进出油口处,采用自封接头,方便了施工和维修,减少了污染。

(6)采用新型油泵,传动摩擦部位采用复合材料,提高了整体效率。

(7)机内配线采用工厂化生产,有利于现场维护。

(8)溢流压力稳定易调整,不受气候温度影响。

(9)转辙机置于道心,大大减少了因震动造成的故障,改善了道岔的平衡状况,锁闭、表示缺口稳定。

(10)增加了机械手摇装置,与原来的液压手摇装置相结合,提高了设备的运用特性,更加方便了检修。

4. ZYJ7GZ 型电动液压转辙机的主要技术指标

电源电压 AC 三相 380 V;额定转换力 1 810/4 070 N;动程 220/140 mm;工作电流 1.8 A;动作时间 8.5 s;单线电阻 54 Ω。

复习思考题

1. 转辙机有何作用?如何分类?
2. 每组道岔设一台转辙机的说法对吗?为什么?
3. 简述 ZD6 型转辙机的结构和各部件的作用。
4. 电动机在电动转辙机中起什么作用?如何使它正、反转?
5. 简述减速器的结构和减速原理。
6. ZD6 型电动转辙机如何传动?如何对道岔起到转换、锁闭作用?如何调整道岔密贴?
7. ZD6 型电动转辙机的自动开闭器由哪些部件组成?如何实现速动?简述自动开闭器的动作原理,其接点如何编号?如何动作?
8. 表示杆有哪些作用?在正常和挤岔时如何动作?如何调整表示杆缺口?
9. 摩擦联结器有何作用?如何发挥这些作用?
10. 挤切装置如何起到挤岔保护作用?
11. 简述 ZD6 型电动转辙机的整体动作过程。
12. ZD6 型电动转辙机如何安装?何为正装和反装?在什么情况下定位 1、3 排接点接通?在什么情况下定位 2、4 排接点接通?举例说明。
13. 道岔有哪几种锁闭方式,比较它们的优缺点。
14. 简述钩式外锁闭装置的结构和动作原理。
15. S700K 型电动转辙机有何特点?简述 S700K 型电动转辙机的结构和动作原理。
16. ZDJ9 型电动转辙机有哪些特点?它与 ZD6、S700K 相比有何异同?
17. 液压传动有何优缺点?
18. 简述 ZYJ7 型电液转辙机的结构和动作原理。
19. ZYJ7 型电液转辙机是否一定要和 SH6 型转换锁闭器配套使用?为什么?
20. ZYJ7GZ 型轨枕型电液转换系统有何特点?其与 ZYJ7 型电液转辙机有何异同?

第四章　轨 道 电 路

轨道电路是利用钢轨线路和钢轨绝缘构成的电路。它用来监督线路的占用情况，以及将列车运行与信号显示等联系起来，即通过轨道电路向列车传递行车信息。轨道电路是轨道交通信号的重要基础设备，它的性能直接影响行车安全和运输效率。

对于采用非 CBTC 城市轨道交通，轨道电路不仅用来检测列车是否占用，更重要的是传输 ATP 信息。所以除车辆段内可采用 50 Hz 相敏轨道电路外，正线需要采用音频轨道电路。为便于牵引电流流通，提高线路性能，方便维修，音频轨道电路是无绝缘的。音频轨道电路多采用数码调制方式，有数字振幅调制、数字频率调制、数字相位调制三种，但多采用高可靠性、多信息量的数字编码式音频轨道电路。对于采用 CBTC 的线路，正线不采用轨道电路。

第一节　轨道电路概述

一、轨道电路的基本原理

轨道电路是以轨道交通线路的两根钢轨作为导体，两端加以机械绝缘（或电气绝缘），接上送电和受电设备构成的电路。最简单的轨道电路如图 4-1 所示。

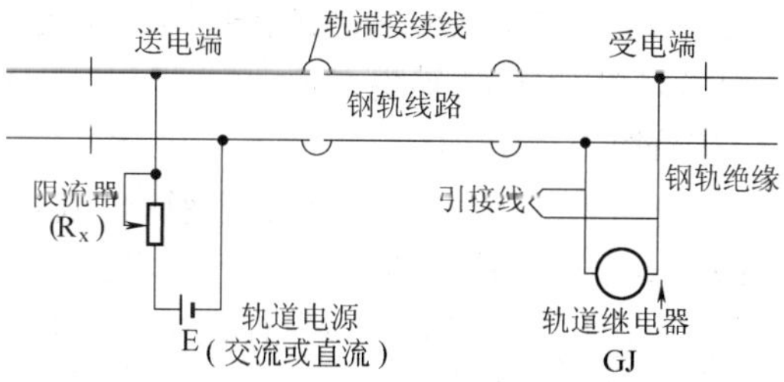

图 4-1　最简单的轨道电路

轨道电路的送电设备设在送电端，由轨道电源 E 和限流电阻 R_x 组成，限流电阻的作用是保护电源不致因过负荷而损坏，同时保证列车占用轨道电路时，轨道继电器可靠落下。接收设备设在受电端，一般采用继电器，称为轨道继电器，由它来接收轨道电路的信号电流。

送、受电设备一般放在轨道旁的变压器箱或电缆盒内，轨道继电器设在信号楼内。送、受电设备由引接线（钢丝绳）直接接向钢轨或通过电缆过轨后由引接线接向钢轨。

信号变压器箱

钢轨是轨道电路的导体，为减小钢轨接头的接触电阻，增设了轨端接续线。

钢轨绝缘是为分隔相邻轨道电路而装设的。

两绝缘节之间的钢轨线路，称为轨道电路的长度。

当轨道电路内钢轨完整，且没有列车占用时，轨道继电器吸起，表示轨道电路空闲。轨道电路被列车占用时，它被列车轮对分路，轮对电阻远小于轨道继电器线圈电阻，流经轨道继电器的电流大大减小，轨道继电器落下，表示轨道电路被占用。

二、轨道电路的作用

轨道电路的第一个作用，是监督列车的占用。利用轨道电路监督列车在区间或列车和调车车列在站内的占用情况，是最常用的方法。由轨道电路反映该段线路是否空闲，为开放信号、建立进路或构成闭塞提供依据，还利用轨道电路的被占用关闭信号，把信号显示与轨道电路是否被占用结合起来。

轨道电路的第二个作用是传递行车信息。例如音频数字编码轨道电路中传送的行车信息，为 ATC 系统直接提供控制列车运行所需要的前行列车位置、运行前方信号机状态和线路条件等有关信息，以决定列车运行的目标速度，控制列车在当前运行速度下是否减速或停车。对于 ATC 系统来说，带有编码信息的轨道电路是其车—地之间传输信息的通道之一。

三、轨道电路的分类

轨道电路有较多种类，也有多种分类方法。

1. 按所传送的电流特性分类

按所传送的电流特性分类，轨道电路可分为工频连续式轨道电路和音频轨道电路，音频轨道电路又分为模拟式和数字编码式。

工频连续式轨道电路中传送连续的交流电流。这种轨道电路的唯一功能是监督轨道的占用与否，不能传送更多信息。

模拟式音频轨道电路采用调幅或调频方式，用低频调制载频，除监督轨道的占用外，还可以传输较多信息，主要是运行前方 3 个或 4 个闭塞分区的占用与否。

数字编码式音频轨道电路采用数字调频方式，但它采用的不是单一低频调制频率，而是一个若干比特的一群调制频率，根据编码去调制载频，编码包含速度码、线路坡度码、闭塞分区长度码、纠错码等，可以传输更多的信息。

2. 按分割方式分类

按分割方式，轨道电路可分为有绝缘轨道电路和无绝缘轨道电路。

有绝缘轨道电路用钢轨绝缘将轨道电路与相邻的轨道电路互相隔离，大部分轨道电路是有绝缘的。一般称轨道电路即为有绝缘轨道电路。

钢轨绝缘在车辆运行的冲击力、剪切力作用下很容易破损，使轨道电路的故障率较高。绝缘节的安装，给无缝线路带来一定的麻烦，有时需锯轨，降低线路的轨道强度，增加线路维护的复杂性轨道交通的牵引回流不希望有绝缘节，为使牵引回流能绕过绝缘节，必须安装扼流变压器或回流线。因此无缝线路和电气化轨道交通希望采用无绝缘轨道电路。

扼流变压器

无绝缘轨道电路在其分界处不设钢轨绝缘，而采用电气隔离的方法予以隔离。电气隔离式又称谐振式，利用谐振槽路，采用不同的信号频率，谐振回路对不同频率呈现不同阻抗，来实现相邻轨道电路间的电气隔离。

无绝缘轨道电路与有绝缘轨道电路相比较，具有较明显的优点。由于去掉了故障率高的轨端机械绝缘，因而大大地提高了轨道电路的可靠性。在长轨区段安装不用锯轨，在电气化区段降低了轨道电路的不平衡系数，改善了钢轨线路的运营质量。

城市轨道交通正线上采用无绝缘轨道电路，取消了机械绝缘节和钢轨接头，大大减少了车辆轮对与钢轨接缝之间的碰撞，降低了轮对和钢轨的磨损，避免了列车过接缝对乘客的不舒适感。

3. 按使用处所分类

按使用处所分类，轨道电路分为区间轨道电路和车辆段/停车场内轨道电路。

区间轨道电路主要用于正线，不仅要监督各闭塞分区是否空闲，而且要传输有关行车信息。一般来说，区间要求轨道电路传输距离较长，要满足闭塞分区长度的要求，轨道电路的构成也比较复杂。

车辆段/停车场内轨道电路，用于段内各区段，一般只有监督本区段是否空闲的功能。

4. 按轨道电路内有无道岔分类

按轨道电路内有无道岔分类，分为无岔区段轨道电路和道岔区段轨道电路。

无岔区段轨道电路内钢轨线路无分支，构成较简单，一般用于检车线、停车线等，以及尽头调车信号机前方接近区段、两差置调车信号机之间。

在道岔区段，钢轨线路有分支，道岔区段的轨道电路就称为分支轨道电路或分歧轨道电路。在道岔区段，道岔处钢轨和杆件要增加绝缘，还要增加道岔连接线和跳线。当分支超过一定长度时，还必须设多个受电端。

四、轨道电路的基本要求

轨道电路的基本要求如下：

(1) ATP 地面设备宜采用报文式无绝缘轨道电路，也可采用模拟式音频轨道电路。

(2) 对轨道电路的要求

①ATC 控制区域宜采用无绝缘轨道电路，道岔区段、车辆段/停车场线路可采用有绝缘轨道电路。区间轨道电路应为双轨条牵引回流方式；道岔区段、车辆段/停车场轨道电路可采用单轨条牵引回流方式。

②相邻轨道电路应加强干扰防护。

(3) 轨道电路参数：

①道床电阻

整体道床，2 Ω · km；碎石道床：1 Ω · km。

②分路电阻，0.1 Ω。

(4) 轨道电路利用兼作牵引回流的走行轨时，装设的横向均流线应不影响轨道电路的正常工作。

(5) 轨道电路需满足的技术条件：

①短轨道电路长度在 50 m 以下。

②长轨道电路长度在 40 m 以下。

③道床电阻不小于 2 Ω · km。

④最小分路电阻 0.15 Ω。

⑤模糊区长度不大于 4.5 m。

⑥室内设备至室外设备的控制距离不小于 2 km。

五、轨道电路的应用

城市轨道交通的轨道电路应用非常广泛。对于未采用 CBTC 的线路，全部线路，包括正线和车辆段(停车场)都采用轨道电路；对于采用 CBTC 的线路，虽然正线不采用轨道电路，但车辆段(停车场)采用轨道电路。但近年来也有的车辆段(停车场)采用计轴设备来反映列车占用。

1. 正线轨道电路的应用

未采用 CBTC 的线路,正线采用无绝缘轨道电路,早期采用模拟式音频轨道电路,后来均采用报文式数字无绝缘音频轨道电路。对于正线的道岔区段,有不同的处理方法:有采用有绝缘的音频轨道电路的,也有采用工频轨道电路的。但不管采取什么处理方法,都要辅以环线来发送 ATP 信息。

2. 车辆段/停车场轨道电路的应用

车辆段/停车场一般采用工频相敏轨道电路。

3. 转换轨轨道电路的应用

在正线与车辆段/停车场衔接处,必须设转换区段,称为转换轨,以实现信号系统的转接。正线与车辆段/停车场采用不同的信号系统,正线由 ATC 控制,车辆段/停车场由联锁系统控制,不受 ATC 控制。列车从车辆段/停车场进入正线,必须转为 ATC 控制;列车从正线进入车辆段/停车场,必须退出 ATC 控制。这一信号系统的转接,在转换轨完成。在未采用 CBTC 的线路,信号系统的转接是由转换轨轨道电路完成的。转换轨信号设备的布置如图 4-2 所示。

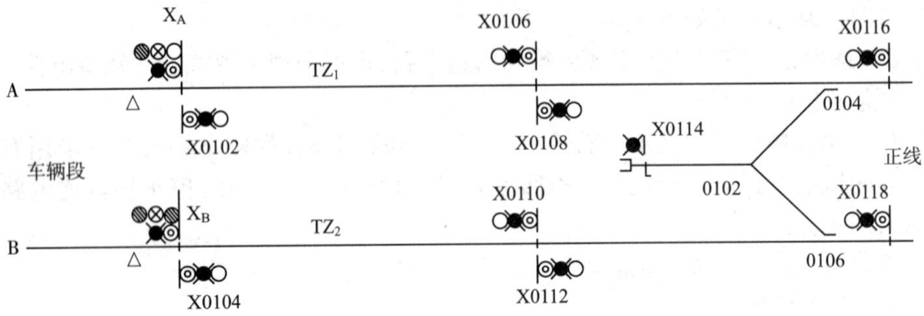

图 4-2　转换轨信号设备的布置

图中,X_A、X_B 是入段信号机,X0102 和 X0104 是 ATC 入口信号机,X0106 和 X0110 是 ATC 出口信号机,X0108 和 X0112 是转换信号机,TZ_1、TZ_2 是转换轨,采用音频轨道电路。

当有列车从车辆段出入库线 A 进入正线,列车在 X_A 外方,通过初始化信标,车载 ATP 接收初始化信息,为接收 ATP 信息做好准备。当 X0102 开放后,列车进入转换轨,成为受 ATC 控制的列车。列车在转换轨停车期间,ATS 为该列车准备进路。X0108 开放后,列车即正式投入正线运行。

当有列车从正线返回车辆段出入库线 A 时,建立从 X0106 到车辆段的退出进路,列车进入转换轨,不再受 ATC 控制。然后根据入段信号机的显示进入车辆段。

列车从出入库线 B 出入车辆段的情况同 A。

六、轨道电路区段的划分

轨道电路之间采用钢轨绝缘或电气隔离的方法把两个轨道电路隔离成互不干扰的独立的电路单元,每个轨道电路单元称为轨道电路区段。轨道电路要划分为许多区段,以满足列车运行的需要。轨道电路划分的原则是:

(1)信号机的内外方应划分为不同的区段。

(2)凡是能平行运行的进路,应用钢轨绝缘将它们隔开,形成不同的轨道电路区段。

(3)在一个轨道电路区段内,单动道岔最多不超过 3 组,复式交分道岔不得超过两组,道岔组数过多,轨道电路难以调整。

(4)有时为了提高咽喉使用效率,把轨道电路区段适当划短,使道岔能及时解锁,立即排列别的进路。

城市轨道交通的轨道电路分为正线轨道电路和车辆段/停车场轨道电路两大类,它们的划分方式不同。

1. 正线轨道电路区段的划分

正线轨道电路区段的划分主要是满足 ATP 控车的需要,根据牵引计算把两列车之间的追踪距离划分为若干个轨道电路区段,例如 GRS 公司的音频无绝缘轨道电路把两列车之间的追踪距离划分为 7 个轨道电路区段。

有岔站内轨道电路的划分首先要划分为上、下行线,即渡线两端要划分为不同的区段,然后满足上述原则。

2. 车辆段/停车场轨道电路区段的划分

车辆段/停车场轨道电路区段的划分,要保证轨道电路可靠工作,排列平行进路的需要和便于段/场内作业。

除满足上述原则外,对于停车线,要划分为两个区段;牵出线、洗车线、镟轮线、救援列车线等调车信号机外方要设接近区段。

七、轨道电路区段的命名

城市轨道交通的轨道电路分开为正线轨道电路和车辆段/停车场轨道电路两大类,它们的命名方式不同。

1. 正线轨道电路区段的命名

正线轨道电路区段按照上、下行运行线路顺序编号,上行线路编为双号,下行线路编为单号,前面冠以轨道电路“TC”(英语 Track Circuit 的缩略语)或“G”。为区别所在车站,可在编号后缀车站编号,用字母表示,如 TC32E,指的是该线第五个车站的 TC32 区段;或在编号前缀车站编号,用数字表示,如 G1012,指的是该线第十个车站的 G12 区段。

2. 车辆段/停车场轨道电路区段的命名

道岔区段和无岔区段采用不同的命名方式。

道岔区段轨道电路是根据道岔编号来命名的。在车辆段中,只包含一组道岔的,用其所包含的道岔编号来命名,如 6DG;包含两组道岔的,用两组道岔编号连缀来命名,如 1-4DG;若包含三组道岔,则以两端的道岔编号连缀来命名。

无岔区段命名有不同的情况:对于停车线,以停车线号命名,如 12AG、12BG。进段信号机内方的无岔区段,根据所防护的信号机来表示,如 JD_1G。差置调车信号机之间的无岔区段,以两端相邻的道岔编号写成数形式来表示。牵出线、洗车线、镟轮线、救援列车线等调车信号机外方的接近区段,用调车信号机编号后加 G 来表示。

或按业主的要求命名。

第二节　交流工频轨道电路

用于城市轨道交通的交流工频轨道电路有 50 Hz 相敏轨道电路(包括继电式和微电子式)、PF 轨道电路。它们只有监督列车占用的功能,不能传输其他信息。

城市轨道交通一般采用直流牵引,所以轨道电路可以采用 50 Hz 电源。

一、50 Hz 相敏轨道电路

50 Hz 相敏轨道电路用于城市轨道交通的车辆段/停车场内,因其不需要发送 ATP 信息。50 Hz 相敏轨道电路包括继电式和微电子式,继电式可不注明,即 50 Hz 相敏轨道电路一般专指继电式。

1. 50 Hz 相敏轨道电路的组成

50 Hz 相敏轨道电路的组成如图 4-3 所示。它由送电端、受电端、钢轨绝缘、钢轨引接线、钢轨接续线、回流线,以及钢轨组成。

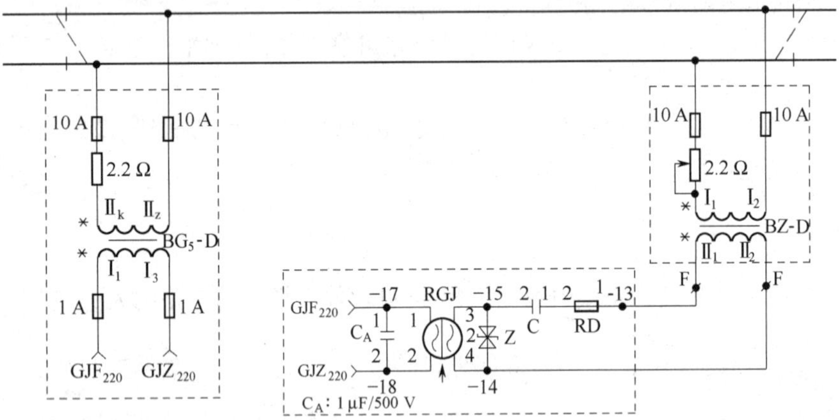

图 4-3　50 Hz 相敏轨道电路

轨道电路送电端

送电端包括 BG_5-D 型轨道变压器、R-2. 2/220 型变阻器,以及断路器,安装在室外的变压器箱内。轨道电源从室内通过电缆送至送电端。

受电端包括 BZ-D 型中继变压器、R-2. 2/220 型变阻器、断路器、轨道继电器、电容器、防雷元件等。其中中继变压器、变阻器及 10 A 断路器安装在室外的变压器箱或电缆盒内,其他安装在室内的组合架上。

送、受电端视相邻轨道电路的不同组合,有双送、一送一受、双受,以及单送、单受等不同情况,除双受、单受可采用电缆盒外,其他情况必须采用变压器箱。

变压器箱或电缆盒用钢轨引接线接向钢轨。

钢轨接续线用来连接相邻钢轨,以减小钢轨接头处的接触电阻。

钢轨绝缘设于轨道电路分界处,用以隔离相邻的轨道电路。

回流线连接相邻的不同侧钢轨,为牵引回流提供越过钢轨绝缘节的通路。

轨道电路受电端

2. 50 Hz 相敏轨道电路的工作原理

50 Hz 相敏轨道电路为有绝缘双轨条轨道电路,牵引回流为单轨条流通。

电源屏分别供出 50 Hz 轨道电源和局部电源。送电端轨道电源 GJZ_{220}、GJF_{220} 经轨道变压器降压后送至钢轨。受电端由钢轨来的电压经中继变压器升压后送至轨道继电器 RGJ 的轨道线圈 3-4。

轨道继电器 RGJ 的局部线圈 2-1 接局部电源 GJZ_{220}、GJF_{220}。

当轨道线圈和局部线圈电源满足规定的相位和频率要求时,RGJ 吸起,轨道电路处于调整状态,表示轨道电路空闲。列车占用时,轨道电源被分路,RGJ 落下。若频率、相位不符合要求时,RGJ 也落下。

由于 50 Hz 相敏轨道电路就具有相位鉴别能力,即相敏特性,抗干扰性能较高。

3. 50 Hz 相敏轨道电路的部件

(1)钢轨绝缘

钢轨绝缘安装在轨道电路分界处,以保证相邻轨道电路之间的可靠地电气绝缘,使它们互不影响,除了钢轨绝缘外,轨道电路区段的轨距杆、道岔连接杆、道岔连接垫板、尖端杆、转辙机的安装装置,以及其他有导电性能的连接两钢轨的配件,均应装设绝缘并应保持绝缘良好。否则,任一连接杆件绝缘不良,都会破坏轨道电路的正常工作。

①对钢轨绝缘的要求

由于钢轨绝缘受车辆的频繁冲压,又处于日晒雨淋、酷暑严冬的环境中,是轨道电路的薄弱环节,因此要求:钢轨绝缘的结构,应能保证在钢轨爬行的情况下,以及在列车运行中产生的压力、冲击力和气温变化时产生的膨胀力的作用下,不致被损坏;钢轨绝缘应采用机械强度高、具有可靠电气绝缘性能的绝缘材料,以保证绝缘性能和使用寿命。

②钢轨绝缘的材料

制作钢轨绝缘的材料很多,主要有钢纸板、玻璃布板、尼龙塑料板等。

玻璃布板钢轨绝缘用环氧酚醛树脂或改性树脂玻璃布绝缘材料压制而成,它比钢纸板绝缘耐潮、耐磨、不易损坏。

尼龙塑料板钢轨绝缘用尼龙制成,它比钢纸板绝缘耐潮、耐磨,且成本低,但低温下有脆性。

胶接钢轨绝缘是新型的结构,用胶接剂及纤维布组成胶接层,将接头夹板与钢轨胶接牢固。

③钢轨绝缘的形式

钢轨绝缘由轨端绝缘、槽形绝缘、绝缘管、绝缘垫圈等组成,槽形绝缘按分段形式,可分为一段(整体)、二段、三段三种,按轨型分为 43 kg、50 kg 和 60 kg 三种。

50 kg/m 整体槽形钢轨绝缘如图 4-4 所示,需一段式槽形绝缘 2 块、轨端绝缘 1 ~ 2 片、绝缘垫圈 12 个、绝缘管 12 个及相应的垫圈、螺栓、螺母和弹簧垫圈。

50 kg/m 整体槽形绝缘如图 4-5 所示;50 kg/m 轨端绝缘如图 4-6 所示。

二段槽型绝缘将槽形绝缘分成两块,可互换使用。分段后钢轨接缝处正好是槽型绝缘的接缝处,使该处处于自由状态,从而减小了对槽型绝缘的破坏,延长了使用寿命。

配套采用宽腰轨端绝缘,加宽了轨端绝缘相应于轨腰的部分,宽腰轨端绝缘分为两种:A 型和 B 型。如图 4-7 所示,A 型为带自锁腰型(图中腰部实线的),凸出部分插入接头夹板凹槽内,改善了整个轨端绝缘的受力情况;B 型为不带自锁腰型(图中腰部虚线的)。

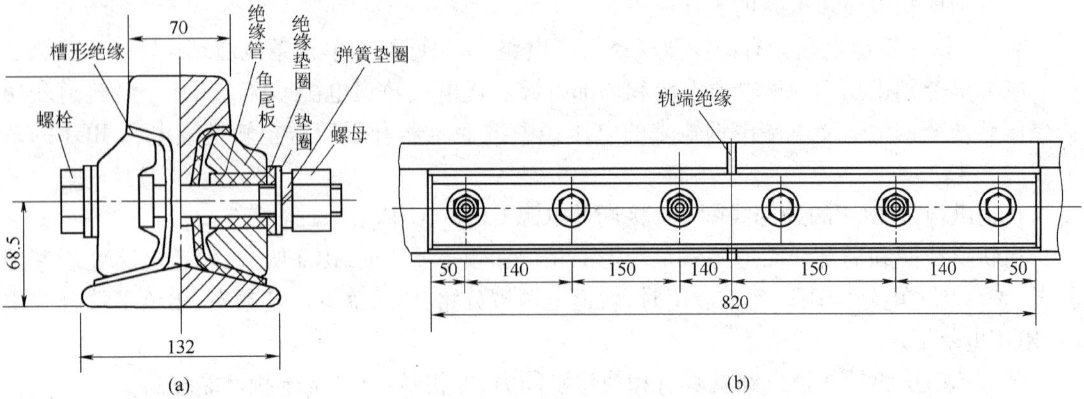

图 4-4　50 kg/m 整体槽形钢轨绝缘安装总图(单位:mm)

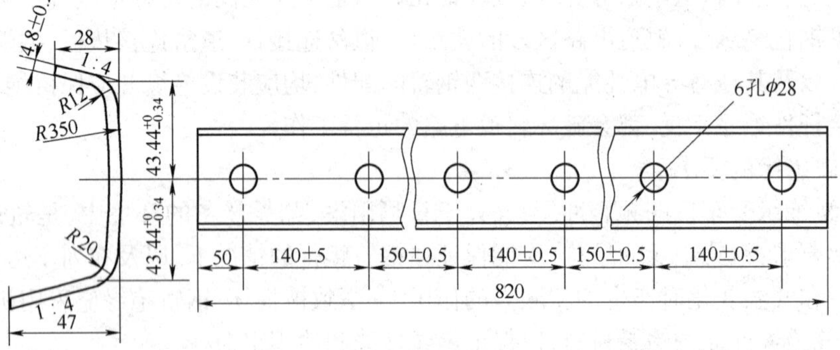

图 4-5　50 kg/m 整体槽形绝缘(单位:mm)

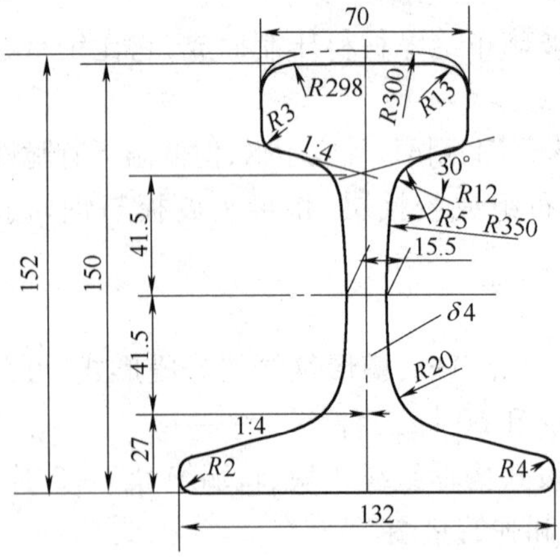

图 4-6　50 kg/m 轨端绝缘(单位:mm)

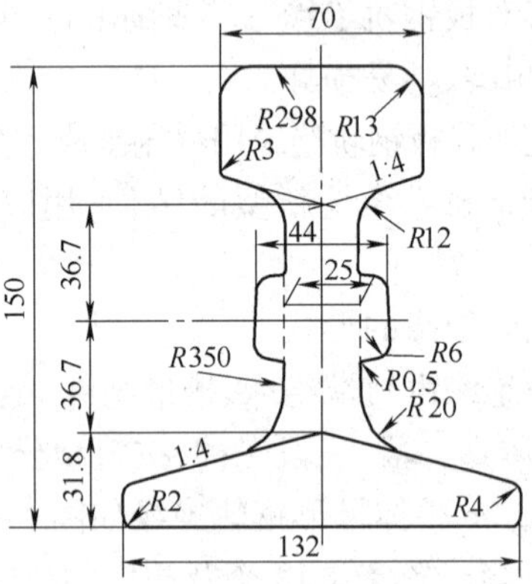

图 4-7　50 kg/m 宽腰轨端绝缘(单位:mm)

三段槽形绝缘分为左、中、右三块。50 kg/m 的三块绝缘均可互换;43 kg/m 的绝缘只有左右两块可互换。

除槽型绝缘外,二段、三段式其他部件数量同前述整体槽型绝缘方式。

为保证绝缘接头的机械强度和电气绝缘的良好，槽型绝缘的型号必须与安装的钢轨断面尺寸相符，轨缝尽量大些，以安装 1 ~ 2 片轨端绝缘为宜。安装后，两钢轨头部应水平，轨端绝缘保持平正。接头附近不得出现积水翻浆现象。

钢轨绝缘接头处应推广高强度钢轨绝缘，即使用高强度螺柱、螺母、铁平垫圈和高强度绝缘垫圈，以增加钢轨接头的机械强度，有效延长钢轨绝缘的使用寿命。

轨道引接线

(2)轨道电路连接线

轨道电路连接线包括引接线、钢轨接续线和道岔跳线。

①钢轨引接线

YG 型钢轨引接线(简称引接线)是连接轨道电路送受端变压器箱或电缆盒与钢轨的导线。一般用涂有防腐油的多股钢丝绳(低碳素钢镀锌绞线)制成，如图 4-8 所示。它的一端焊在塞钉上，固定在钢轨上的塞钉孔内；另一端焊接在螺柱上，固定在变压器箱或电缆盒上。引接线按长度分为 1 200 mm、1 600 mm、2 700 mm、3 600 mm 四种，最大电阻值分别为 0.016 Ω、0.021 Ω、0.035 Ω、0.045 Ω。

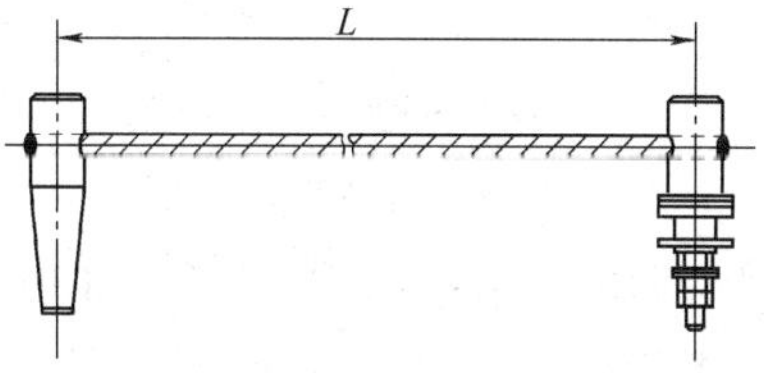

图 4-8　YG 型钢轨引接线

变压器箱、电缆盒与异侧钢轨连接原采用 2 700 mm 或 3 600 mm 的引接线，将其用卡钉钉在枕木上或用卡具固定在混凝土枕上。

引接线电阻的大小，影响着轨道电路多种状态的工作。过大，会使轨道电路工作不稳定；过小，会降低轨道电路分路灵敏度。

引接线长度要满足连接设备之间的直线距离，并留有适当余量。引接线与周围金属应保持适当间隙，以免短路。运用中的引接线应不生锈，断根不超过 1/5，以免增加电阻。

变压器箱、电缆盒与钢轨间，应设置埋设牢固的小混凝土枕，将引接线的余量部分盘成圆圈固定在小混凝土枕上。

为保证引接线的可靠性，现场使用单位多采用双引接线。一根断了，还有一根在起作用。

②钢轨接续线

钢轨接续线用于轨道电路接缝处的连接，以减小接触电阻。钢轨接续线分塞钉式和焊接式两种。

钢轨接续线

JS 型塞钉式钢轨接续线的外形及安装如图 4-9 所示。它由两根直径 5 mm 的镀锌钢线与两端的圆锥形塞钉焊接而成，铁线两端绕成螺旋形。钢轨接续线一般装在钢轨外侧，并与接头夹板密贴，高度不得超过轨头底部。安装时，塞钉孔内不得有锈。安装后，塞钉与塞钉孔缘应涂漆封闭。为减小塞钉与钢轨之间的接触电阻，塞钉打入塞钉孔应保持最大的接触面，以打紧后露出钢轨 2 ~ 3 mm 为宜。

塞钉式钢轨接续线的缺点是它与钢轨间的接触电阻较大且不稳定，为了保证轨道电路的稳定工作，推出焊接式钢轨接续线。

焊接式钢轨接续线采用多股镀锌钢绞线，截面积不小于 25 mm^2，长 200 mm，接头间的距离为 110 mm，用铝热剂法或电弧焊钎焊、冷挤压焊接、爆压速焊技术等，将其焊在钢轨两端，如图 4-10 所示。

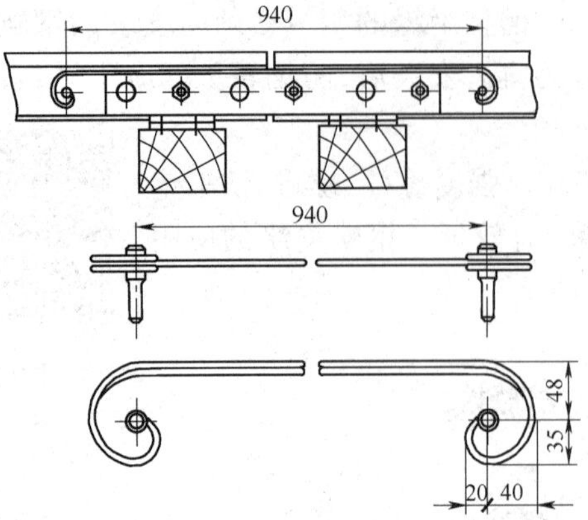

图 4-9　塞钉式钢轨接续线及其安装
（单位：mm）

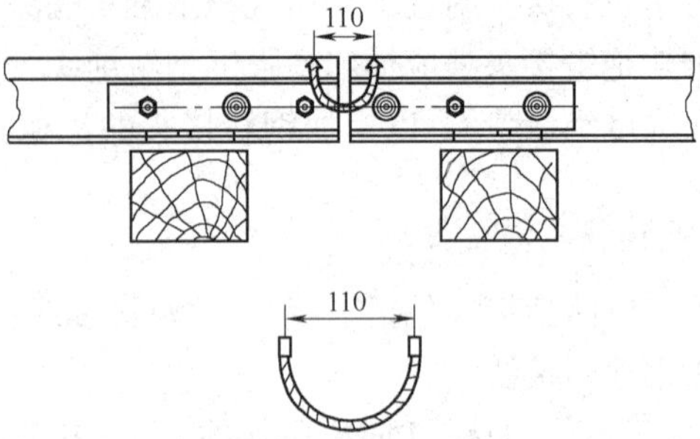

图 4-10　焊接式钢轨接续线
（单位：mm）

两焊头中间距离应在 70 ~ 150 mm 范围内，焊头应低于钢轨面 11 mm。焊头外观应光滑饱满、焊接牢固、焊位正确。导线无损伤，无漏焊、假焊，焊接后焊接线应涂防锈涂料，油润无锈，断根不超过 1/5。

为保证钢轨接续线的可靠性，现场使用中多采用双塞钉式钢轨接续线或一塞一焊接续线。

电气化区段的钢轨接续线，除应保证通过一定电流外，还要尽量减小钢轨接头的接触电阻，减小牵引电流对轨道电路的干扰及牵引电能的损耗，以及保证设备和人身安全。因此，要求钢轨接续线有一定的截面积（常采用多根），且必须双套。

（3）轨道变压器

轨道变压器用于轨道电路供电，为 BG_5-D 型。Ⅰ次输入电压 220 V，频率 50 Hz，功率 5 W，Ⅱ次最大输出电压 12 V，允许电流 10 A。通过连接不同端子，可获得不同电压。

（4）中继变压器

中继变压器用于轨道电路受电端，Ⅰ次输入电压 1 ~ 2 V，允许电流 10 A，频率50 Hz，功率 5 W，匝比 1:70，同名端为 $Ⅰ_1$、$Ⅱ_1$。

（5）电容器

电容器 C_A 主要用于隔直流，不使牵引电流进入轨道继电器轨道线圈，并且对 50 Hz 信号电流的无功分量进行补偿，起着减少轨道电路传输衰耗和相移的作用。

电容器 C 用来起补偿作用，以提高轨道继电器局部线圈的功率因数，减少输入电流。

（6）防雷元件

防雷元件 Z 是对接的硒片，称浪涌抑制器，用来防雷。

（7）变阻器

R-2. 2/220 型变阻器用于限流，其阻值 2. 2 Ω，功率 220 W，容许电流 10 A，容许温升 105 ℃。

轨道电路
变阻器

4. 道岔区段轨道电路

道岔区段轨道电路与无岔区段轨道电路不同之处在于钢轨线路被分开产生分支，为此需增加道岔绝缘和道岔跳线，还有一送多受的问题。

（1）道岔绝缘和道岔跳线

道岔区段除各种杆件、转辙机安装装置等要加装绝缘外，还要加装切割绝缘，称为道岔绝缘,以防止辙叉将轨道电路短路。道岔绝缘视需要,可设在道岔直股钢轨上,也可设在道岔侧股钢轨上。

为了保证信号电流的畅通,道岔区段除轨端接续线外,还需装设道岔跳线。道岔跳线由塞钉和镀锌低碳钢绞线组成,两端焊在圆锥形塞钉上。为了减小钢轨阻抗,道岔跳线和钢轨引接线应采用截面积不小于 42 mm^2 的多股镀锌钢绞线。FAD 型道岔跳线的外形如图 4-11 所示,规格见表 4-1。

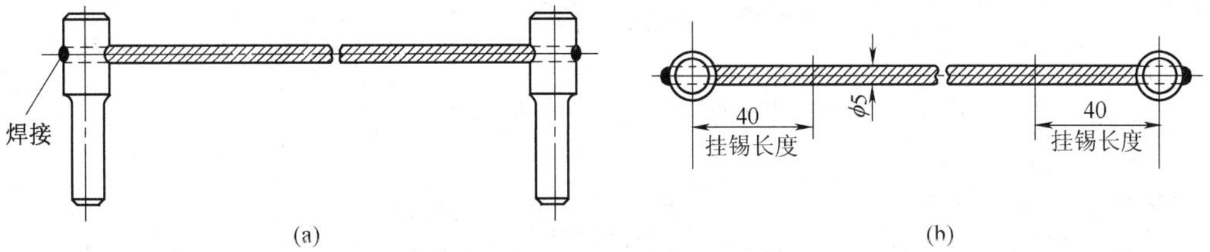

图 4-11 FAD 型道岔跳线(单位:mm)

表 4-1 FAD 型道岔跳线规格

道岔跳线型号	型 号	公称长度(mm)	电阻值不大于(Ω)
FAD－900	Ⅰ	900	0.012
FAD－1200	Ⅱ	1 200	0.016
FAD－1500	Ⅲ	1 500	0.020
FAD－3000	Ⅳ	3 000	0.039
FAD－3300	Ⅴ	3 300	0.043

各类道岔所用道岔跳线见表 4-2。

表 4-2 各类道岔所用道岔跳线表

路线型号 / 数量(根) / 道岔种类	AD-900	AD-1500	AD-3000	总 计
单 开	5	2	1	8
交叉渡线	30	10	4	44
复式交分	18	12	2	32

道岔绝缘和道岔跳线的配置如图 4-12 ~ 图 4-14 所示。

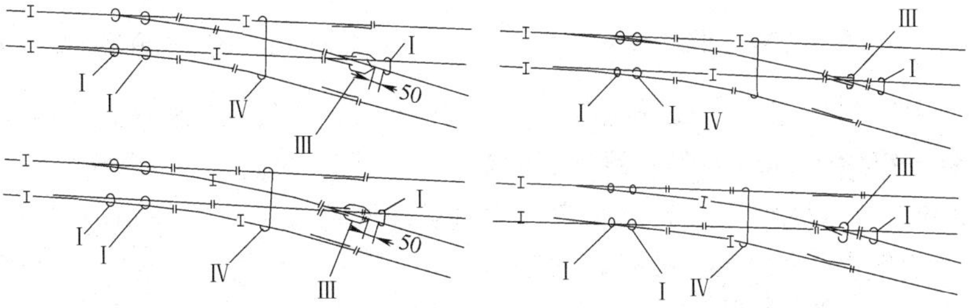

图 4-12 单开道岔的跳线、绝缘配置(单位:mm)

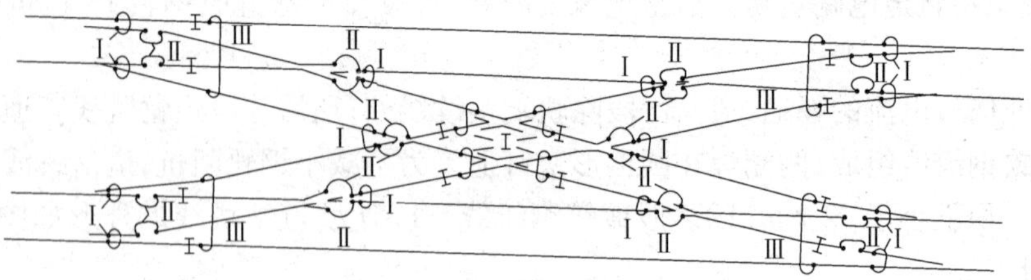

图 4-13　交叉渡线的跳线、绝缘配置

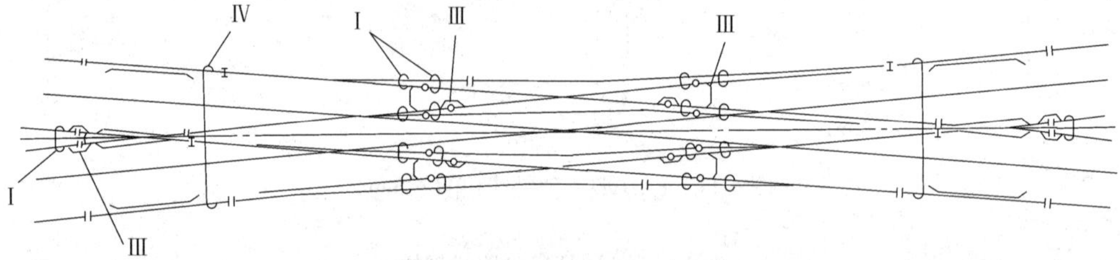

图 4-14　复式交分道岔的跳线、绝缘配置

为了确保交叉渡线上轨道电路能正常工作，当交叉渡线上两根轨道都通过牵引电流时，该交叉渡线上应增加绝缘节，如图 4-15 所示。由于交叉渡线道岔型号及铺设处所线路间距的不同，在辙叉处增设绝缘节的方法也不尽相同。

(2)道岔区段轨道电路的连接方式

道岔区段轨道电路的连接方式有串联式和并联式两种。串联式道岔区段轨道电路可以检查所有跳线和钢轨的完整，因此比较安全。但结构较复杂，增加了一组道岔绝缘、两根用电缆构成的连接线，或用长跳线，给施工和维修带来不便，所以它在我国未被广泛采用。

并联式道岔区段轨道电路如图 4-16 所示。这种电路较简单。直股或弯股有车占用时，轨道继电器因分路均能落下。

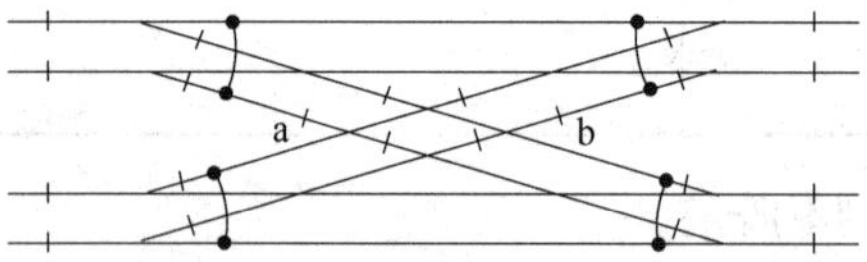

图 4-15　交叉渡线上增设绝缘节

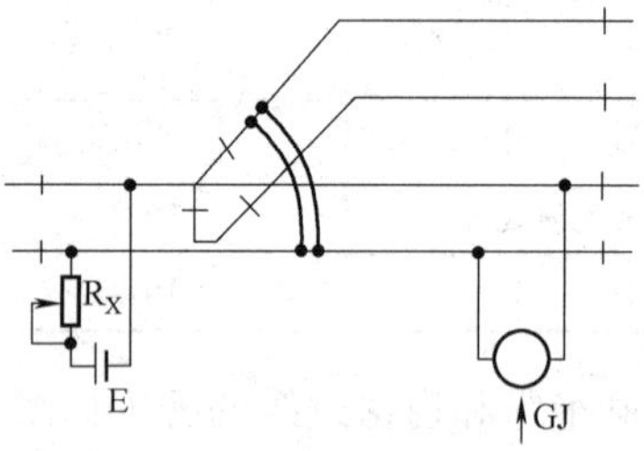

图 4-16　并联式道岔区段轨道电路

列车进入弯股时，因弯股未设受电设备，轨道继电器不会落下，这是非常危险的。解决的方法是用双跳线来防护，即增加第二跳线，以减少跳线折断的概率(为提高可靠性，现场使用中也将所有跳线改为双跳线)。另外，当弯股钢轨折断或弯股钢轨表面不洁或分支线路过长，列车占用时，轨道继电器也不落下，所以这种轨道电路不符合“故障—安全”的要求。鉴于这一严重缺陷，提出了一送多受轨道电路，使各分支线路都得到检查。

(3)一送多受轨道电路

有些道岔区段采用一送多受轨道电路,包括一送两受或一送三受轨道电路。

一送多受轨道电路设有一个送电端,在每个分支轨道电路的另一端各设一个受电端。各分支受电端轨道继电器的前接点,串联在主轨道继电器电路中。当任一分支分路时,分支轨道继电器落下,主轨道继电器也落下,将主轨道继电器接点用在联锁电路中。图 4-17 为一送两受轨道电路。一送多受轨道电路,当分支轨道电路有车占用或跳线折断时,就可监督轨道电路的状态,以实现对整个轨道电路空闲与否的检查。

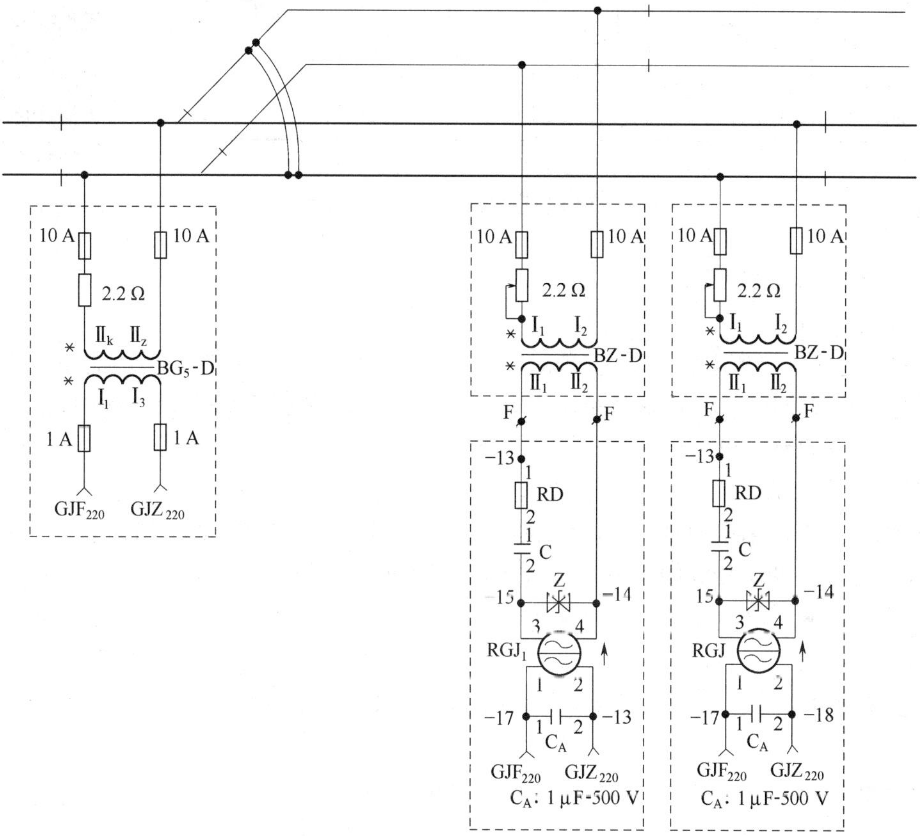

图 4-17 一送两受轨道电路

在受电端均串接可调电阻器,是为了提高轨道电路的分路灵敏度,以及使同一轨道电路内各轨道继电器的电压基本平衡,同时满足轨道电路的调整、分路和过载三种状态。

采用一送多受轨道电路时,应注意以下各点:

①与停车线相衔接(无其他道岔区段隔开)的道岔轨道电路的分支末端,应设受电端。

②所有列车进路上的道岔区段,其分支长度超过 65 m 时(自并联起点道岔的叉心算起),在该分支末端应设受电端。

③个别分支长度小于 65 m 的分支线末端,当分路不良而危及行车安全时,亦应增设受电端。

④一送多受轨道电路最多不应超过三个受电端。一送四受轨道电路,因维修调整困难,不再使用。遇有此种情况应分成两个轨道电路。

⑤一送多受轨道电路任一地点有车占用时,必须保证有一个受电端被分路。

5. ZL50 轨道电路组合

ZL50 轨道电路组合安装在继电器室组合柜上，用于安装 JRJC 型继电器。ZL50 轨道电路组合布置如图 4-18 所示。组合上装有 50 Hz JRJC 继电器插座 4 块，可插 4 台 JRJC 型继电器。另有元件安装板 1 块，用于安装防雷元件和补偿电容各 4 个；熔断器板两块，3 × 18 接线端子板两块。内部配线均单独引至侧面端子板。ZL50 轨道电路组合外形尺寸 880 mm × 180 mm，安装尺寸 68 mm × 850 mm，4 孔 ϕ10 mm。

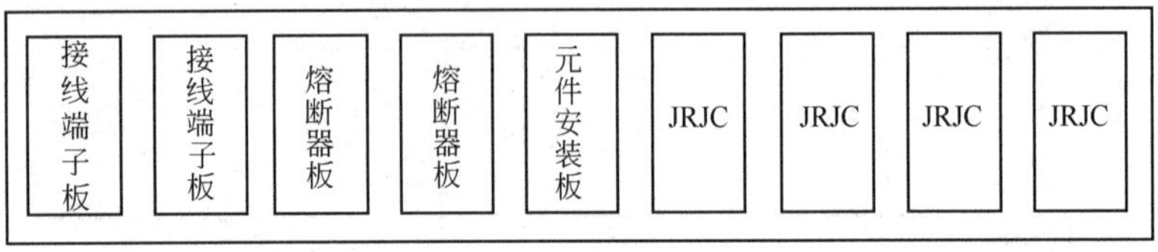

图 4-18　ZL50 轨道电路组合

继电器组合柜

6. 轨道电路的极性交叉

(1) 极性交叉

有钢轨绝缘的轨道电路，为了实现对钢轨绝缘破损的防护，要使绝缘节两侧的轨面电压具有不同的极性或相反的相位，这就是轨道电路的极性交叉，如图 4-19 所示。图中，粗线表示接电源正极，细线表示接电源负极。

(2) 极性交叉的作用

极性交叉可防止在相邻轨道电路间的绝缘节破损时引起轨道继电器的错误动作。如图 4-20 所示，1G 和 3G 是两个相邻的轨道电路，它们没有实现极性交叉。当 1G 有车占用而绝缘破损的情况下，流经轨道继电器 1GJ 的电流等于两个轨道电源所供的电流之和，1GJ 有可能保持吸起，这危及行车安全。若按极性交叉来配置，绝缘破损时，轨道继电器中的电流就是两者之差，只要调整得当，1GJ 和 3GJ 都会落下，从而满足了“故障—安全”要求。

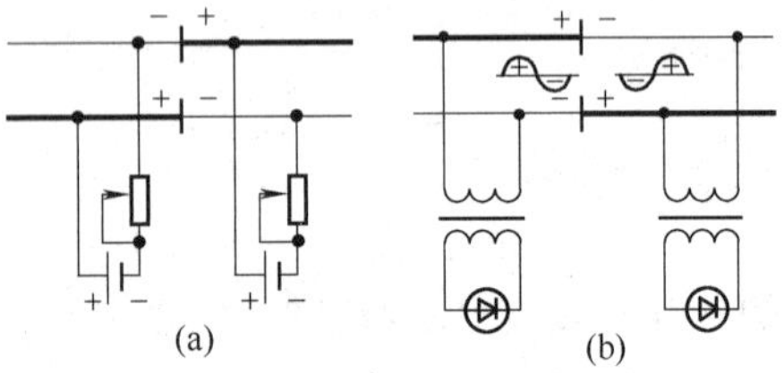

图 4-19　轨道电路的极性交叉

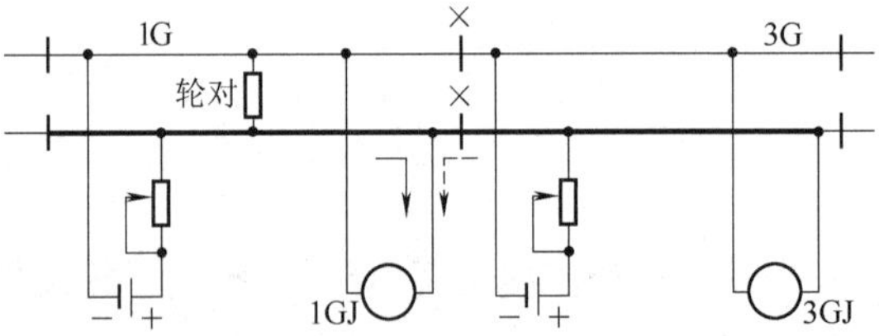

图 4-20　极性交叉的作用分析

对于交流供电来说，只要两相邻轨道电路的电流相位相反，它们的瞬间极性也相反，就得到极性交叉的效果。而对于频率电码轨道电路来说，因相邻区段的编码不同，无法实现极性交叉，必须采用频率防护的方法。

(3) 极性交叉的配置

在无分支线路上，极性交叉配置比较容易，只需要依次变换轨道电路供电电源的极性即可。而在有分支线路上，即有道岔处，极性交叉的配置就要复杂一些。因为道岔绝缘节可以设在道岔直股,也可设在弯股,不同的设置,将影响整个车站极性交叉的配置。

二、50 Hz 微电子相敏轨道电路

50 Hz 微电子相敏轨道电路是专门为城市轨道交通研制的,用于车辆段/停车场内。

1. 50 Hz 微电子相敏轨道电路技术参数

(1)能适应的最大直流牵引电流为 4 000 A。

(2)分路电阻为 0.15 Ω,分路残压不大于 10 V。

(3)送、受电端防护电阻的阻值不小于 1.6 Ω。

(4)极限长度 300 m。

(5)在钢轨阻抗为 0.8∠60° Ω/km,道床电阻为 1.5 Ω · km ~ ∞,50 Hz 电源电压范围 220 V ±6.6 V 时,在轨道电路极限长度内,轨道电路能满足调整和分路检查的要求,并实现一次调整。

(6)微电子相敏轨道电路接收器交流工作电压为 13.5 ~ 18 V,工作值 12.5 V ±0.5 V,理想相位角 0°,失调角不大于 30°,返还系数大于 85%。

(7)电源采用 DC24 V ±3.6 V,其中交流分量不大于 1 V。

(8)送电端电缆允许压降不大于 60 V。

2. 50 Hz 微电子相敏轨道电路原理

50 Hz 相敏轨道电路,接收设备为交流二元继电器,存在较多问题:

(1)返还系数较低,约 50%,不利于提高轨道电路的传输性能。

(2)由于其机械结构的原因,易发生接点卡阻,列车进入该轨道电路区段,轨道继电器不能可靠落下,曾造成多起重大行车事故。

(3)抗干扰能力差。当电动车组升弓、降弓、加速或减速时,在轨道电路中产生较大的 50 Hz 脉冲干扰,可能造成继电器错误动作,直接危及行车安全。

50 Hz 微电子相敏轨道电路接收器保留了原相敏轨道电路的优点,克服其缺点,成为具有高可靠、高抗干扰能力的一种新型相敏轨道电路。

50 Hz 微电子相敏轨道电路如图 4-11 所示,局部电源和轨道电源分别由电源屏提供,并且局部电源超前轨道电源 90°。送电端轨道电源 GJZ_{220}、GJF_{220}经节能器、轨道变压器降压后送至钢轨。受电端经中继变压器升压后送至调相防雷器,再送至两台 WXJ50 型微电子相敏接收器。两台接收器双机并用,只要有一台接收器有输出,轨道继电器 GJ 即吸起,以提高轨道电路的可靠性。当 25 Hz 微电子相敏轨道电路接收器接收到 25 Hz 轨道信号,且局部电压超前轨道电压一定范围的角度时,微电子接收器使轨道继电器吸起。在 $\theta = 90°$时,处于最佳接收状态。当收到的信号不能完全满足以上条件时,轨道继电器落下。

其中,轨道电源、局部电源、调相防雷器、微电子相敏接收器、轨道继电器设在室内。节能器、轨道变压器、送电端防护电阻及熔断器设在室外送电端变压器箱内。中继变压器、受电端防护电阻及熔断器设在室外受电端变压器箱内。室内外设备用电缆相连。

轨道变压器为 BG_5-B 型,中继变压器为 BZ-B 型,节能器为 JNQ-B 型。

TFQ 调相防雷器内设电容器和防雷元件,用于调整轨道电路的相位和防雷。技术参数为电压 15 V,50 Hz,电流不大于 10 mA。

R_1、R_2 为送、受电端防护电阻,R_1 同时是限流电阻。

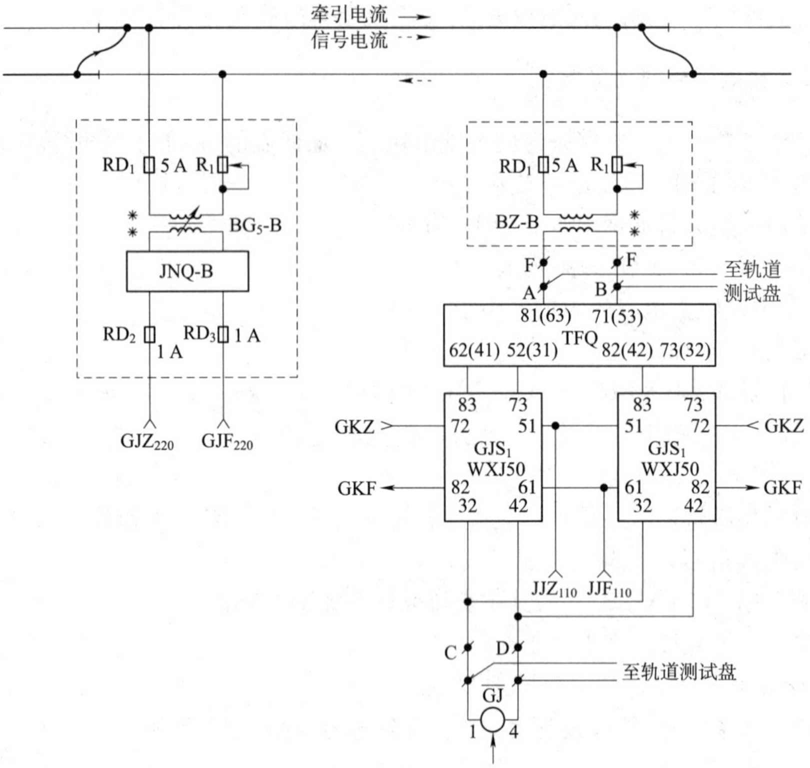

图 4-21　50 Hz 微电子相敏轨道电路

在一送多受时，每个分支用一个接收器和轨道继电器，在主接收器的轨道继电器电路中串接其他分支轨道继电器的前接点。

3. 50 Hz 微电子相敏轨道电路接收器

(1)微电子相敏轨道电路接收器的工作原理

微电子相敏轨道电路接收器的原理框图如图 4-22 所示。其中 $X_J(t)$ 是局部信号，$X_G(t)$ 是轨道信号。

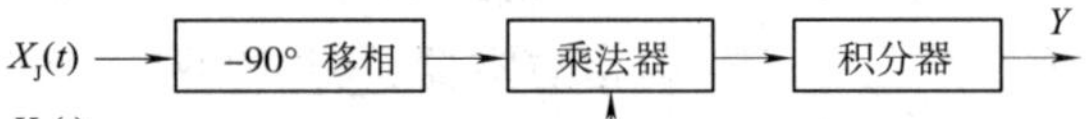

图 4-22　微电子相敏轨道电路接收器原理框图

当局部信号和轨道电路是同频率，相位差为 θ 时，设 $X_J(t)=A\sin\omega t$

$$X_G(t)=B\sin(\omega t-\theta)$$

$$Y=\int_{-\frac{T}{2}}^{\frac{T}{2}}A\sin(\omega t-90^\circ)B\sin(\omega t-\theta)\,\mathrm{d}t$$

$$=AB\int_{-\frac{T}{2}}^{\frac{T}{2}}\cos\omega t\sin(\theta-\omega t)\,\mathrm{d}t$$

其中 $T=2\pi/\omega$。

根据正弦信号与余弦信号在区间$[-T/2、T/2]$内具有正交特性，可知

$$\int_{-\frac{T}{2}}^{\frac{T}{2}} \cos n\omega t \cos m\omega t \, \mathrm{d}t = \int_{-\frac{T}{2}}^{\frac{T}{2}} \sin n\omega t \sin m\omega t \, \mathrm{d}t$$

$$\int_{-\frac{T}{2}}^{\frac{T}{2}} \sin n\omega t \cos m\omega t \, \mathrm{d}t$$

当 θ 为 $+90°$ 时，Y 为正值 $AB(T/2)$，微电子接收器使执行继电器吸起。而当 θ 为 $-90°$ 时，Y 为 $-AB(T/2)$；当 θ 为 0°或 180°时，Y 为 0，均为非正值，使执行继电器落下。这样，该接收器就具有可靠的相位选择性。

由于两根钢轨上的牵引电流不平衡，将有 50 Hz 电压加在轨道线圈上，在列车占用轨道电路时，不应使执行继电器错误动作。设局部信号的角频率为 ω，而轨道信号频率为 2ω，相当于局部信号 25 Hz，轨道信号 50 Hz，则 $Y = AB\int_{-\frac{T}{2}}^{\frac{T}{2}} \sin(\omega t - 90°)\sin(2\omega t - \theta)\,\mathrm{d}t = 0$。这就说同时收到 25 Hz 和 50 Hz 两种不同频率的信号时，在一个周期内 Y 为零，不会使执行继电器错误动作。

由于微电子接收器具有上述频率选择性，不仅可以防止 50 Hz 牵引电流的干扰，而且对于其他高次谐波干扰也有同样的作用。当轨道信号频率为局部信号频率的 n 倍时：

$$Y = AB\int_{-\frac{T}{2}}^{\frac{T}{2}} \sin(\omega t - 90°)\sin(n\omega t - \theta)\,\mathrm{d}t = 0$$

微电子相敏轨道电路接收器电路如图 4-23 所示，由输入部分、计算机部分、输出部分和电源等组成。

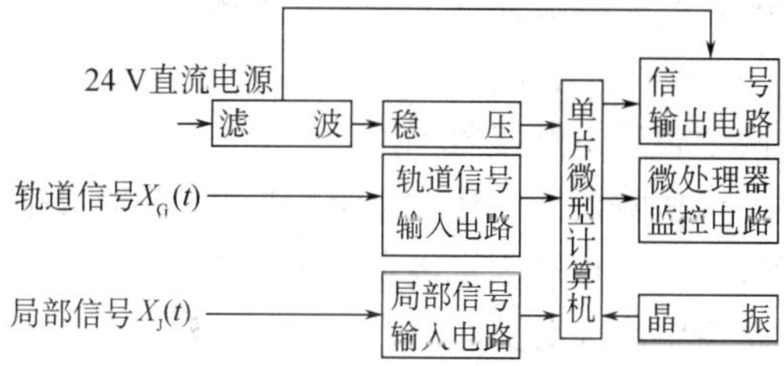

图 4-23 微电子相敏轨道电路接收器

(2)微电子相敏轨道电路接收器的组成

①输入部分

输入部分由局部信号输入电路和轨道信号输入电路组成。局部信号输入电路是将局部信号经光电耦合输入给单片微机。轨道信号输入电路包括隔离变压器、轨道输入相位辨别电路和接口电路。隔离变压器对输入信号起隔离、输入阻抗匹配，以及防雷电冲击保护微电子设备的作用。轨道输入信号相位辨别电路和接口电路将轨道输入的模拟信号转换为数字信号，然后送入单片机对信号进行数字处理。

②单片机部分

由单片微机、微处理器监控电路、晶体振荡电路组成，完成接收器的数字处理功能。单片机选用 MCS-51 系列芯片。微处理器监控电路的功能是有效检测单片机在不可预测的干扰作用下产生的程序执行紊乱和自动恢复，以提高单片机系统的可靠性和抗干扰能力。微处理器监控电路运行后，若单片微机在规定时间内访问它，单片机正常工作；若规定时间内未能访问它，则使单片机自动复位，使系统重新初始化。

③输出部分

输出部分由驱动电路、功放电路、隔离变压器等组成。单片机部分对输入信号处理后，输出一高频信号至输出部分，经驱动电路送到功放电路中，通过放大输出给隔离变压器，再进行整流、滤波，控制轨道执行继电器工作。

④电源

由滤波电路和两个三端稳压器组成。电源屏提供的 24 V 直流电，经滤波、稳压、输出三路电源，其中 9 V 供轨道输入电路，5 V 供单片机电路，24 V 供信号输出电路。

系统软件主要由主程序和 4 个中断服务子程序组成，完成系统初始化、信号采集与处理、信号延时和继电器控制等功能。软件采用结构化设计方法，用汇编语言编写，各功能程序实现模块化。

4. 50 Hz 微电子相敏轨道电路组合

一个 50 Hz 微电子相敏轨道电路组合共包括 8 台 WXJ50 微电子相敏接收器、2 个TFQ 调相防雷器、1 个 SBJQ 双套报警器。轨道电路组合内器件排列如图 4-24 所示。

WXJ50	WXJ50	TFQ	WXJ50	WXJ50	WXJ50	WXJ50	TFQ	WXJ50	WXJ50	SBJQ

图 4-24　50 Hz 微电子相敏轨道电路组合

一个 50 Hz 微电子相敏轨道电路组合可供 4 个轨道电路接收端用，其中 WXJ50 微电子相敏接收器为双机并用。

一个调相防雷器可供两个轨道电路接收端用。

一个双套报警器则对 8 台接收器的工作状态进行监测，并提供报警条件。

接收器上有红灯和绿灯。红灯点亮表示电源正常。绿灯点亮表示轨道电路在调整状态，无车占用。绿灯灭灯表示轨道电路在分路状态，有车占用。

报警器上有红灯和黄灯。红灯点亮表示工作正常。黄灯平时不亮，闪光时对应接收器故障。

5. 50 Hz 微电子相敏轨道电路的调整和测试

(1)送、受电端防护电阻的阻值应按规定加以固定，不应作为调整轨道电路的手段。在调整前，应首先检查送、受电端防护电阻的阻值，是否符合规定，然后再调整轨道变压器的Ⅱ次电压，使之满足要求。

(2)调整轨道电路前，对标有同名端的设备，应按设计图纸中的要求，检查其间是否均已按同名端相连，和钢轨的连接是否符合相位要求。在调整轨道变压器的电压时，应注意不要接错同名端，如果个别器材的同名端不符合规定时，应予以更换，避免影响轨道电路的正常工作。

(3)用电压表对相敏接收器的轨道侧和局部侧进行测量，符合要求时轨道继电器应吸起。若不吸起，再用相位表对相敏接收器的轨道侧和局部侧进行测量，看相位是否正确。

(4)在施工及维修中对轨道电路进行调整，可按参考调整表(表 4-3)，即按轨道电路的类型(长度和一送多受)，通过调整轨道变压器的端子，获得相应的送电端电压，使轨道继电器的端电压符合要求。

表 4-3 50 Hz 微电子相敏轨道电路参考调整表

类　型	长　度（km）	送电端调整电压（V）	轨道继电器端电压（V）	
			U_{Jmax}	U_{Jmin}
一送一受	0.05	6.3	15.8	12.5
一送一受	0.10	6.7	16.8	12.5
一送一受	0.20	7.5	18.7	12.5
一送一受	0.30	8.4	20.7	12.5
一送一受带三个无受电分支	≤0.30	8.4	20.9	12.5
一送两受带一个无受电分支	≤0.20	10.7	17.4	12.5

第三节　音频轨道电路

音频轨道电路具有检测列车占用和传递 ATP/ATO 信息两个功能。音频轨道电路皆为无绝缘轨道电路，用电气隔离的方式形成电气绝缘节，以取代机械绝缘节，进行两相邻轨道电路的隔离和划分。

一、音频无绝缘轨道电路概述

1. 无绝缘轨道电路

无绝缘轨道电路有谐振式和感应式两大类，多采用谐振式。早期的无绝缘音频轨道电路采用短路连接式，如图 4-25 所示。各相邻轨道区段采用不同的信号频率。在发送端，电容器及两段钢轨组成并联谐振电路；在接收端，也由电容器及两段钢轨组成并联谐振电路，从而使该轨道电路中只有其固定频率的信号被接收。轨道区段两侧的短路钢条用来确保相邻轨道电路区段互不干扰，并使两条钢轨中的牵引电流平衡。该轨道电路在接收端存在“死区”，具有一定的危险性。

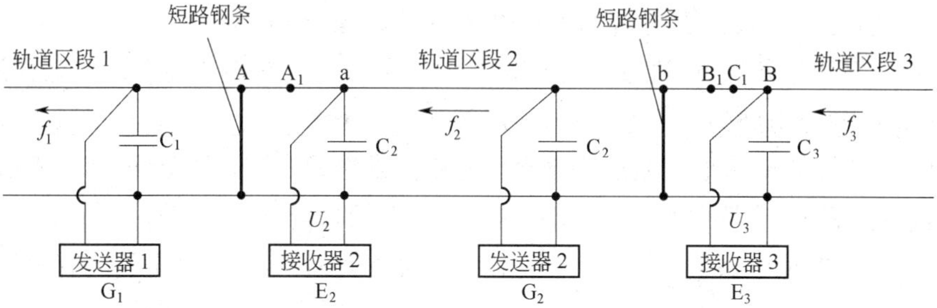

图 4-25　短路连接式音频轨道电路

为了克服上述缺陷，目前一般采用“S”形连接音频轨道电路，其原理图如图 4-26 所示。它把短路钢条连成“S”形。发送器和接收器的一个输出、输出端连在“S”形导线的中间。电容器

C_1 与钢轨 L_1 组成谐振于区段 1 音频频率 f_1 的并联谐振电路；C_2 与 L_2 组成谐振于区段 2 音频频率 f_2 的并联谐振电路；C_3 与 L_3 组成谐振于区段 3 音频频率 f_3 的并联谐振电路。

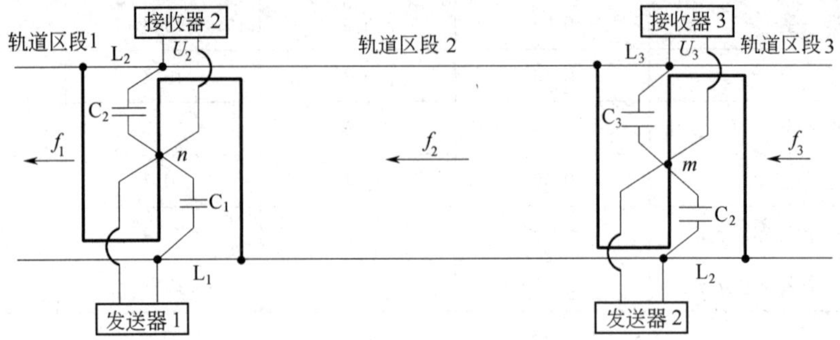

图 4-26 “S”形连接音频轨道电路

图 4-27 为列车驶入及离开轨道区段 2 时，接收器 2、3 的端电压 U_2、U_3 变化情况。当列车的第一轮轴驶至 m 点时，电压 U_2 才开始上升，同时电压 U_3 降至最小值，这样所形成的电压谷区是一个安全区。因为当该谷区内的钢轨被短路时，轨道区段 2 和 3 均将给出“区段占用”的结果。由于其符合“故障—安全”原则，所以被广泛采用。

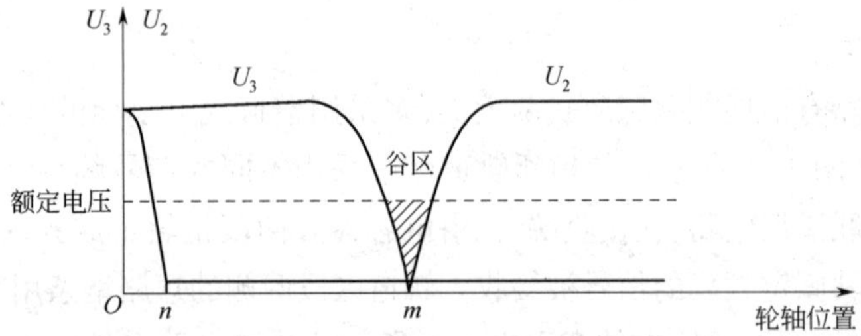

图 4-27 列车驶过时接收区端电压的变化

此种“S”形连接音频轨道电路称为标准式音频轨道电路，其在工程图中的表示方式如图 4-28 所示。在音频条件下，轨道电路的衰耗很大，限制了音频轨道电路的有效作用距离，频率为 10 kHz 时，轨道电路的有效作用距离为 300 m。为了增加音频轨道电路的有效作用距离，通常采用中间馈电式音频轨道电路，在轨道电路中间发送，两端接收，如图 4-29 所示。当两个接收器均接收到高电平时，说明轨道电路空闲；当两个接收器所接收到电平为一高一低或者均为低电平时，说明轨道电路空闲被占用。采用中间馈电式后，音频轨道电路的有效作用距离可以增加一倍。

2. 音频无绝缘轨道电路分类

(1)按信息处理技术分类

按信息处理技术分为模拟轨道电路和数字编码轨道电路。

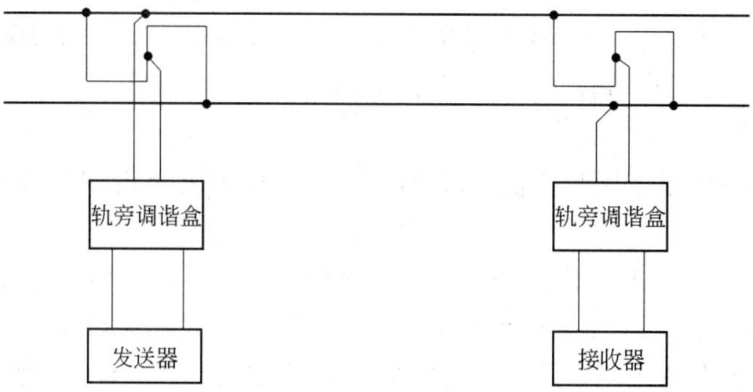

图 4-28 标准式音频轨道电路

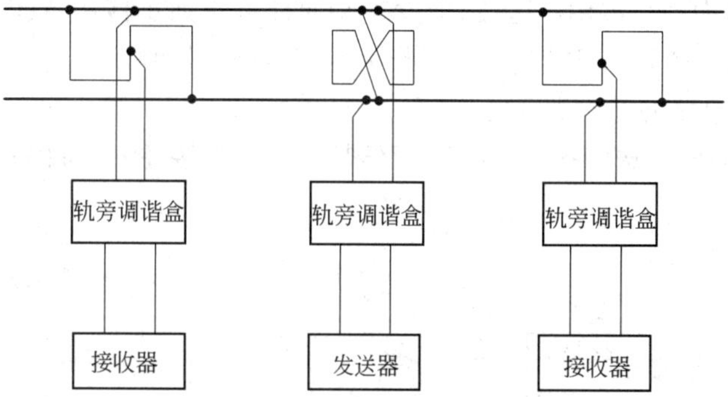

图 4-29 中间馈电式音频轨道电路

模拟音频轨道电路用代表不同速度信息的低频调制载频，该调制信号是模拟量，以实现对列车速度的控制。它只能传输速度信息，不能传输更多的 ATP 信息，因此只能实现阶梯式控制模式的固定闭塞。上海轨道交通 1 号线采用的是原美国 GRS 公司的轨道电路和北京地铁曾采用的是英国西屋公司的 FS-2500 型轨道电路，就属于这一类。

数字编码轨道电路则用报文形式，通过数字编码对载频进行数字调频，该调制信号是数字量，以实现列车控制用各种信息（包括目标速度、目标距离、线路坡度、区间限制、轨道电路长度等信息）的传输。通过这种轨道电路可实现曲线型控制模式的准移动闭塞。上海轨道交通 2 号线采用的美国 US&S 公司的 AF-904 型轨道电路，广州、南京、深圳地铁采用的德国西门子公司的 FTGS 型轨道电路，上海城市轨道交通 3 号线采用的法国 ALSTOM 的 DTC921 轨道电路，都属于这一类。

（2）按调制方式分类

按调制方式分为调幅轨道电路和调频轨道电路。

调幅轨道电路采用调幅的方式将低频信号载在载频上予以传送。上海轨道交通 1 号线用的 GRS 音频无绝缘轨道电路即采用调幅方式，它用 2 Hz、3 Hz 去调制 2 625 Hz、2 925 Hz、3 375 Hz、4 275 Hz 作为检测列车占用用。

调频轨道电路采用调频的方式将低频信号或报文载在载频上,多数音频轨道电路均采用此种方式。例如 FTGS917 型轨道电路采用 9.5 Hz、10.5 Hz、11.5 Hz、12.5 Hz、13.5 Hz、14.5 Hz、15.5 Hz、16.5 kHz 作为载频,偏频为 ±64 Hz,+64 Hz 为“1”,-64 Hz 为“0”,进行数字调频。

(3)按功能分类

按功能分为检测列车占用与传输 ATP 信息分开和检测列车占用与传输 ATP 信息合一两种方式。

检测列车占用与传送 ATP 信息分开的方式是检测列车占用采用一种方式,而 ATP 信息采用另一种方式。例如 GRS 音频无绝缘轨道电路用 2 Hz、3 Hz 调制 2 625 Hz、925 Hz、3 375 Hz、4 275 Hz 作为检测列车占用用,用 8 种低频(0~20 Hz)调制 2 250 Hz 作为传送速度控制命令。FTGS 轨道电路用位模式调制载频作为检测列车占用用,用报文调制载频发送 ATP 信息。

检测列车占用与传送 ATP 信息合一的方式是检测列车占用和传送 ATP 信息由同一种方式实现。例如 FS-2500 轨道电路,用 14 种速度码传送 ATP 信息,同时作为检测列车占用,在接收端收不到信号,即为列车占用本区段,但发送端照样可为列车传送 ATP 命令。AF-904 轨道电路也是这样,用报文传送 ATP 信息,同时作为列车占用的检测。

3. 无绝缘轨道电路的基本形式

无绝缘轨道电路的发送和接收有感应(互耦)方式和直接注入(自耦)方式。

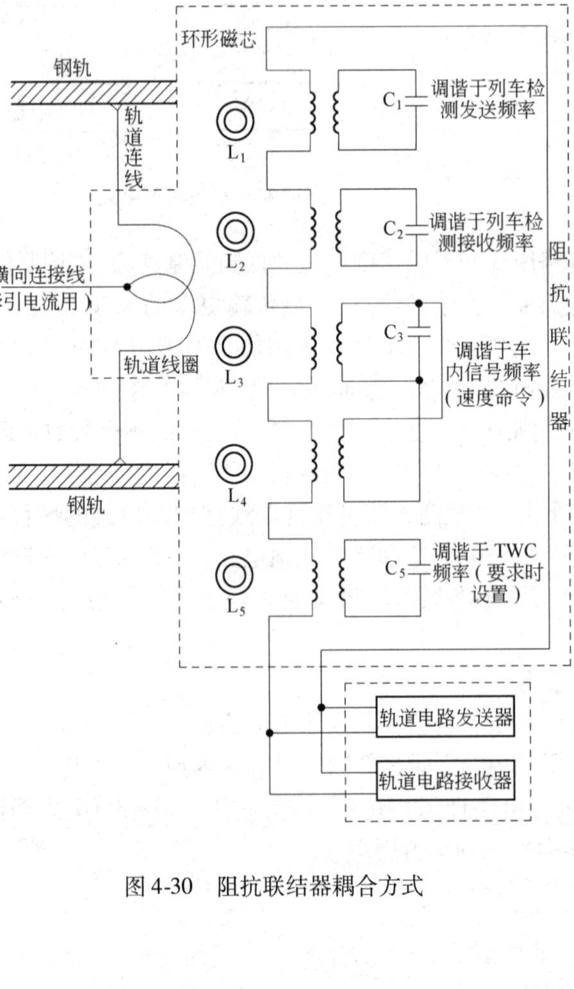

图 4-30 阻抗联结器耦合方式

感应方式亦有两种，一是发送器、接收器经阻抗联结器接至钢轨，如图 4-30 所示；二是将"S"形电缆，其两端焊接到钢轨上，由一匝电线构成的环线与"S"形电缆联结器耦合，如图 4-31 所示。发送的轨道信号电流在"S"形电缆中形成环流，并感应进入钢轨，接收的信号也从钢轨感应进入电缆。借助其外形尺寸，可提供很强的方向性，以设定轨道电路电流的方向。

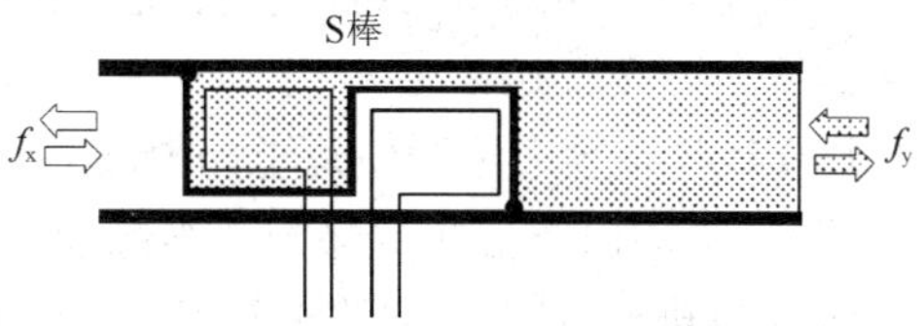

图 4-31 一匝环线耦合方式

直接注入方式是轨道电路的发送器和接收器经调谐单元直接由引接线焊接到钢轨上。

4. 电气绝缘节

音频轨道电路一般由电气绝缘节分隔，它由钢轨间的棒（Bond）和调谐单元组成，调谐单元位于轨旁连接箱内。

"棒"有 S 棒、O 棒、I 棒等几种。

一般情况下（主要是正线区间的轨道电路）相邻的轨道电路通过 S 棒隔离，如图 4-32（a）所示。它是镜像对称的，以 S 棒的中心线作为轨道区段的物理划分。S 棒长 7.8 m 左右，模糊区段长度小于或等于 3.9 m（指车压在 S 棒的 1/4 ~ 3/4 范围内，两边的区段都显示"轨道占用"）。S 棒还起平衡两个走行轨牵引电流的作用。

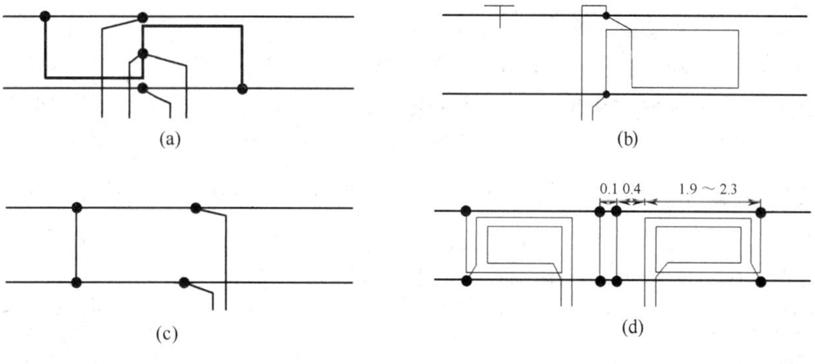

图 4-32 "棒"（单位：m）

在两个轨道电路区段之间需清晰分离或由于缺少空间（道岔处）无法安装 S 棒时，使用机械绝缘节。此时电气绝缘节由终端短路棒（O 棒）和一个机械绝缘节共同组成，来划分两个轨道电路，它主要应用在双轨条牵引回流区段。终端棒长约 3.5 m，距机械绝缘节 0.3 ~ 0.6 m，如图 4-32（b）所示。

短路棒（I 棒）用于一端为轨道电路区段，另一端为非轨道电路区段的情况。棒长约 4.2 m，如图 4-32（c）所示。

调整短路棒是短路棒的改进型，主要应用于车站站台区段两端，如图 4-32（d）所示。

二、FTGS 音频无绝缘轨道电路

广州轨道交通 1 号线、2 号线，以及深圳轨道交通 1 号线、南京轨道交通 1 号线采用了 FTGS 型报文式数字轨道电路。全线及车站区域应用统一型号的 FTGS 轨道电路。正线和道岔区段不需要不同的轨道电路。连续自动列车控制系统(LZB700M)使用FTGS的感应发送设备从钢轨向列车发送数据。

1. FTGS音频无绝缘轨道电路概述

FTGS是西门子公司的遥控无绝缘音频轨道电路的德文缩写,意思是“西门子公司的遥控无绝缘音频轨道电路”。FTGS由调频电压远程馈电。

FTGS轨道电路用于检测轨道电路的占用状态,并发送ATP报文。当区段空闲时,由室内发送设备传来FSK信号,通过轨旁单元在轨道电路始端馈入轨道,并由轨道电路终端接收传至室内接收设备,经过信号鉴别判断(幅值计算、调制检验、编码检验),完成轨道区段的空闲检测。当接收器计算出接收的轨道电压的幅值足够高,并且解调器鉴别到发送的编码调制是正确时,接收器产生一个“轨道空闲”状态信息,这时轨道继电器吸起表示“轨道空闲”。列车占用时,由于列车车轮分路,降低了终端接收电压,以致接收器不再响应,轨道继电器达不到相应的响应值而落下,发出一个“轨道占用”状态信息。当轨道区段被占用时,发送器将ATP报文送入轨道,供车上接收。

报文式数字编码从ATP轨旁设备向ATP车载设备传输,传输速率200 Bd。电码有效长度136位,包括车站停车点、下一个轨道电路的制动曲线、运行方向、开门、入口速度、允许速度、紧急停车、限速区段速度、目标速度、目标距离、当前轨道电路识别、下一个轨道电路识别、轨道电路长度、下一个轨道电路的坡度、下一个轨道电路的频率等信息。

为提高对牵引回流的谐波干扰,FTGS采用FSK方式。载频频率有12个,分配给两种型号的FTGS,即FTGS 46和FTGS 917。

FTGS 46的载频频率为4.75 kHz、5.25 kHz、5.75 kHz、6.25 kHz。

FTGS 917的载频频率为9.5 kHz、10.5 kHz、11.5 kHz、12.5 kHz、13.5 kHz、14.5 kHz、15.5 kHz、16.5 kHz。

轨道电路由15个不同的位模式进行频率调制,偏频±64 Hz。位模式(Bit Pattern)是数码组合,以15 ms为一位,用+64 Hz为“1”,−64 Hz为“0”,构成不同的数码组合,即带有位模式。接收器把+64 Hz作为一个位,而−64 Hz不作为一个位。

15种位模式是:2.2、2.3、2.4、2.5、2.6、3.2、3.3、3.4、3.5、4.2、4.3、4.4、5.2、5.3、6.2。最少的4 bit,最多的8 bit。

例如2.2位模式即每个周期共4 bit,连续2 bit为1,另外2 bit为0,频率为+64 Hz、+64 Hz、−64 Hz、−64 Hz、+64 Hz、+64 Hz……其波形如图4-33所示。

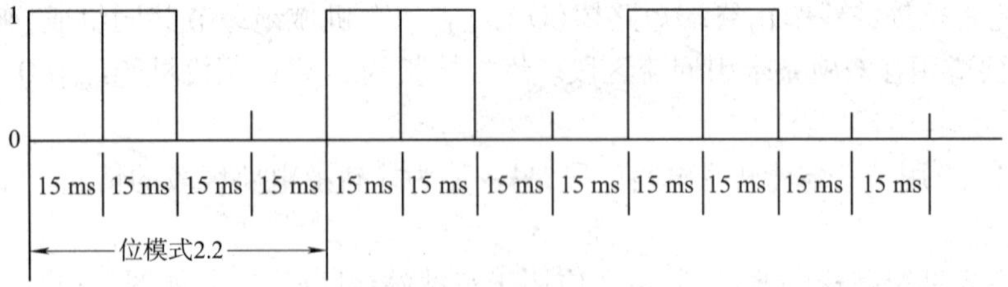

图4-33 2.2位模式

调制信号可以抵抗钢轨牵引回流中谐波电流的干扰。相邻的轨道区段采用不同的频率和位模式,相邻两个轨道区段之间采用电气绝缘分割。轨道区段只有收到与本区段相同的频率与位模式的信息才会响应。

FTGS 轨道电路发送的 ATP 报文,每个电码有 127 位有用的信息被传输。

FTGS 轨道电路为兼有选频和数字编码的混合方式,采用选频和数字编码双重安全措施。发送端由位模式发送器发送调频信号,接收端接收该信号,由位模式校核器检测调频信号的幅值、预置频率和预置数码,才能给出轨道电路空闲的表示。这样,就明显提高了轨道电路的安全可靠性。

2. FTGS 轨道电路的组成

FTGS 轨道电路由室内设备和室外设备两部分组成,如图 4-34 所示。每段轨道电路之间由 S 棒隔开,不需要绝缘节。

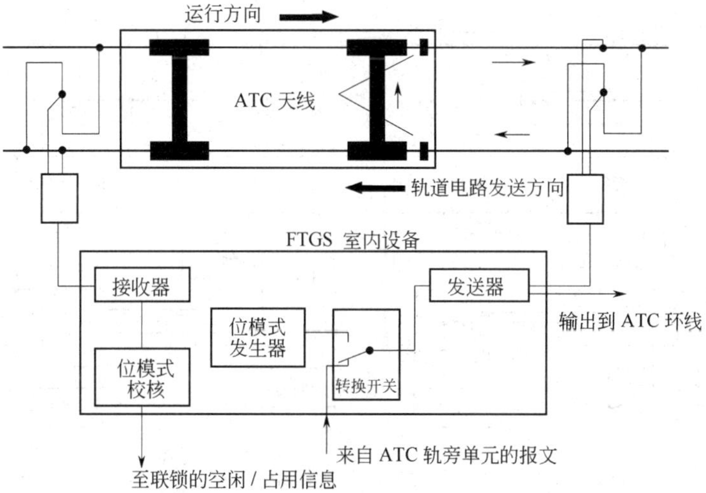

图 4-34　FTGS 轨道电路组成

室内设备主要是发送器和接收器,室外设备为耦合单元和 S 棒。发送器和接收器被集中安装在控制室内,从控制室到轨道区段的最大距离可达 6 km。室内外设备通过电缆连接。发送电缆和接收电缆分开使用,排除了由于芯线的接触而引起的电气干扰。

(1)室内设备

FTGS 的所有电子组件都安装在控制站的机械室内。组匣安装在轨道电路组合架上,每个组合架分为 A、B、C、D、E、F、G、H、J、K、L、M、N 共 13 层,其中 A 层为电源层及熔断器层;B 层为电缆补偿电阻设置层;C 层为信息输入、输出及方向转换层;D ~ N 层为轨道电路标准层。每层为一个轨道电路组匣,一个轨道电路只需一个组匣,即 1 个轨道电路架可安装 10 套 FTGS 轨道电路。发送器、接收器和轨道继电器组件设计成即插即用单元。在轨道上不需安装任何电子组件,只在轨旁盒内安装免维修的调谐单元,以获得高可靠性、高可用性。在组匣上有大量的运行状态指示灯,能迅速定位故障并立即替换故障功能单元,易于维修。

(2)室外设备

室外设备有电气绝缘节和轨旁盒。

①电气绝缘节

电气绝缘节由短路线(S棒)和轨旁盒内的调谐单元组成,是划分FTGS轨道区段的重要设备。FTGS轨道电路除了道岔绝缘为机械绝缘节外,其他都采用电气绝缘节。

②轨旁盒

轨旁盒是用以连接电气绝缘节与室内设备的中间设备。每个轨旁盒内一般可分为左右两部分,对称布置。一部分作为一个区段的发送端时,另一部分则作为相邻区段的接收端。每部分由一个调谐单元和一个转换单元组成,调谐单元接电气绝缘节,转换单元接室内设备。每个轨旁盒用一根电缆与室内设备连接,有4根电缆与电气绝缘节相连,另有一根地线。

轨旁盒有两种结构,一种是S棒结构;另一种是双轨条牵引回流区段的终端棒结构,分别如图4-35(a)、图4-35(b)所示。

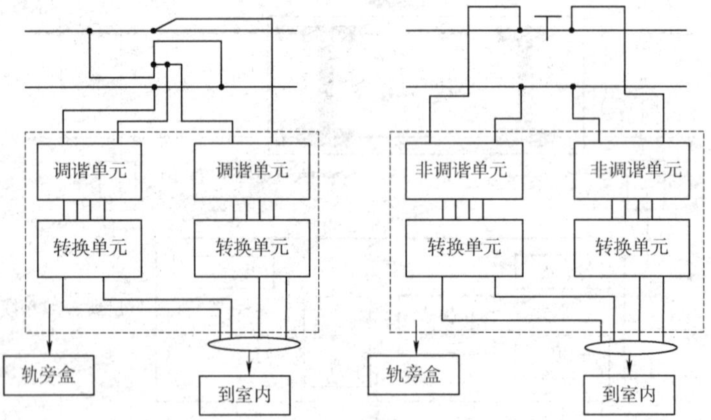

(a) (b)

图4-35　轨旁盒结构图

3. FTGS轨道电路组匣

FTGS轨道电路组匣有一送一受型和一送二受型(用于道岔区段)两种结构,其插件排列分别如图4-36(a)、图4-36(b)所示。

放大滤波板	发送板	接收器1板	解调板	接收器2板	继电器板	代码板		报文转换板	

(a) 一送一受型

放大滤波板	发送板	接收器1板	解调板	接收器2板	继电器板	接收器1板	解调板	报文转换板	

(b) 一送二受型

图4-36　FTGS轨道电路组匣插件排列

一送一受型组匣由8块电路板组成,自左而右是:放大滤波板、发送板、接收器1板、解调板、接收器2板、继电器板、代码板、报文转换板。

一送二受型组匣比一送一受型组匣多一块接收器1板。

电路板中放大滤波板、发送板构成发送器,其他构成接收器。

4. FTGS 轨道电路连接方式

FTGS 音频轨道电路的连接方式如图 4-37 所示。图 4-37(a)为“S”形连接,“S”形连接线为 50 ~ 600 mm^2 的铜线;图 4-37(b)为终端连接,终端连接线为 50 ~ 480 mm^2 的铜线。

连接电缆长度:25 mm^2 铜线 0.5 ~ 2.65 m;同轴电缆:2.65 ~ 6 m。

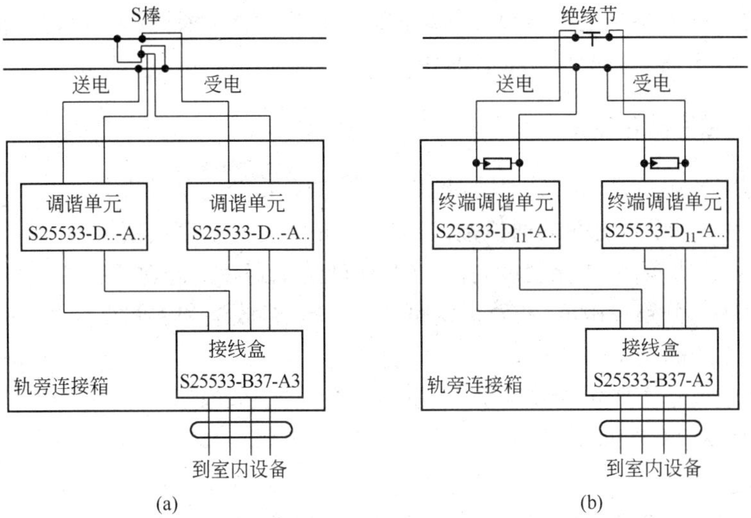

图 4-37 FTGS 轨道电路连接方式

5. 与其他设备的接口

FTGS 轨道电路系统将轨道电路的占用、空闲信息传给联锁计算机,同时把轨道占用信息传给轨旁 ATC 设备。轨旁 ATC 设备收到轨道占用信息后,将 ATP 报文传给 FTGS 轨道电路,再发送至列车上。

6. FTGS 轨道电路的特点

FTGS 轨道电路具有以下特点:

(1)可用于无岔区段和道岔区段,并针对轨道电路的不同位置,分别采用不同类型的电气绝缘节。在站间、道岔区段、站台区段、轨道终端分别采用 S 棒、终端棒、改进型短路棒和短路棒。

(2)可以根据列车运行方向,自动转换轨道电路的发送端和接收端。

(3)列车占用某区段时,其发送设备转发用于控制列车运行的报文。

(4)有电缆混线监督功能。

(5)安全、可靠性较高,在接收设备中采用了双通道结构,以保护系统免遭潜在的元件故障而导致系统瘫痪。

(6)室内外设备采用电气隔离。

(7)有较多的故障表示信息,方便维修。

(8)每个区段单独供电,确保了整个系统的高可用性。

(9)标准化电路板的使用可把备件量降至最低。

(10)由于有大量的运行状态指示灯,因此能迅速定位故障并立即替换故障功能单元,易于维修。

FTGS 轨道电路抗干扰性能高,能有效防止牵引回流的影响。它能与精确停车设备、车—地通信设备在同一个轨道区段内使用。采用较高程度的模块化设计,设备安装、维护较容易,可靠性较高。

FTGS 轨道电路的不足是设备投资和维护成本较高,对使用环境要求较高,例如,要求较高的轨面光洁度,一般需经打磨后才能正常使用。

三、AF-904 数字轨道电路

AF-904 数字音频轨道电路是美国 US&S 公司 ATC 系统的基础设备之一。AF-904 是联锁逻辑处理单元和车载设备之间的通信接口,实现了正线区段轨道占用检测,以及地对车的 ATP 数字信号传输双重功能,智能化程度高。AF-904 轨道电路在上海轨道交通 2 号线和天津滨海线运用。AF-904 的分路灵敏度,在轨道电路的发射端、接收端和中间点为 0. 25 Ω。

1. AF-904 系统的结构

AF-904 系统设备主要包括控制机箱、轨道耦合单元和轨道连接器(S 棒),按地点可分为轨旁设备和信号室内设备部分。

(1)轨旁设备

轨旁设备由轨道耦合单元、500MCM 连接器(“S”形电缆)和环线四部分组成,采用互耦方式在轨道之间或沿轨旁安装。

轨道耦合单元将轨道信号连接到控制机箱的接收和发送电路,并调谐到轨道电路的载频频率。它安装在轨旁,包括两个独立的耦合电路。每个耦合电路都由变压器和可调电容器组成槽路,如图 4-38 所示。它们也作为轨道电路的端点,并且实现与 S 棒的阻抗匹配。

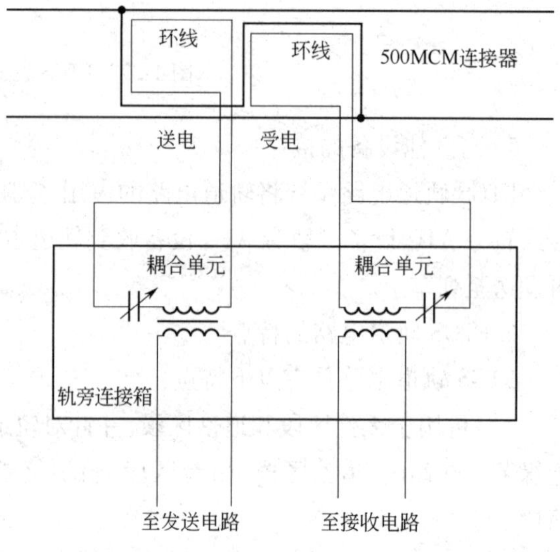

图 4-38　轨道耦合单元

500MCM 连接器是截面 178 mm^2 的电缆,制成 S 形,称为“S 棒”。放在两根钢轨中间,两端点被焊接到钢轨上。一匝电线构成的环线与 500MCM 连接器空气耦合,并通过耦合单元、对绞电缆,与轨道电路室内控制柜(TM)的辅助板相连。发送的轨道信号电流在 S 形电缆中形成环流,并感应进入钢轨。接收的信号也从钢轨感应进入电缆。借助其外形尺寸,可提供很强的方向性,以设定轨道信号电流的方向。

(2)室内设备

控制机箱以微处理器为基础,测量轨道信号的幅度以检测列车的存在,发送和接收机车信号数据的移频信号,以及进行内部或本地系统的连续诊断等。控制机箱装在 TM 柜内,每个 TM 柜最多可安装 3 个机笼,每个机笼可配置 4 段非冗余轨道电路。由于每段轨道电路的应用程序存在一个独立的位于机笼母板上的 EPROM 中,在定期更换控制板时无须重新设置。这样,使得任何一段轨道电路的单盘都相同,轨道电路的故障诊断和维护更便捷。每段轨道电路由两套设备构成“热备用”,备用设备处于“热备用”状态,不需经过启动程序即可转至在线状态。

AF-904 硬件结构框图如图 4-39 所示。图中“TC”指轨道电路,1、2、3、4 分别代表不同的轨道区段。“MT”指轨道联锁,是联锁单元 MI 与轨道电路之间的信息通道。

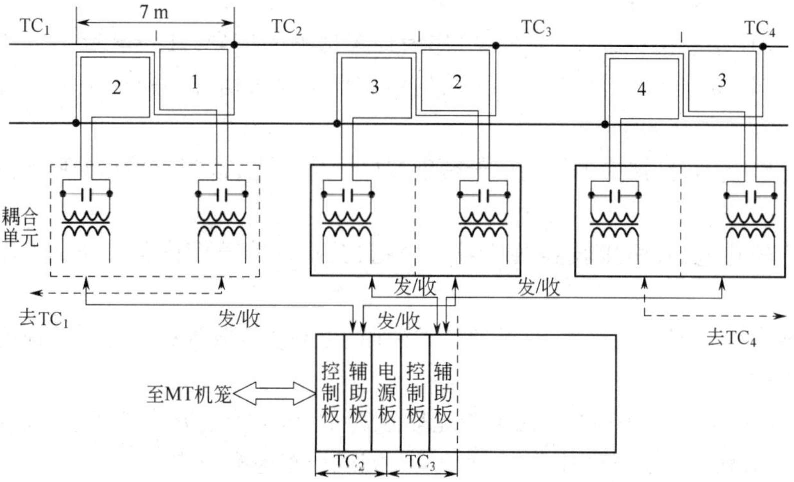

图 4-39 AF-904 轨道电路硬件结构框图

AF-904 插件箱(机箱)是由与 19 英寸 WAF 架兼容的安装在底盘的电子电路板组成的。这个设备安装于设备房,需 110/240 V、50/60 Hz 电源输入。

这套电路采用了许多 US&S 的 MICROTRAX 电码轨道电路和 MICROCAB 车载信号系统的成功的设计方法,包括完整的 PCB 前端控制/显示盘、菜单驱动数字化 LED 显示和 9 脚串行插口。

每一插件柜(机箱)包括 10 个 PCB 电路板,被配成 4 套独立的轨道电路系统。每个轨道电路包括含 2. 5 块 PCB 板:一个轨道电路控制板、一个辅助板、半个电源板(两段轨道电路共用一个电源板)。

机箱包含一个可以显示数字和字母的显示器和若干开关,在前面板上就可以对每段轨道电路进行调整,并访问它们的数据。前面板上还有一个串行端口,可以使用一台便携机通过这个端口来获取数据,以进行诊断。

通过 AF-904 轨道电路机箱前面板上的发光二极管显示和开关,可以设置轨道电路速度限制,并且可以访问诊断系统信息。

轨道电路控制板产生具有 ATP 功能的数字编码信息。

辅助板对控制板产生的信息放大发送至室外并接收轨道信息。

电源板产生控制板和辅助板工作所需要的电源。

2. AF-904 轨道电路的工作原理

AF-904 系统不间断地向轨道发送数字编码信息,并监视其接收器感应到的信号,作为对列车占用的检测。

AF-904 系统与联锁系统之间通过 RS-485 接口进行通信。AF-904 系统接收来自联锁系统的串行信息（目标速度、目标距离等），再加上本轨道区段信息（轨道电路 ID 号、线路速度等），形成复合信息；然后将复合信息用 NRZI 格式编码形成报文帧，结合机笼后面的方向继电器以 FSK 的调制方式把报文送至相应的耦合电路，经单匝环线与“S”棒耦合；然后由车载 ATP 接收、解码并校验信息的正确性，验证完毕执行 ATP 功能，完成数字车载信号的传输功能。

（1）AF-904 对列车的检测

利用 AF-904 信息的标题位（前 8 位）作为列车检测的信号，其固定为 01111110。发送端借助轨旁耦合单元耦合到钢轨，接收端由轨道接收器检测该信号。通过机车信号方向继电器可改变发送端和接收端的位置。

当轨道电路空闲时，被检测到的信号幅度在门限值以上，该门限值由 AF-904 接收器电路设置。

列车进入轨道电路，所接收到的信号被分路，其幅度降至门限值以下，表示轨道电路被占用。

由于其他原因造成的轨道短路、断路等故障时，也会使接收到的信号低于预定的阈值或是错误的轨道 ID 号。

根据“故障—安全”原则，上述两种情况都会使 AF-904 控制板关掉其直流输出，向联锁单元传递“占用”信息，否则传递“空闲”信息，从而完成列车检测功能。

（2）AF-904 的 ATP 信息

AF-904 采用 FSK 方式，使用 8 个载频，为 9.5 kHz、10.5 kHz、11.5 kHz、12.5 kHz、13.5 kHz、14.5 kHz、15.5 kHz、16.5 kHz，这 8 种频率依次命名为 $F_0 \sim F_7$。奇数载频 F_1、F_3、F_5 和偶数载频 F_2、F_4、F_6 分配给不同的运行方向，交错配置。相邻每个轨道电路采用不同载频，以提高抗干扰能力。F_1、F_3、F_5 配置在西向或是北向的轨道电路，而 F_2、F_4、F_6 配置在东向或是南向的轨道电路，剩余的两种频率（F_0、F_7）被保留，用在特殊的工作区域。相邻轨道电路采用不同状态频率组合状态，可有效地防止相邻轨道电路的串音，频偏为 ±200 Hz。

由二进制报文作为调制频率，报文长 60 ~ 70 位，每当有连续 5 个“1”时就插入一个“0”。所使用的 FSK 格式是非返回 0 的，即轨道电路的输出保持 1，除非被强制转变为 0。插入一个错误的 0 允许车上的接收器与发送的报文保持同步。译码时，接收器将插入的“0”删除。

轨道电路有它自身的特性，如：在钢轨中有牵引电流；钢轨本身的材质；钢轨铺设所在的地形特点（坡度、土质结构等）。所以在钢轨中传输的信息码不能太多，如果太多，误码率就会大大增加，而影响行车安全；但又不能太少，否则就不能满足列车自动控制的要求。AF-904 轨道电路传输信息的报文中含有 37 位数据位。

发送到车上的信息共 71 位，首 8 位为标题位，固定为 01 111 110，并用来同步译码功能，同时作为列车检测信号。接下的 37 位是数据位，用于 ATP 指令包括各种信息，具体信息设置见表 4-4。最后 16 位是周期冗余检查位，用于检查错误。另有 10 位 0 插入（信息中有连续 5 个“1”时就插入一个“0”或附加填充位构成，以便固定报文的长度）。译码时，删除插入的“0”。

表 4-4 AF-904 轨道电路数据信息设置

位 定 义	位 名 称	功 能
12	轨道 ID	当前轨道电路的识别号
1	主/备	当前是主机还是备机来处理控制信息
2	方向	列车的运行方向
3	下一载频	下一轨道电路的载频
7	目标距离	列车要达到目标速度应运行多少距离
4	线路速度	该轨道电路的最大允许速度
4	目标速度	下一轨道电路的入口速度
1	制动(目标)	列车停稳后开门
2	耦合/非耦合信息	填补的耦合/非耦合信息
1	分岔	分岔信息

信息的数据位一部分由轨道 MicroLok-Ⅱ编码,一部分是通过前面板的开关配置形成的。这些数据通过安全的串行通信链路传送到一个轨道电路,数据场信息包括:

轨道电路编号——告诉列车正在通过的轨道电路。

方向控制——告诉列车运行的方向。

下一频率——告诉列车进路内方下一个轨道电路的频率。

目标距离——到达障碍地或限制区的距离。

线路速度——限制区内允许的最大速度。

目标速度——表示列车到达指定目标处的速度。

停站——告诉列车已停在站台,它是安全的开门命令。

通过 AF-904 控制器 PCB 的前面板选择最大速度。

AF-904 返回 MicroLok-Ⅱ的信息有:轨道占用;设置的闭塞分区速度;方向校核;AF-904 速度命令传送。

速度命令是通过 AF-904 轨道电路由轨旁传送给机车的数字数据的一部分。

每个轨道电路的载频是通过耦合单元内的跳线连接来调谐。

列车总是朝着轨道电路的发送器运行的,发送器连续传送数据信息。在正常条件下,已将滤波器调谐到正确频率的车载 ATC 单元都能接收到发送的数据。

与轨道电路 ID 相对应的 12 位告知列车正运行在哪一个轨道电路。12 位,可识别 4 096 个轨道电路。车载 ATP 系统的存储器储存各个轨道电路的信息,包括线路坡度和车站数据等。

控制列车速度的参数是:线路速度、目标速度和目标距离。线路速度是该轨道电路允许的最高运行速度,目标速度是期望列车在控制速度曲线末端的速度。目标距离是到达目标速度可用的距离。

频率位告知列车下一个轨道电路的载频,车载 ATP 使用两个带调谐滤波的接收器,一个调谐在本轨道电路的载频,另一个调谐在下一轨道电路的载频,做好接收准备。这样就使得列车从一个轨道电路运行到下一个轨道电路时连续地接收信息。

耦合/非耦合位是命令车辆耦合器动作。

停站位在站台轨道电路内被发送,告诉列车处于站台的限制范围内,决定是否停车,并打开车门。

3. AF-904 轨道电路的信号处理过程

(1)功能模块

AF-904 轨道电路是以微处理器为核心的,和处理器相连的信号流程可分为四大功能模块;信息采集和输出模块、微处理器、人机接口模块、通信模块,如图 4-40 所示。

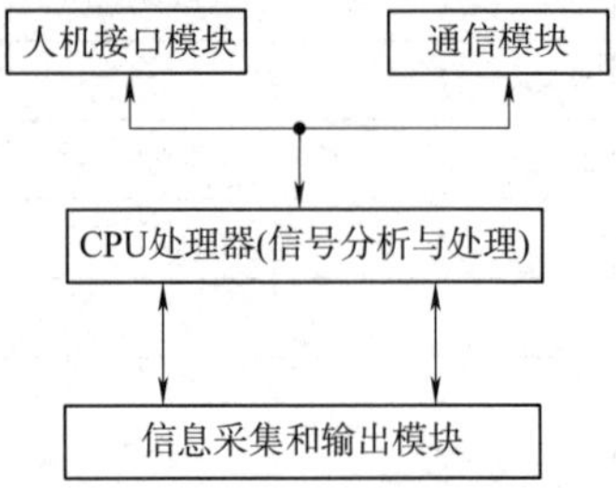

图 4-40　AF-904 轨道电路的功能模块

信息采集和输出模块主要是位于室外的无源器件,完成发送与接收的阻抗匹配。

微处理器完成信息的生成、编码、调制,以及解调和通信功能。

人机接口模块提供一个界面,为人工操作及监督用。

通信模块完成系统内部及和其他系统的通信。

(2)信息处理

轨道电路系统面向的对象有列车、轨旁接口和轨旁处理器。轨道电路信息是迎着列车发送的,微处理器要能根据列车运行方向的变化自动选择发送端和接收端。微处理器应具有以下能力:

①信息编码能力

其信息协议为 8 位报头,37 位数据信息,16 位循环校验位,0 ~ 10 位的填充位(全零),形成 61 ~ 71 位的信息。

②信息接收处理能力

AF-904 以 200 bit/s 波特率传送信息。若列车速度 100 km/h,那么 1 s 内列车运行 28 m,这样即使在最小的区段(30 m)内列车能也收到 2 ~ 3 帧信息,确保列车持续地把该轨道的状态、相关的参数读取进程序中,并能结合其他相关的信息做出正确的处理和操作。

③能够提供人机接口界面,便于工程技术人员参与操作

此外,处理器程序还具备升级能力,具有扩展性。把便携机与 AF-904 系统控制板上的 9 芯通信接口(RS-232)相连,可进行处理器程序升级。

轨旁地—车处理程序流程如图 4-41 所示。当接收不到正确的电平值和轨道 ID 号时,程序会分析数据,判断是否是由于列车占用引起的,如果是就中断响应,进入相应的处理程序进行处理。如果不是,就判断为设备故障,而启动报警程序。

列车对接收到的信息的处理程序如图 4-42 所示。当接收到轨旁传来的信息时,先进行数据校验,如不合法,抛弃该数据;如合法,则进行处理,并记录合法的标志。当接收不到合法数据时,2. 75 s 倒计时计数器开始计数,若计数完毕尚未收到合法的数据,则进入紧急制动处理程序。

四、DTC921 型数字轨道电路

上海轨道交通 3 号线、4 号线等采用 ALSTOM 的 DTC921 轨道电路为数字无绝缘节轨道电路,以频率划分各段轨道电路,其工作频率为:9. 5 kHz,11. 1 kHz,12. 7 kHz,14. 3 kHz,15. 9 kHz,17. 5 kHz,19. 1 kHz,20. 7 kHz。调制方式 MSK(最小移频键控),频偏 ± 100 Hz,调制速率 400 bit/s,具有调制效率高、传输信息量大等特点。轨道电路分路灵敏度0. 5 Ω,轨道电路长度 20 ~ 400 m。ATP 信息采用与轨道电路同样的频率,调制方式 MSK,调制速率 500 bit/s。

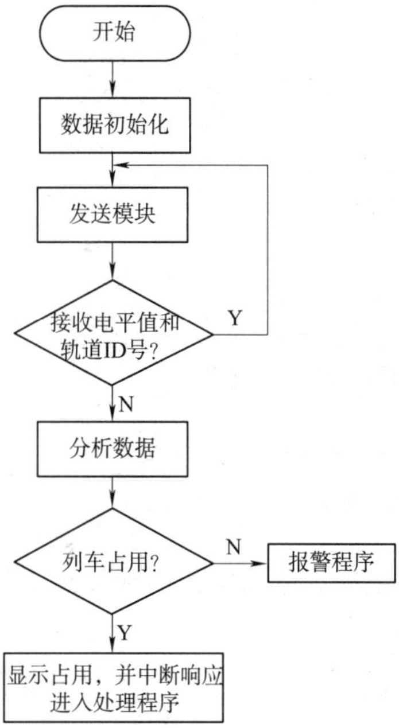

图 4-41　轨旁地—车处理程序流程

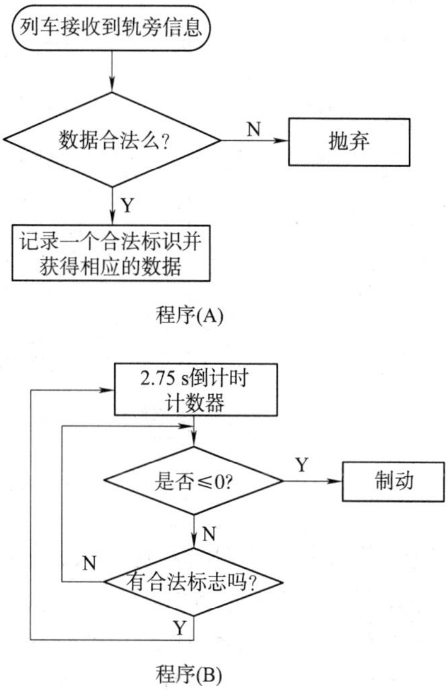

图 4-42　列车对接收到的信息的处理程序

1. DTC921 轨道电路构成

DTC921 轨道电路是由室内处理单元、室外调谐单元、S 棒、连接电缆，以及钢轨构成，如图 4-43 所示。

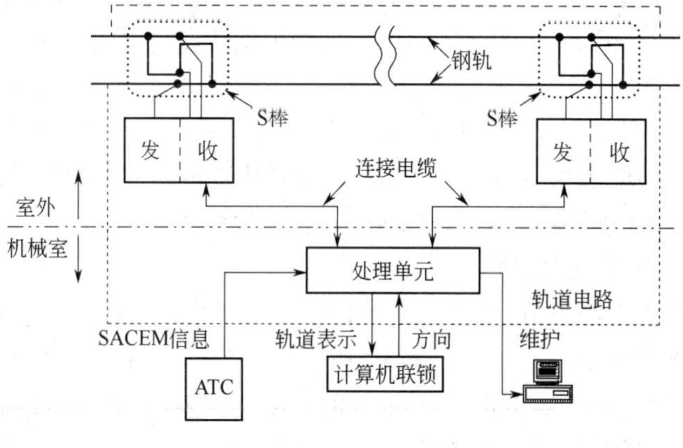

图 4-43　DTC921 轨道电路框图

处理单元设于车站信号机械室内，用于发送、接收及处理信号；两个调谐单元谐振于本段轨道电路工作频率；S 棒和调谐单元共同把发送信号耦合到钢轨上。处理单元具有与 ATC、VPI(计算机联锁)设备的接口，ATC 设备提供轨道电路发送给列车的SACEM 报文信息，另外还提供维护用的接口。

2. 处理单元工作原理

处理单元的主要功能原理如图 4-44 所示。

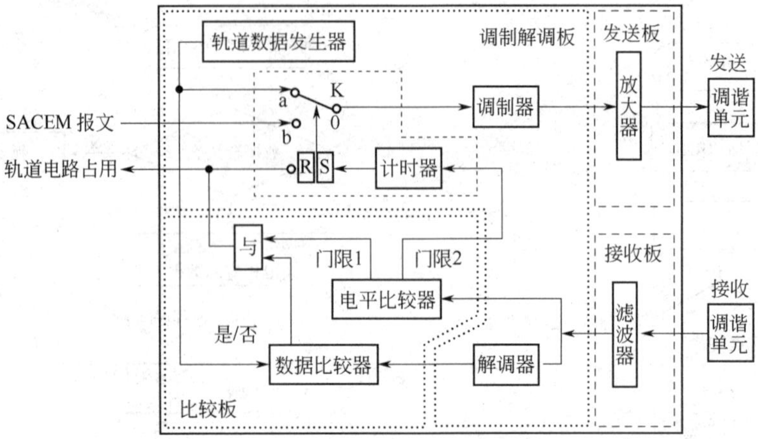

图 4-44 处理单元主要功能原理框图

处理单元由发送/接收板、比较板,以及调制解调板组成。电路中的门限 2 高于门限 1,以保证开关 K 置"a"值大于置"b"值(类同轨道继电器返还系数)。

本段轨道空闲时,调制解调板产生 400 bit/s 的轨道电路调制数据(简称轨道数据),以分配给本段的载频,用 MSK 调制方式发送至钢轨。

接收部分的数据比较器将解调后得到的轨道数据与调制电路的轨道数据比较,如果一致就表示轨道数据收悉;电平比较器检测接收信号的电平,如果接收信号电平高于门限 1,而解调后的数据又与本轨道数据一致,则与门输出"1",开关 K 置"a",继续向轨道发送轨道数据,并向 VPI 发送轨道电路空闲信号(+24 V)。

如果轨道被列车占用,列车轮轴分路轨道信号,信号接收电平低于门限 1,则与门输出"0",开关 K 置"b",调制数据改为 500 bit/s 的 SACEM 报文,经由钢轨发送给列车,用于列车自动控制。

当列车出清本轨道电路时,电平比较器得到高于门限 1 的电平,但是开关 K 置"b",所收数据与轨道数据比较不一致,不能立即发送空闲信号。当电平高于门限 2 的电平时,触发计时器,计时结束后进行接点转换,开关 K 置"a"。解调器收到轨道数据,当数据比较一致并满足电平要求后,向 VPI 发送空闲信号。所以,列车出清轨道后要经过一定的延时才可以发送空闲信号。

3. 轨道电路频率划分及方向性

由于此轨道电路没有绝缘节,为了避免干扰,频率的配置按照一定的规律安排,如图 4-45 所示。此轨道电路提供 8 个频率,F_7、F_9 和 F_{11} 依次用于下行线;F_8、F_{10} 和 F_{12} 依次用于上行线;F_{13} 和 F_{14} 用于特殊地区。各个频率以 400 bit/s 的速率调制不同的轨道数据(例如 C_{19}、C_{22} 等)。每个频率分配 3 种轨道数据,例如 F_7 分配的是 C_{19}、C_{20}、C_{21}。轨道数据其实就是一系列二进制码(例如 C_{19} 就是 7589、C_{20} 是 7623、C_{21} 是 8AB9)。

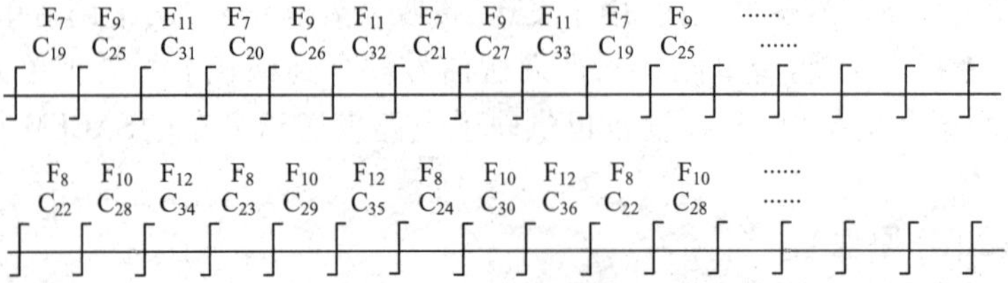

图 4-45 DTC921 数字轨道电路频率配置

按照这种组合经过 8 个轨道电路才会出现频率相同轨道数据也相同情况，例如 F_9/C_{25}。由于信号的自然衰耗，在最不利条件下，这两段轨道电路互不影响。

当轨道电路空闲时，各个载频调制轨道数据。一旦被占用，则轨道电路调制500 bit/s 的 SACEM 报文。

无论轨道数据还是 SACEM 报文都迎着列车的方向发送。VPI 向轨道电路发送 DOT 命令（倒换方向命令），用于列车反向行驶。通过处理单元中的继电器可以倒换发送方向。

4. 道岔区段的应用

由于道岔区段的存在，SACEM 信号在侧股采用环线发送的方式，环线的发送频率不同于直股（直股载频与本轨道区段载频相同），信号通过 LIU（环线调谐单元）发送给环线。与直股不同的是环线是实时发送（不间断发送），直股是轨道电路占用时才开始发送 SACEM 信号。SACEM 设备并联发送给各个道岔分支和直股，所以在整个道岔区段使用相同的 SACEM 报文。

道岔区段采用统一的轨道载频和轨道数据来实现列车占用检测和断轨检测。如图 4-46 所示，如果列车运行方向自右向左，那么最左面的 S 棒为发送 S 棒，其他 3 个都起接收作用。图示为一送三受轨道电路。如果列车从左向右运行，VPI 发送 DOT 命令（倒换方向命令），则最右的 S 棒起发送作用。

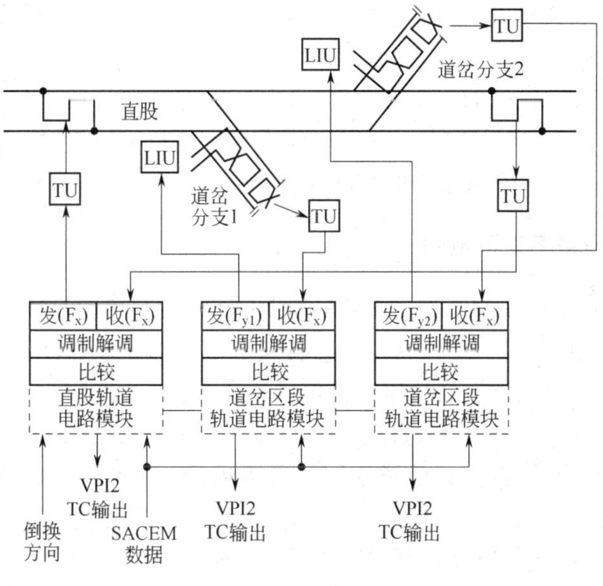

图 4-46 道岔区段轨道电路

5. 报文

（1）报文的基本形式

报文由固定长度的帧组成，帧长度：80 bit + 4 bit 的起始/停止符。

4 bit	64 bit	6 bit	10 bit 循环冗余校验码
起始/停止	信息	解码	第一级检测码

“起始/停止”部分标志报文的起始与结束，4 bit。

“信息”部分包含应用处理的有效信息，64 bit。

“解码”部分包含如下信息,6 bit。

(2)报文的分类

报文(指 64 bit 信息位)按类型分为:安全相关不变量报文;安全相关变量报文;临时限速报文;非安全相关变量报文。

安全相关不变量报文是长报文,它包含进路地图中的一些不变量的信息数据,例如道岔、信号机、信标位置、永久限速点等。长报文长度比较长,长度大于或等于 512 bit,因为一帧只包含 64 bit 的有用信息,所以长报文要分成若干帧传送给车载 ATP,并且按次序循环发送。

安全相关变量报文属于短报文,只有一帧。它反映一些安全相关的变量,例如道岔位置、信号机状态等,一帧中变量的最大数量是 22。安全相关变量也是循环发送,但当安全性变量一旦发生变化,轨旁 ATP 设备立即通过轨道电路发送给车载 ATP 设备,例如此时正在发送长报文,当地面安全相关变量发生变化时,立即打断长报文发送,插入发送安全相关变量,等发送完成后再继续长报文的发送。

临时限速报文属于长报文,它向车载 ATP 提供线路的临时限速命令,一个传输区有 4 帧临时限速信息,并循环发送。

非安全相关变量报文属于短报文,只有一帧。它包含一些非安全的变量及同步时间信息,并循环发送。

所有的这些报文都有自己的二级检测码,来保证信息位的传输正确性。第二级检测码包含在 64 bit 信息位中,和上文所述的第一级检测码一起保证码位的传输正确性,来克服由轨道电路发送 500 bit/s 的 SACEM 信息所增加的误码率。

五、国产化试验型数字轨道电路

数字轨道电路(Digital Track Circuit,缩写为 DTC)的主要功能是:实现列车占用检查并将此信息传至区域控制中心;接收区域控制中心的列车运行的目标速度、空闲轨道区段、临时限速信息、运行方向及进路信息等,经轨道电路传送给列车。

数字轨道电路在 ATP 系统中起着信息传递的作用,轨道电路把控制中心发出的命令传递给列车,同时将列车的位置信息(以轨道电路区段为单位)返回给控制中心,控制中心据此形成后续列车的控制命令。轨道电路具备双重作用:即列车检知和信息传递。

区域控制中心(ICU)与 DTC 之间的信息交换是通过现场总线 CAN 来实现的,DTC 与车载系统(On-board System)之间的信息传递通过钢轨线路与车载传感器的配合来完成。

1. 结构及工作原理

DTC 内部结构如图 4-47 所示。通信板接收 ICU 发出的列控命令,将数据解包后,分送给各个轨道电路发送、接收设备。发送板根据通信板送来的列控命令形成 DTC 信息,调制后送功放,经传输设备、钢轨回送至接收板。接收板对信号解调并判断轨道电路区段是否有列车占用,将此信息报告给通信板。通信板把轨道电路状态报告给 ICU,同时为了使 ICU 及时了解 DTC 设备的工作情况,各单元设备将自身的工作状态报告给通信板,然后由通信板将数据打包发送给 ICU。列车进入轨道区段后,通过装设在前部的传感器接收控制命令。

数字轨道电路采用谐振式电气隔离方式,设备集中在机械室,信号由电缆传送到钢轨。轨道电路与 ICU 的接口采用数字方式,信息编码及轨道区段列车占用/空闲检测均为无接点方式。

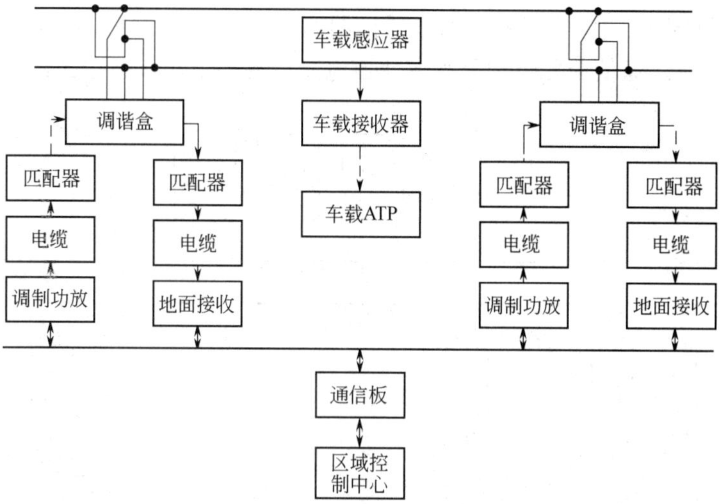

图 4-47　DTC 内部结构图

2. 技术指标

信号载频共有 8 种:9.5～16.5 kHz,频率间隔为 1 kHz。

频偏: ±100 Hz。

调制方式:MSK。

传输速率:400 bit/s。

信息量:最大允许 48 bit;

系统工作时的牵引方式:直流 1 500/750 V,交流 50 Hz。

3. 可靠性及安全性设计

(1)可靠性设计

①采用模块化设计,功能单一。

②设备故障自检测,报警及时。

③系统采用双系统结构,不停机更换故障设备。

④采用成熟的元器件,以使元器件的缺陷影响降到最小。

(2)安全性设计

①设备采用二取二的结构,比较输出。

②采用闭环检查方式,减少故障输出。

③通信方式采用定期应答方式。

4. 设备组成

(1)通信板

通信板是区域控制中心和轨道电路通信的中继,主要功能是配合 ATP 区域控制中心更及时有效地和轨道电路通信。通信板通过 CAN 总线接收 ATP 区域控制中心发送来的数据,经数据分包后发向各轨道电路,同时接收各轨道电路的状态信息,编码后发送给区域控制中心。

一个通信机柜包括主备两个通信板和 8 个(最多)轨道电路机笼。区域控制中心最多配置 10 个通信机柜,如图 4-48 所示。通信机柜中通信单元为双机热备结构,由主备通信板构成,通信机柜和区域控制中心 ICU 通过 CAN 总线通信,CAN 总线为双冗余结构(总线 1 和总线 2),平时主备机同步工作,主备机在每个通信周期都接收由 ICU 下发的数据,在主机有故障时,切换到备机工作。通信单元时刻监视着轨道电路设备的工作状态,及时上报 ICU。

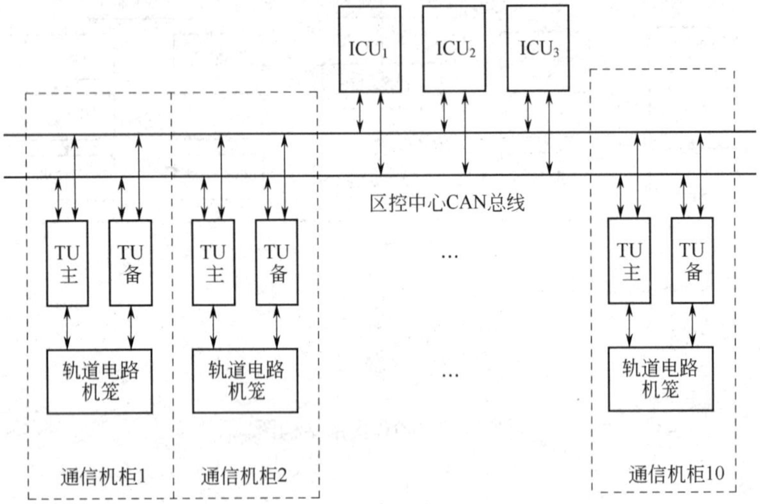

图 4-48　通信机柜示意图

单一通信板为双 CPU、双 CAN 总线结构,主备机的软硬件完全相同。通信板中任何输入和输出的数据都要经过双 CPU 的比较一致以后才予以处理和执行。

(2)发送板

发送板的主要功能是根据区域控制中心的数据产生高精度、高速率的调制信号,并通过功放放大发送到轨道电路。

①发送系统框图

为增加设备的可靠性,在无人值守的情况下也能安全工作,发送设备为双机热备结构,其结构框图图 4-49 所示。

一个通信机柜由最多 8 个轨道电路机笼组成,轨道电路和通信板通过 CAN 总线通信,CAN 总线也为双冗余结构(总线 A 和总线 B),平时主备机同步工作,主备机在每个通信周期都接收由通信板下发的区域控制中心数据,同时也发送自身状态到通信板,所不同的是主机的调制信号可以输出,而备机不输出,在主机有故障时,切换到备机工作。通信单元时刻监视着轨道电路设备的工作状态,及时上报区域控制中心。

②MSK 信号的产生

采用直接数字频率合成技术(DDS)产生 MSK 信号,频率合成是从一个或多个参考频率中产生多种频率的技术,它的原理框图如图 4-50 所示。

可编程 DDS 系统的核心是相位累加器,它由一个加法器和一个 N 位的相位寄存器组成,N 一般为 24 ~ 32 位。每来一个外部参考时钟,相位寄存器的值以步长 M 增加。相位寄存器的输出与相位控制字相加,然后输入到正弦查询表地址上。正弦查询表包含一个周期正弦波的数字幅度信息,每一个地址对应正弦波中 0° ~ 360°范围的一个相位点。查询表把输入的地址相位信息映射成正弦波幅度信号,驱动 DAC 输出模拟信号。

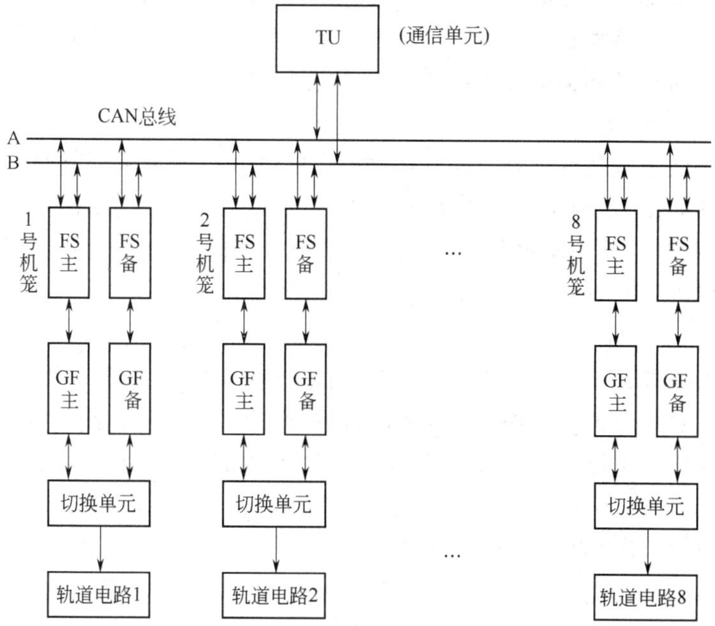

FS—发送板;GF—功放板

图4-49　发送系统框图

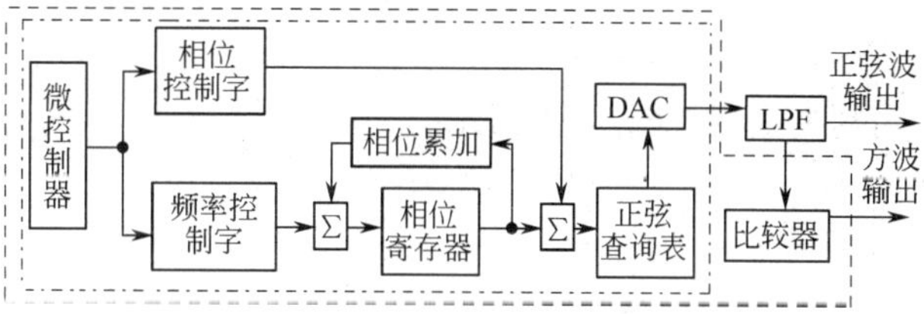

图4-50　频率合成原理框图

③CAN通信总线

发送器的CAN总线结构为双冗余结构,有A和B两条总线,发送器上的CPU_1和CPU_2同时与两条总线相连,但A、B总线只是硬件的冗余,它们之间不比较数据,只有CPU_1和CPU_2之间比较数据,A、B总线都同时接收发送数据,但只用一个总线上的接收数据,当一个总线故障时换用另一个总线上的数据,其原理相当于双机热备。

④双CPU工作原理

每个发送板都有双CPU,发送板从CAN总线接收到的数据后,每个CPU都各自对数据进行验证(列控数据中含有轨道电路号)、编码,最终的数据进行比较,比较一致后才送到DDS发送,否则则认为这一帧数据有误,连续5次得不到有效数据则认为故障。CPU_1、CPU_2之间通过同步串口协调工作,互相检测状态。数据的安全是通过双CPU的比较来保证的。

⑤双机切换

工作时主机输出安全与动态信号,主继电器吸起,而备机不输出安全与动态信号,备继电器落下。主备继电器都有检测接点,每个CPU都能检测到两个继电器的状态。两个继电器的同时吸起和同时落下都不会有信号输出。发送器必须是在主机状态，且载频、码率和功放电压检测都正确时才使继电器吸起。主备发送器通过异步串口协调和互相检测状态，在主机有故障且备机没有故障时切换到备机，此时主备机的状态互换。

(3) GF-D50 型功放板

ATP 系统数字轨道电路具有较高的发送功率(约 50 W)，只有采用高效能的 D 类功率放大器。D 类放大器的输出场效应管工作在开关状态，即只工作在截止和导通两种状态，故功率晶体管的耗散功率很小，放大器效率较高，仅需要有效面积较小的散热器，改善了设备运用环境条件，适宜在 ATP 系统设备中应用。

(4) 接收板

接收板的主要功能是从轨道电路上接收信号，进行幅度判决、解调和识别帧，将解调后识别的帧的内容和发送板来的信号提取的帧的内容进行一致性比较，正确的判定轨道电路占用或者空闲；和 CAN 总线进行通信，正确及时地传送自己的轨道电路状态和其他状态。

①DSP 配置

CPU 采用 TI 的 DSP TMS320F206，它是一种高性能，低价格定点 DSP 芯片，具有以下特点：指令周期 50 ns；指令向下和 TMS320C25 兼容，向上和 TMS3205X 兼容；片内拥有 32 K 字节的闪烁存储器(Flash Memory)和 4. 5 字节的 RAM，利用闪烁存储器存储程序，不仅成本低，减小了体积，系统升级也比较方便；拥有 64 K 的程序寻址空间，64 K 的数据寻址空间，64 K 的 I/O 寻址空间；单周期乘累加指令；可以软件编程的等待状态(0 ~ 7)发生器；JTAG 扫描仿真接口。

②占用/空闲判决

轨道电路占用/空闲判决过程如图 4-51 所示。

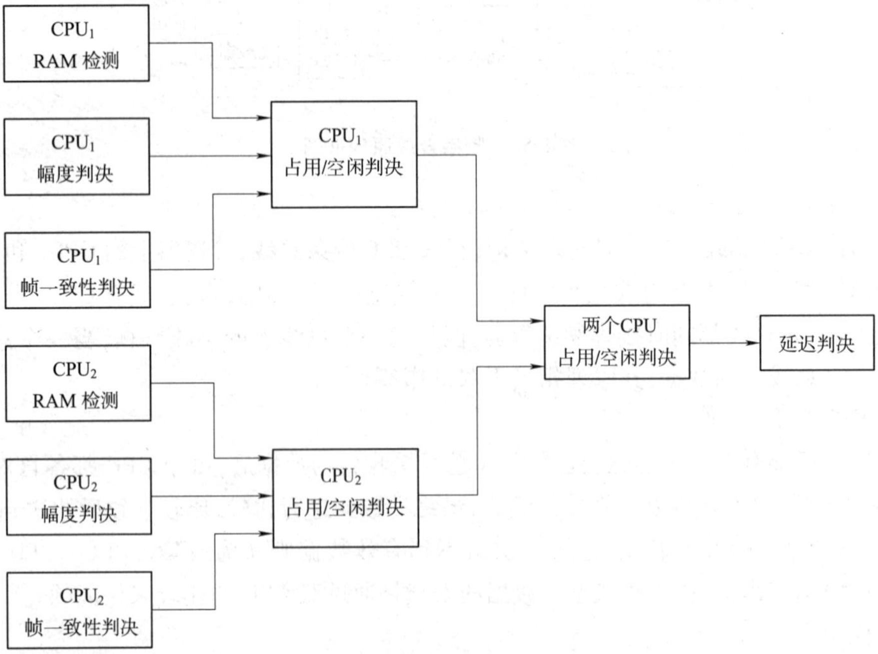

图 4-51　轨道电路状态判决过程

单个 CPU 的 RAM 检测、幅度判决和帧一致性比较结果都影响到单个 CPU 的轨道电路占用/空闲判决结果。如果幅度判决高,解调的帧内容和发送器直接送来的帧的内容比较一致,RAM 检测正确,那么 CPU 判决空闲。如果幅度判决低,或者解调的帧内容和发送器直接送来的帧的内容比较不一致,或者 RAM 检测不正确,那么 CPU 判决占用。

两个 CPU 的轨道电路状态判决结果进行比较,如果两个 CPU 都判决空闲,输出空闲;如果一个 CPU 判决占用或者两个 CPU 都判决占用,输出占用。

两个 CPU 的轨道电路状态判决结果再进行延时判决,如果轨道电路状态发生变化,那么变化后的状态必须保持一定的时间,轨道电路判决状态才从变化。这个时间称为响应时间。

轨道电路状态从空闲到占用的响应时间为 2~2.5 s,从占用到空闲的响应时间为 1.5~2 s。

③可靠性及安全性

两个硬件滤波器,两个 A/D 转换器、两个 CPU 并行工作,以提高系统的可靠性。

动态检查外部 RAM,相当于动态检查数据线和地址线,如果长时间检查错误,会导致轨道电路状态判决占用。

将解调得到的帧内容和发送器直接送来的帧内容进行比较,必须帧比较一致,才可能判决轨道电路空闲。

如果轨道电路状态发生变化,那么新状态必须保持一定的时间,轨道电路判决状态才变化到新状态,避免了由于瞬间干扰而导致的误判。

两个 CPU 通过双口 RAM 交换数据,如果长时间没有数据更新或者数据不正确,会导致轨道电路状态判决占用。

两路 CAN 总线并行工作,保证能够及时地将轨道电路状态等信息向上汇报。

第四节　轨道电路的基本工作状态和基本参数

一、轨道电路的基本工作状态

轨道电路的基本工作状态分为调整状态、分路状态和断轨状态 3 种。轨道电路在各种工作状态下,要受到许多外界因素的影响,其中受道床电阻、钢轨阻抗和电源电压的影响最大。这 3 个参数的影响,对各种工作状态造成的影响又各不相同。

1. 轨道电路的调整状态

轨道电路的调整状态,就是轨道电路完整和空闲,接收设备(如轨道继电器)正常工作时的状态。

在调整状态,对轨道继电器来说,它从钢轨上接收到的电流越大,它的工作就越可靠。但这个电流值将随着道床电阻、钢轨阻抗、发送电压的变化而变化。调整状态的最不利条件是:发送电压最低、钢轨阻抗最大、道床电阻最小,同时轨道电路长度为极限长度。在最不利条件下,轨道电路接收设备应能可靠工作,反映轨道电路的空闲状态。

2. 轨道电路的分路状态

轨道电路分路状态,就是当轨道电路区段有车占用时,接收设备(如轨道继电器)应被分路而停止工作的状态。

当列车占用轨道时，它的轮对在两钢轨之间形成的电阻，按一般电路的分析，可看成是短路作用。但轨道电路是低电阻电路，所以列车占用时，只能看成两钢轨间跨接了一个分路电阻，故称分路状态。

分路状态的最不利条件是：发送电压最高、钢轨阻抗最小、道床电阻最大、列车分路电阻也最大（车轻、轮对少、车轮与钢轨接触面不洁）。在分路状态的最不利条件下，轨道电路接收设备应能可靠地停止工作，反映轨道电路区段有车占用。

3. 轨道电路的断轨状态

轨道电路的断轨状态，是指轨道电路的钢轨在某处折断时的情况，此时钢轨虽已折断，但轨道电路仍可通过大地构成回路，接收设备中还会有一定值的电流流过。为了确保安全，断轨时，接收设备应不能工作。

断轨状态的最不利条件是，断轨时轨道电路的参数变化使轨道接收设备中获得最大电流。它除了与钢轨阻抗模值最小、发送电压最大有关外，断轨地点和道床电阻的大小也有一定的影响。有一个使接收设备中电流最大的最不利数值——临界断轨地点和临界道床电阻。

二、轨道电路分路的几个术语

1. 列车分路电阻

列车占用轨道电路时，轮对跨在两根钢轨上形成的电阻，就称为列车分路电阻。它由车轮和车轴本身的电阻，以及轮缘与钢轨顶部的接触电阻组成。由于轮缘与钢轨的接触面很小，因此车轮和车轴的电阻比接触电阻小得多，可忽略不计。所以列车分路电阻，实际上就是轮缘与钢轨的接触电阻。列车分路电阻的大小与轨道上分路的车轴数、车辆的载重情况、列车的运行状态、轮缘的装配质量和磨损程度、钢轨顶部的洁净程度等因素有关。它的变化范围很大，从千分之几欧到0.06 Ω。

2. 分路效应

由于列车分路使轨道电路接收设备中电流减小，并处于不工作状态，称为有分路效应。在分路状态最不利条件下，有列车分路时，对于连续式轨道电路，要保证轨道继电器的端电压不大于它的可靠释放值。分路效应在很大程度上决定了轨道电路的质量。

3. 分路灵敏度

分路灵敏度指在轨道电路的钢轨上，用一电阻在某点对轨道电路分路，若恰好能使轨道继电器线圈中的电流减小到释放值，则这个分路电阻值就叫作该点的分路灵敏度。轨道上各点的分路灵敏度不一样，分路灵敏度用电阻值（Ω）来表示。

4. 极限分路灵敏度

对某轨道电路来说，各点的分路灵敏度中的最小值，就是该轨道电路的极限分路灵敏度。

5. 标准分路灵敏度

标准分路灵敏度是衡量轨道电路分路效应优劣的标准。我国轨道交通规定一般的轨道电路标准分路灵敏度为0.06 Ω。对于一轨道电路，在分路状态最不利的条件下，用0.06 Ω的标准电阻线，在任何地点分路时轨道电路的接收设备必须停止工作，该轨道电路的分路效应才符合标准。无绝缘轨道电路标准分路灵敏度为0.15 Ω。

三、轨道电路的基本参数

轨道电路的基本参数指的是它的一次参数和二次参数。

1. 轨道电路的一次参数

轨道电路是通过钢轨传输电流的，钢轨铺设在轨枕上，轨枕置于道床中，所以轨道电路是具有低绝缘电阻的电气回路。钢轨阻抗（钢轨电阻 R 和钢轨电抗 ωL 的向量和）和漏泄导纳（漏泄电导 G 和漏泄容抗 $l/\omega C$ 的向量和）是轨道电路固有的电气参数。轨道电路的一次参数是 Z、Y、R、L、G、C 的总称。

（1）道床电阻

如图 4-52 所示，轨道电路的漏泄电流是由一根钢轨经轨枕和道床流往另一根钢轨的，其大小由钢轨线路的绝缘阻抗，即道床电阻决定的。道床电阻是一个分布参数，通常以每公里钢轨线路所具有的漏阻值表示，称为单位道床电阻，简称道床电阻，用 r_d 表示，单位是 Ω · km。

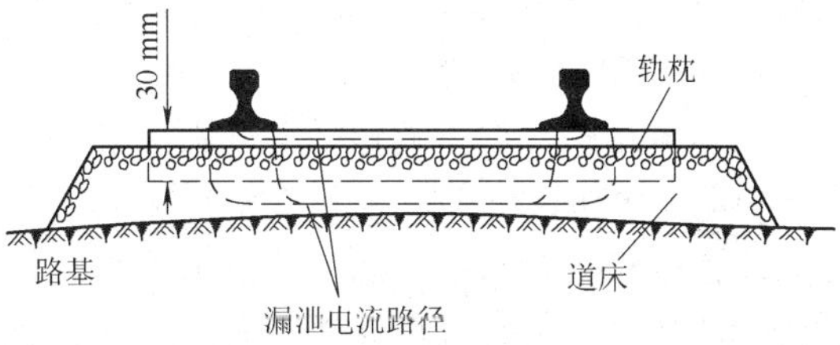

图 4-52 轨道电路漏泄电流的径路

由于漏泄电流是通过不同性质的导电介质流过的，钢轨和线路上的其他金属配件都有电子导电性；轨枕和道床均会有水分，它们都具有离子导电性，可把它们看作特殊的电解质。道床电阻的大小，一方面取决于道床的材料、道床层的厚度、轨枕的材质和数量；另一方面还取决于温度、湿度的变化，以及道床土壤的导电率等因素。

我国使用的轨枕有木枕和钢筋混凝土轨枕。木枕经绝缘的防腐剂处理后，可提高道床电阻值。当木枕有裂缝和腐朽等情况时，道床电阻值要降低。每根木枕的绝缘电阻值约在几十千欧，每公里铺设 1 600 ~ 2 400 根时，每公里轨枕绝缘电阻在 20 Ω 左右。

钢筋混凝土轨枕，钢轨底部有绝缘垫板，它的好坏对道床电阻值有较大的影响。其导电率受环境影响比木枕显著，而且钢轨之间呈现的电容性要增强，会使漏泄电流增大。但信号电流频率较低，电容的作用很小。每根钢筋混凝土轨枕的绝缘电阻值约为 70 ~ 80 Ω，则每公里仅有 0.04 ~ 0.05 Ω，垫上绝缘垫板后可达 50 ~ 150 Ω。

但实际的道床电阻值远低于上述数值，是因为漏泄电流是经轨枕、道床和大地三条并联径路构成回路的。在电子性和离子性导电元件的交界处，必然发生电化学反应，形成一种过渡层电阻，其大小与两钢轨的电位、环境温度湿度有关。温度、湿度升高时，电化学反应增强，使钢轨线路的绝缘阻抗降低。所以，夏季暴雨后 8 ~ 10 min 会出现道床电阻的最小值。冬季，气温在零下时，道床电阻值可达最大。道床电阻的最大值和最小值会相差十几倍，甚至上百倍。

道床电阻越小，两钢轨间接的漏泄电流越大，轨道电路消耗电能就会增多。而且道床电阻值变化的范围越大，轨道电路的工作就越不稳定。因此，要保证轨道电路的稳定工作，必须尽量提高最小道床电阻值。工务部门应积极采取措施，提高道床排水能力，定期清筛，及时更换腐朽及破裂的轨枕，努力改善道床质量。

城市轨道交通中大量采用的是整体道床，其道床电阻变化范围小，工作较稳定。

（2）钢轨阻抗

每公里两根钢轨（回路）的阻抗，称为单位钢轨阻抗，简称钢轨阻抗，用 Z 表示，单位是 Ω/km。它包括钢轨本身的阻抗及钢轨接头处的阻抗。钢轨接头处的阻抗则包括接头夹板及导接线的阻抗和它们的接触电阻。接头夹板和钢轨间的接触电阻的大小和接头夹板、钢轨端部表面的污垢及锈蚀程度、螺栓的松紧、气候条件有关。它的变化范围很大。安装了钢轨接续线后,该接触电阻与接续线阻抗及接续线和钢轨间的接触电阻并联,因此,钢轨接头处的总阻抗就显著降低,且比较稳定。

当轨道电路中通以直流电流时,钢轨阻抗就是纯电阻,称为钢轨电阻。而当轨道电路中通以交流电流时,由于钢轨的导磁率大,集肤效应明显,使有效截面减少,有效电阻增大。它在很大程度上取决于信号电流的频率,还与钢轨断面形状、导电率、导磁率有关。除了有效电阻外,还存在感抗。这样,交流时的总阻抗就比直流时大很多。

2. 轨道电路的二次参数

轨道电路的二次参数包括特性阻抗 Z_C 与传输常数 γ,它们是一次参数——钢轨阻抗 Z 和道床电阻 r_d 的函数,所以称为二次参数。

轨道电路的钢轨阻抗和道床电阻是均匀分布的,属于均匀分布参数传输线,可以用分布参数传输线的基本方程来反映轨道电路送、受电端的电压、电流的关系:

$$\begin{cases} \dot{U}_S = \dot{U}_Z = \text{ch}\,\dot{\gamma}l + \dot{I}_Z\,\dot{Z}_C \text{sh}\,\dot{\gamma}l \\ \dot{I}_S = \dfrac{\dot{U}_Z}{\dot{I}_C}\text{sh}\,\dot{\gamma}l + \dot{I}_Z \text{ch}\,\dot{\gamma}l \end{cases}$$

式中 $\dot{U}_S$——轨道电路始端(送电端)电压;

$\dot{I}_S$——轨道电路始端(送电端)电流;

$\dot{U}_Z$——轨道电路终端(受电端)电压;

$\dot{I}_Z$——轨道电路终端(受电端)电流;

$\dot{Z}_C$——轨道电路的特性阻抗;

$\dot{\gamma}$——轨道电路的传输常数;

l——轨道电路长度。

特性阻抗:

$$\dot{Z}_C = \left|\sqrt{Z \cdot r_d}\right| e^{j\varphi_z/2} \quad (\Omega)$$

式中 Z——单位钢轨阻抗值,Ω/km;

r_d——单位道床电阻,Ω · km;

φ_z——钢轨阻抗的幅角,rad。

对交流轨道电路来说,传输常数$\dot{\gamma} = \beta + j\alpha$,是复数。$\beta$ 为轨道电路的衰耗常数,它反映了轨道电路电压、电流每公里的衰耗程度,单位为 1/km;α 为轨道电路的相移常数,它反映了轨道电路的电压、电流每公里的相移情况,单位为 rad/km。

$$\dot{\gamma} = \left|\frac{Z}{r_d}\right| e^{j\varphi_z/2} \quad (1/\text{km})$$

在测算轨道电路一次常数时,通常的方法是从轨道电路始、终端电压、电流的关系中,先求出二次参数,再根据二次参数求得一次参数。

复习思考题

1. 简述轨道电路的基本原理,它有哪些作用?
2. 轨道电路如何分类? 各种轨道电路在城市轨道交通中有哪些应用?
3. 站内轨道电路如何划分? 怎么命名?
4. 轨道电路由哪些部件组成? 各起什么作用?
5. 道岔区段轨道电路有何特点? 何为一送多受轨道电路?
6. 什么是轨道电路的极性交叉? 有何作用?
7. 设置钢轨绝缘有哪些规定?
8. 50 Hz 相敏轨道电路如何组成? 简述其工作原理,有何特点?
9. 简述微电子相敏轨道电路的原理,它有何优点?
10. 音频轨道电路有哪些作用?
11. 什么是无绝缘轨道电路? 无绝缘是如何实现的?
12. 音频无绝缘轨道电路如何分类?
13. 简述 FTGS 音频无绝缘轨道电路的结构和工作原理。
14. 简述 AF-904 音频无绝缘轨道电路的结构和工作原理。
15. 简述 DTC921 音频无绝缘轨道电路的结构和工作原理。
16. 简述国产化数字轨道电路的结构和工作原理。
17. 比较各种音频无绝缘轨道电路的异同。
18. 何谓轨道电路的三种工作状态?
19. 何谓分路灵敏度、极限分路灵敏度和标准分路灵敏度?
20. 何谓轨道电路的一次参数和二次参数?

第五章　计　轴　器

计轴器是用于完成计算车辆进出区段的轮轴数，分析计算区段是否有车占用的一种设备。它具有检查区段占用与空闲的功能，而且不受轨道线路的道床状况等影响。它采用轨道传感器和计数器来记录和比较驶入和驶出轨道区段的轴数，作为检查区段的安全设备，其作用和轨道电路等效。在采用 CBTC 的城市轨道交通线路中，当无线传输设备发生故障，可用计轴器检查列车的位置，构成“降级”信号。

第一节　计轴器的结构和工作原理

一、计轴器的组成

计轴器由室内设备和室外设备两部分组成，如图 5-1 所示。室外设备有轮轴传感器（或称磁头）K_1、K_2 和电子连接箱；室内设备有运算器、继电器等，或采用微型计算机构成计轴器主机系统 ACE。室外设备和室内设备通过传输线路——专用计轴电缆相连接。

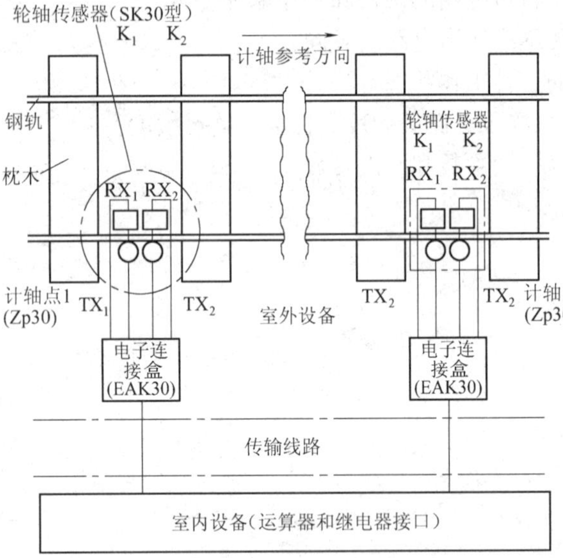

图 5-1　计轴设备组成

计轴器

计轴设备分为以下部分：

（1）计轴点，包括传感器和电气连接箱，主要用于产生车轴脉冲。

（2）信息传输部分，用来传递信息。

（3）计数部分，包括计数、比较、监督、表示等装置，对计轴点产生的车轴脉冲进行计数和确定列车运行方向，比较计轴点入口和出口所计轴数及记录计数结果。

（4）电源，提供可靠的供电。

二、计轴设备的部件

1. 轮轴传感器

轮轴传感器又称磁头，为变耦合式电磁有源传感器，设有发送线圈和接收线圈，利用车轮铁磁体改变二者之间的耦合关系，使电感或互感在车轮通过时发生变化，而产生轮轴信号。

设 K_1 和 K_2 两组磁头，每组磁头又由 1 个发送磁头(TX)和 1 个接收磁头(RX)组成。发送磁头的信号来自电子连接盒的发送接收板。由于电磁感应作用，在接收磁头中感应出交流信号。该信号送到电子连接盒的发送接收板，输出一相应的直流电压。发送磁头和接收磁头由绕在铁氧体磁心上的线圈和一并联电容组成，发送线圈和接收线圈磁芯的位置及钢轨的几何形状，如图 5-2 所示。发送线圈 S 和接收线圈 E 所产生的磁通环绕过钢轨后形成两个磁通 Φ_1、Φ_2，它们以不同的路径、相反的方向穿过接收线圈 E。在无车轮经过传感器时，磁通 Φ_1 远大于 Φ_2，在接收线圈内感应出一定的交流电压信号。当车轮经过传感器，由于车轮的屏蔽作用，Φ_1 减小，而 Φ_2 增大，使 $\Phi_2 > \Phi_1$，在接收线圈内感应的交流电压相位与发送电压相反，这个载有轮轴信息的信号，经整形、检波后产生一个轴脉冲。传感器轮轴脉冲形成过程及波形如图 5-3 所示。轴脉冲形成后，计轴过程完全由软件来完成。

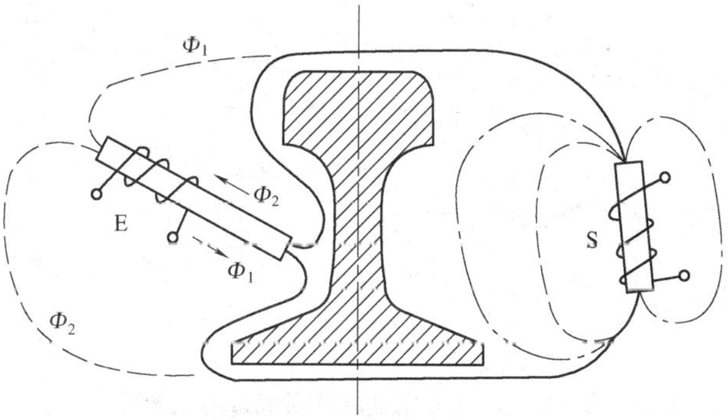

图 5-2　磁头

由于两磁头 K_1 和 K_2 是交错设置的，两磁头产生的轴脉冲在时间上先后不同，可以判别是进入或是驶出车轮轮轴。当车轮轮轴从计轴点进入区段，在 K_2 处就会产生一个下降沿的"入"脉冲，如图 5-3(f)所示，说明进入一个车轮轮轴。如果车轮轮轴从计轴点离开，就会产生一个上升沿的"出"脉冲，说明驶出一个车轮轮轴，如图 5-3(g)所示。

2. 电子单元

电子单元 EAK 又称电子连接盒。

电子连接盒内装有测轴点所用的电子电路印制板：核算器板和模拟板。电子连接盒将室内提供的电源转换为电子电路所用电压，用电缆接一对 TX/RX 磁头，分别向两个 TX 线圈发送调频电源；接收及处理来自相应 RX 线圈的信息，直接处理和计算进、出车轮轮轴数，将模拟车轮脉冲转变为便于远距离传输的数字车轮脉冲，并将计数和计轴数据送到室内的计轴核算器。

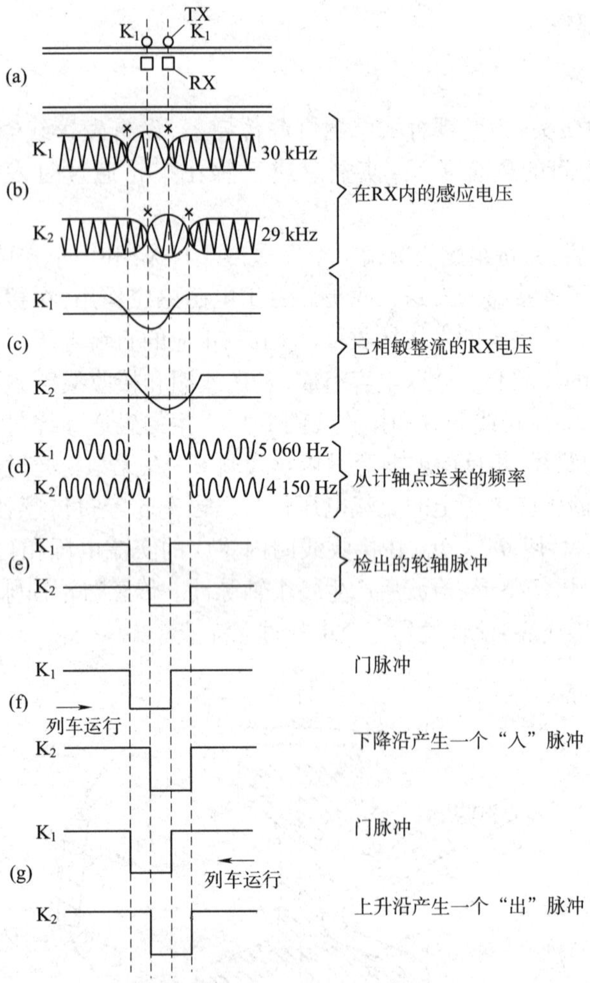

图 5-3　传感器轮轴脉冲形成过程及波形

3. 计轴核算器

计轴核算器 ACE 设于室内，由电源、计算机、串行输入/输出、并行输入/输出等构成。ACE 是一个安全型的 2 取 2 或 3 取 2 微机系统，每台主计算机可管理配置 32 个区段。

ACE 的任务为：轮询所有计轴室外设备，并取得计轴数据，处理 32 个测轴点的数据；对计轴数据进行运算，确定计轴区段的状态，给出区段占用信息；通过串行数据网络与相邻 ACE 交换计轴数据；传输轨道占用信息和诊断数据；向计算机联锁系统输出所有计轴区段的状态；微机的自检、接口的自检、计算机或串/并行口发生与安全有关的故障时，均做出安全反应。

计轴核算器最终驱动轨道继电器。

轮轴传感器、电子单元、计轴核算器的连接如图 5-4 所示。

三、计轴器的基本工作原理

计轴器利用轮轴传感器、计数器来记录和比较驶入和驶出轨道区段的轴数，以此确定轨道区段的占用或空闲。

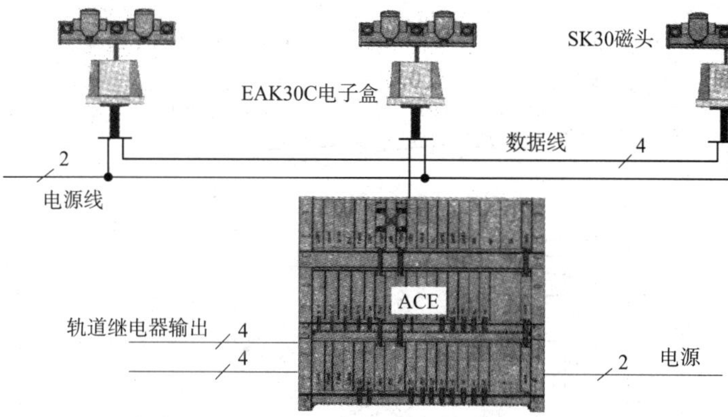

图 5-4 计轴点各部件的连接

每个计轴点有两组轮轴传感器，当车轮经过时，两组轮轴传感器各产生脉冲。若正方向驶过，车轮先经过轮轴传感器 K_1，RX_1先产生轴脉冲，后经过轮轴传感器 K_2，RX_2后产生轴脉冲如图 5-5(a)所示。若反方向驶过，车轮先经过轮轴传感器 K_2，RX_2先产生轴脉冲，后经过轮轴传感器 K_1，RX_1后产生轴脉冲如图 5-5(b)所示。这样，两组轮轴传感器产生的轴脉冲在时间上顺序不同，根据两组脉冲的时序可判定列车的运行方向。

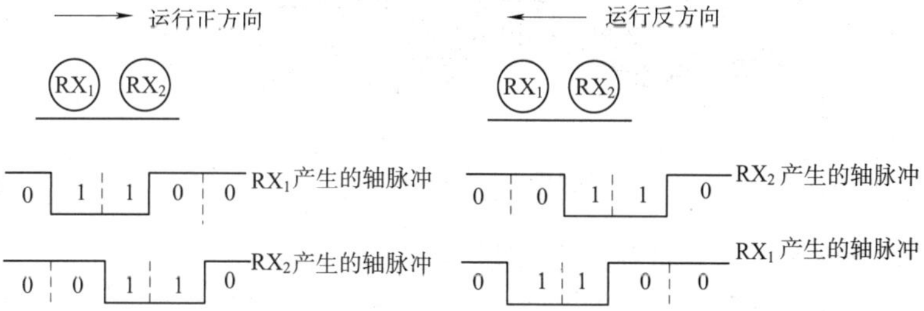

图 5-5 计轴点产生的轴脉冲

当列车出发，车轮进入轮轴传感器作用区时，微机开始计轴，轮对经过传感器磁头时，向微机传送轴脉冲，微机开始计数，判定运行方向，确定对轴数是累加计数还是递减计数。系统规定，凡进入区段的轮轴数进行加轴运算，凡离去区段的轮轴数进行减轴运算。

如果未计有进入区段的轮轴数，说明区段内没有列车在运行，区段空闲。如果计有进入区段的轮轴数，而离去区段尚未计有轮轴数，说明区段内正有列车在运行，区段被占用。如果离去区段的轮轴数等于进入区段的轮轴数，即减轴运算的结果等于 0，就说明区段内没有遗留车辆，列车已出清区段。如果离去区段的轮轴数不等于进入区段的轮轴数，即减轴运算的结果不等于 0，就说明区段内遗留车辆。

四、计轴器的安装

计轴器有多种类型，现以 Zp30CA 型计轴器为例予以介绍。Zp30CA 型计轴器的安装如图 5-6 所示。

1. 轮轴传感器的安装

每个计轴点设两组轮轴传感器，两组轮轴传感器须安装在两根轨枕之间，安装在同一侧钢

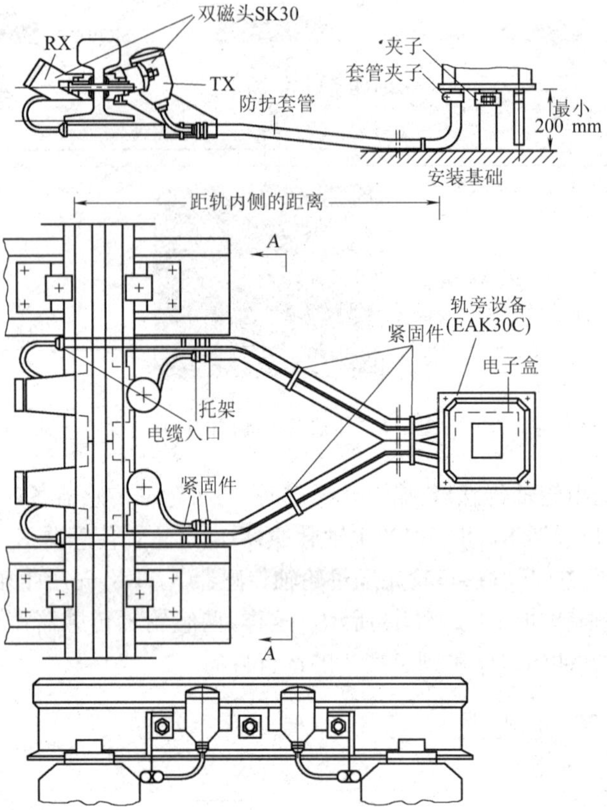

图 5-6　计轴器的安装

轨上,通常安装在线路运行正方向右侧的钢轨,并尽可能与信号机在同一坐标上。发送传感器安装在钢轨外侧,接收传感器安装在钢轨内侧,用 3 个止退固定螺栓螺母固定在轨腰上。安装孔的位置取决于钢轨的高度。发送传感器为仰角可调型。每个 TX/RX 传感器都备有 4.0 m 长的外加护套电缆与电子连接盒相接。整个传感器与钢轨绝缘。

2. 电子连接盒的安装

电子连接盒安装在轮轴传感器的同侧,固定在基础上,基础顶面和钢轨顶面相平。电子连接盒盖向所属线路外侧打开。

3. 电缆的连接

电子连接盒和轮轴传感器有两对电缆,一对为电源电缆,另一对为数据传输电缆。电源电缆可供各个计轴点共用,一般不超过 4 个计轴点,计轴点的供电电压为 AC 60 ~ 120 V。

电子连接盒通过电缆与室内的计轴器主机相连。

4. 对接地的要求

室外设备的设备地与防雷地合用,接地电阻小于 4 Ω,接地线采用 25 mm^2 多股铜芯塑料软线。

室内设备的设备地与防雷地分设,设备地与联锁设备共用,防雷接地电阻小于4 Ω,接地线采用 4 mm^2 多股铜芯塑料软线。

第二节 计轴器的应用

计轴器应用于轨道区段,代替轨道电路,检查区段占用与空闲,构成 CBTC 降级运行信号系统的条件。

一、计轴器在轨道区段的设置

计轴器一般设在站内,区间可不设计轴器,也可以根据需要设计轴器。计轴器在轨道区段的设置,有无岔区段和道岔区段等不同的情况。

1. 计轴器在无岔区段的设置

对于无岔区段,在其两端各设一个计轴点,如图 5-7(a)所示。对于数个无岔区段构成的带形区段,其计轴点的设置如图 5-7(b)所示,其中中间计轴点可以兼用。对于各个无岔区段,和轨道电路一样最终由一个轨道继电器表征轨道区段的状态,轨道继电器吸起,表示轨道区段空闲;轨道继电器落下,表示轨道区段被占用。

2. 计轴器在道岔区段的设置

对于由一组单动道岔组成的轨道区段,在其岔前、岔后直向和岔后侧向各设一个计轴点,共需要 3 个计轴点,如图 5-8(a)所示。对于由两组单动道岔组成的轨道区段,在其岔前和每组道岔的岔后直向和岔后侧向各设一个计轴点,这样共需要 4 个计轴点,如图 5-8(b)所示。计轴器不同于轨道电路,不存在调整困难问题,每个轨道区段所包含的道岔,没有严格的限制,但必须保证列车从任何方向驶入轨道区段,都能检测出来。不管轨道区段包含多少组道岔,都只设一个轨道继电器。

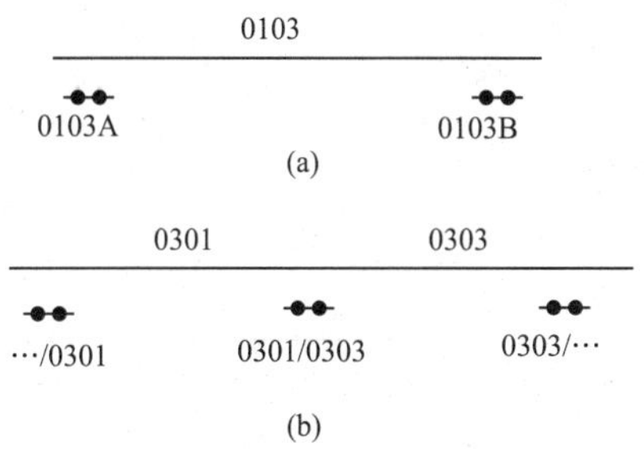

图 5-7 无岔计轴区段

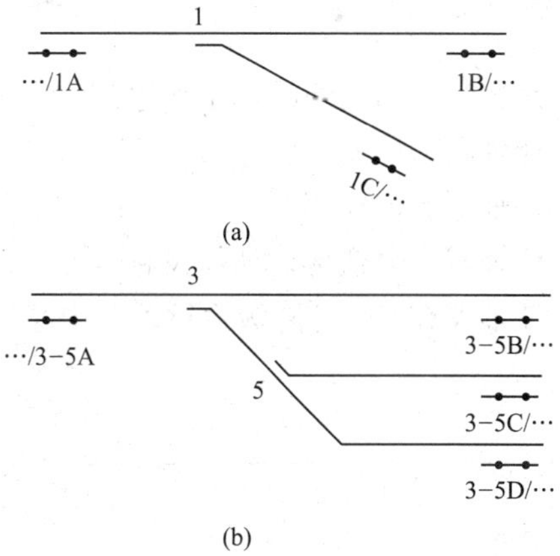

图 5-8 道岔计轴区段

对于渡线,其计轴点的设置如图 5-9(a)所示。渡线两端的道岔要划分为不同的轨道区段,所以渡线的中部有设一个计轴点,该计轴点为两端的轨道区段共用。

对于交叉渡线,如果渡线两端的道岔仍划分为两个轨道区段,则其计轴点的设置如图 5-9(b)所示。在每条渡线的中部各设一个计轴点,该计轴点为两端的轨道区段所共用。

对于交叉渡线,如果根据需要渡线两端的道岔要划分为 4 个轨道区段,即每个轨道区段只包含一组道岔，则其计轴点的设置如图 5-9(c)所示。在每条渡线的中部有各设两个计轴点，该计轴点为两端的轨道区段所共用。

以上各种情况，每个轨道区段都只设一个轨道继电器。

从上述各种类型的轨道区段计轴传感器设置可以看出，对于不同的轨道区段，特别是道岔区段来说，一个轨道区段可以有多个入口和出口，在设置计轴点时，要考虑到轨道区段所有入口和出口，使列车无论从任一入口进入轨道区段，或从任一出口驶出轨道区段，轨道区段设置的计轴传感器都应给出正确的结果。

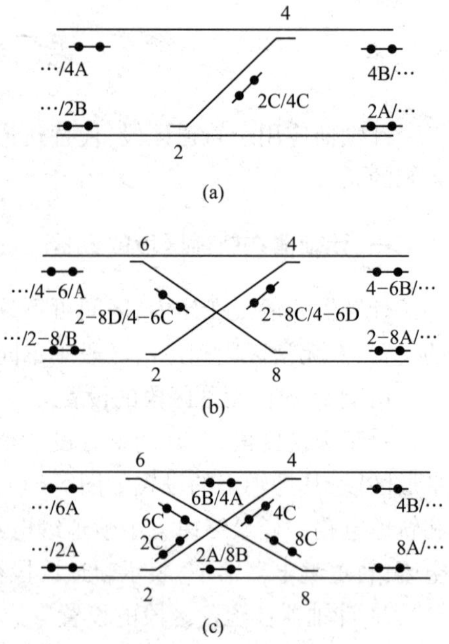

图 5-9　渡线道岔计轴区段

二、由计轴器构成的 CBTC 降级运行信号系统

在 CBTC 的无线通信系统故障，或者 CBTC 尚未建成的情况下，可以使用由计轴器构成的 CBTC 降级运行信号系统。CBTC 降级运行信号系统包括计算机联锁、自动站间闭塞、点式 ATP。此时，计算机联锁采集计轴器检查区段占用与空闲的信息，实现道岔、进路、信号机的联锁控制；自动站间闭塞是基于计轴轨道区段而实现的系统，当检查站间空闲时，自动开放出站信号机，构成自动站间闭塞；点式 ATP 所需要的列车定位信息和地面信号机信息由应答器提供。

复习思考题

1. 简述计轴器的组成和工作原理。
2. 计轴器如何安装？
3. 计轴器有何作用？
4. 计轴器在轨道区段如何设置？
5. 计轴器在 CBTC 降级运行系统中起什么作用？

第六章　应　答　器

应答器是一种采用电磁感应原理构成的高速点式数据传输设备，用于在特定地点实现地面与列车间的相互通信。应答器在城市轨道交通中得到较广泛的应用。

第一节　应答器的结构和工作原理

一、应答器的功能

应答器必须具有的功能是：接收电能信号，探测、解调远程能量信号；产生链路信号，通过接口向列控车载设备传送报文；选择启动方式，确定是发送自身存储的报文还是发送接口来的报文。

应答器在城市轨道交通中的主要功能是定位停车和点式列控。

1. 定位停车

在车站，由一组应答器向列车提供至停车点的距离信息，以实现精确定位停车。

2. 点式列控

应答器在特定地点向 ATP 车载设备传送以下信息：

(1)线路基本参数，如线路坡度、轨道区段长度等参数。

(2)线路速度信息，如线路最大允许速度、列车最大允许速度等。

(3)临时限速信息。当由于施工等原因引起的对列车运行速度进行限制时，向列车提供临时限速信息。

ATP 车载设备接收到这些信息后，形成允许速度，对列车运行速度进行控制。

二、应答器的分类

应答器

应答器分为地面和车载两部分。

1. 地面应答器

地面应答器放置在两根钢轨中间，是地面信号设备的重要组成部分。

地面应答器可在大部分情况下简称应答器，或称为信标。

地面应答器根据应答器所传输报文是否可变，分为固定信息应答器(无源应答器)和可变信息应答器(无源应答器)。

(1)无源应答器

无源应答器

每个无源应答器预先固定写入应答器报文，列车经过该应答器时，固定发送预先写入的报文。无源应答器用于发送固定不变的数据，如线路坐标、线路坡度、最大允许运行速度等信息。

(2)有源应答器

有源应答器通过专用的应答器电缆与轨旁电子单元 LEU 连接,根据 LEU 所发送的报文,实时变化地向列车传送信息,主要是信号机显示、道岔位置信息和临时限速信息。

有源应答器

2. 车载应答器

车载应答器又称为查询器。车载应答器向地面无源应答器发送电能,接收地面应答器发来的信息。

三、应答器的结构

1. 地面应答器的结构

地面应答器由壳体、电路板、灌封材料构成。壳体由玻璃纤维类材料热压而成;电路板安装在壳体内,它包含了用于发送和接收的电磁感应耦合线圈。

(1)无源应答器的结构

无源应答器的结构如图 6-1 所示。接收部分由变换器、检波器和电压调节电路组成,发送部分由信源编码器、调制电路、放大电路组成。

通过报文读写工具可以改写无源应答器的数据报文,可以对无源应答器存储的数据报文进行读出、校核。

(2)有源应答器的结构

有源应答器由可变信息应答器、轨旁电子单元(LEU)、车站信息编码设备和连接电缆组成,如图 6-2 所示。

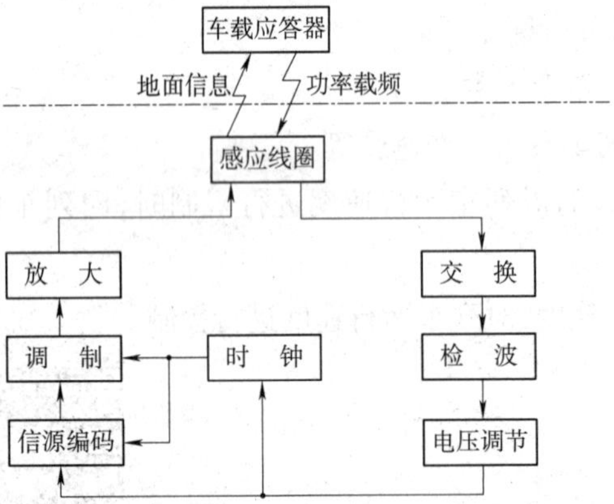

图 6-1　无源应答器的结构

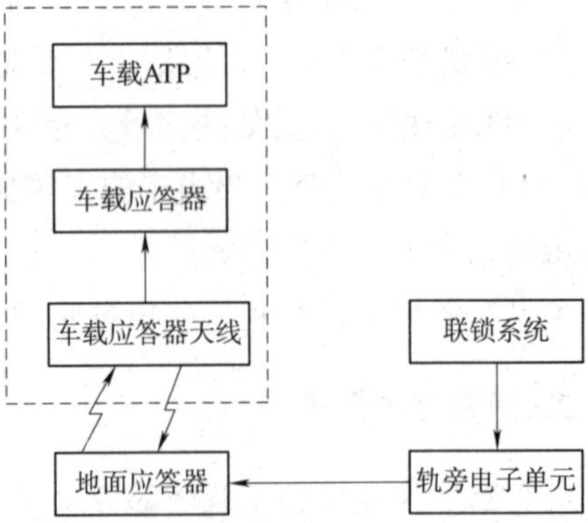

图 6-2　有源应答器的结构

图 6-3 是可变信息应答器电路板原理框图的实例,它由应答器控制模块和接口部分组成。

应答器控制模块是整个电路的控制核心,当电源建立后,它首先判断由接口来的数据是否有效。若有效,则控制模块将接口传来的数据进行 FSK 调制后,输出到数据收发模块,经功率放大后,由耦合线圈发送。若该数据无效或无数据,则使用存储在报文存储器中的数据。只要电源存在,控制模块就不间断地发送。一旦控制模块作出报文选择(选择存储的数据还是接口传来的数据),在这次上电的工作周期内,无论接口数据有效与否,应答器都不会改变发送的数据。

接口工作电源仅用于该接口电路部分,不给控制模块和数据收发供电,因此,有源应答器也只有在车载天线出现时才发送数据。

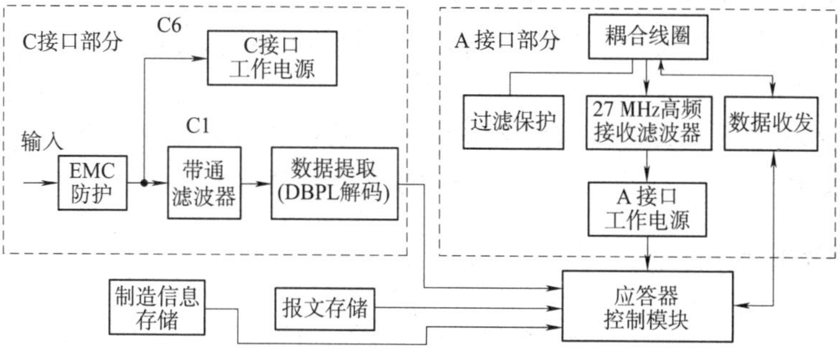

图 6-3 可变信息应答器电路板原理框图

有源应答器通过与 LEU 的连接，可实时改变传送的数据报文。当与 LEU 通信故障时（接口故障），有源应答器可以自动切换到无源应答器工作模式，发送预先存储在应答器中的默认报文。LEU 与应答器通信中断时，有源应答器应有保证行车安全的缺省报文。

车站的信息编码设备和车站联锁系统结合，采集联锁系统的有关信息，例如：信号机的显示等。这些信息经过编码设备编码后，通过串行接口传送至轨旁电子单元。

轨旁电子单元 LEU 是地面应答器与信号机之间的电子接口设备，是一块电子印制板，其任务是将不同的信号显示转换为约定的数码形式，再通过它控制地面有源应答器的发送，为列车提供实时的信息。

有源应答器接有车站信息编码设备，因此有源应答器内的数据报文可以随外部控制条件产生变化，例如设置于地面信号机旁的应答器，它将信号机的显示状态的数据信息通过应答器传送给列车，对应信号机的不同显示。

2. 车载应答器

车载应答器包括车载天线、解码器、载频发生器与功率放大器等。车载应答器完成车—地的耦合联系，将能量送至地面应答器，接收地面应答器所储存的数据并传送至中央处理单元。

由车载载频发生器与功率放大器提供用于产生激活地面应答器所需的载频能量，并通过车载天线传递给地面应答器。根据应答器技术条件要求，其功率载频频率根据供应商而异，例如列车向地面传输的功率载频为 27.095 MHz ±5 kHz。

由车载天线接收来自地面应答器的数据信息。解码器用于对地面应答器传送的信息进行接收、滤波、数字解调与处理。分析接收到的数据流，找出完整的报文，确定精确定位参考点；将处理好的报文数据，通过相应的接口，在约定的接口协议下传送至车载 ATC 相关的设备，如 ATP、ATO 模块，或车载显示单元。

四、应答器的工作原理

不论是无源应答器还是有源应答器，其工作原理相同的，即车载天线与应答器之间按电感耦合的原理进行工作。应答器平时不要求外加电源，处于休眠状态。当列车经过地面应答器上方时，当安装在列车底部的应答器天线与地面应答器之间的磁场达到了规定的范围时（有效作用长度≥0.5 m），应答器的感应线圈接收到 ATP 车载应答器天线发送的电磁能量（功率载频为 27.095 MHz ±5 kHz），通过变换器、检波器和电压调节电路，将电磁能量转换为工作电源,启动信源编码器和调制电路工作,再经过低通滤波器整形后放大,把预先存储或 LEU 传送的应答器传输报文循环发送出去,直至车载天线离开应答器上方电能消失,应答器失去了电源,便停止数据发送。

也就是说,应答器的工作电源是由感应电压获取,仅靠瞬时接收车载天线的功率而工作,并能在接收到车载天线功率的同时向车载天线发送大量的编码信息。

五、对应答器的要求

应答器作为保证行车安全的信号设备,应符合安全标准。我国城市轨道交通使用的应答器大部分都符合欧洲标准,并结合我国城市轨道交通的实际。设计应答器时,应遵循以下设计要求:

(1)参照欧洲列车控制系统(ETCS)的标准设计,并符合我国城市轨道交通的运行的实际情况。

(2)具有抗电化干扰的能力,并且不应对其他设备产生干扰。

(3)采用模块化结构,统一接口、标准协议,能与其他信号系统结合或进行数据交换;系统的信息编码,应符合国际标准。

(4)易于安装、调试,采用高可靠性设计,防机械冲击和震动,可满足封装密封、元器件防震、耐高温及防潮等环境要求。

第二节　应答器的应用

一、在车站定位停车中的应用

在设置站台安全门时,车门的开度和安全门的开度要配合良好。要求安装有安全门的地下车站允许停站误差为 ±0.25 m,其他车站允许停站误差为 ±0.5 m,这就需要精确定点。精确定点依靠一组地面应答器(或称为标志器)提供至停车点的距离信息。应答器设置的多少可视定位停车精度而异,一般为 3 ~4 个。

地面应答器设于沿线离站台的确定距离内,当列车应答器置于地面应答器作用范围内时,使列车接收滤波—放大电路开始振荡,振荡频率通过调谐应答器的线圈来确定,每个应答器根据距站台的距离调在不同的频率上。图 6-4 为地面停车应答器布置示意图。

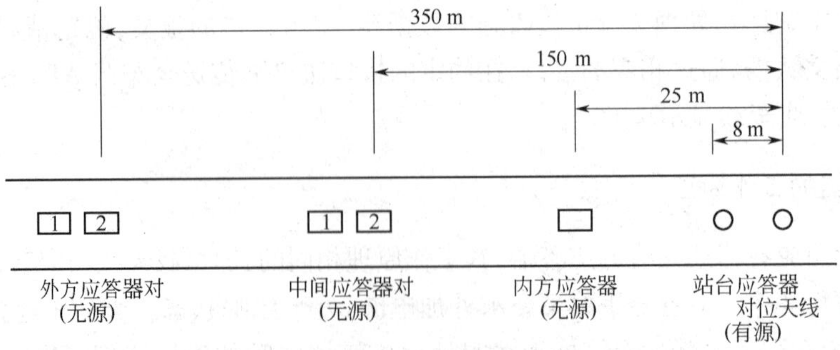

图 6-4　标志线圈布置

离定位停车点350 m处设置外方应答器对;离定位停车点150 m处设中间应答器对;离定位停车点25 m处设内方应答器;离定位停车点8 m处设站台应答器。350 m和150 m应答器成对布置,具有方向性。无源应答器具有固定的谐振频率,列车经过时与车载应答器产生谐振。有源应答器能发送特定的频率信号。

当列车正向运行经过350 m应答器时,列车接收停车应答频率信息,启动定点停车程序,产生第一制动模式曲线,按此制动曲线停车,列车离定位停车点较远;当列车驶抵中间应答器时,产生第二制动模式曲线,并对第一阶段制动进行缓解控制,以使列车离停车点更近;当列车收到内方应答器传来的停车信息时,产生第三制动模式曲线,列车再次进行缓解控制,使列车离定位停车点的距离更近;列车收到站台应答器送来的校正信息时,即转入停车模式,产生第四制动模式曲线,列车再次缓解制动控制。经多次制动、缓解控制,确保列车定位停车的精度控制在规定的范围之内。当车载定位天线与地面定位天线对齐时,又收到一个频率信号,立即实施常用制动,将车停住。

二、在点式ATP系统中的应用

点式ATP系统在特定地点用应答器传递信息,由车载计算机进行信息处理。点式ATP系统结构简单、安装灵活、可靠性高、价格明显低于连续式ATC系统。

图6-5表示点式ATP系统的基本结构,由车载设备和地面设备组成,主要是地面应答器、轨旁电子单元(LEU,又称为信号接口)及车载设备。

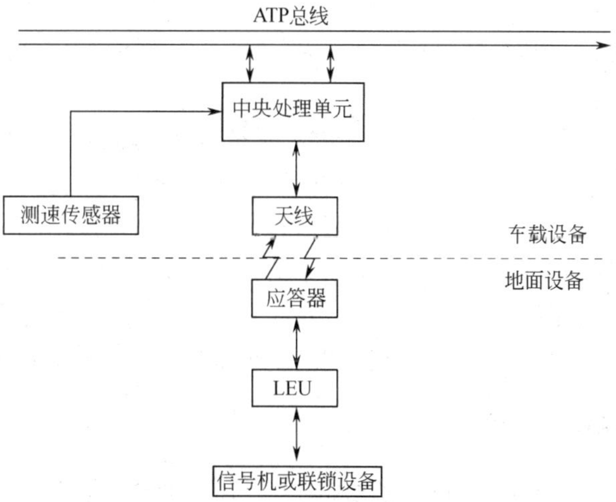

图6-5 点式ATP系统的基本结构

地面应答器通常设置在信号机旁或者设置在一段需要降速的缓行区间的始、终端。其内部寄存器按协议以数码形式存放,实现列车速度监控及其他行车功能所必需的数据。

置于信号机旁的地面应答器为有源应答器,用以向列车传递信号显示信息,其所存储的部分数据受信号显示的控制。因此需要通过接口电路与信号机相连,此接口电路即轨旁电子单元LEU。

置于线路上的地面应答器为无源应答器,不需与任何设备相连,所存放的数据包括线路基本参数(如线路坡度、轨道区段长度等)和线路速度信息(如线路最大允许速度、列车最大允许速度等)是固定的。

三、在基于轨道电路的连续式ATC系统中的应用

在某些基于轨道电路的连续式ATP系统中,例如ALSTOM ATC系统中的应用点式传输的应答器(又称之为信标)来定位。以"距离定位"为原则的ATP系统中,"列车定位"对安全是至关重要的,所以列车的定位,除通过位移测量外,还必须通过信标的再定位,来确保列车定位的准确。

信标确保从车载到轨旁SACEM的通信,接收来自列车的维修数据和PTI信息。当列车行驶过信标,信标所收到的信息由相应的SACEM的SECTOR设备接收。

当列车穿过或停在信标上方时,特殊信标(称之为"初始化信标")允许列车初始化车载SACEM的位置。初始化结束后,列车的位置信息由编码里程计测量位移来更新。在任何情况下,列车必须不时地重新定位,这是在列车驶过重定位信标时实现的。

1. 静止列车初始化信标

静止列车初始化信标是有源信标,一般安装于每个车站的头部,和线路的端站、折返站折返信号机的前方,以及车辆段(停车场)出口进入正线的信号机前,主要用来对车载SACEM系统进行初始化。

当列车通过初始化信标时,便开始了列车定位功能的实现。列车的初始化定位,根据列车通过线路上设置的初始化信标,或停站时列车通过站台区域设置的初始化信标来确定。信标向列车提供了它的绝对位置,这种定位与轨道电路的分界点无关,定位的精确度也更高。

2. 重定位信标

重定位信标位于线路中间,站内和区间都有,主要为车载SACEM系统进行定位所用。

3. 移动列车初始化信标

移动列车初始化信标由两个信标组成,相隔21 m,只有区间有,一个区间一个。移动列车初始化信标有3个作用:对车载SACEM系统进行初始化、列车定位、校准编码里程器。

当列车进入SACEM系统,为了校准编码里程计数据,也可以用此信标来初始化系统,由于这两个信标之间的距离是固定的,其中第一个信标,给出信息网络上的定位,并"启动"列车的位移测量系统,来校准编码里程计;第二个信标给出的信息,为网络上的定位,并关闭列车位移测量系统,来校准编码里程计。列车在区间的定位消失后,用此信标,对列车重新初始化。

四、在CBTC系统中的应用

在CBTC系统中,应答器作为车—地之间的点式通信通道,是连续式通信的后备模式。

在CBTC系统的后备模式中,应答器也称为信标,可分为进路信标和信号信标。

进路信标设置于运行前方进路设有道岔的接近轨道区段,道岔开通位置决定了列车运行的前方进路,当道岔处于定位状态时,激励进路信标处于工作状态,将运行前方进路的状态告知经过的列车。

信号信标设置在信号机附近,主要用来反映信号机的显示,将显示状态告知经过的列车。信号信标有绿色信标和白色信标,绿色信标向列车传送信号机显示绿灯的信息;白色信标向列车传送信号机显示白灯的信息。当信号机显示绿色灯光,绿色信标工作;当信号机显示白色灯光,白色信标工作;若信号灯点亮红灯,则信标处于呼叫状态。

若只用于判断列车的运行方向,一般一组只需要两个信标。但有的城市轨道交通线路中,

列车有 8 节和 6 节不同的编组，车载控制器设在列车两头，一般由车头车载控制器起主要作用，但当车头的车载控制器不能完成功能时，可由车尾的车载控制器工作。因此一组需要设置 3 个信标。

信号信标与信号机之间的距离，由列车的长度决定；进路信标与前方信号机的距离是列车的长度、最大制动距离，以及反应时间内列车的走行距离的总和。其中反应时间包括司机的反应时间、系统的反应时间和列车的反应时间。

在 CBTC 系统进入后备模式时，列车接收进路信标和信号信标提供的信息，形成列车当前允许运行速度，控制列车运行。

五、应答器的分类和编号

应答器按用途分为动态初始化应答器（MTIB，或称轮径校正应答器 WB）、重开应答器（VB，或称可变应答器）、预告应答器（IB，或称填充应答器）、无源应答器（RB，或称固定应答器 FB）。MTIB 用于列车初始化，进行轮径校正。VB 位于信号机前，作为信号信标，主要用来反映信号机的显示。IB 用来预告信号机的显示。RB 主要用于列车定位。

有的线路设有环线应答器（LDR），用来进行停车定位。环线应答器由三部分组成：发送盒、尾部接线盒和环线尾缆。环线尾缆通过出线孔连接到轨旁分线箱（地下）或 HZ12（地面及高架）。

VB 和 IB 统一编号，在本联锁区按上、下行顺序编号，下行线路编为单号，上行线路编为双号。

MTIB 和 RB 统一编号，在本线路按照上、下行顺序编号，下行线路编为单号，上行线路编为双号。

以上编号也有按里程编写的。

复习思考题

1. 应答器有哪些功能？
2. 应答器如何分类？
3. 简述应答器的结构。
4. 简述应答器的工作原理。
5. 对应答器有哪些要求？
6. 应答器在车站定位中如何应用？
7. 应答器在 ATP 中如何应用？
8. 应答器在基于轨道电路的 ATC 中如何应用？
9. 应答器在 CBTC 中如何应用？
10. 应答器如何编号？

第七章 信号电源

信号电源包括信号电源屏、UPS 和蓄电池，是计算机联锁、ATC 设备的供电装置。电源装置必须保证不间断地供电，并且不受电网电压波动和负载变化的影响，还要保证供电安全。

第一节 信号电源屏

一、信号设备对供电的基本要求

虽然信号设备各不相同，使用条件各有所异，但总的说来，对电源的可靠程度都有较高的要求，对供电电压和频率的稳定都有一定的要求，都要保证供电的安全。

信号设备对供电的基本要求是：可靠、稳定和安全。

1. 要求电源可靠

信号电源原则上应与城市轨道交通其他部门的电源结合考虑，以统一和简化供电系统，便于维护管理。但根据其重要性和管理分工的不同，也有单独设置供电系统的情况。

为了保证供电可靠，按信号设备与行车的关系划分供电等级，以便管理并设置备用电源。对供给的电源，按其可靠程度分为 3 类。

(1)第一类电源

能取得两路可靠的独立电源，其中一路为专盘专线，或虽不能取得专用电源，但能由其他重要线路接引供电；供电容量满足信号设备的最大用电量；电压、频率的波动在容许范围之内，或电压波动虽较大但能稳压。

(2)第二类电源

只能取得一路电源，但质量较好，供电容量、电压和频率的波动情况与第一类电源相同。

(3)第三类电源

不能满足第一、二类电源条件的其他电源。

独立电源——不受其他电源影响的电源。如一个发电机组，有专用的控制设备和馈电线路，与其他母线没有联系或虽有联系但其他母线发生故障时能自动切断联系，就是独立电源。

可靠电源——能昼夜连续供电，因维修和事故的停电有一定限制的电源。有关规定为：因维修的计划停电，第一类电源每路每月一次，每次不超过 4 h；第二类电源每月一次，每次不超过 10 h；因事故造成的临时停电两年累计，第一类不超过 48 次，每次一般不超过 2 h；第二类不超过 100 次，每次一般不超过 4 h。

专盘专线，是指供给信号设备的 10 kV 以下的不与其他负荷共用的专用配电设备和专用的电线路。

按因事故停电所造成的后果，可将信号供电的负荷等级划分如下：

(1)凡发生停电就会造成运输秩序混乱的负荷——一级。

(2)偶尔短时停电不会马上打乱行车计划,但停电时间长了也会影响运输秩序的负荷——二级。

(3)其他——三级。

信号设备中的联锁系统、ATC设备等都是一级负荷。

一级负荷由第一类电源供电时,一般不需另设备用电源,但要求自动或手动转换两路电源时,供电中断时间不大于0.15 s,以免在电源转接过程中使原吸起的继电器落下而影响行车。各种采用计算机的信号系统,为保证不中断供电,需使用UPS。

2. 要求电源稳定

为使电源可用,必须规定信号设备供电电压的允许波动范围及交流电源的频率波动范围。三相交流供电时各相负载应力求平衡,以提高供电效率和设备利用率,减小电压波形的畸变。

供电电压过高会使信号灯泡和电子设备的寿命大大缩短;电压过低会使信号显示距离不足或使电子设备动作不可靠;电压脉动过剧会使电子元件的噪声过大甚至引起误动作;频率波动过甚会影响信号设备的频率特性和抗干扰性能。

供电电压、频率的允许波动范围及允许的负荷功率因数在正常情况下应符合下列标准:

交流供电电压波动,一般为在380 V供电母线上±10%,因一般供电变压器输出为400 V,已提高了5%,所以实际上允许的交流供电电压波动范围为-15%~5%。

直流供电电压波动,一般为±10%。但对于电子设备,还必须采用专用的稳压设备。

频率波动一般为±(0.5~1) Hz。

负荷功率因数不低于0.85。

信号设备的导线截面应经计算确定,以免导线压降过大使设备电压不足而不能正常动作。

对于信号电源设备,因其由电网供电,负荷的变化将引起供电电压的波动,故须设有稳压装置,以保证电压稳定在规定的范围之内。

3. 要求电源安全

为了保证供电安全,信号电源设备必须采取以下措施:

(1)信号设备的专用低压交、直流电源都要对地绝缘,以免发生接地故障时造成电路错误动作。

供电变压器的初级和次级间应用铜板隔离接地,以免初次级间击穿漏电而影响安全。

(2)信号设备的供电种类和电压等级较多,必须分路供电,并用变压器隔离,力求发生故障时缩小故障范围,避免故障扩大化。

(3)使用电缆供电时要考虑电缆芯线间的分布电容形成串电的问题,必要时应分开电缆供电。

(4)一般交流电源均由架空线路供电,必须考虑防雷,防止浪涌电压影响,以及安全接地问题。

(5)信号设备的保安系统如采用断路器组成,断路器的容量应经计算确定,并应满足动作的选择性(即分支断路器先动作,总断路器后动作)及灵敏度(即动作时间)的要求。

(6)高压(交流380/220 V直流100 V以上)设备要隔离,以保证人身安全。

二、信号智能电源屏

信号电源屏按技术层次,分为非智能电源屏和智能电源屏。非智能电源屏即普通电源屏,没有采用智能化技术,目前已逐渐淘汰。

1. 信号智能电源屏的定义

信号智能电源屏,是指运用计算机技术,具有对轨道交通信号电源设备系统的运行状态、运行故障、参数进行实时监测、显示、记录、存储、故障报警和管理功能的电源屏。信号智能电源有多种类型。

2. 信号智能电源屏的技术特征

智能化电源屏虽制式众多,但具有共同的技术特征:

(1)设有监测模块,具有自动监测功能,实现了电源系统状态和故障的实时监测及远程监控和管理。

(2)不同程度地实现了模块化,即将各种交、直流电源按用途设计成不同的模块,用户根据需要选择模块,构成供电系统。

(3)广泛采用电力电子技术,包括无触点切换技术、逆变技术、锁相技术、软开关技术、功率因数补偿技术、并联均流冗余技术、安全防范技术等,以保证供电系统的可靠性。

3. 信号智能电源屏的分类

(1)按监测技术分类

各种智能电源屏的监测模块采用了不同的监测技术,主要有可编程控制器(PLC)技术、单板机技术、工控机技术等,以保证电源系统的可靠性。

按监测系统的构成分类,可分为一套屏设一个监测模块和一面屏设一个监测模块两类。

(2)按电源屏中主电路的组合技术分类

智能型电源屏按主电路(传送电能的电路)组合技术可分为采用工频电磁技术的电源屏、工频电磁技术和电力电子技术相结合的电源屏、全电力电子技术的电源屏。

(3)按稳压方式分类

智能电源屏按稳压方式可分为不间断供电、分散稳压、集中与分散稳压相结合 3 种类型。

(4)按使用对象分类

智能电源屏按使用对象可分为铁路智能电源屏、高速铁路智能电源屏和轨道交通智能电源屏。轨道交通智能电源屏又分为正线车站智能电源屏和车辆段智能电源屏。

三、信号电源屏的基本元器件

智能型信号电源屏中用到的基本元器件有变压器、交流接触器、断路器等。

1. 变压器

变压器是一种能量传递装置,它用来将某一数值的交流电压和电流变换为同一频率另一数值的交流电压和电流。变压器是一种静止的电器,它不同于旋转电机,不能进行能量和信号的变换,只能进行能量或信号的传递。它的工作原理是建立在电磁感应和磁势平衡的基础上的。在原、副绕组匝数不同的情况下,通过电磁感应,原、副绕组可得到不同的电势;通过磁势平衡,副绕组负载运行时,原绕组就出现相应的“负载分量”;于是,一种数值的电压(电流、阻抗)就变换为另一数值的电压(电流、阻抗)。

在供电系统中,变压器是一种重要的电气设备。交流电的输电配电,是离不开变压器的。

在信号系统尤其是信号电源设备中变压器广泛得到应用。

(1)变压器的分类和应用

变压器的种类很多,可分类如下:

按绕组数目分为自耦变压器、双绕组变压器、多绕组变压器。

按相数分为单相变压器、三相变压器。

按冷却方式分为油浸式变压器、干式变压器。

在信号电源设备中,变压器作为主要部件,主要用于以下方面:

①隔离

在信号电路中如出现接地情况,可能造成电路的错误动作,所以各种电源都要对地绝缘,须用双绕组的变压器隔离成对地绝缘系统。

②变压

各种电源都有其所要求的电压数值,要将引入的电压变换为所需要的电压数值,就要用变压器来变压。

③调压

要获得连续可调的电压,需用自耦变压器来进行调压。

④测量

用电流互感器来扩大电流表的量程。

(2)变压器的基本结构

变压器的主要部件是铁芯和绕组。

铁芯是变压器的磁路部分,又是机械骨架。铁芯由心柱和铁轭两部分组成,心柱上套装绕组,铁轭则作为闭合磁路之用。为了减少铁芯中的磁滞和涡流损耗,铁芯通常用高导磁率的硅钢片叠成或卷成。硅钢片有热轧和冷轧两种。硅钢片的两面涂以绝缘漆,使片间相互绝缘。铁芯结构的基本形式有芯式和壳式两种。铁芯叠装方式有对装式和叠装式两种。

绕组是变压器的电路部分。对它的电气性能、耐热性能及机械强度都有严格的要求,以保证足够的使用年限。绕组材料一般采用涂高强度绝缘漆的扁(或圆)铜线。变压器接于高压电网的绕组称为高压绕组,接于低压电网的绕组称为低压绕组。从高、低压绕组的相对位置来看,变压器绕组可布置成同心式和交叠式两类。

(3)变压器的运行特性

变压器的运行特性主要有外特性和效率特性。外特性指在电源电压和负载的功率因数为常值时,变压器副边端电压与负载电流的变化关系,即 $U_2=f(I_2)$。效率特性是指在电源电压和负载的功率因数为常值时,变压器的效率与负载电流的变化关系,即$\eta=f(I_2)$。变压器性能的主要指标是电压变化率和效率。

由于变压器原、副绕组有电阻和漏抗,负载电流通过这些阻抗必然产生内部压降,其副边端电压即随负载的变化而变化。这种变化规律可用外特性来表征。因变压器内传递的是交流电,故在描述外特性时还需规定功率因数。

变压器在传递能量的过程中将产生损耗,损耗可分为铁耗和铜耗两类。通常变压器的空载损耗指的是铁耗,而短路损耗指的是铜耗。变压器的基本铁耗主要是磁滞和涡流损耗。磁滞损耗与硅钢片的材料、磁通密度的最大值及频率有关。涡流损耗与硅钢片的厚度、电阻率、磁通密度的最大值及频率有关。由于变压器铁芯常用较薄的硅钢片,因此涡流损耗所占比重较小,主要是磁滞损耗。附加铁耗产生的原因很多,主要有:在铁芯接缝处因磁通分布不均匀引起的损耗,在铁轭夹件、拉紧螺杆等部件中产生的涡流损耗等。附加损耗对小容量变压器的影响不大。变压器的基本铜耗是指原、副绕组中的电阻损耗。附加铜耗主要是由于漏磁通引起的集肤效应等,使电流在导线截面中分布不均匀而产生的额外损耗。变压器的效率决定于铁耗、铜耗和负载的大小。铁耗取决于变压器的构造、材料及外加电压,当外加电压不变时可视为不变损耗。铜耗随变压器负载电流的变化而变化,视为可变损耗。当负载电流很小时,可变损耗很小,不变损耗是决定效率的主要因素。此时如负载电流增大,总损耗变化不大而输出功率随电流成正比地增大,故效率随负载电流的增大而增高。当负载电流较大时,可变损耗成为总损耗的主要部分,它正比于电流的平方,而输出功率只与电流成正比,所以负载电流继续增大时效率将逐渐下降。当不变损耗等于可变损耗时,出现转折点,此时的效率最高。

(4)三相变压器

三相交流电的电压变换可采用以下两种方式,一是各相分别连接一个单相变压器组成变压器组,称为三相组式变压器,或称为三相变压器组;二是有一个三相共用铁芯的三相变压组。从运行原理来看,三相变压器在对称负载下运行时,各相的电压、电流大小相等,相位彼此相差120°,因此就一相而言,和单相变压器没有什么区别。

①三相变压器的特点

与单相变压器相比,三相变压器的特点是:

三相变压器的磁路是由铁轭把3个心柱连在一起而组成的,各相磁路互相依存,都以另外两相的磁路作为各自的回路。

三相变压器的原边和副边可用不同的方法连接,形成多种连接组别,不同的连接组别使原、副边相对应的线电压之间有不同的相位差。

三相变压器的相电势波形与绕组接法、磁路系统有密切关系,相电势的畸变与变压器的磁路系统及磁路的饱和程度有关。

②三相变压器的结构

图7-1为由3个单相变压器组成的三相变压器组,它们的三相磁路彼此无关,主磁通各有自己的磁路。

如果把3个单相芯式铁芯拼成如图7-2(a)所示的那样,在每个心柱上套以高压绕组和低压绕组,则当三相绕组加上三相对称电压时,三相主磁通也对称,它们之和为零。中间的心柱中没有磁通通过,可将其省去,成为图7-2(b)所示的形状。为便于制作,将3个心柱布置在同一个平面上,就得到常用的三相芯式变压器的铁芯,如图7-2(c)所示。它的三相磁路彼此相关。

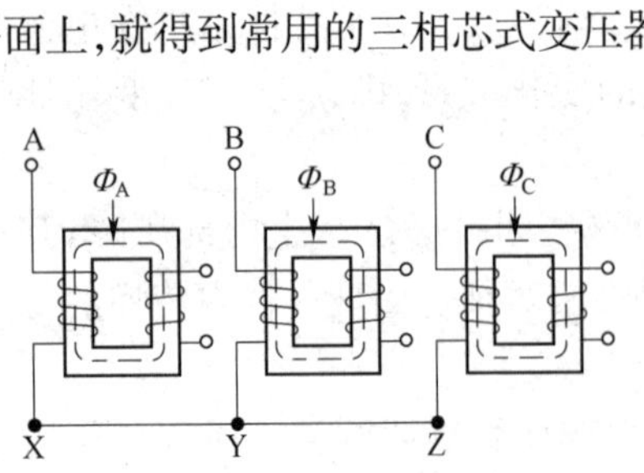

图7-1 三相变压器组的磁路系统

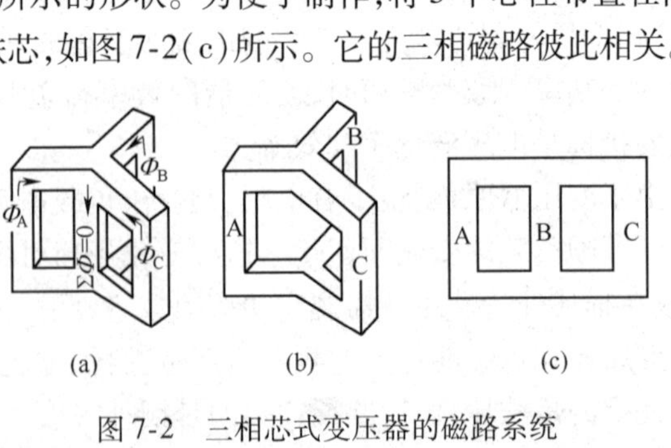

图7-2 三相芯式变压器的磁路系统

三相芯式变压器的各相磁路长度不等,故空载时三相绕组中的空载电流不对称。但由于空载电流很小,对变压器的运行影响极小。

和三相变压器组相比,三相变压器的优点是:效率高、材料消耗少、价格较低、占地小、维护简便,因而应用很广泛。

(5)电流互感器

互感器是测量用的变压器,又称仪用变压器,用来扩大仪表的测量范围,有电压互感器和电流互感器两种,信号电源中只使用了后者。

测量大电流时,因导线周围产生的磁场会对仪表带来附加影响,故不能采用直接式表,用分流器来扩大量限时,分流电阻的功耗颇大,故通常用电流互感器来扩大电流表的量限。

电流互感器是工作于低磁感应强度的铁芯变压器,由硅钢片制成的环形或矩形铁芯及绕在同一铁芯上的原、副绕组构成,如图 7-3(a)所示。绕组间用绝缘隔开,以保证安全。有的电流互感器的原绕组是单匝的,甚至用母线来代替,只是一根直导线,有的是多匝的。而副绕组匝数很多,所接之电流表内阻很小,所以电流互感器实质上是一个短路运行的升压变压器,是一种将大电流变换成小电流的变压器,其图形符号如图7-3(b)所示。

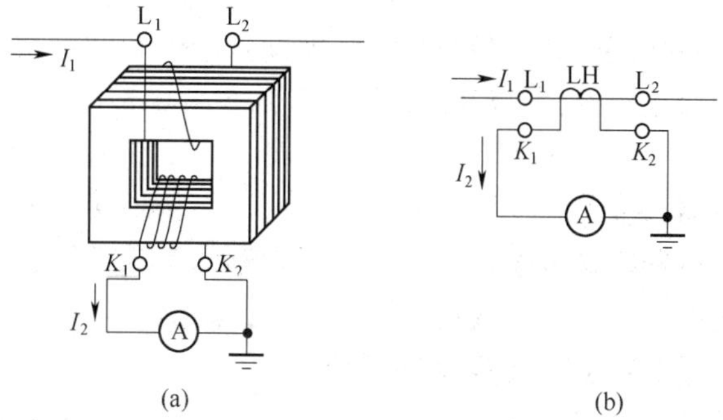

图 7-3 电流互感器

若原、副绕组的匝数分别为 W_1 和 W_2,电流分别为 I_1 和 I_2 时,则有 $I_1W_1=I_2W_2$,以 K_1 为变流比,则 $K_1=I_1/I_2=W_2/W_1$。当与副绕组连接的电流表测得的电流为 I_x 时,原绕组中流过的被测电流为 $I_{1x}=K_1\cdot I_x$,就将电流表的量限扩大了 K_1 倍。

通常将电流互感器副绕组中额定电流都定为 5 A,原绕组的额定电流为 5 A、10 A、15 A……5 000 A。为方便起见,都预先归算好。如 50/5 的电流互感器,电流表的量限为 5 A,只要将原标度改按 50 A 刻度,就可直接测读。

使用电流互感器有以下好处:

①可使测量仪表与高压装置绝缘,保证了人身安全。

②可避免电路中的短路电流直接流经仪表,以免损坏。

③可使测量仪表标准化。

使用电流互感器时务须注意以下各点:

①铁芯、副绕组的一端要接地。因为当线圈绝缘破损时,可防止连在副绕组上的仪表对地出现高电位而危及人身安全。

②在原边接通电源时,副边电路不得开路。如需取下电流表,要先将副边短路,这和普通变压器不一样。因为它的原绕组和负载串联,其中的电流不是决定于副边电流而是决定于负载的大小。副边开路时,副绕组中的电流立即消失,但原绕组中的电流不变,这时铁芯内的磁通全由原边产生,磁通较大(因此时由副边产生的磁通为零,不能与原边产生的磁通抵消),将

使铁耗大大增加,铁芯将迅速发热甚至烧毁绝缘。此外,还使副绕组的感应电势高到危险的程度,在副边断开处出现千伏以上的高电压,对人身安全威胁极大。

③原绕组所接入的被测电路的电网电压不得超过其额定电压等级。

电流互感器型号表示法及意义如下：

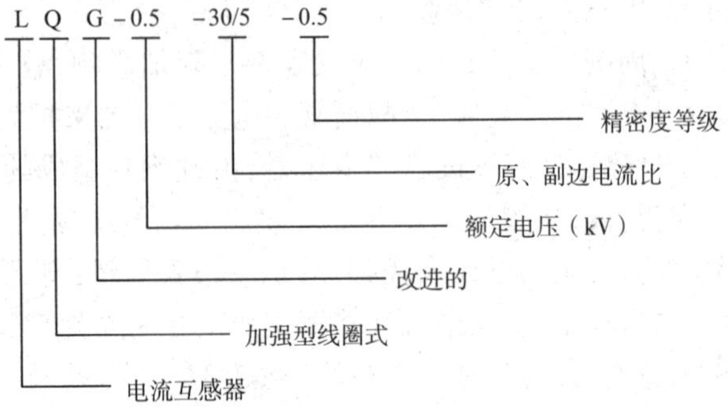

电流互感器和仪表一样,要求一定的准确度,因励磁电流和漏抗及仪表阻抗等影响,有变比和相位两种误差。按变比误差,电流互感器有 0.2、0.5、1.0、3.0 和 10.0 五级。

2. 交流接触器

接触器是常用的电器,它广泛应用于供电系统中,以频繁地接通和分断电路,并可实现远距离控制。绝大多数接触器都是电磁式的。根据所控制的负载不同,可分为直流接触器和交流接触器。信号电源设备中只用到空气自冷的交流接触器。

交流接触器在按钮、开关或继电器控制下接通和分断带负载的主电路或大容量的控制电路,可以理解为加强接点带灭弧装置的交流电磁继电器。

交流接触器由静铁芯(轭铁)、动铁芯(衔铁)、线圈、触头、释放弹簧、灭弧罩、支架与底座等部分组成。交流接触器的结构如图 7-4 所示。

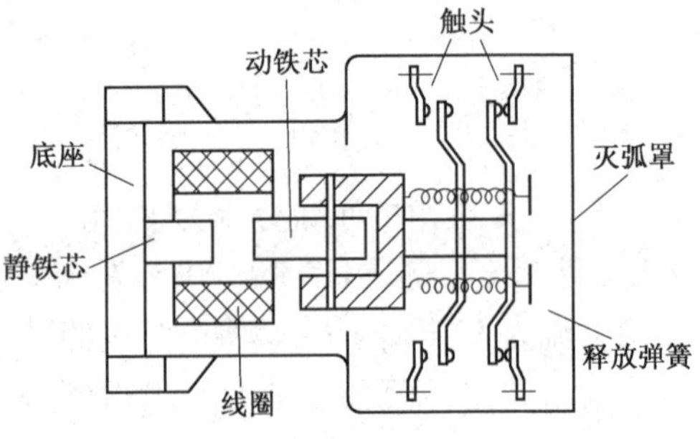

图 7-4　交流接触器结构示意图

静触头支架带动动触头移动,于是动、静触头接触,主电路接通。线圈断电,电磁吸引力消失,弹簧的反向作用力使衔铁恢复原位,主电路断开。

为减小涡流损耗,交流接触器的铁芯用电工硅钢片叠成,在片间涂以绝缘漆。

交流接触器的电磁吸引力是方向不变、大小在零和最大值间作周期性变化的力,它与电源频率有关,在交流电的一个周期内两次为零,衔铁将发生两次分离和返回。即当电源频率为 50 Hz 时,衔铁将在一秒钟内颤动 100 次。衔铁的颤动会破坏触头的工作,使之烧损并产生剧烈的噪声。为此,在一部分铁芯的磁极端面上嵌套一个短路铜环。穿过短路环的交变磁通在环中产生感应电流,该电流形成的磁通总是阻碍原磁通的变化,这样在电流为零时两磁通不同时为零,使得电磁吸引力不致消失。只要短路环的大小和位置考虑得适当,铁芯就能牢靠地吸住而不会发生颤动。

交流接触器线圈中的电流与铁芯间的气隙有密切关系。气隙越大,磁阻越大,线圈中的电流也越大。所以在刚通电时线圈中的电流很大,可达正常值的几倍到几十倍。随着衔铁的移动，气隙不断缩小，电流逐渐减至正常值。如果衔铁被卡住吸不动，往往会造成线圈过电流而烧毁。过于频繁的动作也会使线圈多次受到大电流冲击而造成损坏，使用时务必注意。

接触器有两种触头，一种是通断负载的带灭弧装置的加强接点，称为主触头，另一种是构成继电电路的普通接点，称为辅助触头。

主触头要通断电流很大的主电路，可达几十安甚至几百安，因此主触头必须做得较大，触头间的开口大，压力也大。主触头断开时，其间产生电弧，会烧坏触头，并使切断时间拉长。因此用来断开较大电流的接触器，必须装有使电弧迅速熄灭的装置，常用的是灭弧栅。

灭弧栅是一排钢片，嵌装在陶土或石棉水泥罩内，罩在主触头上，如图 7-5 所示。触头断开时，利用电磁互相作用原理，因栅片中磁阻小而将电弧拉入栅片分割成许多小段，每段短弧产生一定的压降，使总的电弧压降增大，电源电压就不能维持电弧继续燃烧而使电弧熄灭。为保证灭弧以保护触头，使用时不许打开灭弧罩。

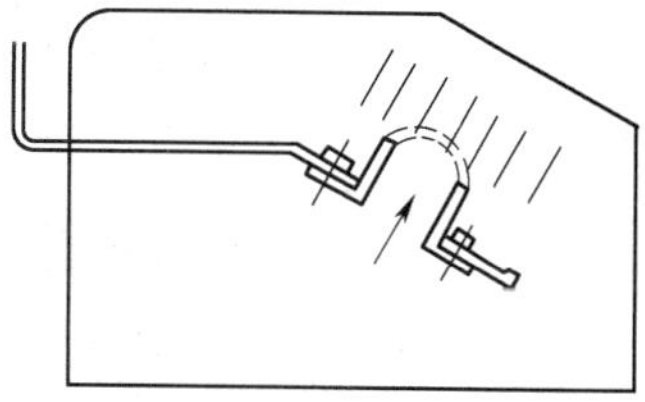

图 7-5　灭弧栅

触头均采用双断点式。主触头用铜嵌银片或铜嵌氧化镉制成，要求导电好，散热快，接触电阻小，不致在灭弧过程中熔接及不产生氧化膜而增加接触电阻。主触头的极数（组数）从 1 极到 5 极，辅助触头为常开、常闭各两组。

底座一般用塑料压制，大容量接触器的底座也有采用铝合金等。接线端子采用瓦形弹簧垫圈，不同线径的单根或双根导线均可插入。

接触器的图形符号如图 7-6 所示。在供电系统的电路图中，接触器、继电器是按无电状态绘的。在无电时闭合的触头称为常闭触头，励磁后闭合的触头称为常开触头。在电路图中只有这两种触头的图形，就不需要像信号电路中那样用箭头来表示继电器的状态了。

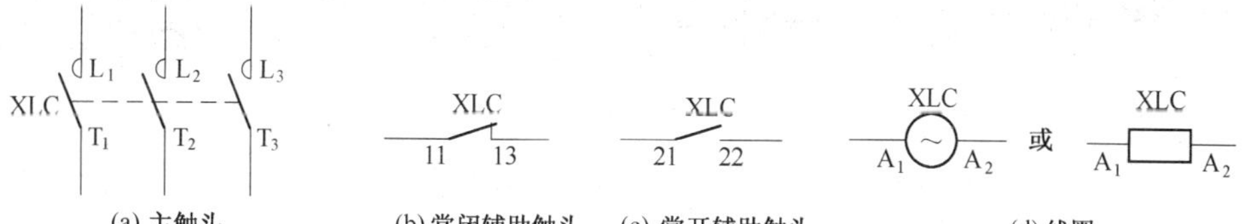

图 7-6　交流接触器的图形符号

交流接触器在电源屏中用符号 XLC 表示，前面加上数字表示序号。3TF 型交流接触器的主触头用 L_1-T_1、L_2-T_2、L_3-T_3 表示，都是常开触头。常闭辅助触头用 11-13 表示，常开辅助触头用 21-22 表示。线圈用 A_1-A_2 表示。

3. 断路器

液压电磁式断路器是引进产品，其结构和工作原理与通用的空气开关完全不同。具有不受环境温度变化影响、工作稳定可靠、寿命长及维修量小等特点，特别适用于对可靠性要求很高的信号电源屏。用其取代熔断器和闸刀开关，以克服螺旋式熔断器存在的可靠性差、易损坏、熔芯更换不便、动作不可靠不准确和闸刀开关带载操作易拉弧损坏等缺点。

断路器结构如图 7-7 所示，其主要部分是具有过载、短路保护功能的脱扣器。脱扣器的主要部件是一个外面绕有线圈的密封金属筒，筒内装有一些起阻尼作用的液压油、一根弹簧和一个铁芯。线圈的一端接移动触头,另一端接负载终端,固定触头接输入终端。其他部件还有衔铁、极靴及与通断机构联动的人工操作手柄。

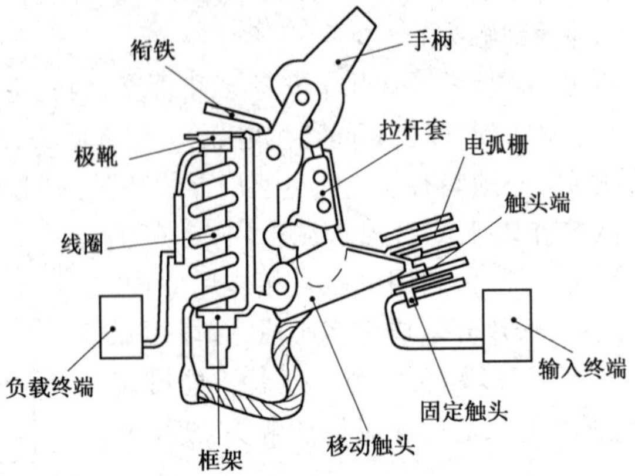

图 7-7　断路器的结构

断路器通过输入终端和负载终端串接在被保护电路中。输入终端和负载终端均是接线端子,前者接电源侧,后者接负载侧。当流过断路器的电流不大于其额定电流时,铁芯受到的电磁吸引力不能克服弹簧弹力,衔铁不动,移动触头和固定触头接通,如图 7-8(a)所示。

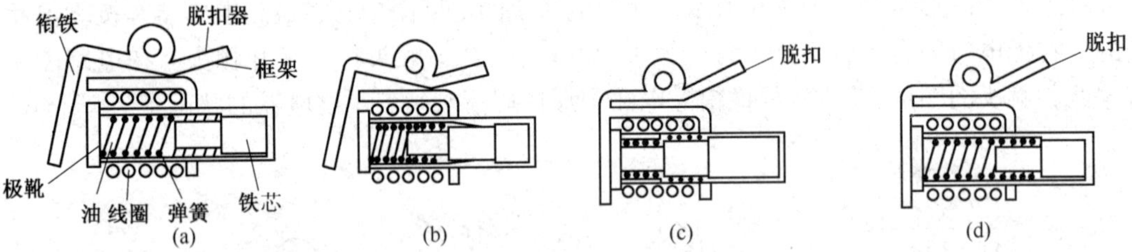

图 7-8　断路器的工作原理

过载时,流过线圈的电流大于断路器的额定电流,线圈对铁芯产生的吸引力足以克服弹簧弹力,即吸引铁芯朝极靴方向移动,如图 7-8(b)所示。在铁芯移动时,液压油的阻尼作用可调节铁芯的移动速度,产生延迟时间,该时间与电流的大小成反比。如果过载时间很短,铁芯尚未到达极靴,过载电流即消除,铁芯在弹簧弹力作用下返回原位置。如果过载持续存在,则铁芯继续移动,经一定的延迟时间被极靴吸住,使断路器脱扣,移动触头和固定触头不接通,如图 7-8(c)所示。此时断路器断电,铁芯靠弹簧弹力返回原位置。

负载短路时,流过线圈的电流很大,其产生的吸引力足以使衔铁不等铁芯移动就立即被吸引到极靴而脱扣,分断电流,如图 7-8(d)所示。

断路器的脱扣点不受环境温度影响,脱扣后可立即再闭合,无须冷却时间。但脱扣后其不能自动恢复使用,此时须人工扳动手柄使之复位。

灭弧栅为消灭触头分断时产生的电弧用,是一组与弧柱成直角配置的 U 形钢质栅片。分断电路时触头断开,所产生的电弧由于电磁互相作用被拉入栅片间,被分割成一系列短弧而被拉断。

HY-MAG 液压电磁式断路器规格很多,有 SA、SF、SX、SH 等系列,适用于信号电源屏的小型断路器是 SA 和 SF 系列。SA 系列的额定分断能力是 3 kA,最大额定电流 50 A,脱扣快、体积小、成本低。SF 系列的额定分断能力是 6 kA,最大额定电流100 A,脱扣较慢、体积大、成本高。因此,信号电源屏中基本上采用 SA 系列,只有在工作电流大于 50 A 和要求脱扣时间较慢长场合(例如电动转辙机动作和电源屏转换)才采用 SF 系列。

HY-MAG 产品除断路器外,还有隔离器(隔离开关)。隔离器与断路器的区别在于没有脱扣器。一般断路器与隔离器配套使用,断路器亦可作隔离器用。此种产品它们的外形相同,可以用不同的手柄颜色来区别。白色的是断路器,绿色的是隔离器,红色的是负载限制断路器,橙色的是分断能力大、脱扣时间短的断路器。

还有的电源屏采用的 C45N 型断路器。断路器、隔离器的图形符号如图 7-9 所示。

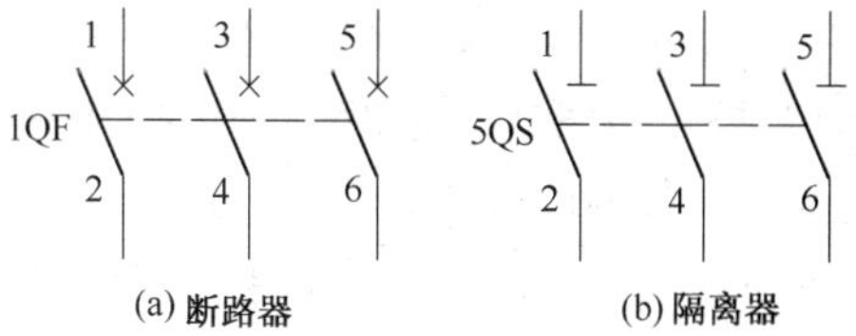

图 7-9 断路器、隔离器的图形符号

四、电力电子技术

电力电子技术是在电力系统中采用的电子技术。高频电力电子技术是由电子电路高频调制对电能进行变换的技术,包括高频逆变技术、锁相技术、功率因数校正技术、脉宽调制技术、软启动技术、并联均流技术、电子变频技术等。信号电源系统采用高频电力电子技术,是提高其技术层次的必需。

1. 逆变技术

逆变器是把直流电转变为交流电供给负载的一种电能变换装置,是整流的逆向变换。逆变器由主电路、输出变压器、滤波器及控制电路组成。

(1)逆变器的分类

逆变器电路的种类很多,但可归纳为振荡式和交替开关式两大类。

振荡式逆变器由振荡电路产生正弦波,经放大,输出交流电。逆变器输出的交流电能由直流电源供给。在正反馈作用下能维持振荡,并保证输出幅值不变。振荡式逆变器结构如图 7-10 所示。

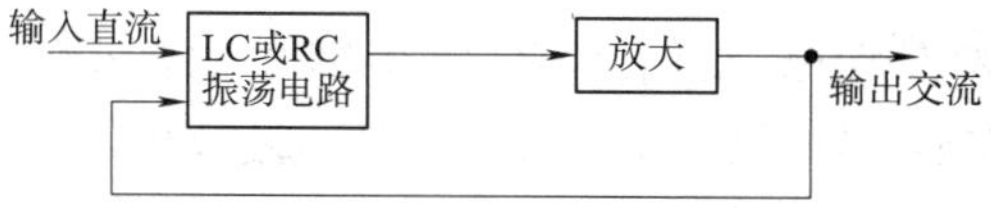

图 7-10 振荡式逆变器结构图

交替开关式逆变器利用半导体器件作为开关元件来控制直流电源的通断,使直流电压断续地或交替地加到变压器初级,在变压器次级即获得交流电压。交替开关式逆变器结构如图 7-11 所示。K_1 和 K_2 实际上采用的是晶体管或晶闸管等电子开关,通过它们交替重复地通断,使输入电流为断续状态,在变压器次级即获得矩形波。

(2)逆变器的组成

逆变器由主电路和控制电路两大部分组成,其方框图如图 7-12 所示。

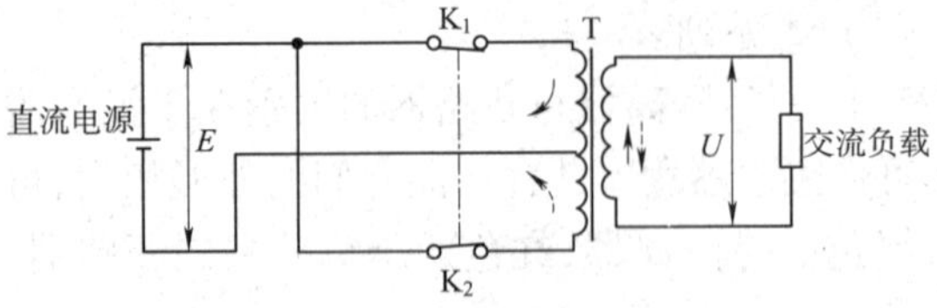

图 7-11　交替开关式逆变器结构图

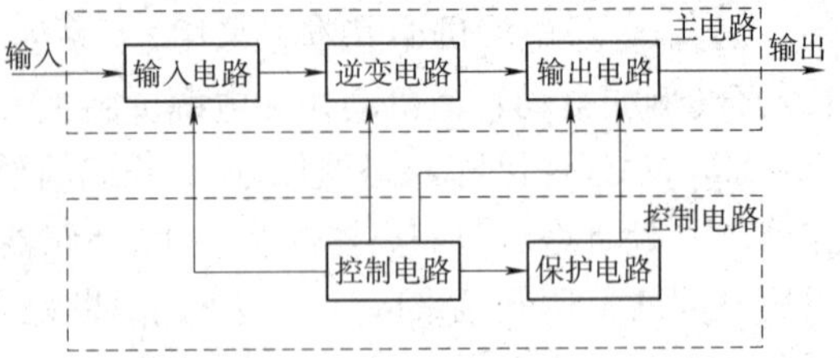

图 7-12　逆变器方框图

主电路由输入、逆变、输出 3 部分组成。输入部分包括电源开关、熔断器、调节电路(调节输入电压)和防止极性接错的保护二极管等。逆变部分包括开关器件、功率放大器、变压器。输出部分包括滤波器、调节电路(调节输出电压)。

控制电路由控制和保护两部分组成。控制部分对主电路的输入电压、输出电压、输出频率和输出波形进行校正控制。保护部分是当主电路出现短路、过载、欠压、过压、缺相等故障时,保护主电路中的开关元件和变压器不受损坏。

晶体管逆变器有自激变换电路和他激变换电路两种。前者靠自身的正反馈产生自激振荡;后者靠外加激励信号推动晶体管开关交替通断。

晶闸管逆变器应用较多,从结构上可分为他激和自激。他激逆变器中的晶闸管是利用外部能源换向的;自激逆变器中的晶闸管由电路本身的换向元件来实现换向。根据换向元件与逆变器负载的连接方式可分为并联逆变器和串联逆变器。

(3)简单的并联逆变器

由两个晶闸管 SCR_1 和 SCR_2、换向电容器 C 和变压器组成。换向电容器 C 与变压器初级等效负载并联,其电路如图 7-13 所示。

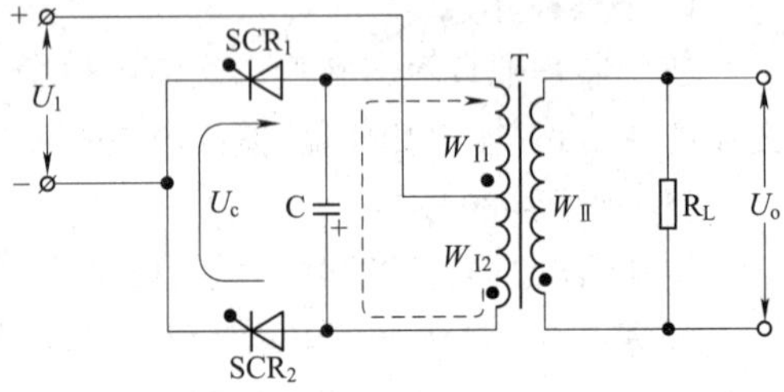

图 7-13　简单的并联逆变器

设 SCR_1 已被触发导通,SCR_2 关断,则电流从直流电源正极经变压器初级上半部和 SCR_1,回到直流电源负极,忽略 SCR_1 的导通压降,U_1 全部加在 W_{I2}两端。由于变压器的耦合作用,变压器初级下半部有数值为 U_1 的感应电压,即初级绕组上的电压为 $2U_1$。这个电压对 C 充电,使 $U_c=2U_1$,充电电流径路如图中虚线所示。SCR_2 的正向电压亦为 $2U_1$。当 SCR_2 被触发导通后,C 上的电压 Uc 通过 SCR_2 加到 SCR_1 两端,放电电流径路如图中实线所示。因系反向电流,使 SCR_2 迅速关断,即完成了一次换向。放电结束后,电流从电源正极经变压器初级下半部和 SCR_2 回到电源负极,向 C 反向充电至 $2U_1$,为下一步关断 SCR_2 做准备。如此反复,即得到矩形波的输出电压。输出电压频率决定于触发信号频率,其值为$(W_2/W_1)U_1$。

触发信号由控制电路提供。可由单结晶体管振荡器产生振荡频率,双稳触发器整形,变压器等组成的脉冲分配器来提供。

欲调节输出电压可采用脉宽调节的方法。即让每个矩形波按某一比例加宽和减窄,但个数不变,由它来决定晶闸管的通断,以改变正弦波的幅值。脉冲个数虽未改变,但每个脉冲的宽度却改变了,即改变了输出电压基波的幅值。

2. 锁相技术

锁相,就是利用两个信号的相位差,通过转换装置变成控制信号,以强迫两个信号相位同步的一种自动控制系统。

(1)基本的锁相环路

基本的锁相环路由鉴相器、低通滤波器、压控振荡器组成,如图7-14所示。

鉴相器也叫相位比较器,它将周期性变化的输入信号的相位(从市电或本机振荡获得)与反馈信号的相位(从压控振荡器的输出获得)进行比较,产生对应于两信号相位差的误差电压。这个误差电压与两信号的相位差成正比,它可以调整压控振荡器的频率,以与输入信号同步。

可做鉴相器的电路种类很多,UPS中广泛采用异或门鉴相器。其输入信号 u_i 由市电的正弦波经整形得到方波信号,另一输入信号 u_o 由压控振荡器经分频得到。当两输入信号同相时,输出信号为低电位;两输入信号不同相时,输出信号为高电位。鉴相器输出电压的频率为输入电压频率的两倍。异或门鉴相器如图7-15所示。

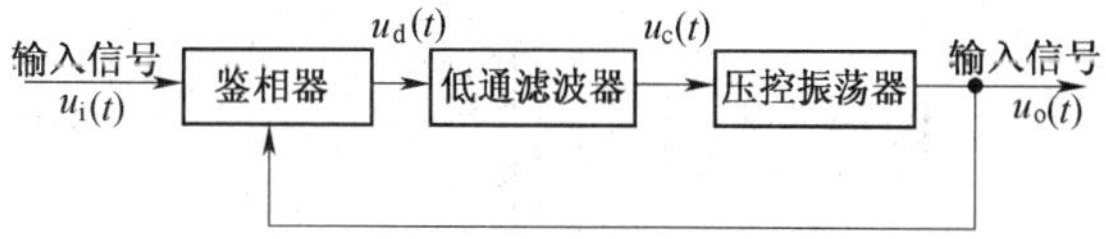

图7-14 基本的锁相环路

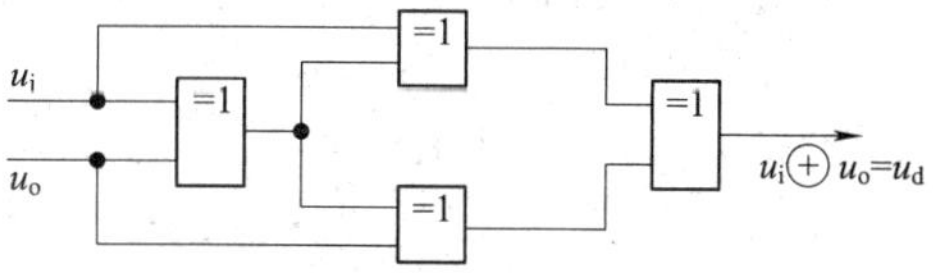

图7-15 异或门鉴相器

低通滤波器滤除鉴相器输出电压中的高频分量和噪声,只有直流分量才对压控振荡器起控制作用。为了提高系统的动态特性即改善动态跟踪特性,在低通滤波器后面加一个由比例积分放大器组成的调节器。

压控振荡器是一个由电压来控制振荡频率的部件。有相位差的变化就有误差电压产生,经低通滤波器滤波后控制振荡器的输出频率,使其朝着输入频率的方向变化。如对由单结晶体管等组成的压控振荡器,输入电压变化时,集电极电流就不同,充电周期也不同,输出电压频率即改变了。

压控振荡器的振荡频率不等于基准信号的频率(50 Hz),且其输出波形为尖脉冲,而鉴相器的输入必须是矩形波,所以还必须用移位寄存器将压控振荡器的输出脉冲进行分频和整形。

(2)UPS中采用的锁相环

UPS中采用的锁相环框图如图7-16所示。

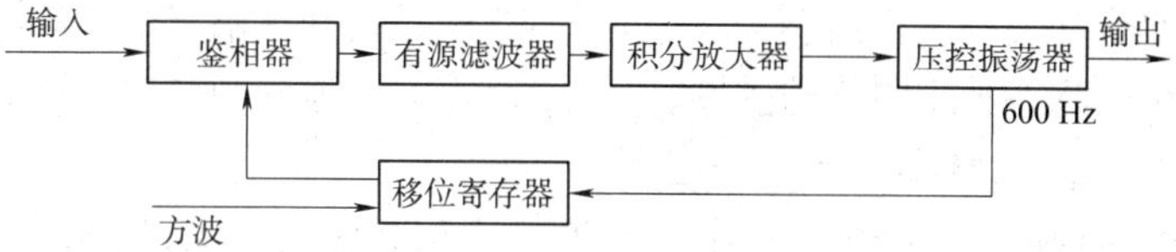

图7-16 UPS中的锁相环框图

图中的移位寄存器除引出相应的矩形波电压给鉴相器作反馈信号外，还将压控振荡器送来的600 Hz时钟脉冲进行12分频，经逻辑组合和放大后送至逆变器主电路晶闸管控制极作触发脉冲，从而使逆变器的输出严格地与市电同频率同相位。

3. 脉宽调制技术

脉宽调制（PWM）是脉冲宽度调制的简称。

PWM型变换器是在开关频率恒定的情况下，将整流后的输出电压的波动变换为脉冲宽度的变化，从而改变脉冲的占空比，驱动开关器件，使得输出电压稳定。

PWM直流变换器集成控制器大幅度地减少了开关电源的元器件数量，这不仅提高了开关电源的可靠性，而且简化了开关电源的设计，便于生产和维护。

PWM控制器通常分为电压型和电流型两种。电压型控制器只有电压反馈控制，可满足稳定输出电压的要求。电流型控制器增加了电流反馈控制，除稳压外，还有较多优点：当流过开关管的电流达到给定值时，开关管自动关断；自动消除工频输入电压经整流后的纹波电压，可减小输出滤波电容的容量；多台开关电源并联工作时具有内在的均流能力；具有更快地负载动态响应。

常用的PWM型集成控制器如图7-17所示，由误差放大器、脉宽调制比较器、推挽输出电路等部分组成。基准电压和采样反馈信号通过误差放大器比较放大后，输出的差值信号和锯齿波（或三角波）比较，来改变输出脉冲的宽度，以实现稳压。

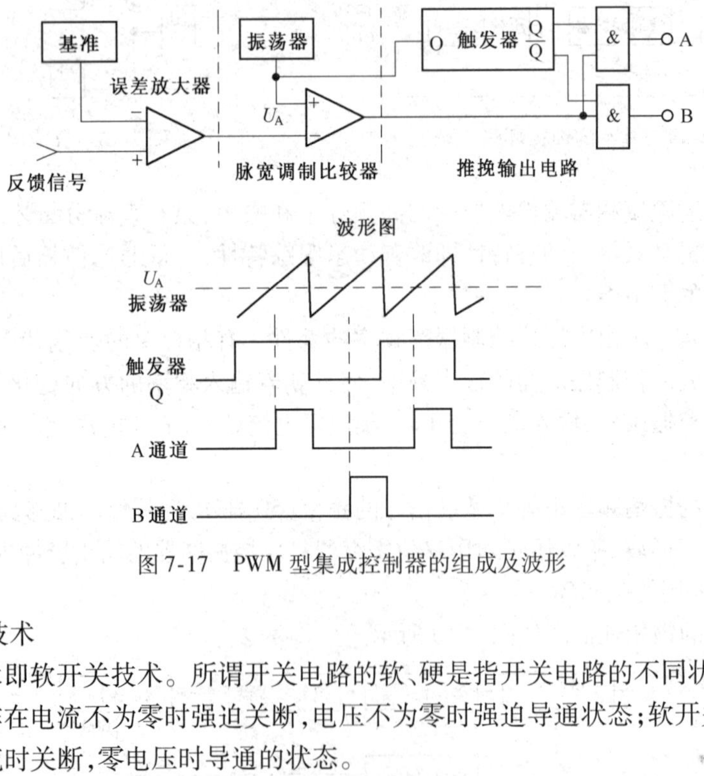

图7-17　PWM型集成控制器的组成及波形

4. 软启动技术

软启动技术即软开关技术。所谓开关电路的软、硬是指开关电路的不同状态，硬开关指功率开关器件工作在电流不为零时强迫关断，电压不为零时强迫导通状态；软开关指功率开关器件工作在零电流时关断，零电压时导通的状态。

硬开关浪涌电压很高，为了抑制浪涌电压，必须采用相应的措施，如增设阻容吸收电路等，这样不仅增加电路的复杂性，而且降低了可靠性。所以，应采用软开关技术，以提高开关频率，减小损耗。

带有电感和电容组成的谐振电路的功率开关通常称为谐振开关(是采用软开关技术设计的)。根据波形,谐振开关可分为零电流谐振开关、零电压谐振开关和多谐振开关等。谐振开关工作频率高,可达10 MHz以上,开关损耗小。

(1)零电流谐振开关

零电流谐振开关(ZCS)的基本电路如图7-18所示。谐振电感 L_r 和开关管 V_T 串联。V_T 导通时,L_r 与谐振电容 C_r 发生谐振,流过开关管的电流 i_{DS}(即流过电感的电流)从零开始按正弦规律上升,到峰值后又按正弦规律下降至零。

开关管在电流为零时导通和关断,所以称为零电流开关。由于开关管都是单向开关,LC电路只在半个周期内谐振,这种谐振通常称为准谐振。

零电流谐振开关的主要缺点是,开关管开通时,电容将通过开关管放电,因此产生一定的损耗。该开通损耗与开关频率成正比。为保证较高的工作效率,其工作频率通常在2 MHz以下。由于频率较低,利用变压器漏感作谐振电感时,谐振电容的容量较大,这种电容损耗较大,因此变换器效率较低。

在零电流开关中,V_T 的导通时间由谐振电容参数决定,谐振元件参数确定后,该导通时间就不能改变,为了调整输出电压,必须改变开关管的关断时间。

(2)零电压谐振开关

零电压谐振开关(ZVS)基本电路如图7-19所示。谐振电容 C_r 与开关管 V_T 并联。开关管关断时,在外电源作用下,L_r 和 C_r 发生谐振,开关管 V_T 两端的电压(即谐振电路两端的电压)从零按正弦规律上升,达到峰值时,又按正弦规律下降至零,此时开关管导通。开关管再断开时,重复上述过程,开关管总是在零电压处导通和关断,故称为零电压开关(ZVS)。在这种电路中,开关管在导通和关断时,承受的电压均为零,开关损耗为零,因此其工作频率很高,通常达10 MHz以上。同时由于寄生电感和寄生电容均作为谐振元件,不仅可消除开关导通时的浪涌电流,而且可以消除开关关断时的浪涌电压。

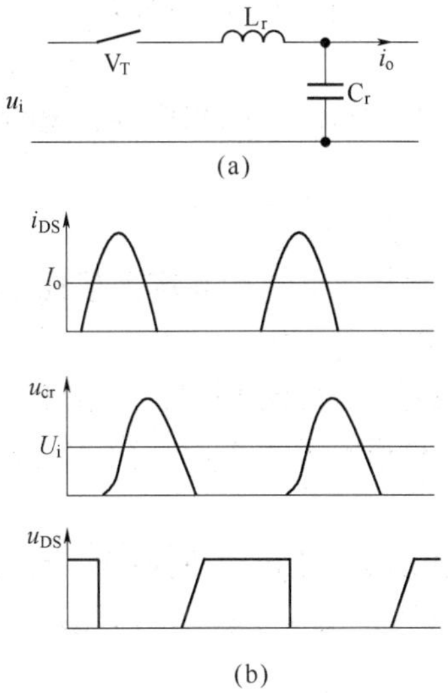

图7-18 零电流开关基本电路

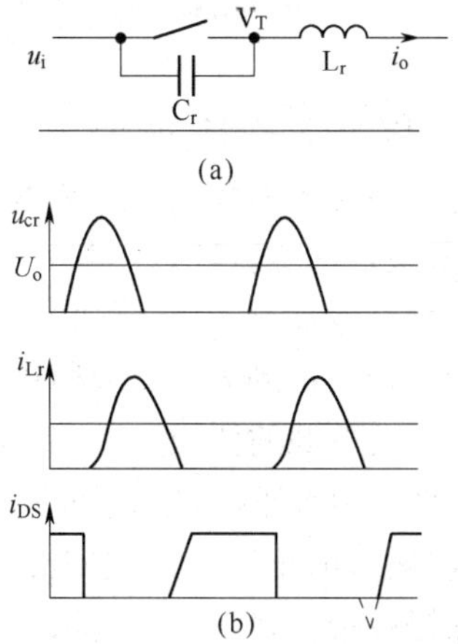

图7-19 零电压开关基本电路

零电压开关电路的开关管关断时间由谐振电路的参数决定,谐振元件确定后,开关管的关断时间保持不变。为了调整输出电压,必须改变开关管的导通时间。

(3)多谐振开关

在零电压开关变换器中,续流二极管关断时,它的寄生电容将与谐振电感产生谐振,影响系统的稳定性。若加入阻尼电路,将降低变换器的效率。为此,采用多谐振开关(MRC),如图7-20所示。谐振电容 C_r 既与开关管 V_T 并联,又与续流二极管 V_D 并联,形成两个零电压开关。开关管和续流二极管都在零电压下开通和关断。所以,其开关频率可达几十兆赫。

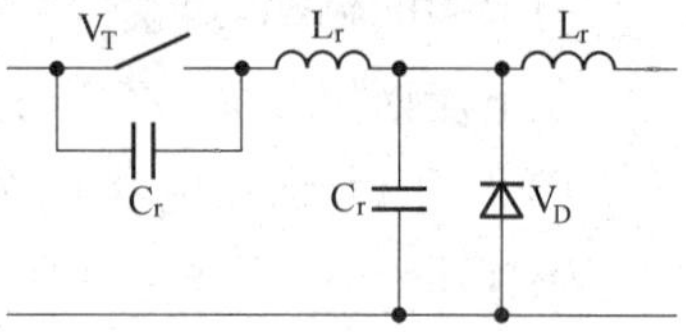

图7-20　多谐振开关基本电路

5. 功率因数校正技术

(1)功率因数校正的基本观念

①功率因数的定义

当电压、电流为正弦波,负载为电阻、电容、电感等线性负载时,由于电压、电流之间存在着相位差,其有功功率为 $P=UI\cos\varphi$,相移功率因数 $\cos\varphi=P/S$。

当输入电压不是正弦波时,由非线性负载引起失真,失真功率因数 μ = 基波电流有效值/总电流有效值。

在非线性负载电路中,功率因数定义为 $PF=\mu\cos\varphi$。

②功率因数校正

交流输入电源经整流和滤波后,非线性负载使得输入电流波形畸变,输入电流呈脉冲波形,含有大量的谐波分量,使得功率因数很低。由此带来的问题是:谐波电流污染电网,干扰其他用电设备;在输入功率一定的条件下,输入电流较大,必须增大输入断路器和电源线的容量;三相四线制供电时中线中的电流较大,由于中线中无过流防护装置,有可能过热甚至着火。故没有功率因数校正电路的开关电源被逐渐限制应用。因此,开关电源必须减小谐波分量,提高功率因数。提高功率因数对于降低能源消耗,减小电源设备的体积和重量,缩小导线截面积,减弱电源设备对外辐射和传导干扰都具有重大意义。所以,设有功率因数校正电路使功率因数近于1的开关电源得到迅速的发展。

功率因数校正,就是将畸变电流校正为正弦电流,并使之与电压同相位,从而使功率因数接近于1。

(2)功率因数校正的基本方法

开关电源中功率因数校正的基本方法有无源功率因数校正和有源功率因数校正两种,应用最多、效果最好的是后者。

无源功率因数校正法,在开关电源输入端加入电感量很大的低频电感,以减小滤波电容器充电电流的峰值。这种方法比较简单,但校正效果不理想,通常可达0.85。而且该电感较大,因而增大了开关电源的体积。

有源功率因数校正法(PFC)是一种升压变换器,它用脉宽调制的方法使输入交流电源为正弦波,且与输入电压同相,功率因数可达0.99以上。输入电流波形失真小于5%,同时它使输出电压保持稳定。缺点是电路相对较复杂。

有源功率因数校正的目标是使输入电流波形接近于正弦波,且与输入电网的电压同相位,以消除庞大的整流设备和滤波电容。有源功率因数校正法的基本思路是,将输入交流电进行全波整流,对所得直流电压进行 DC/DC 变换,通过控制,使输入电流平均值自动跟随全波整流电流基准,并且保持输出电压稳定,从而实现稳压输出和接近于 1 的输入功率因数。

(3)有源功率因数校正电路的基本原理

①有源功率因数校正电路的基本组成

有源功率因数校正电路(PFC)的原理框图如图 7-21 所示,主要由桥式整流器、高频电感、功率开关管、二极管、滤波电容和控制器组成。控制器主要由基准电源、低通滤波器、误差电压放大器、乘法器、电流检测与变换电路、电流放大器、锯齿波发生器、比较器和功率开关管驱动电路等部分组成。

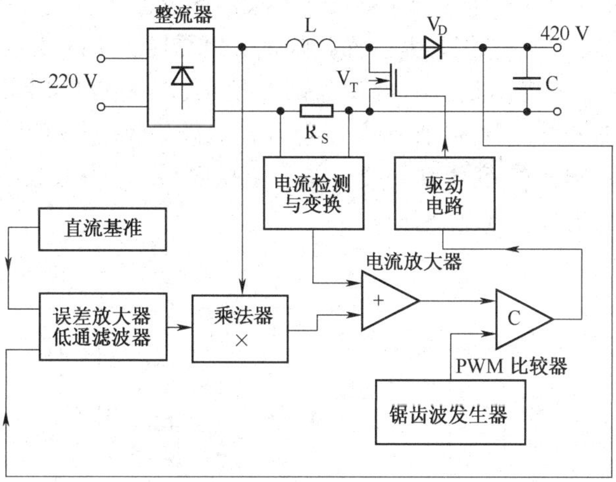

图 7-21　有源功率因数校正电路的原理框图

②有源功率因数校正电路的基本原理

功率因数校正电路的输出电压经低通滤波器滤波后,加入误差放大器,与直流基准电压比较,两者之差经放大后,送入乘法器。输入的电网电压经全波整流后,也加至乘法器。乘法器将输入电压信号和输出电压误差信号相乘后形成基准电流信号,送入电流放大器。

电流取样电阻 R_S 两端的电压与功率因数校正电路的输入电流成正比。R_S 两端的电压经电流检测与变换电路成为输入电流反馈信号加至电流放大器,与乘法器输出的基准电流信号相减,得知输入电流与输入电压的相位差,即输入电流误差信号。

输入电流误差信号经电流放大器放大后,与锯齿波发生器产生的锯齿波电压一起加至比较器。经比较后,形成脉宽调制(PWM)信号。该信号经驱动电路放大后,控制功率开关管 V_T(MOSFET)导通或关断,使输入电流跟踪基准电流的变化。V_T 导通后,高频电感 L 中的电流 i_L(即功率因数校正电路的输入电流)线性上升。当 i_L 的波形与整流后的输入电压波形相交时,通过控制器使 V_T 关断。V_T 关断后,L 两端的自感电势使二极管 V_D 导通,L 通过 V_D 对电容器 C 放电,电感中的电流 i_L 线性下降。当 i_L 降至零后,控制器使 V_T 再次导通,重复上述过程。

有源功率因数校正电路的关键是输入电流检测与控制。

功率因数校正电路的输入电压 u_{in} 波形和输入电流波形如图 7-22 所示。可见,输入电流平均值 i_{ave} 的波形始终跟随着输入电压的波形,保证了输入电流为正弦波,且与输入电压同相位，从而使功率因数接近于1。在该电路中，由于基准电流信号同时受输入交流电压和输出直流电压控制，除能完成功率因数校正外，还可实现输出电压的稳定。

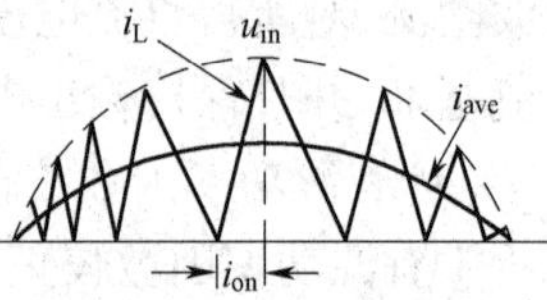

图7-22　功率因数校正电路的输入电压和电流波形

(4)零过渡单相有源功率因数校正电路

PFC基本电路结构简单，容易实现，但由于开关器件工作在硬开关状态，开关浪涌电压很高。为了抑制浪涌电压，必须采用阻容吸收电路，由于开关工作频率很高，阻容吸收电路功耗较大，故降低了效率。为了减小滤波电感的电感量，减小电源体积，工作频率一般高于50 kHz，因此只能采用MOSFET作为开关器件。在大功率校正电路中，必须并联MOSFET以增大电流容量，这样不仅增加电路的复杂性，而且降低了可靠性。所以，应采用软开关技术，以提高开关频率，减小损耗。零电压过渡有源功率因数校正(ZVT-PFC)主电路即采用软开关技术，如图7-23所示。在主开关管V_{T1}两端并联包含辅助开关V_{T2}的LC谐振电路，即可使主开关管V_{T1}和快速恢复二极管V_D变为软开关。L_r为谐振电感，C_r为谐振电容。V_{D2}的作用是阻止辅助开关管的寄生电容与L_r产生谐振。

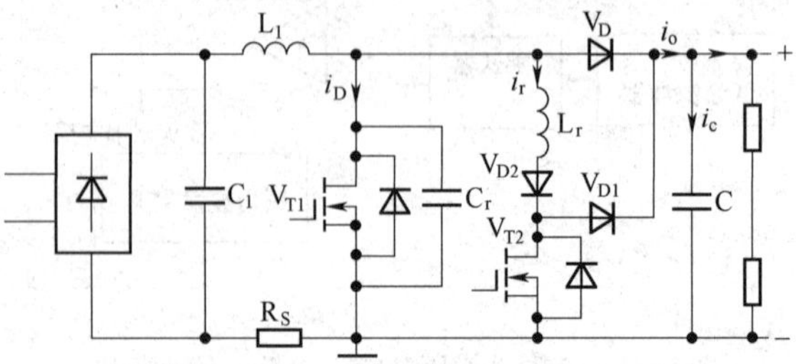

图7-23　ZVT-PFC主电路

由于辅助开关V_{T2}和LC谐振电路的作用，使主开关管在零电压时导通，快速恢复二极管在零电流时关断，均为软开关，从而降低了开关损耗和电磁干扰。而且并未增加开关器件的电压、电流耐量，在很宽的电源和负载变化范围内均能维持软开关特性，不需阻容吸收电路，恒频工作。

在ZVT-PFC电路主开关管开通过程中，要同时控制主开关管和辅助开关管。辅助开关管先导通，待主开关管漏极电压降至零以后，再开通主开关管，同时关断辅助开关管。

(5)谐振型三相有源功率因数校正电路

①三相有源功率因数校正电路的基本方法

三相有源功率因数校正的方法有：

a. 三相PWM的APFC电路

该电路既能获得接近正弦波的输入电流和接近1的功率因数，又能实现能量的双向传送。但其较复杂，成本高且开关损耗大，只适用于大功率电源。

b. 采用三个单相开关的APFC电路

该电路每相单独控制，能获得接近正弦波的三相输入电流，功率因数接近于1。但开关器件数量较多，成本高，并且由于3个变换器控制参数的差异，不能完全消除输入电流的三次谐波。

c. 采用单开关的 APFC 电路

由升压电路构成的三相单开关 APFC 电路如图 7-24(a)所示。开关管 V_{T1} 以恒定频率工作,可通过调节占空比来调节输出电压。当输入电流非连续时,在每一个开关周期中,开关管导通时,输入电流的平均值与输入相电压成正比;开关管关断时,输入电流的平均值与输入相电压不成正比,如图 7-24(b)所示,如果关断时间非常短,则输入电流的平均值与输入相电压近似成正比。因此,在完成输出电压调节的同时,输入侧获得了高功率因数和低谐波含量的输入电流。因为输入电流不连续,所以必须在输入端加高频滤波器,以抑制开关频率谐波。功率因数取决于输出电压和开关频率,输出电压越高,开关频率越高,输入电流波形越接近于正弦波。但是开关频率受开关损耗的限制,若采用软开关技术,降低开关损耗,就能提高开关频率。

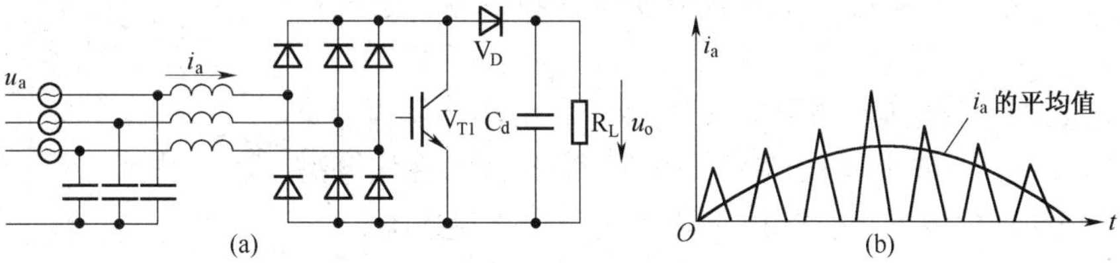

图 7-24 三相单开关 APFC 电路

②三相单开关 ZCT-APFC 电路工作原理

目前,软开关三相单开关 APFC 电路有多种,现以三相单开关 ZCT-APFC 电路为例予以介绍。三相单开关 ZCT-APFC 电路原理图如图 7-25 所示。主开关管 V_{T1} 为零电流转换开关(ZCT 开关)。ZCT 开关由 V_{T2}、V_{D2}、L_r、C_r 组成的辅助电路组成,使主开关 V_{T1} 在零电流状态下关断。

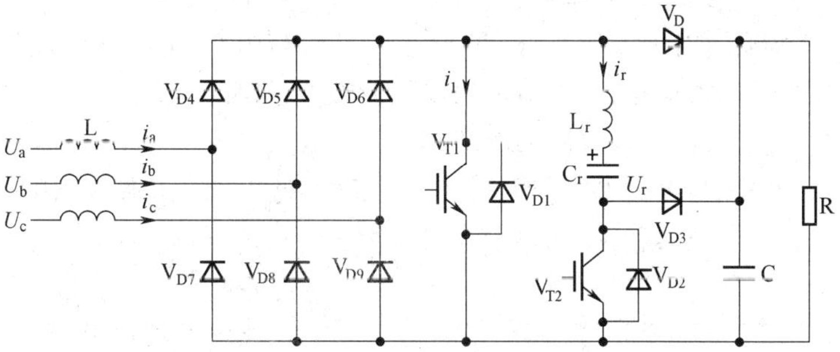

图 7-25 三相单开关 ZCT-APFC 电路

为简化控制电路,主开关采用恒定频率、恒定导通时间的 PWM 控制技术,因此输入电流中存在高次谐波。输出直流电压升高,输入电流谐波含量将下降,所以这种电路通常用于输出电压较高的电源设备中。

6. 直流变换器

直流变换器(DC/DC 变换器)包括高频变换、隔离、高频整流和平滑滤波,是开关电源的核心。高频变换利用电子开关原理,把工频整流电路或功率因数校正电路输出的直流电压变换成高频交流电,再经高频整流和平滑滤波,变换成用电设备所需的直流电压,并在此过程中稳定了输出电压。

因输入/输出电压关系、变压器的工作状态和电路结构不同,可分为不同类型的直流变换器。直流变换器根据工作原理分为 PWM 型变换器和谐振型变换器,根据电路结构分为单端直流变换器、推挽式变换器和桥式变换器。单端直流变换器又分为单端反激式和单端正激式,桥式变换器又分为半桥式和全桥式。

(1)PWM 型直流变换器

PWM 型直流变换器,是利用 PWM(脉宽调制)技术控制开关管的占空比,来调节输出电压,使之稳定,并获得所需的直流电压值。

PWM 型直流变换器的基本电路有单端直流变换器、推挽式直流变换器、桥式直流变换器等。

①单端直流变换器

单端直流变换器有单端反激式直流变换器和单端正激式直流变换器。

单端反激式直流变换器如图 7-26 所示。它由晶体管 V_T、变压器 T、整流管 V_D、滤波电容 C_O 和负载电阻 R_L 组成。在该电路中,晶体管导通时,整流管 V_D 截止,所以称为反激式变换器。

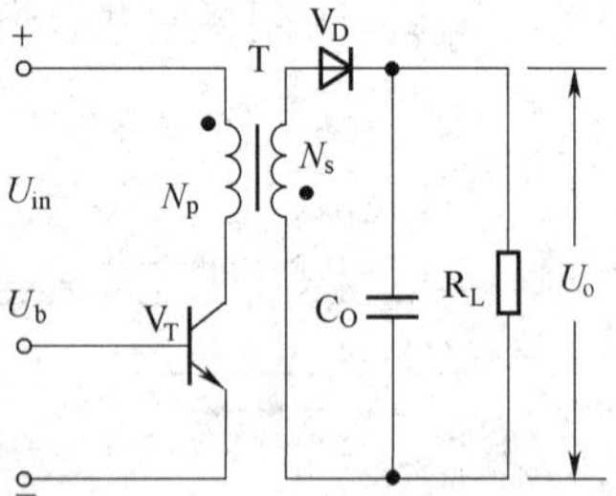

图 7-26　单端反激式直流变换器

V_T 作为功率开关管,其基极电位受控制电路控制。在开关管导通时间内,电场能量变为磁场能量储存在变压器次级电感中,此时负载电流由电容器 C_O 供给。在开关管截止时间内,变压器次级电感储存的能量通过整流管内负载泄放,输出电压:

$$U_O = U_{in}/n \cdot [\delta/(1-\delta)]$$

式中　U_{in}——输入电压;

n——变压器的变化,$n = N_P/N_S$;

δ——开关管的占空比,$\delta = t_{on}/T$,即导通时间 t_{on} 与周期 T(导通时间之和)的比值。

可见,改变开关管的占空比,可调节输出电压的数值,并使之稳定。

单端正激式直流变换器基本电路如图 7-27(a)所示。在开关管 V_T 导通时,其 U_{ce} 很低,电源电压加至 N_P 两端,V_D 与 V_T 同时导通,故称为正激式变换器。电源输出的能量部分储存在变压器中,大部分通过变压器和 V_D 传输至负载,输出电压 $U_O = U_{in}/(n\delta)$。

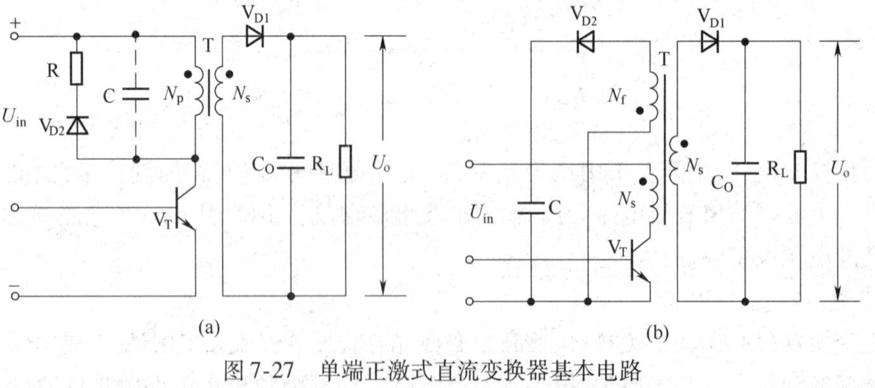

图 7-27　单端正激式直流变换器基本电路

开关管 V_T 截止时,初级绕组 N_P 中的储能只能通过线圈分布电容释放,因此 N_P 两端电压很高,该电压与电源电压叠加后加至 V_T 两端。为避免 V_T 承受过高电压而损坏,可在 N_P 两端并联 V_{D2} 和 R 串联电路。当 V_T 截止时,V_{D2} 导通,电感储能通过该串联电路释放。此外,也可在 N_P 两端并联电容器 C，来释放电感储能。最常用的电感储能释放回路如图 7-27(b)所示。当 V_T 截止时，V_{D2}导通，电感储能通过 V_{D2}或 U_{in}内阻较大时，U_{in}两端应并联电容量很大的电容器 C。

在单端正激变换器基本电路中，开关管承受的电压较高，为此采用双管单端正激变换器，如图 7-28 所示。

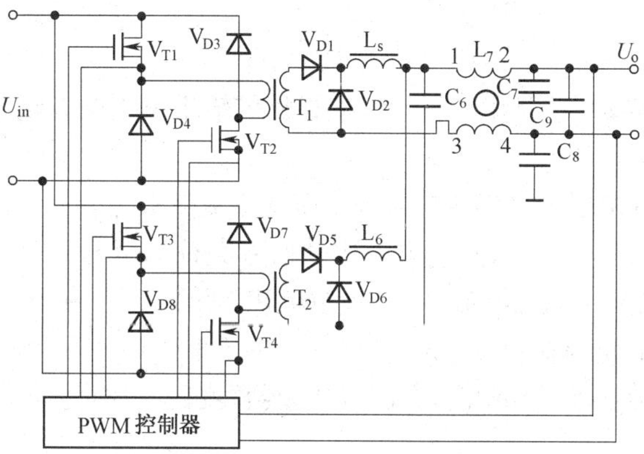

图 7-28 双管单端正激变换器及其并联电路

在该电路中，开关管 V_{T1}、V_{T2}同时导通和截止。V_{T1}、V_{T2}导通时，电源电压 U_{in}加至变压器初级，变压器次级整流管 V_{D1}导通，电源输入能量通过电感 L_S 传至负载。V_{T1}、V_{T2}截止时，电感 L_S 中的储能通过续流二极管 V_{D2}和负载释放，变压器中的储能通过 V_{D3}、V_{D4}回输入电源，从而降低了开关管所承受的电压。

为了提高单端变换器的输出功率，双管单端正激变换器可以并联。这样，既可扩大变换器的输出功率，还可提高开关电源的可靠性。但要求两并联电路的元器件参数必须一致，且要求控制电路非常可靠。

双路单端正激变换器如图 7-29 所示，由两路单端正激变换器组成。电容器 C_1、C_2 将输入直流电压分为两部分，分别为两路单端正激变换器供电。每路变换器的电源电压约为 $U_{in}/2$，可降低开关管所承受的电压。两变压器 T_1、T_2 的次级电压分别经 V_{D3}、V_{D4}整流后并联起来，加到滤波器输入端。这样，可改善滤波效果，减小滤波电感的体积和重量。在该电路的开关管导通和关断期间，电容器 C_3、C_4 的电压均等于 U_{in}，因此开关管的集—射极电压被箝位在 U_{in}，有效地限制了尖峰电压。

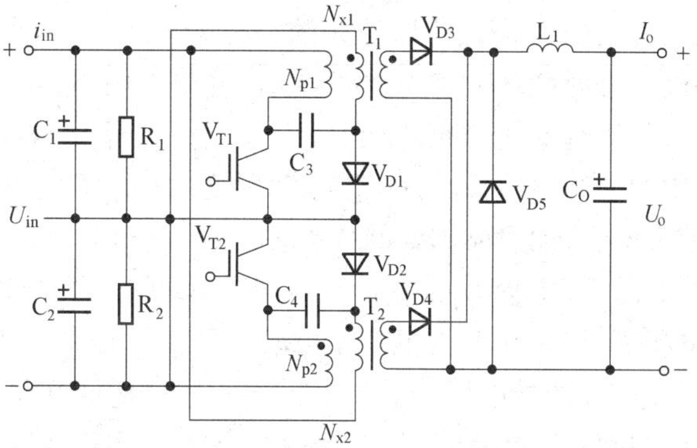

图 7-29 双路单端正激变换器

②推挽式直流变换器

推挽式直流变换器基本电路如图 7-30 所示，由开关管 V_{T1}、V_{T2}、变压器 T 等组成。方波电压 U_{b1} 和 U_{b2} 交替加到 V_{T1} 和 V_{T2} 的基极，使 V_{T1} 和 T_{T2} 交替导通和截止，且每只开关管都是半周期导通、半周期截止。两变压器次级电压经 V_{D1}、V_{D2} 整流后，加到负载两端。该电路的输出电压为

$$U_O = U_{in}/(n\delta)$$

式中，占空比 $\delta = t_{on}/(T/2)$，这是由于推挽式变换器的输出采用全波整流电路，故应取 $T/2$。

③桥式直流变换器

桥式直流变换器有全桥式直流变换器和半桥式直流变换器。

全桥直流变换器如图 7-31 所示。方波驱动信号交替加至开关管 V_{T1}、V_{T2} 或 V_{T3}、V_{T4} 的基极，在前半周期内，V_{T1}、V_{T2} 导通，电流从 U_{in} 正端流出，经 V_{T1}、N_P 和 V_{T2} 返回 U_{in} 的负端。在后半周期内，V_{T3}、V_{T4} 导通，电流流过 V_{T4}、N_P 和 V_{T3}。由于前半周和后半周内电流流过初级绕组的方向不同，所以变压器次级得到交流方波电压，经整流后变为直流电压。

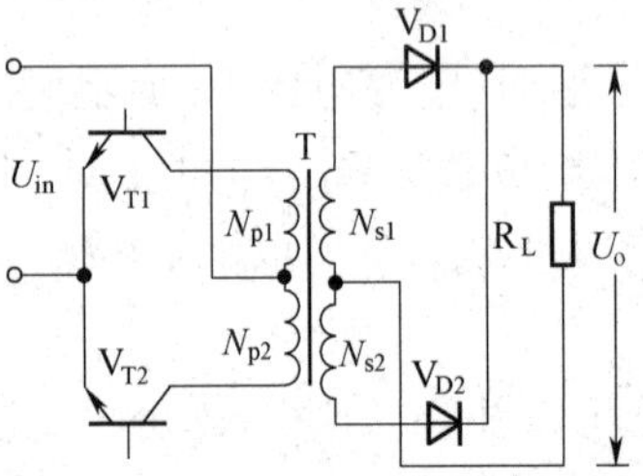

图 7-30　推挽式直流变换器基本电路

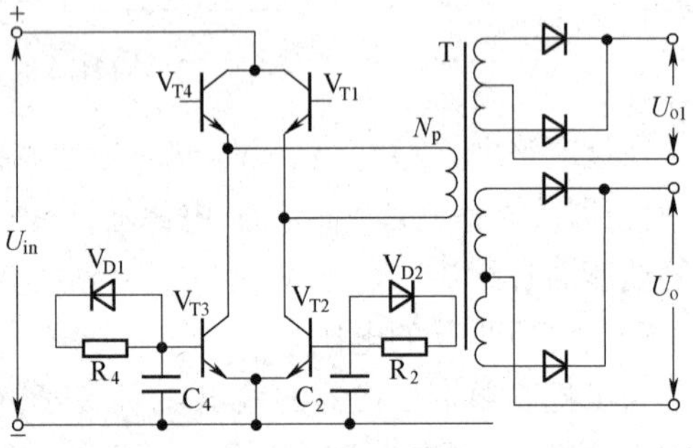

图 7-31　全桥式直流变换器基本电路

该电路中，两管导通时另两管承受的电压等于电源电压 U_{in}，四管都截止时，每管承受的电压只有 $U_{in}/2$，因此输入直流电压较高的大功率直流变换器通常都采用该电路。在桥式（或推挽）直流变换器中，外加驱动电压是相位差为 180°的方波电压时，当开关管失去基极电压后，在一段时间（称为存储时间）内仍保持导通；加入基极电压后，也需一段时间（称为开通时间）才能饱和导通。由于晶体管的存贮时间长于开通时间，所以在存贮时间后期，V_{T1} 与 V_{T3}（或 V_{T2} 与 V_{T4}）将同时导通，有可能损坏晶体管。

为避免此种情况，最简单的方法是使原截止的晶体管延迟导通，原导通的晶体管加速关断。为此，在晶体管基极和发射极之间接入电容器 C_1，并将电阻 R_1 与二极管 V_{D1} 并联后串入晶体管基极电路。这样，基极输入信号正跳变时，V_{D1} 反偏，R_1C_1 构成积分电路。由于积分电路的延时作用，基极电压的上升沿后移。输入信号负跳变时，V_{D1} 正偏，R_1 被短路，C_1 迅速放电并从晶体管基极抽出较大电流，加速晶体管的截止。

半桥式直流变换器如图 7-32 所示，是用两只电容器 C_1、C_2 代替全桥式变换器中的两只晶体管。两电容器电容量相等，故两端电压相等，即 $U_{C1} = U_{C2} = U_{in}/2$。开关管 V_{T1} 导通时，C_1 通过 V_{T1} 和初级绕组 N_P 放电，N_P 两端电压约等于 U_{C1}。若 C_1 容量足够大，在 C_1 放电期间，N_P 端电压接近于 $U_{in}/2$。与此同时，U_{in} 通过 V_{T1} 和 N_P 对 C_2 充电。当 V_{T1} 截止、V_{T2} 导通时，C_2 放电，C_1 充电，N_P 端电压仍接近于 $U_{in}/2$，但极性相反。可见，变压器次级电压只是桥式或推挽式电

路的一半。当要求的直流输出功率相等时,半桥式电路中变压器初级绕组电流是全桥式和推挽式电路的两倍。因此,半桥式电路的输出功率一般较全桥式、推挽式电路小。

半桥式变换器比全桥式变换器少用两只开关管,因而驱动电路比较简单。

全桥式和半桥式变换器的可靠性较低,原因是:在不可预见的干扰下,桥臂上、下两只开关管会产生直通短路而损坏;当某一开关管的驱动脉冲丢失时变压器初级将饱和;两路驱动脉冲宽度不一致时,也会导致变压器初级饱和,这些都将导致开关管损坏。而正激变换器可完全避免这些影响,因而可靠性极高,越来越多地被采用。

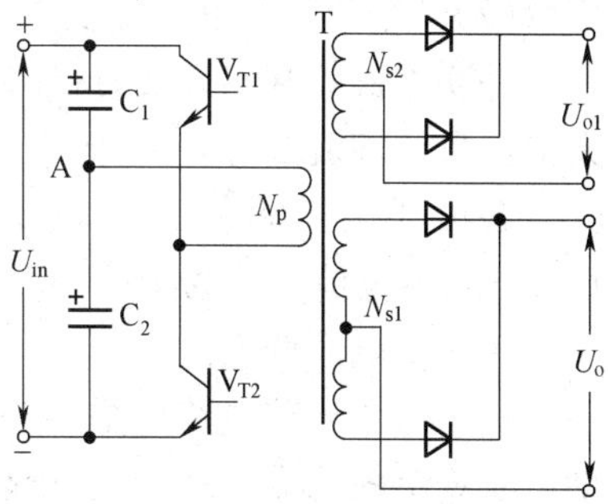

图 7-32 半桥式直流变换器基本电路

(2)谐振型直流变换器

①PWM 型直流变换器存在的主要问题及解决办法

PWM 型直流变换器存在的主要问题是:

a. 频率升高后开关损耗增加、效率降低。PWM 型直流变换器的开关管在开通和关断过程中,不仅承受一定电压,而且承受一定的电流,因此将产生一定的功耗。随着开关频率的升高,开关管的开关损耗明显上升,因此其工作频率通常限制在 100 kHz。

b. 频率升高后,变换器电路中的寄生电感和寄生电容将产生很大的尖峰电压和浪涌电压,有可能损坏开关管,也使开关噪声增加。为消除浪涌电压和尖峰电流,必须在开关管两端或变换器初级接入 RCD 吸收回路,该回路消耗能量,所以降低了变换器的效率。

解决这些问题的最有效办法是利用 LC 谐振技术,降低开通过程中的电压变化率和电流变化率。开关管开通时,使两端电压先降至零,电流再开始上升;开关管关断时,使电流先降至零,两端电压再上升,即为零电压开通和零电流关断。这样就避免了开通和关断过程中开关管的同时承受电压和电流,大幅度减小开关损耗,使开关频率高达1 MHz、2 MHz,甚至 10 MHz,变换器中的变压器和滤波元件的体积就可大大减小。同时,可消除变换器中的浪涌电压和尖峰电流,大大削弱射频干扰和静电干扰。

②谐振开关

在 PWM 变换器中,接入电感和电容组成的谐振电路后,流经开关管的电流或加在开关管两端的电压就变成正弦波。带有电感和电容组成的谐振电路的功率开关通常称为谐振开关,是根据软开关技术设计的。按波形分类,谐振开关可分为零电流谐振开关、零电压谐振开关和多谐振开关等。谐振开关工作频率高,可达 10 MHz 以上,开关损耗小。

7. 并联均流技术

(1)并联电流系统的基本要求

为满足用电设备对容量的要求,开关电源系统通常由多个整流模块并联而成。这就要求每个开关整流模块内部应加入负载均流电路,以保证电源系统正常工作时各模块输出电流基本平衡。否则会造成有的模块严重过载,有的空载,大大降低电源系统的可靠性。为提高电源系统的可靠性,必须采用冗余供电系统,以保证任一整流模块故障时,电源系统仍供出足够的容量。在并联电源系统中,每个模块的输出电流都必须自动控制,以便根据用电设备容量的变化,自动调整各个模块的输出电流。

(2)并联均流的基本方法

并联均流的基本方法有输出电压调整法、主从电源模块控制法、平均电流自动均流法和最大电流自动均流法等。

各种开关电源的工作频率不同,为保证较高的频率,PWM 硬开关的工作频率低于 100 kHz,零电流开关为 1 ~2 MHz,零电压开关 10 MHz,多谐振开关可达几十兆赫。

①输出电压调整法

输出电压调整电路如图 7-33 所示。在并联电源系统中,调整某台电源模块的输出阻抗,即可实现负载均流。在工作过程中,某台电源模块输出电流增大时,电流取样电阻 R_s 两端的压降升高,电流放大器输出电压升高,该电压与电源模块输出反馈电压叠加后,加到电压放大器的反相输入端,与同相输入端的基准电压相比较。电压放大器输出的误差电压降低,从而使该电源模块的输出电压降低,而其他电源模块的输出电流增加,达到均流的目的。

这种方法的缺点是,负载电流较小时均流效果不理想。负载电流增大后,均流作用有所改善,但各电源模块的输出电流仍不平衡。而且为了实现较好的均流效果,每台电源模块都必须单独调整。此外,额定功率不同的电源模块自动均流比较困难。采用这种方法后,电源模块的负载调整率也将下降。

②主从电源模块控制法

在电流型开关电源中,误差电压与负载电流成正比,所以利用主从电源模块控制法很容易实现负载均流。主从电源模块控制法电路如图 7-34 所示。主控模块误差放大器的两输入端分别加入并联电源系统的输出反馈电压和基准电压。由于采用电流型开关电源,主控模块的输出反馈电压与该模块的输出电流成正比,因此误差放大器输出电压也与负载电流成正比。主控模块内的误差放大器控制并联电源系统的输出电压。由于各受控电源模块内误差放大器的输入电压完全相同,所以只要各并联模块的电路参数基本相同,它们的输出电流就基本平衡。

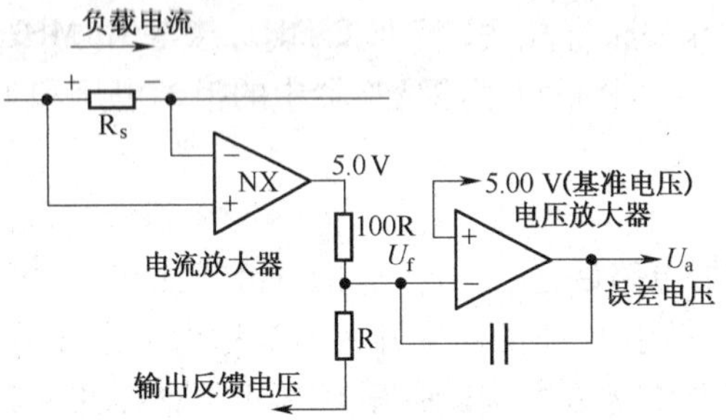

图 7-33　输出电压调整电路

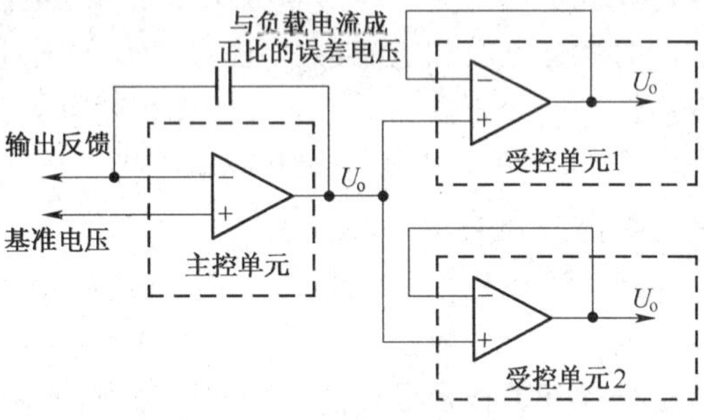

图 7-34　主从电源模块控制电路

但采用这种均流方法时,一旦主控模块发生故障,整个并联电源系统就不能正常运行。

③平均电流自动均流法

平均电流自动均流控制电路如图 7-35 所示。均流总线连接所有电源模块,每台电源模块的输出电流都通过电流监控器转换为控制电压 U_o,并经过电阻 R 加到均流总线上。均流总线上的电压 U_{BUS}与各 U_o 之差加到调整放大器的输入端。某电源模块的输出电流变化时其 U_o 也变化,调整放大器的输出电压随之变化,使该电源模块的基准电压发生变化,由于调整该模块的输出电流,实现负载均流。

这种均流方法精度较高，但当模块的输出电流达到限流值后，总线电压较高，将使开关电源模块的输出电压降至最低值。若均流总线短路或总线上其他模块故障，都会使电源模块的输出电压过低。

④最大电流自动均流法

最大电流自动均流控制电路如图 7-36 所示。输出电流最大的电源模块的电流与其他模块的电流比较，其差值经调整放大器放大后，调整模块内的基准电压，以保证负载电流均匀分配。它与平均电流自动均流控制电路的差别只是用二极管 V_D 代替电阻 R，而且只允许输出电流最大的模块的电流取样电阻电压加到均流总线上。其他模块的电流取样电阻电压低于均流总线上的电压，V_D 不导通。

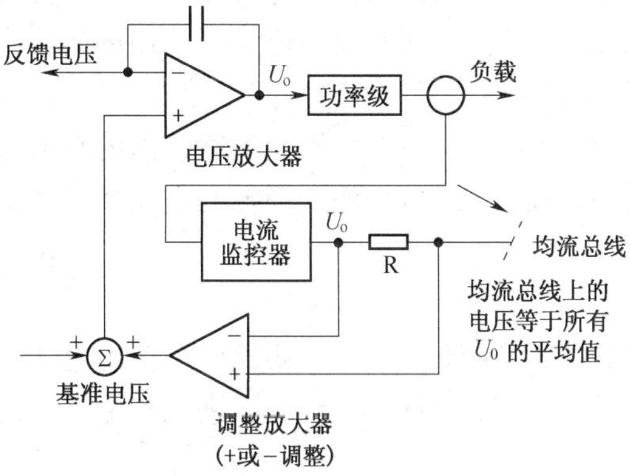

图 7-35　平均电流自动均流控制电路

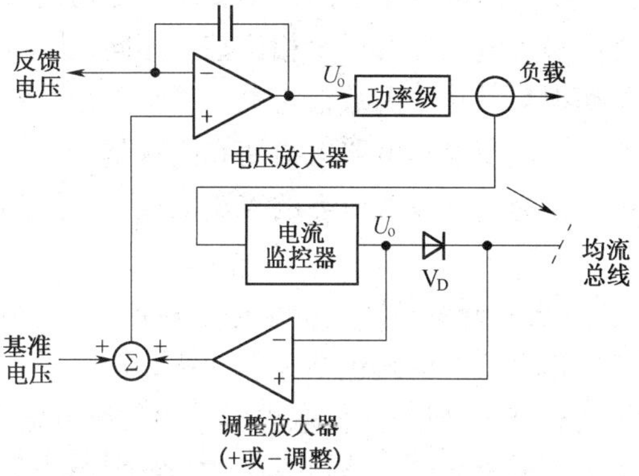

图 7-36　最大电流自动均流控制电路

这种方法可使从属模块具有良好的均流作用，但由于 V_D 的影响，主模块的负载电流将产生一定的误差。

8. 开关电源

开关电源是高频开关型稳压电源的简称。开关电源是将市电整流后，经功率变换电路，把直流电源变换成高频的交流电源，再经高频整流成低电压的直流电源。开关电源已成为广泛使用的稳压电源，用于智能型信号电源屏中。

(1)开关电源的基本组成

开关电源通常由主电路、控制电路和辅助电路 3 部分组成。

①主电路

主电路完成从交流输入到直流输出的全过程，包括交流滤波、整流、功率因数校正、DC/DC 变换、直流滤波等。

主电路由输入滤波电路、整流电路、功率因数校正电路、直流变换电路和输出滤波电路等部分组成，如图 7-37 所示。

输入滤波电路包括低通滤波、浪涌抑制等电路，主要用来衰减电网中的高次谐波分量，同时也防止开关电源所产生的高次谐波分量进入电网，而影响其他用电设备。输入滤波电路通常采用 LC 低通滤波器。为了有效地衰减高次谐波分量，也可用几个单级滤波器构成多级滤波器。

整流电路将工频交流输入电压变换为直流电，并向功率因数校正电路提供直流电源。采用单相或三相桥式整流电路。

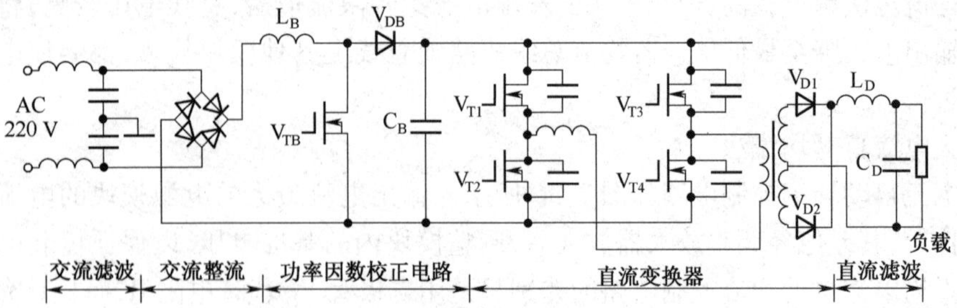

图 7-37　开关电源主电路的基本组成

功率因数校正电路的主要作用是通过升高整流电路输出的直流电压,使交流输入电源与交流输入电压的波形及相位基本相同,从而使功率因数接近 1,减小谐波电流对电网的污染和无功损耗。功率因数校正电路通常采用直流升压变换器。

直流变换器电路由逆变和高频整流两部分组成,用来将功率因数校正电路输出的直流高压变换为用电设备所需的直流电压。常用的直流变换器分为 PWM 型变换器和谐振型变换器两类。

PWM 型变换器使输出电压稳定。

输出滤波电路包括高频滤波和抗电磁干扰等电路,用来滤除直流变换器电路输出电压中的高频谐波分量,降低输出电压中的纹波电压,提供稳定可靠的直流电源,以满足用电设备的要求。输出滤波电路也采用 LC 低通滤波器。

②控制电路

控制电路从主电路输出端取样,与设定值进行比较,取出误差信号去控制主电路的相关部分,改变脉宽或频率,使输出电压稳定,同时根据反馈信号对整机进行监控和显示。控制电路包括检测放大电路、*U/W*(电压/脉宽)转换电路或 *U/f*(电压/频率)转换电路、时钟振荡器、驱动电路、保护电路等。

控制电路为开关管提供激励信号,能将主电路输出端电压的微小变化转换为脉宽或频率的变化,以调整电压。

③辅助电路

对开关电源中有源网络提供所要求的各种电源。

(2)开关电源的特点

与传统的稳压电源相比,开关电源具有以下特点:

①体积小,重量轻

一般开关电源工作频率在 50 ~ 100 kHz,也有高达 200 ~ 100 kHz 的,可大大减小变压器的体积和重量。

②节能

开关电源的效率约在 90% 以上。

③功率因数高

一般大于 0.92,有功率因数校正电路时接近于 1,对公共电网不会造成污染。

④可靠性高

模块可热备冗余应用。

⑤便于集中监控

装有监控模块,可与计算机相结合,组成智能化电源系统。

⑥噪声小

当开关频率在 40 kHz 以上时,基本上无噪声。

⑦扩容与调试

扩容容易,调试简单。

⑧维护

维护方便,易于更换故障模块。

五、电源模块

电源模块按用途不同,有直流模块、交流模块和监控模块。

1. 直流模块

直流模块提供各种直流电源。直流模块采用高频开关电源技术,其电路框图如图 7-38 所示。交流输入电源经过模块内部高压整流、有源 PFC、DC/DC、整流滤波,输出 24 V 或 220 V 直流电源。在输入端采用有源功率因数校正技术(PFC),使功率因数大于 0.99,最大限度地减小对电网的影响。采用脉宽调制(PWM)技术和自主均流技术,使均流不平衡度小于 5%,多模块并机运行时,具有理想的均流性能。可采用"$n+1$"方式并联运行。输出端除将 PWM 波整流滤波还原为直流电源外,还经防电磁干扰线滤波器(EMI),进一步滤除干扰电压,保证直流输出。模块具有输入过压/欠压、输出过压/欠压、过温、输出过流、负载短路等保护和告警功能。设置短路回缩特性,即使模块长期短路也不致损坏。设有 CPU 监控板,可与监控模块通信。

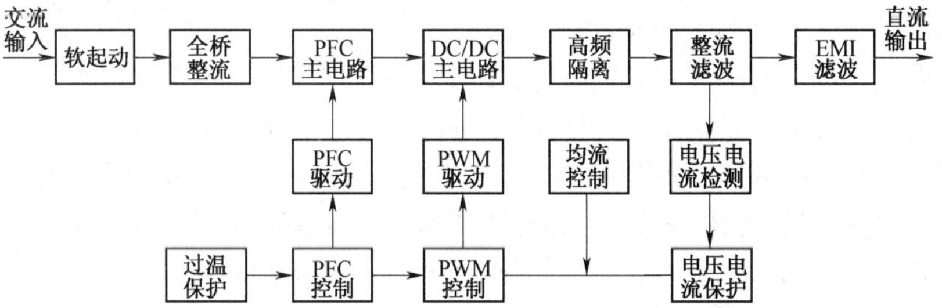

图 7-38 直流模块电路框图

直流模块外观结构由前面板、散热器和盖板等部分组成。前面板上有电源指示灯、保护指示灯、故障指示灯和操作把手等。

模块采用一体化输入/输出及通信接口,可带电拔插,方便维修。

2. 交流模块

交流模块提供各种交流电源,采用高频开关技术进行交流稳压,其电路框图如图 7-39 所示。输入端经全波整流后,采用 PFC 技术,使功率因数大于 0.99,最大限度地减小对电网的污染。主电路为 DC/AC 逆变电路,采用 SPWM 技术,通过调节 PWM 波的脉宽,获得稳定的纯正弦交流电。输出端除 LC 滤波器后,尚有 EMI 滤波器,以充分滤除干扰电压。

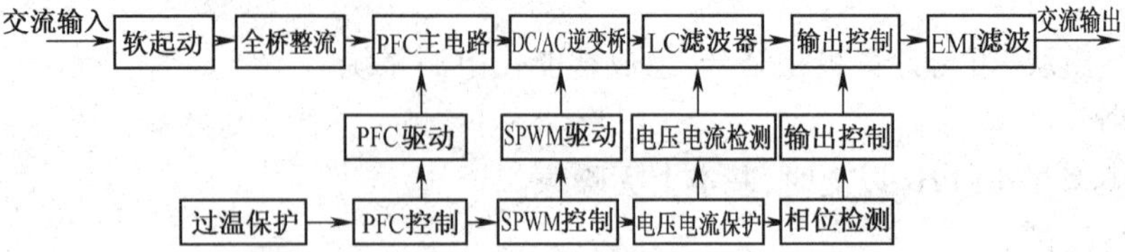

图 7-39　交流模块电路方框图

交流模块具有完善的故障保护及告警功能,包括输入过压/欠压、输出过压/欠压、过热、输出过流、负载短路相位差检测等保护及告警功能。模块具有限流功能,可以短时过载;具有短路回缩特性,即使模块长期短路也不致损坏。在输入断电时,模块具有延时关机功能。模块具有抗启动冲击功能,可直接带变压器负载使用。采用一体化输入/输出及通信接口,可带电拔插,维护十分方便。

交流模块外观结构由前面板、散热器和盖板等部分组成。前面板上有电源指示灯、保护指示灯、故障指示灯和操作把手等。

3. 监控模块

监控模块用于显示电源系统的状态和数据,具有故障告警和记录、遥测遥信、与后台主机和下级设备通信的功能。

(1)监控模块的结构

监控模块的结构如图 7-40 所示。

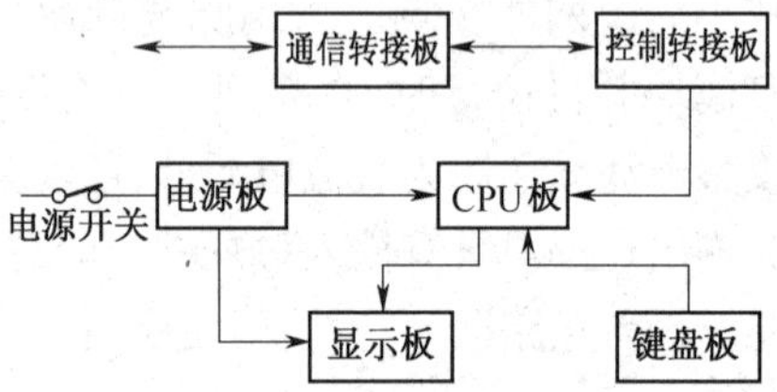

图 7-40　监控模块的结构

监控模板前面板上有 LCD 液晶显示器、键盘和 LED 显示灯。液晶显示屏采用 CCFL 背光液晶,用于显示电源系统的各种状态和数据。可在液晶显示器上非常直观地查阅系统的运行参数,并可通过按键操作,界面全中文,每步操作都有相应的提示和帮助。每屏的最右边 4 行是菜单,由对应的 4 个功能键选择,左边是显示的内容。

操作键盘的功能键用来进行上页、下页、菜单、帮助等操作;数字键用来选择菜单或进行参数输入;确认键进行参数确认;复位键在进行维护级设置或其他异常情况时可用其使系统重新启动。电源指示灯在系统加电时点亮。告警指示灯在系统故障时点亮。

后面板上有多个通信接口,分别用于与电源模块、交直流配电单元、上级监控中心通信。

(2)监控模块的特点

监控模块以嵌入式 CPU 为主控器,以 RTOS(实时多任务操作系统)为系统平台,具有如下特点:

①全汉字显示,具有强大的在线帮助功能。

②可接上级监控中心,组成电源集中监控系统。

③通过声光报警和显示屏提供各种工作状态、故障类型和故障部位指示。

④可存储多达 100 条历史告警记录。

(3)监控模块的功能

①显示与设置功能

监控模块能实时显示电源系统的各项运行参数、运行状态、告警状态、设置参数及系统配置数据。其界面友好,具有在线帮助、数据边界检查功能。

实时监测显示内容有系统状态、系统输入、系统输出、模块输出四部分。系统状态分为系统输入故障、空气开关故障、模块故障、模块正常。系统输入根据供电方式显示单相或三相电压、电流，如三相电源可显示第一路、第二路各线电压、相电压、线电流、相电流，以及交流接触器的状态。系统输出、模块输出显示各种输出的交直流电源电压、电流，以及轨道电路轨道电源频率、局部电源超前轨道电源的相位。

设置包括显示设置和系统配置设置。系统输入设置有用户级设置和维护级设置，分别设置告警点、配电监控板地址等。模块输出的用户级设置用来设置频率、相位告警点，维护级设置用来设置模块地址和通信口号。告警设置为告警类型、告警输出接点号的设置。系统配置设置主要是系统类型、模块个数。远程通信设置波特率、本机地址、通信密码回叫次数、回收时间间隔、电话号码等。其他设置有屏幕保护时间、用户级密码、系统时间等。

②遥测遥信功能

监控模块可对系统输入、模块输出模拟量进行遥测，并实现配电系统开关量、模块状态量的遥信功能。

③告警、记录功能

监控模块根据所采集的数据对系统进行声光报警，同时上报后台主机。告警分为紧急告警、一般告警、不告警三种级别，可根据实际情况设定各告警的级别，并可为每种告警类型设定对应的继电器输出。

监控模块处理的主要告警量分为配电故障和模块故障两大类。配电故障包括交流输入空气开关跳闸、输出空气开关跳闸、C 级防雷器故障、交流输入过压/欠压、交流输出缺相、交流输入停电及配电监控通信中断。模块故障包括模块输出频率过高/过低、模块保护、模块故障及模块通信中断。

用户可查阅历史告警记录和当前记录。历史告警记录包括告警类型、发生时间、结束时间。当前记录中只有告警类型和发生时间，显示顺序按发生时间的先后。历史告警记录按循环存储方式保存最多 100 条，超出 100 条则自动清除最旧的告警记录。

④通信功能

监控模块具有与后台主机和下级设备通信的功能。

⑤故障回叫功能

在设有监控后台的电源系统中，当发生紧急告警时，监控模块通过 Modem 向后台主机发出告警信息。用户可设置回叫次数、回叫时间间隔、回叫电话号码（最多 3 组），设置时必须通过密码校验。

⑥接点输出功能

具有接点信号输出。当发生任何告警时，用户可根据需要设置成其中一个接点信号输出。

六、信号智能电源屏举例

信号智能电源屏种类繁多，但构成原理大体相同，只是根据不同的使用场所和不同的容量，选用相应种类和数量的模块。现以使用较多的 PZDT 型信号智能电源屏（用于某正线集中联锁站）为例介绍其组成和工作原理。

1. 系统结构

系统包括直流电源屏、交流电源屏 1、交流电源屏 2。

两路输入交流电源经交流输入配电单元进入直流电源屏，再进入交流电源屏 1，输出经交流输出配电单元和直流输出配电单元，给各类信号设备供电。

两路输入交流电源经交流输入配电单元进入交流电源屏 2，给交流转辙机供电。

系统采用三级集散式监控方式，交流配电单元、直流配电单元和各电源模块内均设有 CPU 监控板，负责对各自状态进行监测和告警，并与系统的监控模块通信。监控模块接收交流配电单元、直流配电单元和模块的运行信息并进行相应的处理。监控模块还连接本地计算机，并连接监控中心，实现信号电源的集中监控组网。

2. 系统特点

PZDT 系列信号智能电源融合多种先进技术，具有高可靠、高效率、免维修、少维护等优点，其主要技术特点是：

(1)模块化，实现了系统的免维修、少维护。

(2)智能化，可实时监测系统的工作状态、发生故障，及时显示和告警，并具有故障记忆功能。

(3)网络化，可远程监控和集中监测组网，最终实现信号电源的无人值守。

(4)各电源模块采用“1 + 1”方式热备用，电子开关自动切换，切换时间小于 150 ms，保证了系统的高可靠性。

(5)电源模块采用无损伤热插拔技术，在线更换时间小于 3 min，维护快捷方便。

(6)独特的两路交流输入自动切换装置，可保证系统的直流电源不间断输出。

(7)超宽的电压工作范围，输入电压范围为 AC 165 ~ 275 V。

(8)效率高，整流模块的效率不低于 90%。

(9)防雷和过压防护措施完善，保证系统在恶劣的条件下可靠工作。

(10)安全可靠，系统设计符合国际安全标准。

3. 系统配置

PZDT 系列智能化轨道交通信号电源系统做成柜形结构，分为直流电源屏和交流电源屏。

(1)直流电源屏

直流电源屏具有两路交流输入电源的自动切换或手动切换控制和系统的输入防雷等功能，将输入的交流电源经直流模块整流为直流电输出，并把交流电源分配给交流电源屏 1 的各电源模块。直流电源屏由交流输入插框、监控模块插框、电源模块插框、直流输出插框组成，如图 7-41 所示。

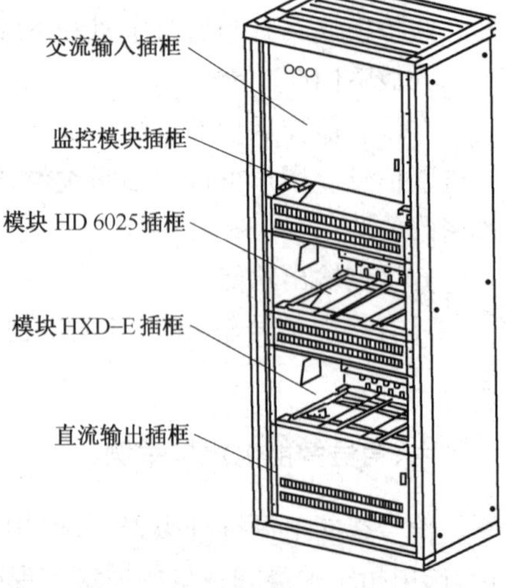

图 7-41　直流电源屏

①交流输入插框

交流输入插框完成两路交流输入电源切换控制和系统的输入防雷。正面有交流输入断路器、C 级防雷器(含防雷空气开关)、D 级防护盒、直流模块输入空气开关、接地汇流排和零线汇流端子排等。背面有两组机械联锁接触器、配电监控板、配电监控转接板、开关量扩展板、交流电压采样板、切换逻辑板、切换驱动板、两路交流相线汇流端子排等。

两路三相交流电源切换电路如图 7-42 所示。通过 4 个交流接触器控制交流电的接入或断开。KM_1、KM_4 吸合时为Ⅰ路电源供电，KM_2、KM_3 吸合时为Ⅱ路电源供电。为防止两路交流接触器同时吸合，采用了机械互锁和电气互锁技术。当供电的那路电源停电，或者发生缺相、错序等情况时，由交流电压采样板、切换逻辑板、切换驱动板采样和进行逻辑判断，使该路电源的交流接触器释放，另路电源的交流接触器吸合，改由另路电源供电，即完成了两路电源的自动切换。两路电源的手动切换通过输入断路器进行。

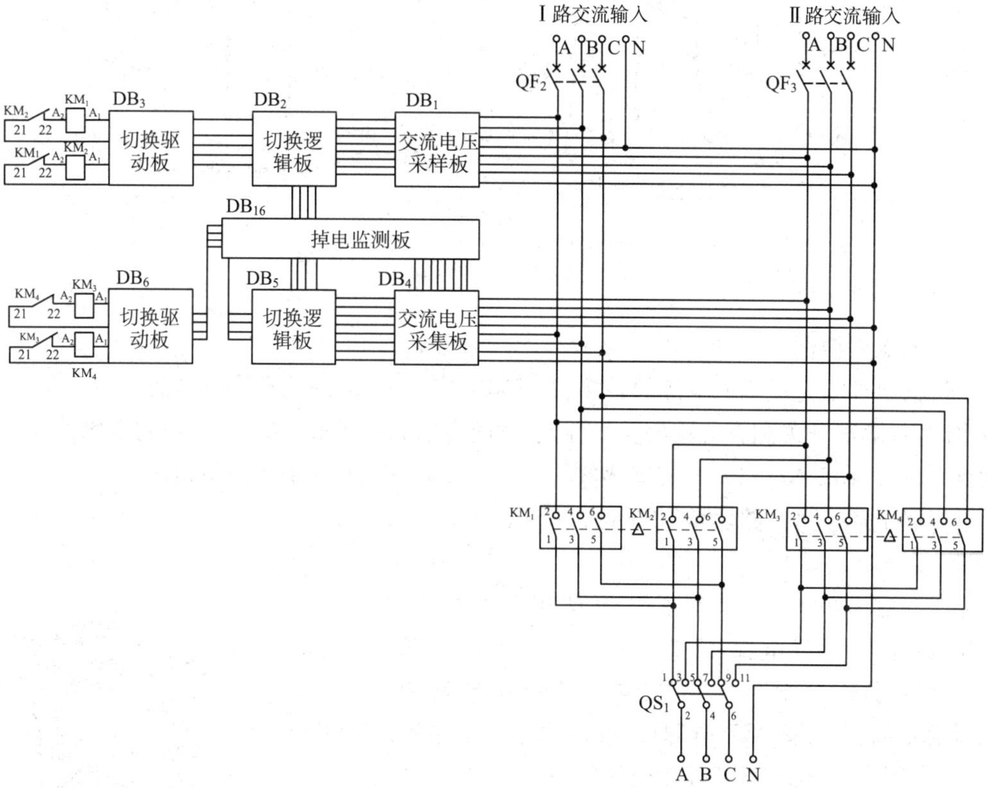

图 7-42 两路三相交流电源切换电路

②监控模块插框

监控模块插框中安装监控模块。监控模块的前面板上有背光液晶显示屏、键盘、复位键、指示灯。

③电源模块插框

电源模块插框中安装直流模块。直流电源供电示意图如图 7-43 所示。

3 块直流模块 HXD-E 供出 24 V 直流电源，经过模块转接备板供出接口控制模块（DSTT）电源 2 束（每束 16 A）、计算机联锁电源 1 束（16 A）、继电器电源 1 束（10 A）、站间联系电源 1 束（2）、备用电源 1 束（16 A）。

4 块直流模块 HD6025 并联供出 60 V 直流电源，供出接口控制模块（DSTT）电源 2 束（每束 10 A）、计算机联锁电源 1 束（16 A）、ATP 电源 2 束（每束 16 A）、备用电源 1 束（16 A）。

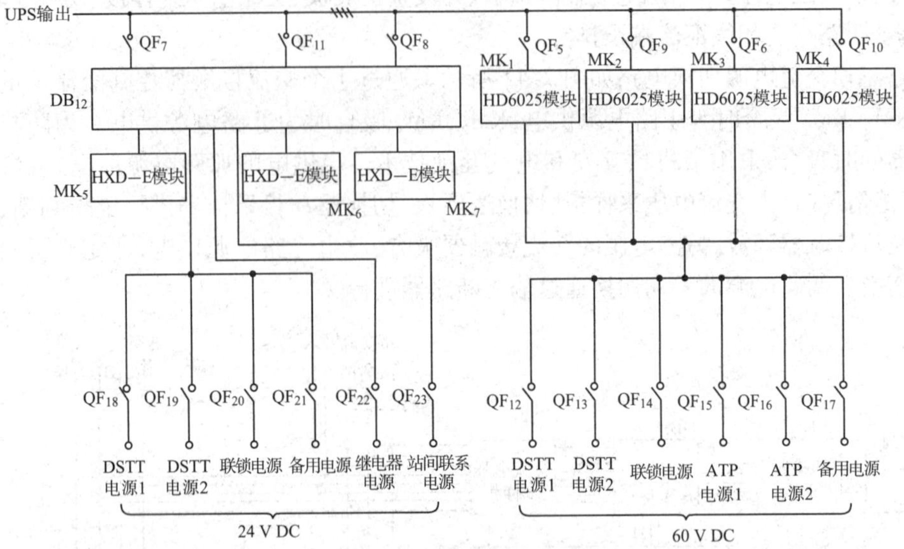

图 7-43　直流电源供电示意图

④直流输出插框

直流输出插框完成输入电源的转接、交流输入电流采样、系统直流电源输出和防雷。正面有输出防雷、隔离开关和直流输出空气开关,背面有电流电压采样板、空开检测继电器板、漏电检测继电器板、CPU 监控板、电流互感器、交流进线端子座、直流输出防雷板。

电源屏 1 还通过断路器接 UPS 的输入和输出。

(2)交流电源屏 1

输入交流电源从直流电源屏引来,供出交流 220 V 的车站远程终端单元电源、轨道电路电源(6 束)、车辆和基础集中操作控制系统电源、同步环线盒电源(2 束)、计算机联锁电源、ATP 电源(2 束)、列车识别系统电源、同步环线盒电源、接口控制模块电源(2 束)、乘客向导显示牌电源(3 束)、备用电源。

屏内部有输出空气开关交流电压采样板、空开检测继电器板、空开检测板、电流互感器、交流输出防雷板。

前面板上有电压旋钮开关和电压表、电流旋钮开关和电流表。

(3)交流电源屏 2

交流电源屏 2 提供交流 380 V 三相电源,是交流转辙机的动作电源。其结构如图 7-44 所示,由交流输入插框、模块插框、交流输出插框组成。

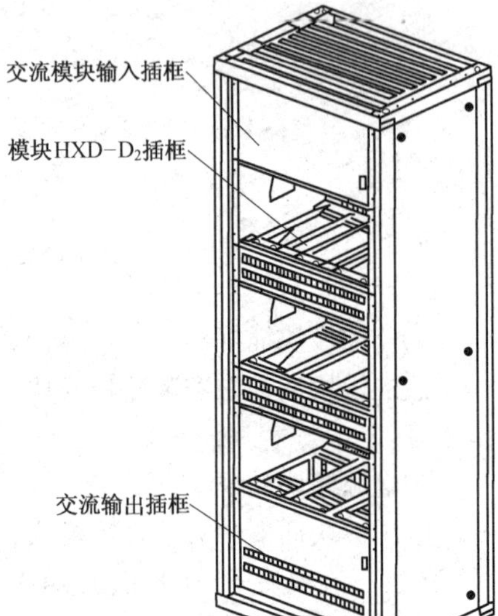

图 7-44　交流电源屏 2

①交流输入插框

交流输入插框完成两路交流输入电源切换控制和

系统的输入防雷。正面有交流输入空气开关、D级防护盒、接地汇流排和零线汇流端子排等。背面有两组接触器、两路交流相线汇流端子排等。

②电源模块插框

电源模块插框中安装两块 HXD-D_2 型交流转辙机模块。

③交流输出插框

交流输出插框内有三相变压器、交流输出空气开关、端子排等，背面有空开检测板。

两路三相交流电源切换电路如图7-45所示。两路三相交流电源引至模块转接备板，由两块 HXD-D_2 型交流转辙机模块进行交流稳压后，经两个交流接触器 KM_1、KM_2 控制交流电的接入或断开。KM_1、KM_2 是电气互锁的。前面板上有两路三相交流电源指示灯。

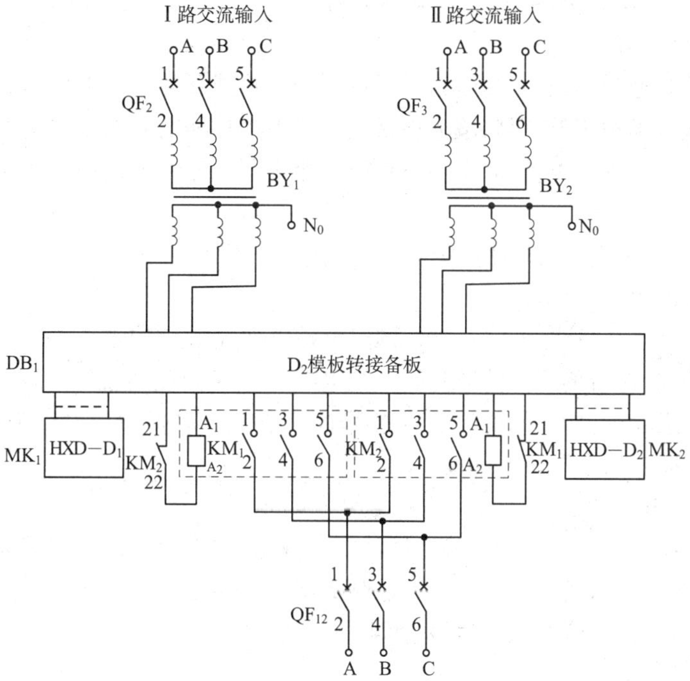

图7-45 两路三相交流电源切换电路

第二节 UPS

许多重要的用电设备，如计算机系统，对供电质量的要求非常高，要求不间断供电，而且电压稳定、频率稳定、波形无畸变，这就需要采用UPS。

一、UPS概述

1. UPS的基本概念

不间断供电系统又称不间断电源或不停电电源，英文缩写为UPS(Uninteruptable Power System)，是一种现代化电源设备。

两路电源转换过程中至少要中断供电几十毫秒，这对一般的继电设备没有严重影响。但对于计算机系统及计算机控制的负载,它们对供电的质量和可靠性有着更严格的要求,不允许有3~5 ms的中断供电。否则,计算机正在处理的信息便会丢失或发生错误。此外,供电电压、频率、波形的变动,也会使计算机造成错码、漏码而无法正常工作。

计算机已经越来越广泛地应用于轨道交通信号领域的各个方面,对于应用计算机的各信号系统,必须配备UPS,以保证不间断供电,使系统正常工作。

2. UPS的功能

UPS的主要功能有两路电源无间断切换、隔离干扰、电压变换、频率变换和后备功能。

(1)两路电源无间断切换。两路电源可通过UPS实现无间断切换。

(2)隔离干扰。在UPS中,交流输入电源经整流后由逆变器对负载供电,可将电网电压的瞬时间断、谐波、电压波动、频率波动、噪声等各种干扰与负载隔离,使电网的干扰不影响负载,而且负载也不干扰电网。

(3)电压变换。通过UPS,可将输入电源的电压变换成所需要的电压。

(4)频率变换。通过UPS,可将输入电源的频率变换成所需要的频率。

(5)后备。UPS中的蓄电池储存一定有能量,市电间断时蓄电池将通过逆变器继续供电。

3. UPS分类

UPS通常分为后备式和在线式两类。

(1)后备式UPS

市电正常时,市电经滤波后送给负载,同时给蓄电池充电;市电断电时,逆变器将蓄电池的直流电转换为交流电送给负载。转换时间由继电器动作时间和逆变器启动时间决定,一般要求在10 ms以内。后备式UPS的优点是电路简单、价格较低。但由于存在转换时间,输出电压易受电网波动的影响,供电质量不够高。

(2)在线式UPS

市电正常时,输入的交流电先经输入滤波器滤除电网中的污染,再经整流滤波,给蓄电池充电,也给逆变器供电,由逆变器输出稳压稳频的交流电供给负载;市电断电时,逆变器将蓄电池提供的直流电变换为交流电供给负载,实现不间断供电。

4. UPS的发展趋势

UPS的发展趋势是智能化、高频化、绿色化。

(1)智能化

智能化的UPS由普通UPS加上微型计算机组成。微型计算机通过对各类信息的综合分析,完成UPS的正常控制功能,而且可以对UPS进行实时监测、故障诊断、记录数据,自我保护,实现无人值守。能根据不同的蓄电池的要求,进行不同方式的充电。

(2)高频化

第三代UPS的功率开关采用功率场效应管,其开关速度高,变换电路频率的提高,大大减小了滤波电感和电容,提高了UPS的效率、精度和动态响应特性,减小了体积和噪声。

(3)绿色化

UPS除设高效输入滤波器外,还采用功率因数校正技术,消除整流滤波电路的谐波电流,使UPS的输入功率因数高达0.98,减小了对电网的污染。

二、在线式 UPS

1. 在线式 UPS 工作原理

在线式 UPS 由整流滤波电路、逆变器、输出变压器及滤波器、静态开关、充电电路、蓄电池组、控制监测显示告警及保护电路组成,如图 7-46 所示。在线式 UPS 的输出电压通常为正弦波。

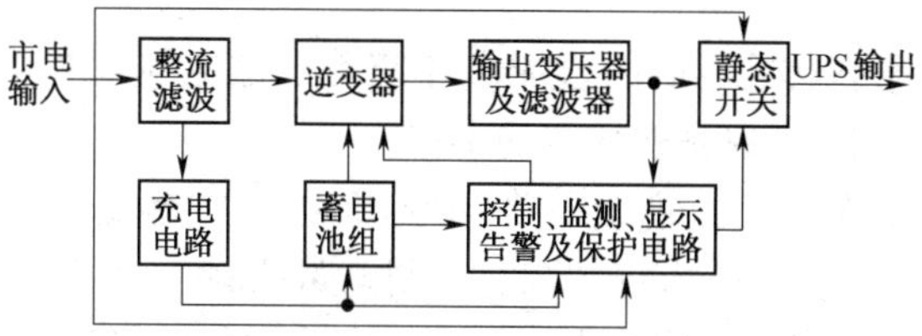

图 7-46 在线式 UPS 原理框图

市电正常时,输入电压经整流滤波后向逆变器供电,同时,整流电压经充电器给蓄电池浮充电。此时,市电经整流滤波器、逆变器、静态开关给负载供电,并由逆变器稳压稳频。

市电故障(断电、电压过高或过低)时,逆变器将蓄电池的直流电变换成交流电,并通过静态开关输出至负载。

市电正常而逆变器故障或输出过载时,静态开关切换至市电端,由市电给负载供电。如果系因逆变器故障引起,UPS 将发出报警。如果因过载引起,过载消失后,静态开关重新切换至逆变器端。

控制、监测、显示、告警及保护电路提供逆变、充电、静态开关转换所需控制信号,并显示各自的状态。UPS 出现过压、过流、短路、过热时,及时报警并提供相应保护。例如,负载短路时,保护电路及时关断逆变器,使其得到保护,此时静态开关也不转换至市电端,而且待短路消失后,重新启动逆变器。

在线式 UPS,无论市电是否正常,均由逆变器供电,所以市电故障时,UPS 的输出不间断。

2. 在线式 UPS 的组成

(1)输入整流滤波电路

UPS 中,整流电路有单相不可控整流电路、单相可控整流电路、三相不可控整流电路、三相可控整流电路。滤波电路通常采用 LC 滤波器。

(2)功率因数校正电路

UPS 中,市电经整流后均采用 LC 滤波,整流电路输出端还并有蓄电池组。在电容器或蓄电池充电时将形成脉冲电流,该电流峰值高且产生高次谐波,为此需设功率因数校正电路,使电网输入电流变为与输入电压同相位的正弦波,以提高功率因数。

(3)蓄电池组

市电正常时,蓄电池充电以储存能量;市电中断时,蓄电池放电维持逆变器的工作。目前中小型 UPS 中多使用阀控式铅酸蓄电池。

(4)充电电路

UPS 中,充电电路一般是独立工作的,即使不用逆变器,只要接通交流电源,充电电路就开始工作。

在线式 UPS 一般采用分级充电电路,充电初期采用恒流充电。当蓄电池端电压达到浮充电压后，立即转为恒压充电，直到蓄电池被充足电。因此充电电路有电流反馈和电压反馈两个反馈回路。

采用电流型 PWM 集成控制器控制由场效应管、电感、二极管和电容器组成的升压变换器，构成一个具有限流稳压功能的开关电源。只要正确设定额定电压、浮充电压、恒流充电电流，就能使蓄电池沿理想的充电曲线充电，从而延长蓄电池的寿命。

(5)逆变器

逆变器的作用是将市电整流后的直流电压或蓄电池电压变换为交流电压。在线式 UPS 均采用正弦脉宽调制技术，来控制逆变器的工作。

在线式 UPS 采用的单相桥式逆变电路，由直流电源 E、输出变压器 T、场效应管 $V_{T1}\sim V_{T4}$ 组成，如图 7-47 所示。逆变电路由正弦脉宽调制电路控制。

单相桥式逆变电路按工作方式分为同频逆变电路和倍频逆变电路，现以同频逆变电路为例介绍其工作原理。

在同频逆变电路中，场效应管 V_{T1}、V_{T2}、V_{T3}、V_{T4}的栅极 G_1、G_2、G_3、G_4 分别加上正弦脉宽触发信号，如图 7-48 所示。

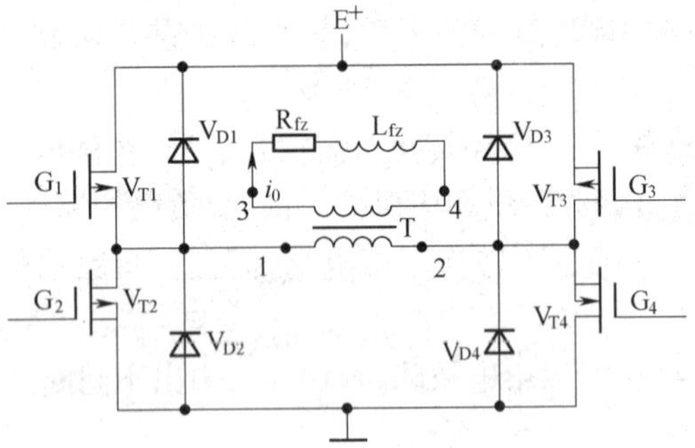

图 7-47　单相桥式逆变电路

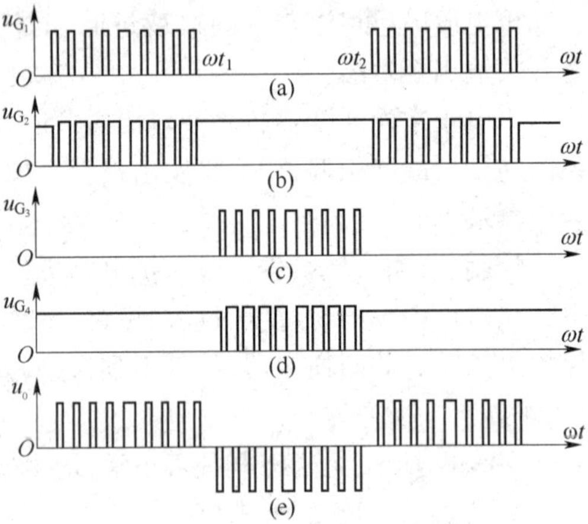

图 7-48　同频逆变电路波形

在 $\omega t_0\sim\omega t_1$ 期间，u_{G_1} 与 u_{G_2} 为一组相位相反的脉冲，u_{G_3} 为 0，u_{G_4} 高电位；在 $\omega t_1\sim\omega t_2$ 期间，u_{G_3} 与 u_{G_4} 为一组相位相反的脉冲，u_{G_1} 为零，u_{G_2} 高电位。

V_{T1} 栅极出现第一个脉冲时，V_{T2} 栅极第一个脉冲消失，V_{T1}、V_{T4} 导通，V_{T2}、V_{T3} 截止，输出变压器初级有电流流动，在变压器次级产生感应电压。

V_{T1} 栅极第一个脉冲消失，V_{T2} 出现第二个脉冲，V_{T1} 截止，此时 V_{D2} 在正向电压作用下，它导通，由于 V_{T4} 导通，于是变压器初级被短路，次级没有感应电压。

以上过程反复出现，在逆变器输出端即产生脉宽调制电压，其波形如图 7-48(e)所示。它的脉冲频率与驱动信号($u_{G_1}\sim u_{G_4}$)脉冲频率相同，故称为同频逆变电路。

(6)静态开关电路

静态开关的作用是保护 UPS 和负载，实现市电旁路供电和逆变器供电的转换。UPS 过载时，为保护逆变器，只要市电正常 UPS 就通过静态开关将输出转换至市电；逆变器故障时，为保证负载不断电，UPS 也通过静态开关将输出切换至市电。

由于 UPS 内部有同步锁相电路，同时静态开关转换时间很短，所以在转换过程中不会出现供电间断。

UPS 若采用快速继电器作为转换开关，则存在转换时间，即继电器的动作时间。

UPS 供电的不间断，在很大程度上依赖于静态开关的切换性能。

静态开关的主电路由两只闸晶管反向并联组成，分别用来通过交流电的正、负半周电流。静态开关分为转换型和并机型两类。

单相转换型静态开关如图 7-49 所示。用四只晶闸管，逆变器输入端接两只，备用电源输入端接两只，组成两组静态开关。静态开关的作用相当于一只单极双投开关。这种静态开关，只允许给两个静态开关中的一个加触发脉冲。为使主电源和备用电源之间能通过静态开关互相切换，两电源必须同步。否则，切换时将出现波形异常，对负载来说实际上产生供电中断。

并机型静态开关如图 7-50 所示。晶闸管 SCR_1 和 SCR_2 反向并联组成静态开关 K_1，SCR_3 和 SCR_4 反向并联组成静态开关 K_2。市电和逆变器输出电压的频率、相位和幅度相同。在两电压正半周内，SCR_1、SCR_3 承受正向电压，触发脉冲加入后它们即导通，两电压通过此两晶闸管加至负载两端。在两电压负半周内，SCR_2、SCR_4 导通，两电压通过它们加至负载两端。当任一电源故障时，接在该电源中的静态开关自动关闭，因此两电源不会产生环流。如果两交流电源不同步，则可能产生环流（如图中的 i），会损坏晶闸管。因此要求两电源在同步情况下才能切换。

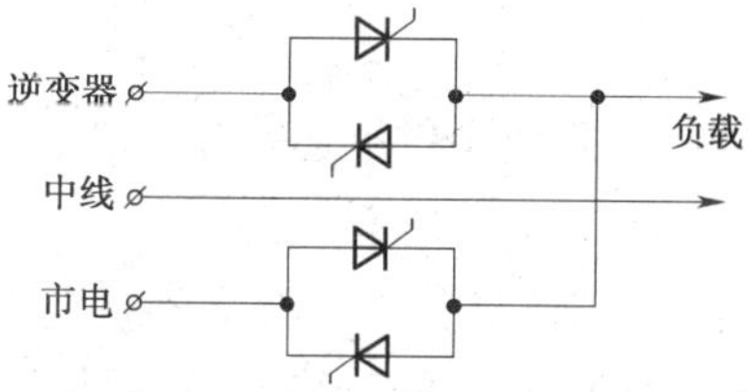

图 7-49　单相转换型静态开关

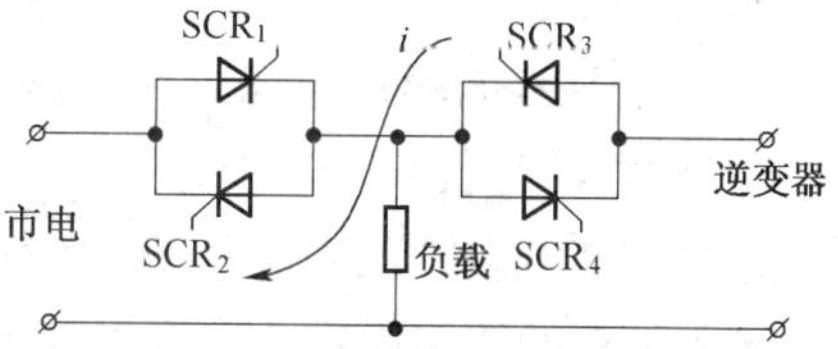

图 7-50　并机型静态开关

①双闭环控制电路

为提高逆变器的精度，改善输出电压波形，UPS 常采用电压闭环控制和波形闭环控制电路。电压闭环控制电路由直流电压检测电路、给定电压、误差放大器组成。由直流电压检测电路检测到的电压与给定电压进行比较，获得误差电压，由误差放大器放大后控制 PWM 控制器输出电压。

波形闭环控制电路由交流电压检测电压、给定电压、误差放大器组成，使 UPS 输出电压的波形与给定电压波形相同，为高质量的正弦波。

②同步锁相电路

在线式 UPS 的同步锁相电路由晶体振荡器、分频器、同步信号选择器、同步跟踪电路等组成，石英晶体振荡器作为稳定度很高的频率源，由分频器分频得到内振方波。同步信号选择器用以选择同步信号，当市电频率在49. 5 ~50. 5 Hz范围内时，市电方波作为同步信号；频率超出 49. 5 ~50. 5 Hz 范围时，50 Hz 内振方波作为同步信号。同步跟踪电路使压控振荡信号与输入信号同频率同相位。

（7）控制、监测、显示及保护电路

控制电路主要有 SPWM 产生电路、闭环调压电路、同步锁相电路等，以控制 UPS 输出电压的精度、波形失真度及工作可靠性。

为使 UPS 可靠工作，还应具有完善的保护电路，一般的 UPS 中都有：蓄电池电压过低保护电路、逆变器输出过载或短路保护电路、逆变器过压自动保护电路、市电电压过高自动保护电路、UPS 延迟启动保护电路等。

为掌握和了解 UPS 的工作状态和运行情况，还设有监测电路、显示电路及报警电路。

3. 在线式 UPS 的主要特点

在线式 UPS 在市电正常和市电中断期间，均由逆变器对负载供电，可完全消除市电电压波动和干扰对负载的影响。当市电中断时，能实现真正的不间断供电。当市电电压在 180 ~ 250 V 变化时，在线式 UPS 的输出电压可稳定在 220 V ±6.6 V，工作频率稳定在 50 Hz ±0.5 Hz，波形失真系数小于 3%。

在线式 UPS 具有优良的输出电压瞬态特性，一般在负载 100% 加载或 100% 减载时，输出电压变化小于 5%，且持续时间为 1 ~ 3 个周波。在线式 UPS 一般采用 20 kHz 的脉宽调制技术，噪声小于 50 dB。

在线式 UPS 由于采用输入变压器、输出变压器及光电耦合器件，可实现控制部分与供电部分的电气隔离，可靠性大大提高，故障率很低。

三、UPS 的应用

1. UPS 的选用

选用 UPS 主要考虑的是波峰因数、蓄电池后备时间，以及集中供电还是分散供电。

(1) 波峰因数的选择

选用 UPS 时，要根据负载的总容量和负载的功率因数来确定 UPS 的标准容量。UPS 额定容量一般是在负载的功率因数为 0.8 的情况下制定的，而 UPS 的负载绝大部分是计算机，计算机大都采用开关电源，开关的功率因数通常只能达到 0.6 ~ 0.65。因此选用 UPS 容量时，一定要考虑功率因数。由于负载的功率因数很难算出，所以 UPS 技术规范中都给出了波峰因数比这个极重要的指标，波峰因数越高，UPS 承受非线性电流的能力越强，一般波峰因数比应大于 3:1。

(2) 蓄电池后备时间选择

一般情况下，选择后备时间时，选取满载工作时间为 10 min、15 min 或 30 min 即可。由于大容量蓄电池价格昂贵，在停电时间较长的场合，最好选择有外接蓄电池功能的 UPS，以确保长时间供电。

(3) 集中供电、分散供电方案的选择

多个负载需要 UPS 供电时，如负载较集中，为便于管理，一般用一台大功率 UPS 集中供电。若要提高可靠性，可用两台大功率 UPS 供电。

2. UPS 的安装

(1) UPS 的安放位置

为延长蓄电池的寿命，蓄电池应安装在环境温度为 15 ℃ ~ 25 ℃ 的室内，湿度也不能太大。UPS 应加保护罩，其左右侧要留有 50 mm 空间，后面留有 100 mm 空间，以保证通风良好，前面应留有足够的操作空间。

外置蓄电池柜应与 UPS 放在一起。

(2)UPS的连接

UPS与市电、负载的连接应做到:UPS的输入参数与市电的电压,频率一致;接入UPS的零线与规定的相一致;负载功率应小于UPS的输出功率。

(3)电缆截面的选择

安装UPS的导线一般采用铜芯橡皮绝缘电缆,选择导线截面时应考虑:符合电缆使用的安全标准;符合电缆的温升要求;满足电压降要求。

第三节 蓄电池

蓄电池能把电能变为化学能储存起来,使用时再把化学能转变为电能放出来。电能变为化学能的过程,称为蓄电池的充电。化学能变为电能的过程,称为蓄电池的放电。其充放电过程可重复多次。按电解液性质的不同,分为酸蓄电池和碱蓄电池。

铅蓄电池已有一百多年的历史,由于它具有电压稳定、供电可靠、原料丰富、造价较低、电气性能良好的优点,曾得到广泛应用。但普通铅蓄电池在使用过程中,需要经常加水、补酸,还会产生腐蚀性气体,污染环境,损伤人体和设备,其运用受到很大限制,近年来,出现了免维护阀控铅蓄电池,大量使用于UPS及电源领域。阀控铅蓄电池以其密封好、无泄漏、无污染,能保证安全,而且在整个使用过程中无须任何维护等优点,使铅蓄电池得到新的发展。

一、阀控铅蓄电池的结构

阀控铅蓄电池的结构如图7-51所示,由正极板、负极板、隔板、电解液、安全阀和气塞、外壳等部分组成。

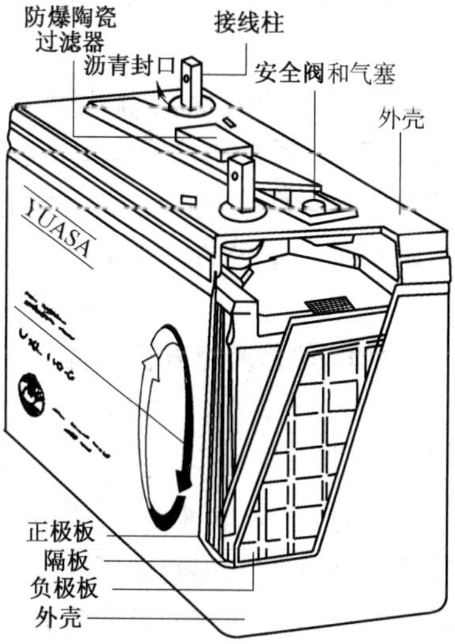

图7-51 阀控铅蓄电池的结构

1. 极板

正、负极板均采用涂浆式极板,由板栅和活性物质组成。板栅是活性物质的载体,并传导电流,板栅由铅钙合金铸成。正极板上的活性物质是二氧化铅,负极板上的活性物质为海绵状铅。这种极板耐酸性、强导电性好,使用寿命长。

2. 隔板

隔板的作用是保证正、负极板之间绝缘,并让电解液顺利通过,它采用超细玻璃纤维制成。

3. 电解液

铅蓄电池的电解液由纯水和纯净的浓硫酸配制而成。电解液除了与极板上的活性物质起化学反应外,还起离子导电作用。15 ℃时,电解液的密度在1.2~1.22 g/cm^{3}之间。

4. 安全阀和气塞

蓄电池顶部装有安全阀,当蓄电池内部气压达到一定数值时,安全阀自动开启,排出气体。而当蓄电池内部气压低于一定数值时,安全阀自动关闭。顶盖上还有内装陶瓷过滤器的气塞,可防止酸雾从蓄电池逸出。

5. 容器

容器是铅蓄电池的外壳，它必须耐酸、绝缘，有足够的机械强度，一般用硬橡胶、塑料、有机玻璃、无机玻璃等材料制作。

正、负极板接线端子用铅合金制成，采用全密封结构且用沥青封口。在阀控铅蓄电池内，电解液全部注入极板和隔板中，蓄电池内没有流动的电解液，即使外壳破裂，蓄电池也能正常工作。

二、铅蓄电池的工作原理

1. 铅蓄电池电动势的产生

稀硫酸在水中被电离成氢离子（H^+）和硫酸根离子（SO_4^{2-}）。

正极板上二氧化铅（PbO_2）与稀硫酸作用，产生四价的铅离子（Pb^{4+}）留在极板上，使正极板带正电，产生了电极电位。

负极板上的海绵状铅由二价铅离子（Pb^{2+}）和电子组成，浸入稀硫酸溶液后，铅离子进入溶液，极板上留下自由电子，使负极板带负电，也产生电极电位。

这样，由于正、负极板与电解液之间分别产生了电极电位，正、负两极间的电位差，就是蓄电池的电动势。

2. 放电过程中的电化学反应

放电过程中，负极的铅原子失去两个电子，变成二价铅离子（Pb^{2+}），电解液中的硫酸分子离解为氢离子（H^+）和硫酸根离子（SO_4^{2-}）。铅离子与硫酸根离子结合成硫酸铅（$PbSO_4$）分子，附着在负极板上。负极性失去的电子通过外电路流入正极。负极的化学反应方程式为

$$Pb + SO_4^{2-} - 2e \longrightarrow PbSO_4$$

此时，正极上的二氧化铅与电解液中的水分子作用，生成四价铅离子（Pb^{4+}）和氢氧根离子（OH^-），每个四价铅离子接收负极传来的两个电子生成二价铅离子（Pb^{2+}），再进入溶液与硫酸根离子结合成为硫酸铅分子附着在正极上，氢氧根离子与溶液中的氢离子（H^+）反应生成水分子。正极的电化学反应方程式为

$$PbO_2 + 4H^+ + SO_2^{4-} + 2e \longrightarrow PbSO_4 + 2H_2O$$

放电时总反应方程式为

$$\underset{\text{正极}}{PbO_2} + \underset{\text{电解液}}{2H_2SO_4} + \underset{\text{负极}}{Pb} \xrightarrow{\text{放电}} \underset{\text{正极}}{PbSO_4} + \underset{\text{电解液}}{2H_2O} + \underset{\text{负极}}{PbSO_4}$$

可见，在放电过程中，正极不断得到电子，负极不断失去电子，即形成了电流。而且正负极性上的活性物质都变成了硫酸铅，电解液中的硫酸不断消耗，水不断生成，电解液密度逐渐降低，因此，电解液密度可作为放电终了的标志。

3. 充电过程中的电化学反应

充电时，外接电源的正、负极分别接蓄电池的正、负极，当外加电压高于蓄电池的电动势时，电子即从蓄电池的正极流向负极，发生与放电时相反的电化学反应。

在充电过程中，负极上的硫酸铅电离为二价铅离子和硫酸根离子，二价铅离子得到两个电子后，还原为海绵状铅，硫酸根离子和电解液中水分子离解出来的氢离子结合为硫酸分子，化学反应式为

$$PbSO_4 + 2e \longrightarrow Pb + SO_4^{2-}$$

正极板上的硫酸铅电离为二价铅离子和硫酸根离子，二价铅离子被外接电源夺去两个电子后，成为四价铅离子，四价铅离子与水分子反应，生成二氧化铅沉积在正极板上，化学反应式为

$$PbSO_4 + 2H_2O - 2e \longrightarrow PbO_2 + SO_4^{2-} + 4H^+$$

充电时总反应方程为

$$\underset{\text{正极}}{PbSO_4} + \underset{\text{电解液}}{2H_2O} + \underset{\text{负极}}{PbSO_4} \xrightarrow{\text{充电}} \underset{\text{正极}}{PbO_2} + \underset{\text{电解液}}{2H_2SO_4} + \underset{\text{负极}}{Pb}$$

可以看出，正负极板上的硫酸铅分别变成二氧化铅和海绵状铅，电解液中水分子不断消耗，硫酸分子不断生成，电解液密度不断升高，因此电解液密度可作为充电终了的标志。

三、铅蓄电池的主要特性

1. 电动势与端电压

在开路状态下，用高阻抗电压表在常温下测得的正、负极板之间的电位差，称为蓄电池的电动势。

蓄电池在与外电路连接并有电流流过时，在正、负极两端测得的电压，称为蓄电池的端电压。

放电时，端电压低于电动势；充电时，端电压高于电动势。

2. 充电特性

用一定的电流对蓄电池充电时，蓄电池端电压的变化曲线称为充电特性曲线，如图 7-52 所示。充电初期，充电电流主要用于极板活性物质的恢复，端电压上升很快。然后，端电压在较长时间内缓慢上升。充电末期，充电电流主要用于分解水，端电压稳定在 2. 20 ~2. 25 V。

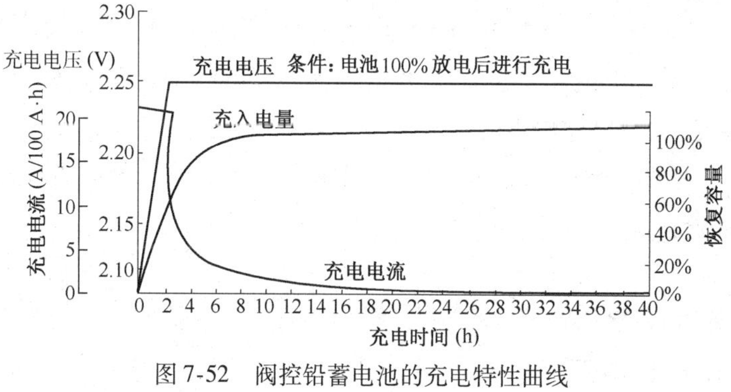

图 7-52　阀控铅蓄电池的充电特性曲线

3. 放电特性曲线

充足电的铅蓄电池以一定电流放电时，端电压的变化曲线称为放电特性曲线，如图 7-53 所示。端电压降到 1. 6 V，应立即停止放电，否则会导致极板硫酸化，缩短蓄电池的寿命。采用不同放电速率时，蓄电池具有不同的放电特性曲线。

4. 充、放电率

铅蓄电池放电到终了电压的速度，称为蓄电池的放电率，是指蓄电池在这种放电情况下所放出容量与放电电流的比值，通常以时间表示。例如，额定容量为 300 A · h 的蓄电池，用 10 h 将其容量放完，这种放电速率就称为 10 小时率，此时的放电电流称为 10 小时率电流，通常以 10 小时率作为正常放电率。放电率越高，即放电电流越大，蓄电池端电压下降的速度较快。

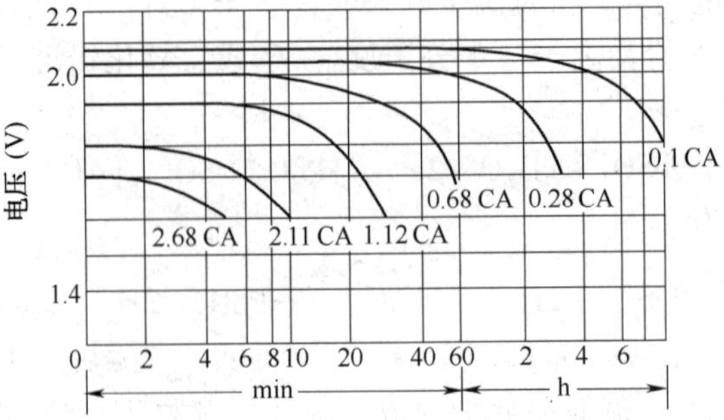

图 7-53　阀控铅蓄电池的放电特性曲线

蓄电池充电到终了电压的速率,称为充电率,是指蓄电池在这种放电情况下所充入的电量与充电电流的比值,用时间表示。通常以 10 小时率为正常充电率。充电率对铅蓄电池的端电压影响很大,充电率高,即充电电流大,铅蓄电池的端电压上升速度很快,充电终了电压较高;反之,则较低。

5. 容量

铅蓄电池的容量,标志着储存电量的多少,一般用安时(A · h)表示。

在规定工作条件下,蓄电池能放电的最低容量称为额定容量。

在特定的放电电流、电解液温度和放电终了电压等条件下,蓄电池实际放出的电量称为实际容量。

影响蓄电池容量的主要因素是放电电位、电解液的温度和浓度。同一铅蓄电池在不同放电率下,放出的容量不同:放电率越高,蓄电池放出的容量越小;反之,则放出的容量就大。为避免深度放电,放电率低于正常放电率时,要适当提高放电终了电压。在 −15 ℃ ~ +45 ℃范围内,电解液温度越高,蓄电池放出的容量越大。电解液必须有一定的浓度,才能保证蓄电池有足够的容量。但密度高于 1.30 g/cm^3 时,电解液对极板和隔板的腐蚀作用增大,会使蓄电池容量下降,寿命缩短。

6. 自放电

在外电路断开时,蓄电池容量自然损失,称为自放电。铅蓄电池的自放电较严重,通常每昼夜可损失额定容量的 2% 左右。

7. 效率和寿命

铅蓄电池的效率通常为容量效率和电能效率。容量效率是放出的容量与充电的容量之比,通常在 84% ~93% 之间。电能效率是放电时输出的电能与充入的电能之比,通常在 71% ~79% 之间。铅蓄电池在使用中,由于活性物质脱落、硫酸化及隔板腐蚀等原因,容量将逐渐降低。容量降低到额定容量的 70% ~80% 后,就认为寿命结束了,阀控铅蓄电池寿命一般为 10 ~20 年。

四、阀控铅蓄电池的应用

阀控铅蓄电池应用不当,尤其是充放电控制不合理,将损坏蓄电池或缩短其使用寿命。为延长蓄电池的使用寿命,必须严格按要求充电和放电。

1. 初充电

新蓄电池启用前的活化充电,称为初充电。新蓄电池通常不带电解液,启用时才灌入。经过静置、浸泡、充电和放电,使活性物质充分活化后,才能投入使用。初充电的好坏,直接影响蓄电池的容量。

在完成充电前的检查,配灌电解液,静置浸泡 5 ~10 h 后,可以对蓄电池充电,初充电第一阶段用 10 小时率充电电流连续充电 25 h,当单体蓄电池端电压达 2. 5 V 时,改用 20 小时率电流继续充电 30 ~50 h,待端电压升至 2. 7 ~2. 8 V 且在 3 h 内稳定不变,即可停止充电。

初充电完成后,再以 10 小时率电流放电,只要蓄电池组中有一只放电终了,即停止放电。蓄电池的端电压降至 1. 8 V,即可认为是放电终了。

放完电后,应立即进行正常充电,才可投入使用。要经过 8 ~10 次充放电循环,蓄电池的容量才会达到最大值。

2. 正常充电

铅蓄电池放完电后,24 h 内必须充电,这种充电称为正常充电。蓄电池部分放电,输出容量不足额定容量的一半,但时间已持续一周者,或一个月内蓄电池未放电,为防止极板硫酸化,也应进行正常充电。

正常充电通常采用两阶段分级恒流法。第一阶段,用 10 小时率电流充电 5 ~6 h,直到单体蓄电池电压达 2. 4 V;第二阶段用 20 小时率电流充电,直到充电终了。

3. 快速充电

正常充电时充电时间过长,很不方便。为缩短充电时间,可采用 1C(C 为蓄电池容量)以上的脉冲电流,在短时间内(1 ~2 h)把蓄电池充好电,这种方法称为快速充电。

4. 浮充充电

在电源系统中,为确保直流电源不间断,通常采用整流器(充电器)与蓄电池并联供电的方式,即为浮充供电方式。在浮充状态下,充电电流主要用于补偿蓄电池自放电而损失的电量。蓄电池组长期处于浮充状态,为了不影响其寿命,必须正确设置浮充电压,以保证蓄电池内不产生气体。在环境温度为 25 ℃时,标准型单体阀控铅蓄电池的浮充电压通常设置在 2. 25 V,允许变化范围 2. 23 ~2. 27 V。浮充电压设置过高,蓄电池长期处于过充电状态;浮充电压设置过低,蓄电池长期处于欠充电状态,都将使蓄电池的容量下降,寿命缩短。蓄电池放完电后,先用恒定电流充电,当蓄电池电压达到设定的浮充电压时,自动转入恒压充电。此后,充电电流逐渐减小,蓄电池逐渐恢复至额定容量。

在浮充状态下,为保证阀控蓄电池既不过充电,也不欠充电,除了设置合适的浮充电压外,还必须随着环境温度的变化适时调整浮充电压。浮充电压的温度系数约为 -3 mV/℃。

在浮充状态下,蓄电池能正常供电的时间,称为浮充寿命。环境温度的升高,将缩短蓄电池的浮充寿命。为延长寿命,蓄电池应安装在有空调的房间内,各单体蓄电池之间应留有一定空隙,还应避免阳光照射,远离热源。

5. 均衡充电

蓄电池深度放电或长期浮充供电时,单体蓄电池的电压和容量可能出现不平衡,为消除这种不平衡,必须适当提高充电电压,此种充电称为均衡充电。

阀控铅蓄电池遇有下列情况之一时:两只以上单体蓄电池的浮充电压低于 2. 18 V;放电深度超过 20%(放出的电量超过额定容量的 20%);闲置时间超过3 个月;全浮充时间超过 3 个月,应进行均衡充电。

一般经过三个月到半年，蓄电池才进行一次均衡充电。

均衡充电时，通常采用恒压限流充电法。环境温度为 25 ℃时，单体阀控铅蓄电池的均衡充电电压设置在 2.35 V，充电电流应不小于 $0.25C_{10}$ A（C_{10}为蓄电池 10 小时率放电量）。

当环境温度变化时，均衡充电电压应随之改变。通常，环境温度每升高 10 ℃，单体蓄电池的均衡充电电压下降 3 mV。

均衡充电的时间与充电电压和充电电流有关，为了延长蓄电池的使用寿命，必须精确地设置均衡充电的时间。

均衡充电结束后，蓄电池必须立即转入浮充状态，否则将会因严重过充电而影响蓄电池的寿命。

6. 补充电

蓄电池长期开路存放时，其容量将因自放电而损失，为了保证足够的容量，使用前应根据蓄电池的开路电压，判断蓄电池的剩余容量，采用不同的方法对蓄电池进行补充电。在蓄电池存放过程中，每隔三个月或半年，应进行一次补充电。

7. 循环充电

蓄电池循环使用时，放出一定电量后应及时充电，这种充电称为循环充电。

蓄电池循环使用时，放出的电量通常远大于额定容量的 20%，为使活性物质充分进行化学反应。充电电压应略高于均衡充电电压，一般设置在 2.40 ~ 2.45 V，充电电流限制在 $0.25C_{10}$ A 以内。循环充电电压也应根据环境温度而变。

8. 放电

蓄电池组过放电后，各单体蓄电池的电压和容量将不平衡，出现落后电池。过放电越严重，下次充电时落后电池越不易恢复，将严重影响蓄电池组的寿命。为避免过放电，必须精确设定蓄电池的放电终止电压。

复习思考题

1. 信号设备对供电有哪些基本要求？
2. 电源如何分类？负荷如何分级？
3. 什么是信号智能电源屏？有哪些技术特征？
4. 简述变压器的结构和工作原理，其在城市轨道交通信号系统中有哪些应用？
5. 三相变压器有何特点？
6. 电流互感器的结构有何特点？使用时要注意哪些？
7. 简述交流接触器的结构和工作原理。
8. 简述断路器的结构和工作原理。
9. 什么是电力电子技术？包括哪些技术？
10. 简述逆变技术的基本工作原理。
11. 简述锁相技术的基本工作原理。
12. 简述脉宽调制技术的基本工作原理。
13. 简述软启动技术的基本工作原理。
14. 简述功率因数校正技术的基本工作原理。

15. 简述直流变换器的基本工作原理。
16. 简述并联均流技术的基本工作原理。
17. 简述开关电源的基本组成,开关电源有哪些特点?
18. 简述直流模块的组成和工作原理。
19. 简述交流模块的组成和工作原理。
20. 简述监控模块的组成和工作原理。
21. 什么是 UPS? 有哪些功能? 如何分类?
22. 简述在线式 UPS 的组成和工作原理。
23. UPS 如何应用?
24. 简述阀控铅蓄电池的结构和工作原理。
25. 简述铅蓄电池的主要特性,如何正确应用?

第八章　光、电缆

第一节　正线用的光、电缆

一、阻燃电缆

城市轨道交通因相当多的部分位于地下，故对于电缆的要求较高，一般要求采用无卤低烟阻燃电缆，以防止火灾。

阻燃电缆的型号由产品燃烧特性代号和相关电线电缆型号组成，表示方式为：燃烧特性代号—相关电线电缆型号。燃烧特性代号的意义见表 8-1；相关电缆型号的意义见表 8-2，WDZB 表示无卤低烟阻燃 B 类电缆。

表 8-1　燃烧特性代号的意义

代　号	名　称	代　号	名　称
Z	阻燃	D	低烟
ZA	阻燃 A 类	W	无卤
ZB	阻燃 B 类		
ZC	阻燃 C 类		
ZD	阻燃 D 类		

表 8-2 电缆型号的意义

型　号	名　称	型　号	名　称
P	信号电缆	V	聚氯乙烯护套
T	铁路	S	双绞
A	综合护套	R	热塑
L	铝护套	P	屏蔽
Y	聚乙烯或聚烯烃绝缘(护套)	JZ	计轴
YJ	交联聚乙烯或聚烯烃绝缘(护套)	23	钢带铠装聚氯乙烯外护套

二、各种设备用的电缆

各种设备用的电缆种类、型号及含义、截面积见表 8-3。

表 8-3　各种设备用的电缆种类、型号及含义、截面积

序号	种　类	型　号	含　义	截面积(mm^2)
1	信号机点灯等电缆	WDZC-PTYA23	聚乙烯绝缘铝护套钢带铠装聚氯乙烯外护套铁路信号电缆	0.785、1.0、1.5、2.5

续上表

序号	种　类	型　号	含　义	截面积(mm^2)
2	TDT 电源电缆	WDZC-RYY	聚乙烯绝缘聚氯乙烯护套热塑电缆	1×25、2×1.5、2×2.5、2×4、3×2.5、3×4
3	TDT 数据电缆	WDZC-RYYP	聚乙烯绝缘聚氯乙烯护套热塑屏蔽电缆	2×0.4、4×0.5
4	计轴电缆	WDZC-PJZYL23	聚乙烯绝缘铝护套钢带铠装聚氯乙烯外护套计轴信号电缆	4×1.0、4×1.4
		DWZ-GJYQA23	聚乙烯绝缘综合护套钢带铠装聚氯乙烯外护套计轴信号电缆	0.9、1.5、2.5
5	计轴尾缆	WDZC-LEU-BSYPY	聚乙烯绝缘聚乙烯护套双绞屏蔽电缆	1×2×1.14
6	应答器电缆	WDZC-LEU-BSYL23	聚乙烯绝缘铝护套钢带铠装聚氯乙烯外护套双绞电缆	1×2×1.53
7	应答器尾缆	WDZC-LEU-BSYPY	聚乙烯绝缘聚乙烯护套双绞屏蔽电缆	1×2×1.14
8	AP 点电源电缆	WDZC-YJY23	聚烯烃绝缘双钢带铠装聚烯烃外护套电力电缆	1×2.5、1×4、1×10、1×16、2×2.5、2×6、2×10
9	AP 的轨旁电话电缆	DWZ-PJYA23	聚烯烃绝缘综合护套双钢带铠装聚烯烃外护套信号电缆	1.0 mm(线径)
10	无人自动折返按钮电缆	WDZC-PTYA23	聚乙烯绝缘综合护套铠装聚乙烯外护套铁路信号电缆	1.0 mm(线径)

1. 信号机等用的电缆

信号机、转辙机、无人自动折返按钮、紧急关闭按钮、车控室 IBP 盘、安全门设备室，以及集中站与非集中站之间的站间联系电缆，采用 WDZC-PTYA23 型阻燃聚乙烯绝缘综合护套铠装聚乙烯外护套信号电缆或 WDZC-PTYL23 型阻燃聚乙烯绝缘铝护套铠装聚乙烯外护套信号电缆。一般线径为 1.0 mm(线阻 23.5 Ω/km)。

用于信号机的电缆，电缆长度 2 000 m 以下，截面积为 0.785 mm^2；电缆长度 1 001 ~1 300 m，截面积 1.0 mm^2；电缆长度 1 301 ~2 000 m，截面积 1.5 mm^2；电缆长度 2 001 ~5 000 m，截面积 2.5 mm^2。

用于转辙机的电缆，电缆长度 2 000 m 以下，截面积为 0.785 mm^2；电缆长度 2 001 ~2 500 m，截面积 1.0 mm^2；电缆长度 2 501 ~4 000 m，截面积 1.5 mm^2；电缆长度 4 001 ~7 000 m，截面积 2.5 mm^2。

用于安全门的电缆，电缆长度 1 000 m 以下，截面积为 1.0 mm^2；电缆长度 1 001 ~1 500 m，截面积 1.5 mm^2；电缆长度 1 501 ~7 500 m，截面积 2.5 mm^2。

2. TDT 用的电缆

TDT 的电源电缆采用 WDZC-RYY 型电缆，截面积 3×1.5 mm^2。

TDT 的数据电缆采用 WDZC-RYYP 型电缆，截面积 4×1.0 mm^2。

3. 计轴设备用的电缆

TCB(KAD)盒至室内连接电缆为 WDZR-PJZYL23-4×1.0(通信 4 线组)型阻燃电缆和 WDZR-PJZYL23-4×1.4 型阻燃电缆(KAD-6 至室内主机所用电缆)，除注明 1.4 mm 外均为 1.0 mm。供电与信息传输共缆。当采用 DWZ-GJYQA23 型阻燃电缆时，电缆长度 5 000 m 以下，截面积为 0.9 mm^2；电缆长度 5 001～7 000 m，截面积 1.5 mm^2；电缆长度 7 001～9 000 m，截面积 2.5 mm^2。

TCB（KAD）盒与计轴磁头的连接电缆（尾缆）采用 WDZC-LEU-BSYPY-（1×2×1.14）型双绞屏蔽电缆。尾缆长度包括 5 m、10 m、20 m 三种规格。

4. 应答器用的电缆

分线箱（FXX）或 HZ12 电缆盒至室内连接电缆（LEU 电缆）为 WDZC-LEU-BSYL23-（1×2×1.53）型高性能 LEU 电缆。无加芯要求。

可变应答器自带有长度为 10 m 的尾缆，与分线箱（FXX）或 HZ12 电缆盒相连。尾缆采用 WDZC-LEU-BSYPY-（1×2×1.14）型双绞屏蔽电缆，并有蛇管防护。

5. AP 用的电缆

AP 点的电源电缆采用 WDZC-YJY23-3 芯电缆，为无卤低烟阻燃聚烯烃绝缘双钢带铠装无卤低烟阻燃聚烯烃护套电力电缆。单芯截面积有 2.5 mm^2、4 mm^2、10 mm^2、16 mm^2。电缆长度不超过 2 km 时采用 2×2.5 mm^2 电缆；电缆长度 2 km（不含 2 km）至 5.5 km 时，采用 2×6 mm^2 电缆；电缆长度超过 5.5 km 时，采用 2×10 mm^2 电缆。

单个 AP 点电源配电盒直接与室内设备室相连的，一般采用 2.5 mm^2 的电缆。两个以上 AP 点串联或并联的，电源配电盒与室内设备室及电源配电盒之间采用 4 mm^2 的电缆。

电源配电盒至 AP 箱的电源电缆采用 2.5 mm^2 的 WDZC-YJY23-3 芯电缆，长度为 3 m。

AP 的轨旁电话电缆采用 DWZ-PJYA23 型电缆。

6. 无人自动折返按钮电缆

无人自动折返按钮电缆采用 WDZC-PTYA23 型阻燃聚乙烯绝缘综合护套铠装聚乙烯外护套铁路信号电缆，线径 1.0 mm。

三、光　　缆

1. AP 用的光缆

光缆由所属设备集中站直接引至每个 AP 箱内，需要两路（红、蓝网分开）独立的光缆，分别与其所归属的设备集中站内红、蓝网连接，采用分缆的形式，光缆采用标准通信用室外单模光纤，为 GYSJZA-4B_1、GYSJZA-6B_1、GYSJZA-8B_1、GYSJZA-12B_1、GYSJZA-16B_1 型光缆。

AP 至自由波天线馈线采用 SUCOFEED-RF 型射频电缆。

2. ATS 网络、ATC 网络、维护网络

这些网络均采用 WDZC-GYTA53-16 型光缆。

四、室外电缆连接设备

电缆连接设备有分线箱（FXX）、终端电缆盒、变压器箱等。

1. 分线箱

隧道内因空间有限，不能采用分向电缆盒，而采用分线箱，因为分线箱可以竖直安装。

2. 变压器箱

变压器箱除了安装信号变压器、灯丝转换继电器或点灯单元、轨道变压器、电阻器、断路器等外，还设有二柱端子，可供电缆连接用。变压器箱结构如图 8-1 所示，变压器箱类型及引入电缆芯数见表 8-4。

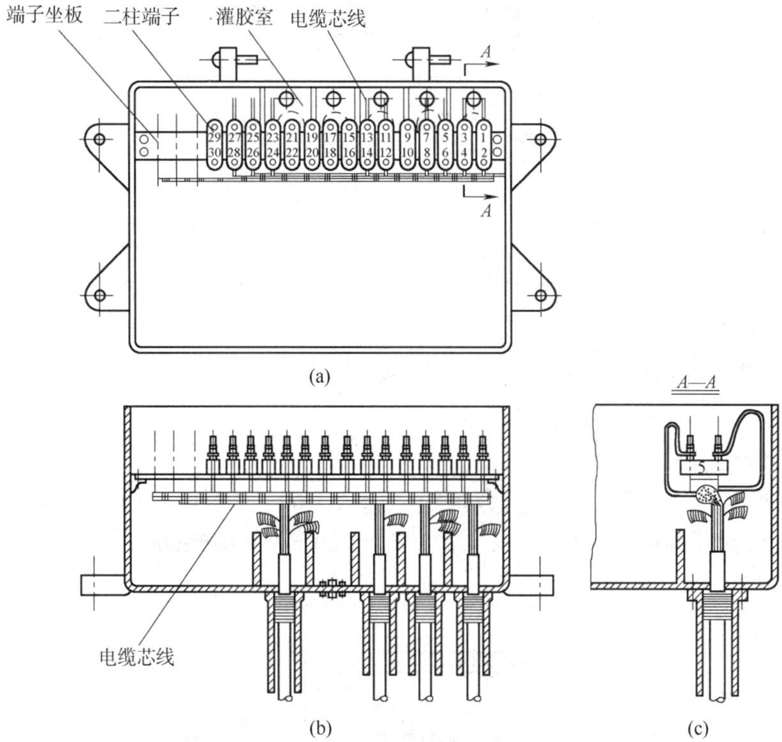

图 8-1　变压器箱结构

表 8-4　变压器箱类型及引入电缆芯数表

型号	最多可容纳数		电缆引入孔		安装尺寸(mm)	重量(kg)
	二柱端子	电缆保护管	孔径(mm)	允许电缆 PYV22(芯)		
XB_1	14	4	22×4	16×4	4 孔 ϕ14　240×520	62
XB_2	18	5	25×5	24×5	4 孔 ϕ14　240×610	82

3. 终端电缆盒

电缆盒内有六柱端子。终端电缆盒用于电缆连接信号机、转辙机等终端设备，按端子数有 HZ12 型、HZ24 型，它们的结构如图 8-2 所示。表 8-5 为终端电缆盒类型及引入电缆芯数表。

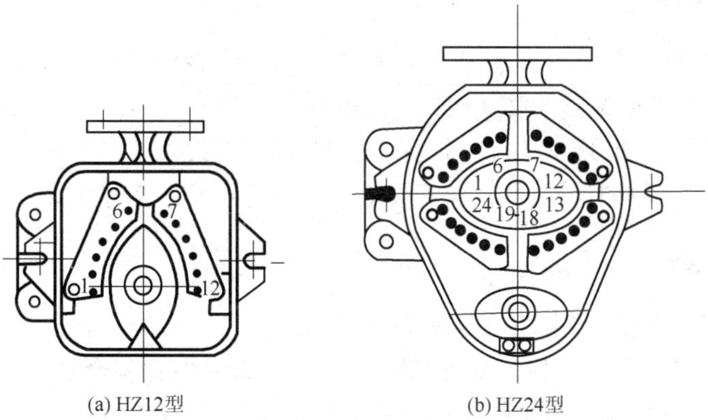

图 8-2　终端电缆盒的结构

表 8-5　终端电缆盒类型及引入电缆芯数表

型号	电缆引入孔				电线引入管			端子(个)	备　注
	个数	孔径(mm)	引入电缆(芯)		个数	孔径(mm)	引入电线(根)		
			PVV2	PYV22					
HZ12	1	28	27	30	1	25	8	12	重 10 kg
HZ24	2	24	19	21	1	30	12	24	重 20.5 kg

半高柱信号机,由分线箱引至变压器箱,矮型信号机可将变压器安装在机柜背面,出段高柱信号机采用变压器箱。

转辙机,先采用分线箱,再分两路经 HZ24 型终端电缆盒至转辙机。

应答器,由分线箱用尾缆引至应答器。

光缆由熔纤盒引入。

计轴磁头轨旁连接盒(TCB)或轨旁接线盒(KAD-6)。KAD-6 型轨旁接线盒如图 8-3 所示,由高强度复合材料制成,尺寸为:长 × 宽 × 高 = 220 mm × 199 mm × 130 mm。

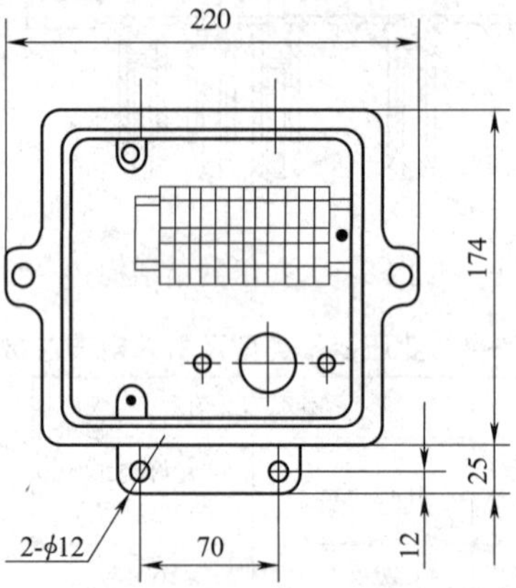

图 8-3　KAD-6 型轨旁接线盒(单位:mm)

第二节　车辆段/停车场用的电缆

一、电缆类型选择

车辆段/停车场所用信号电缆的导电芯线应采用标称直径为 1.0 mm 的软铜线,其允许工作电压不得低于工频 500 V 或直流 1 000 V。

集中联锁的信号电缆,应采用综合护套、铝护套信号电缆。

有特殊要求的设备,如计轴设备、应答器等应采用专用数字信号电缆。

二、铁路信号电缆

城市轨道交通车辆段/停车场采用铁路信号电缆。

信号电缆按芯线扭绞方式分为普通型和综合扭绞型两种;按护套类型分为塑料护套、综合护套和铝护套三种,其中又分为带铠装和不带铠装两类;按绝缘分为聚氯乙烯绝缘和聚乙烯绝缘两种。

普通型电缆成缆时,用成缆机将芯线分层顺一个方向扭绞制成,仅为层绞。普通型电缆仅用于非音频制设备,现已较少使用。

综合扭绞型电缆是把芯线分成若干四芯星绞组、二芯对绞组,再分层按一定要求扭绞制成的。综合扭绞减少了芯线间电磁场干扰,工作电容小,电容耦合系数小,优化了电气参数,有利于信号传输。

综合护套电缆内以不小于0.21 mm厚的铝带缠绕,理想屏蔽系数不大于0.8;铝护套的厚度为1.3 mm,理想屏蔽系数不大于0.3。铝护套电缆无论在强度和防干扰性能等方面均高于综合护套。塑料护套电缆用于楼内。

综合护套由聚乙烯薄膜和铝箔黏接制成,为半密闭型护套,综合护套电缆内以不小于0.21 mm厚的铝带缠绕,理想屏蔽系数不大于0.8。带铠装的用于室外可直埋;不带铠装的用于室外需有电缆槽、管的有效防护。

铝护套为密闭型护套,铝护套的厚度为1.3 mm,理想屏蔽系数不大于0.3。铝护套电缆无论在强度和防干扰性能等方面均高于综合护套。无论是否带铠装,均可用于室外直埋。

规定新设计信号工程,室外电缆一律使用铝护套和综合护套电缆。聚氯乙烯透湿率高于聚乙烯,用于室外时,聚乙烯护套优于聚氯乙烯护套。

有特殊要求的设备,应采用符合特殊要求的专用电缆。如计轴设备,采用计轴电缆(内含直径0.9 mm的星绞组)。

信号电缆型号由汉语拼音字母和阿拉伯数字组成,其含义见表8-6。

表8-6 信号电缆代号含义

序号	代 号	含 义	序号	代 号	含 义
1	P	信号电缆	5	A	综合护套
2	T	铁路	6	L	铝护套
3	Y	聚乙烯绝缘(护套)	7	22	钢带铠装聚氯乙烯外护套
4	V	聚氯乙烯护套	8	23	钢带铠装聚乙烯外护套

信号电缆类型见表8-7。

表8-7 信号电缆类型

护套类型	电缆型号	含 义
塑料护套	PTY03	聚乙烯绝缘聚乙烯外护套
	PTY23	聚乙烯绝缘钢带铠装聚乙烯外护套
综合护套	PTYA22	聚乙烯绝缘综合护套钢带铠装聚氯乙烯外护套
	PTYA23	聚乙烯绝缘综合护套钢带铠装聚乙烯外护套
铝护套	PTYL22	聚乙烯绝缘铝护套钢带铠装聚氯乙烯外护套
	PTYL23	聚乙烯绝缘铝护套钢带铠装聚乙烯外护套

电缆规格用电缆芯数表示为:4、6、8、9、12、14、16、19、21、24、28、30、33、37、42、44、48、52、56、61。

综合扭绞型信号电缆A端线序如图8-4所示。

电缆芯线的备用量,是为了满足电缆本身部分芯线损坏或绝缘不良时替换使用的。对使用于音频设备的电缆芯线要求成对备用,使之能成对替换。为了保证电缆的使用,在设计中应满足音频设备的要求,原则上应备用星绞组线对,如无星绞组时再备用对绞线组。不宜用普通芯线代替使用于音频设备的线对。但是对绞或星绞芯线可以使用于非音频的普通信号设备。

图 8-4 综合扭绞型信号电缆A端线序

由于成对备用时，电缆的备用芯线普遍大于单芯备用时的备用量，因此应综合考虑，合理选用电缆和备用芯线。综合扭绞型信号电缆如用于非音频信号设备时，其备用芯线数与普通型信号电缆相同。

当需要串接其他室外信号设备时，连接设备的类型可能要改变，主要考虑电缆盒、变压器箱的电缆引入孔和接线端子的容量是否满足要求。

三、电缆连接设备

电缆连接设备采用变压器箱和电缆盒。变压器箱和终端电缆盒如前述。

分向电缆盒用来连接不同方向的电缆网络，按连接方向数有 HF-4 型、HF-7 型，它们的结构如图 8-5 所示。电缆盒的电缆引入孔和接线端子容量见表 8-8。

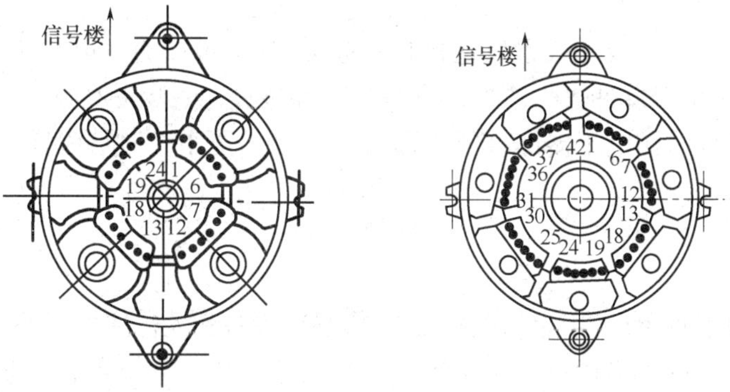

(a) HF-4型　　(b) HF-7型

图 8-5　分向电缆盒的结构

表 8-8　电缆盒类型及引入电缆芯数表

型号		电缆引入孔				电线引入管			端子(个)	备　注
		个数	孔径(mm)	引入电缆(芯) PVV2	引入电缆(芯) PYV22	个数	孔径(mm)	引入电线(根)		
分向电缆盒	HF-4	5	24×3 28×2	19×3 27×2	21×3 30×2				24	附塞孔板 2 个
分向电缆盒	HF-7	8	22×4 28×3 32	12×4 30×3 48	16×4 30×3 48				42	附塞孔板 4 个

复习思考题

1. 什么是阻燃电缆？城市轨道交通为什么要采用阻燃电缆？
2. 正线的各种信号设备各用什么电缆？
3. 正线采用何种光缆？
4. 室外电缆采用哪些连接设备？
5. 车辆段/停车场的电缆类型如何选择？

第九章　防雷和接地装置

城市轨道交通信号设备易遭雷电袭击,造成设备的损坏或误动,影响城市轨道交通运输生产。因此,信号设备必须对雷电予以防护,并且设置接地装置。

第一节　信号设备防雷

信号设备往往是与电线路或钢轨连接在一起的,雷电可以通过电线路、钢轨袭击信号设备,因此必须对雷电电磁脉冲进行防护,防止和减少雷害,进一步提高设备的可靠性。目前信号设备越来越普遍地采用电子器件,它们承受雷害的能力更小,必须有完善的防雷措施。

一、雷害及防雷

1. 雷害

雷电是一种自然现象,由于它的能量极大,极易对设备和人体造成严重损伤。

雷电有直接雷和感应雷两种。直接雷是直接侵入设备或与设备相关联的传输线上的雷电,其雷电压可高达几十万伏,但袭击信号设备的概率很小;感应雷是由于电磁感应作用,在电气设备上感应出的雷电压,在设备中流过感应电流。感应雷又分为纵向感应雷和横向感应雷。纵向感应雷是感应到设备两侧(如钢轨)上的极性相同,大小相等的感应电压,如图 9-1(a)所示。横向感应雷是感应到信号设备两侧的极性不同的感应电压,如图 9-1(b)所示。

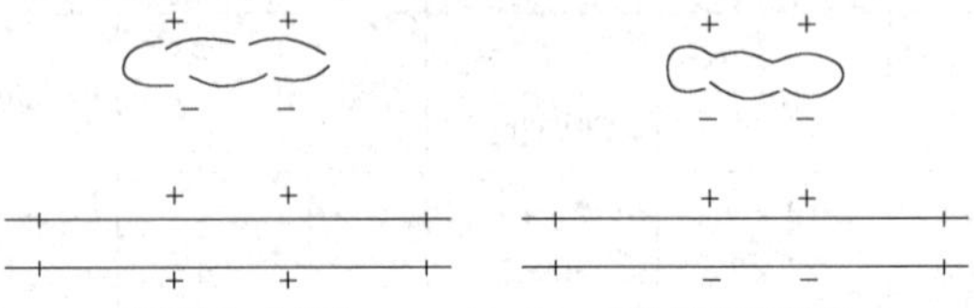

图 9-1　感应雷示意图

感应雷的发生概率高,袭击信号的次数相当频繁。因为信号设备点多面广,设备本身属于低压电气设备或电子设备,绝缘耐压程度较低,易受雷害破坏。从技术经济角度出发,信号设备主要是对感应雷进行防护。

2. 雷电侵入信号设备的主要途径

雷电侵入信号设备的主要途径是交流电源线、轨道电路、电缆等。

(1)由交流电源侵入

雷电冲击波侵入高压电线路传至高压变压器,若该变压器未装避雷器或避雷器失效,雷电波幅值又较大,就会击穿变压器初、次级绕组间绝缘。这样,数百千伏的雷电压就会直接侵入交流低压电源,严重破坏低压侧的信号设备。

若雷电冲击波电压幅度不高，不足以动作高压避雷器，或不足以击穿变压器绝缘侵入低压回路时，雷电冲击波还会通过绕组间分布电容耦合的方式，侵入信号低压回路。

低压电源线和信号设备相连接，对雷电压来说，可认为它们的电位为零。因此，电容的耦合作用可如图 9-2(a)所示的回路表示，其等效电路如图 9-2(b)所示。图中，C_0 为高压导线和绕组对大地的电容，C_1 为高压绕组对铁心和外壳的电容，C_2 为低压绕组对铁芯和外壳的电容。

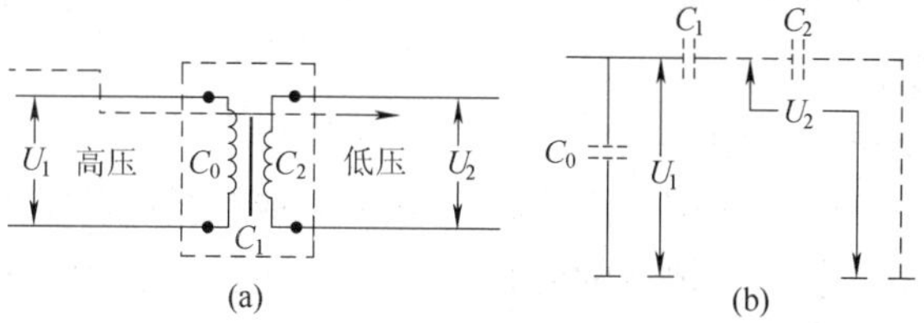

图 9-2　电容的耦合作用

当高压侧出现高压 U_1 时，低压侧将出现相应的电压 U_2，$U_2=\dfrac{C_1}{C_1+C_2}\times U_1$。假设 $U_1=35$ kV，$C_2/C_1=20$，则 $U_2=1.67$ kV。如此高的电压，对低压回路中的信号设备是危险的。当 C_2 与 C_1 的比值较小或者 U_1 较大时，对信号设备的危险更大。

如果高电压线路的雷电冲击波电压不对称，或者两条线路上避雷器的放电电压或残压值不一致。变压器高压绕组两端就可能出现电压 ΔU_1，在低压绕组中将感应出电压 ΔU_2。假设 $U_1=35$ kV，初、次级变压比为 50，则 ΔU_2 为 0.7 kV。这么高的电压，加到信号设备上也有一定的危险性。

(2)由轨道电路侵入

轨道电路用钢轨作为传输线，在高架线路上它高出高架桥面，在地面线路上它一般高出地面。

轨道电路虽然安装在轨枕上，但由于轨道电路较长，又有泄漏和电容，且均匀分布，钢轨本身又有一定的电阻，当雷电袭击时不能立即泄放掉，雷电波将传送一段距离。雷击侵入轨道后，对轨道电路器材来说，易造成损坏。

(3)由电缆侵入

城市轨道交通信号的室内外设备通过电缆连接起来。雷电从电缆侵入，并传输至室内设备。电缆附近的大地遭受雷击时，电缆护套可能被击穿，雷电流直接侵入芯线或雷电流沿电缆铠装流动，对芯线产生较高的感应过电压。同时，当一根电缆的一根芯线有过电压侵入时，其他芯线也将产生感应电压。

此外，当雷击点距信号设备较近时，由于雷击造成雷击点大地电位上升并波及信号设备，使之产生闪络(沿固体表面发生的破坏性放电，通常只引起绝缘介质强度的暂时丧失)或击穿(贯穿固体发生的破坏性放电，导致绝缘介质强度的永久性破坏)。

3. 纵向电压和横向电压

电线路一旦遭受雷电过电压的侵袭，则该电压波由侵袭地点沿线路向两端传播，形成纵向电压和横向电压。

纵向电压指导线或设备对地电压，每条导线上的折射电压或反射电压均为纵向电压。

横向电压指两导线间的电位差。每条导线感应过电压的不平衡、线路阻抗的不一致、防雷元件冲击点火电压的离散性、被保护设备阻抗及接地电阻的影响都造成横向电压。

纵向过电压及横向过电压，对人身安全和信号设备的正常运行都会带来极大的危害。纵向过电压将使设备的绝缘闪络、击穿，甚至起火。横向过电压会击穿、烧毁信号设备尤其是电子器件。

4. 信号设备的防雷

在有雷电活动的地区，与外线连接的信号设备应安装防雷元器件进行防护。

对安装电子系统设备（计算机联锁、信号集中监测、ATC 等）的机房应进行有效的室内电磁屏蔽（法拉第笼电磁屏蔽）。

（1）信号设备雷电防护的原则

①按照分区、分级、分设备防护原则，采用纵向、横向或纵横向防护方式。

不同雷电活动的地区，应采用相应的防雷措施。不同雷电活动是指有雷暴的时间多少。按年均雷暴日（N）的多少，雷电活动地区可分为少雷区（$N \leqslant 15$）、中雷区（$15 < N \leqslant 40$）、多雷区（$40 < N \leqslant 90$）、强雷区（$N > 90$）。

采用多级防护时，各级防护元件应配置合理。要保证各级防雷设备顺序工作，以有效抑制雷电压。一般情况下，各级防雷元件不宜直接并联，避免动作电压低、时间快的防雷元件先动作，使其他元件不起作用。所以各级间应有延迟措施，使防雷元件逐级启动。通常，前级或前几级防雷元件采用通流容量大、启动快的元件，使大部分雷电能由防雷元件泄入大地。

②采取屏蔽、等电位连接、良好的接地，以及合理布线等措施，改善信号设备电磁兼容环境。

③信号设备、器材须具有符合规定的耐受过电压、过电流的能力，满足电磁脉冲抗扰度的要求。

④防雷元器件应与被防护设备匹配设置，保证雷电感应电磁脉冲过电压限制到被防护设备的冲击耐压水平以下。

匹配设置是指在冲击电压作用下，防雷设备的放电特性和被保护设备耐压水平之间的匹配，要求防雷设备伏—秒特性曲线始终在被保护设备的伏—秒特性曲线之下，并留有一定裕度，如图 9-3 所示。这样，可使设备得到可靠的防雷保护。

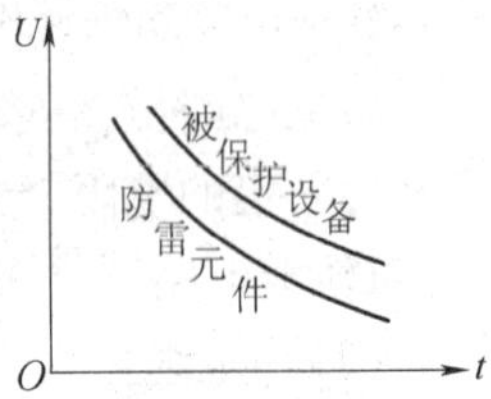

图 9-3　伏—秒特性曲线

被保护设备为电气设备时，保护设备的保护电压应低于被保护设备的绝缘耐压；如果被保护设备为电子设备时，防护设备的保护电压应低于电子设备的工作电压和击穿电压。

⑤防雷装置的设置、动作和故障状态，不得改变被保护系统的电气性能，不得影响被保护设备的正常工作，并应满足故障导向安全的原则。

信号设备的防雷不同于其他设备的防雷，不仅要考虑不致因雷击而损坏设备或使设备错误动作，而且要尽量做到设备不间断使用，以确保正常行车。因此，在选用防雷元件时，要特别注意不用易造成短路的防雷元件。当被保护设备接入防雷设备后，对被保护设备的输出功率、接收灵敏度或频率特性不应产生不良的影响。

（2）信号设备防雷的要求

①浪涌保护器的连接线应尽可能短，防雷电路的配线与其他配线应分开，不允许其他设备借用并联型防雷设备的端子。

②防雷元件的安装应牢固，标志清晰，并便于检查。

③避雷带、避雷网、引下线、避雷针无腐蚀及机械损伤，锈蚀部位不得超过截面的1/3。

④进出信号机械室的信号传输线路不得与电力线路靠近和并排敷设。不得已时电力线路和信号传输线路的间距：电力电缆与信号缆线平行敷设时不小于600 mm；采用接地的金属线槽或钢管防护的，不小于300 mm。条件受限时应采用屏蔽电缆布放，电缆金属护套和电缆屏蔽层应作接地处理。

5. 机房电磁环境防护

为抗御直击雷和降低雷电电磁干扰，信号机房的建筑物应采用法拉第笼进行电磁屏蔽。信号机房建筑物屋顶不允许设置避雷针。

(1)法拉第笼

法拉第笼由屋顶避雷网、避雷带和引下线、机房屏蔽和接地系统构成。

①避雷网

避雷网由不大于3 m×3 m的方形网格构成，每隔3 m与避雷带焊接连通。网格由40 mm×4 mm的热镀锌扁钢交叉焊接构成。热镀锌钢材的镀层厚度为20～60 μm。

②避雷带

避雷带应采用不小于ϕ8 mm热镀锌圆钢沿屋顶周边设罩一圈，距墙体高度0.15 m，并用热镀锌圆钢均匀设置避雷带支撑柱，支撑柱间距不大于1 m。

③引下线

引下线是避雷带与接地装置的连接线，沿机房建筑物外墙均匀垂直敷设4～6根，安装应平直，并与其他电气线路距离大于1 m。引下线的固定卡钉布置应均匀牢固，间距宜小于2 m。

引下线宜采用40 mm×4 mm热镀锌扁钢或不小于ϕ8 mm热镀锌圆钢，上端与避雷带焊接连通，焊接处不得出现急弯(弯角不小于R90°)，下端与地网焊接。

引下线与分线柜间距应不小于5 m。

为节省投资和合理利用资源，法拉第笼也可利用建筑物的钢筋混凝土结构或框架结构建筑物，实现引下线和大空间屏蔽网的作用。引下线利用建筑物内主钢筋时，主钢筋应与接地装置(地网)、避雷带焊接。

(2)安装电子设备的机房的法拉第笼屏蔽

安装电子设备的机房宜采用更完善的室内法拉第笼屏蔽，应符合以下标准：

①屏蔽层应选用铁板或铝板等电磁屏蔽材料，板材厚度应不小于0.6 mm。

②门窗屏蔽应采用截面积不小于3 mm^2、网孔小于80 mm×80 mm的铝合金网，并用不小于16 mm的软铜线与地网或屏蔽层可靠连接。

③金属板间每间隔500 mm必须焊接或用不小于2 mm^{2}的软铜线可靠连接。

④屏蔽层必须在引下线与地网连接处用不小于25 mm^{2}的软铜线可靠连接。

⑤机房已经预留钢筋接地端子板的屏蔽层还应与钢筋接地端子板栓接。

⑥机房地面宜采用防静电地板，其金属支架间应互相可靠连接，或在金属支架底部采用0.1 mm×20 mm铜箔带构成与支架一致的网格，铜箔带交叉处用锡焊接。

⑦互相连接的金属支架或网格铜箔带应采用10 mm^{2}的铜带(扁平铜网编织带)与地网或屏蔽层连接，至少4处，铜带一端加线鼻后与地网或屏蔽层栓接，另一端用锡焊接。

二、信号设备综合防雷

信号设备雷电电磁脉冲防护应根据防护需要，采取等电位连接、屏蔽、接地、合理布线，安装防雷元件(浪涌保护器、防雷变压器等)等措施进行综合防护(简称综合防雷)。

1. 避雷针的设置

雷害严重的车站(车辆段/停车场)或电子设备集中的区域，可在距电子设备和机房15 ~ 30 m的地点安装一支或多支独立避雷针。避雷针不应设置在信号设备建筑物屋顶。

2. 引入信号机械室的电力线的防雷

引入信号机械室的电力线应采用多级雷电防护，单独设置电源防雷箱。电源防雷箱设置地点应符合防火要求，连接线应采用阻燃塑料外护套多股铜线。第Ⅰ级(电源配电盘)电源防雷箱应有故障声光报警、雷电计数和状态显示，连接线截面积不小于10 mm^2；第Ⅱ级设在电源屏电源引入侧，连接线截面积不小于6 mm^2；第Ⅲ级设在微电子设备(指计算机终端电源稳压器或UPS电源前)，连接线截面积不小于2.5 mm^2。

3. 室外引入信号机械室的信号线缆、通信等其他线缆的防雷

室外引入信号机械室的信号线缆、通信等其他线缆应设置浪涌保护器。浪涌保护器应集中设置在室内防雷柜或分线柜上。

浪涌保护器的连接线应采用阻燃塑料外护套多股铜线，截面积不小于1.5 mm^2，并联连接方式时长度不大于0.5 m(条件不允许时可适当延长，但不得大于1.5 m)，大于1.5 m时必须采用凯文接线法；浪涌保护器接地线长度应不大于1 m。

4. 进出信号机械室的信号电缆的屏蔽

进出信号机械室的信号电缆应进行屏蔽连接，并与机械室环形接地装置连接。设置贯通地线时，室外通过箱、盒的干线电缆金属护套和钢带相互间顺次连接(拧、焊，并与金属材料箱盒及大地绝缘)或分别接向箱、盒接地汇集端子后连接贯通地线；未设贯通地线时，室外通过箱、盒的干线电缆金属护套和钢带相互间顺次连接(拧、焊，并与金属材料箱盒及大地绝缘)或分别接向箱、盒接地汇集端子，并在电缆始/终端处连接屏蔽地线。

5. 进出信号机械室的其他金属设施的连接

进出信号机械室的其他金属设施应与建筑物环形接地装置连接，并在建筑物界面做等电位连接。

6. 进入雷电综合防护机房的要求

进入雷电综合防护的机房，严禁同时直接接触墙体(含屏蔽层、金属门窗、水暖管线等)与信号设备。需要接触信号设备时，必须采取穿绝缘鞋或在地面铺垫绝缘胶垫等措施。

三、防雷元器件

目前使用的防雷元器件主要有金属陶瓷放电管(GDT)、金属氧化物压敏电阻器(MOV)、瞬变电压抑制器(TVS二极管)和防雷变压器等。

1. 金属陶瓷放电管

金属陶瓷放电管具有通流容量大、残压较低、雷击后使回路处于断路状态等优点，但响应时间慢，因此一般用于信号设备的防雷电路粗保护环节，主要起导线间和导线对大地间隔离作用。

金属陶瓷放电管按电极数量分为二极放电管和三极放电管。

(1)金属陶瓷二极放电管

金属陶瓷二极放电管(以下简称二极放电管)是一种充气管。以 R-250TA 为例,其结构如图 9-4 所示,由管帽、陶瓷管、热屏、瓷座、钍钨丝、电极等组成。电极由纯铁制成,上面绕有钍钨丝,以提高电极的耐热性和导热性。陶瓷管内衬有一铁质圆管,叫热屏,用来将电极间产生的电弧热量均匀地散发出去。陶瓷管内充以一定压力的氖气,管的两端用铁镍合金与内部电极进行金属陶瓷封接。管表面涂有耐高温的优质绝缘漆,以提高瓷管表面绝缘电阻,防止放电管的点火电压受光照影响。金属陶瓷管能通过很大的电流而不损坏。

图 9-5 所示为放电管的伏—安特性曲线。当外加电压达到 U_s 时,电极间出现辉光放电,极间电压突然下降,电流剧增,放电管点火,U_s 称为点火电压。AB 段为正常辉光放电,BC 段为异常辉光放电。C 点转为弧光放电,极间电压明显降低。D 点以后极间电压为弧光放电电压。外电压消失时,放电管很快恢复高阻状态,即放电管具有在正常情况下不导电,出现过电压时电极间很快被击穿,过电压消失后立即恢复的特性。

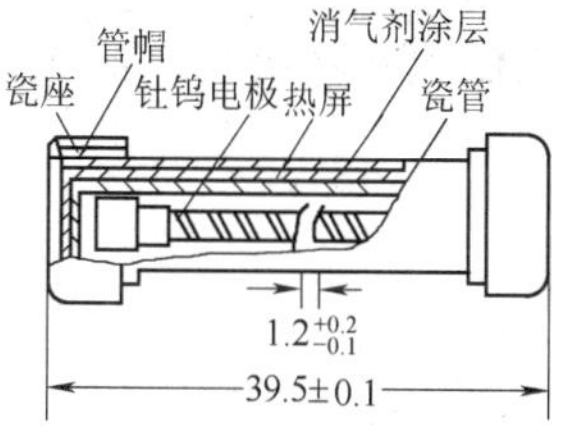

图 9-4 金属陶瓷二极放电管(单位:mm)

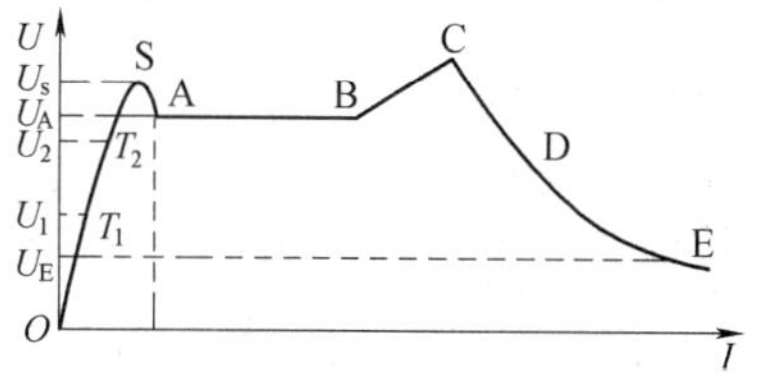

图 9-5 放电管的伏—安特性曲线

利用放电管的这一特性,将其安装在线路与大地之间,在线路上出现过电压时,放电管被击穿,大部分雷电流对地泄放,降低了线路地位,设备得到了保护。

二极放电管本身在防护性能上存在着缺陷,即当用两个二极放电管构成的防雷电路进行防雷时,如图 9-6 所示,如果它们的放电时间不一致,将在线路上产生横向冲击电压,并加到设备上。

雷电侵入时,L_1 放电管在 t_1 开始放电,t_1'停止放电,而 L_2 在 t_2 开始放电,t_2'停止放电,则在雷电冲击波的波头($t_1 \sim t_2$)和波尾($t_1' \sim t_2'$)时间里,两线间产生横向冲击电压。如图 9-7 所示。

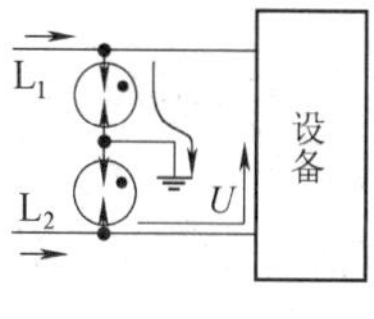

图 9-6 二极放电管构成的防雷电路

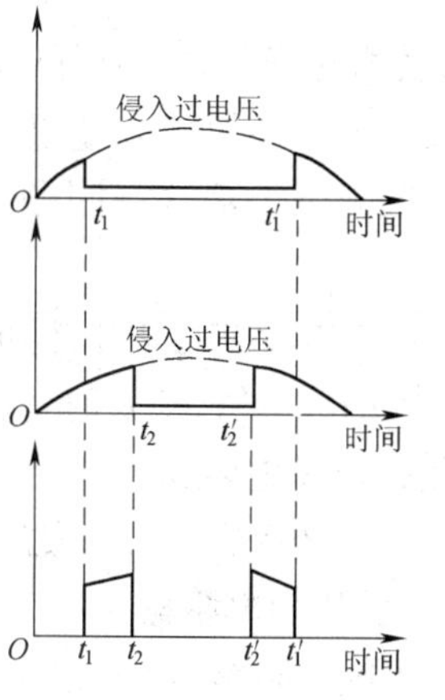

图 9-7 二极放电管电压波形

为克服二极放电管的缺陷,用一个金属陶瓷三极放电管来代替两个二极放电管。

(2)金属陶瓷三极放电管

金属陶瓷三极放电管(以下简称三极放电管)的结构如图9-8所示。它有两个线路电极和一个接地电极。在三极放电管中,如果有一个电极放电,在管中就产生并充满了离子和电子,从而诱发其他电极也放电,大大减小了各电极间的放电时间差,最大限度地抑制了两线间冲击电压的产生,提高了防护效果。三极放电管接法如图9-9所示。

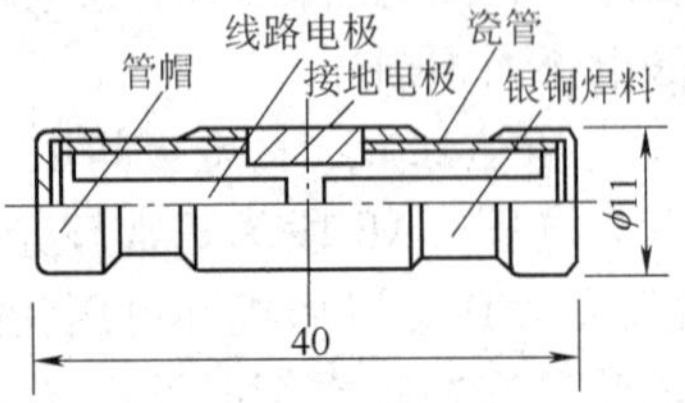

图9-8　金属陶瓷三极放电管结构(单位:mm)

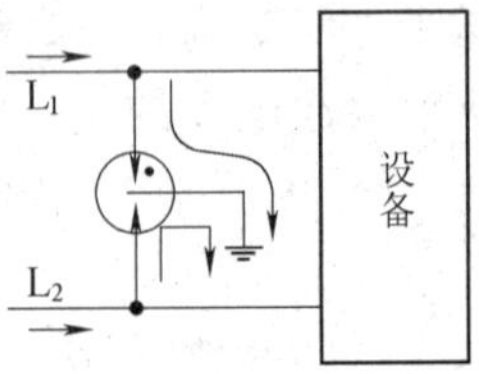

图9-9　三极放电管构成的防雷电路

三极放电管除对称性能好外,还具有冲击放电电压低、通流容量大、遮光性能好、极间电容小、绝缘电阻高等优点。

(3)放电管的型号命名

国产放电管的型号命名为:

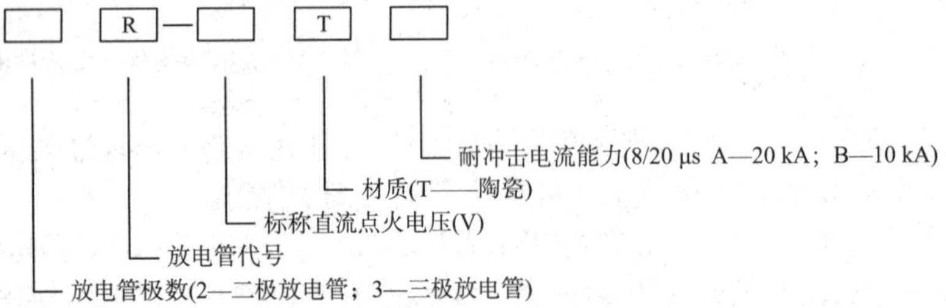

(4)续流及其切断

放电管通过大电流冲击后,管内氖气得到充分游离而进入弧光放电状态,在线路电压和电流能满足弧光放电条件的情况下,如果放电介质得不到恢复,线路电流一直流过放电管,该电流称为续流。如不能及时切断续流,不仅会烧坏放电管,而且将影响设备的正常工作。所以在使用中要充分考虑这一问题,如果线路电阻不能可靠切断续流时,应串联电阻或压敏电阻器。

金属陶瓷放电管在运用中不可避免地将逐渐老化或性能下降,为此必须定期进行测试。凡达不到指标的放电管,应及时予以更换。

2. 氧化锌压敏电阻器

氧化锌压敏电阻器包括一般的压敏电阻器和劣化指示压敏电阻器。

(1)氧化锌压敏电阻器

氧化锌压敏电阻器(以下简称压敏电阻器)是以氧化锌为主,添加氧化铋、氧化钴、氧化锰和氧化锑等金属氧化物经过充分混合后造粒成型,再经烧结而成的,其微观结构如图9-10所示。氧化锌颗粒直径一般为10~50 μm,被1 μm以下的晶体层所包围。氧化锌压敏电阻器的非线性特性主要是由晶体层所形成的。在低电场强度下,其电阻率为$10^{10}\sim10^{11}\ \Omega\cdot\mathrm{m}$,而当

电场强度达 $10^6 \sim 10^7$ V/ m 时,其电阻率骤然下降进入低电阻状态,即压敏电阻器的电阻值随所加电压而改变。

图 9-11 所示为压敏电阻器的伏—安特性曲线。在正常工作电压下,压敏电阻器呈高阻,只有微安级漏泄电流流过。侵入过电压时,压敏电阻变为低阻,过电压被抑制。由图可见,大气过电压 $U_{过}$ 被压敏电阻抑制到 $U_{残}$,当设备的耐压 $U_{耐}$ 高于 $U_{残}$时,设备就得到了保护。

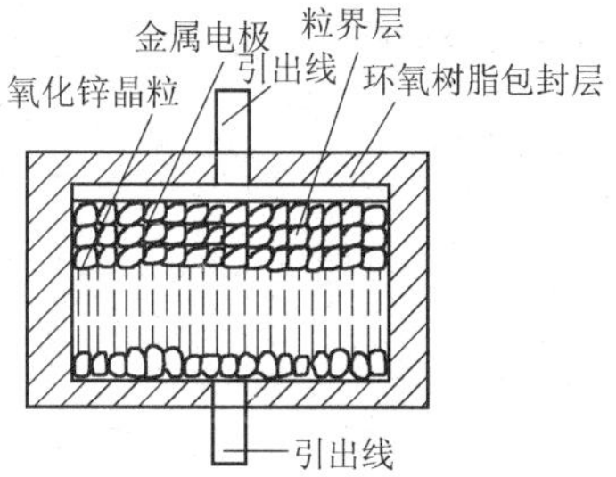

图 9-10 压敏电阻器的结构

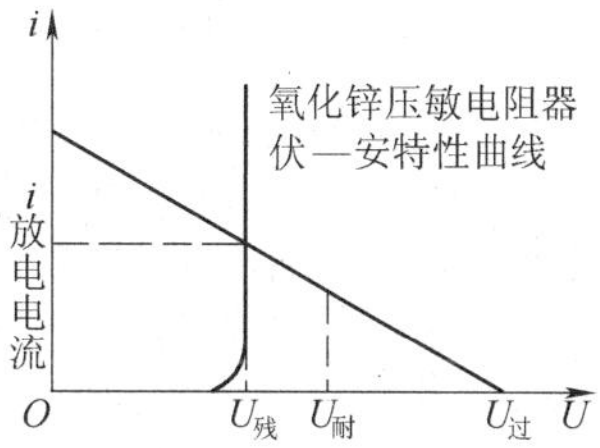

图 9-11 压敏电阻器的伏—安特性曲线

压敏电阻器具有通流容量大、非线性特性好、残压较低、响应时间快及抑制过电压能力强等特点,作为电子设备的防雷器件较为理想,也可作为电磁系统的防雷器件。其最大的缺点是可能出现短路故障,为解决这一问题,试制了劣化指示氧化锌压敏电阻器。

(2)劣化指示氧化锌压敏电阻器

劣化指示氧化锌压敏电阻器(以下简称劣化指示压敏电阻器)除具有压敏电阻器的性能外,它的通流容量更大(最大可达 40 kA),并具有热熔断器、大电流熔断器和报警装置,使其在失效时能自动脱离使用线路,给出明显指示,进行报警告示。而且采用标准化模块结构设计,在使用过程中免予测试,使用安装维护更为方便。

劣化指示压敏电阻在正常工作电压下,始终处于高阻状态,其各项特性参数均未劣化,热熔断器及大电流熔断器均不会脱扣,机械装置不动作,保护模块窗口显示绿色,表示工作在正常状态,如图 9-12(a)所示。

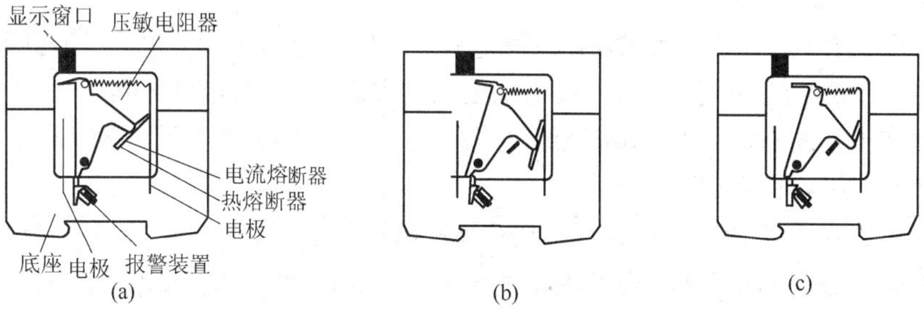

图 9-12 劣化指示压敏电阻器的工作状态

劣化指示压敏电阻器在遭受过电压侵袭时,处于导通状态,限制过电压,保护所防护的设备。当它长期遭受过电压时,特性有所劣化,表现为漏电流增大。当漏电流继续增大时,压敏电阻器功耗不断增大,自身发热,当所发热量大于热熔断器熔化所需热量时,热熔断器因受热而脱开,使压敏电阻器脱离所使用线路,防止发生火灾。同时机械装置动作,防护模块显示窗口由绿色变为红色,表示发生故障,如图 9-12(b)所示。

劣化指示压敏电阻器在遭受超出其能承受的额定电流脉冲侵袭时，大电流熔断器断开，使压敏电阻器脱离所使用的线路。同时机械装置动作，防护模块显示窗口由绿色变为红色，表示出现故障，如图 9-12(c)所示。

近来有采用碳化硅压敏电阻的，该压敏电阻不存在漏电和击穿不恢复的问题。

(3)压敏电阻器的型号命名

压敏电阻器的型号命名为：

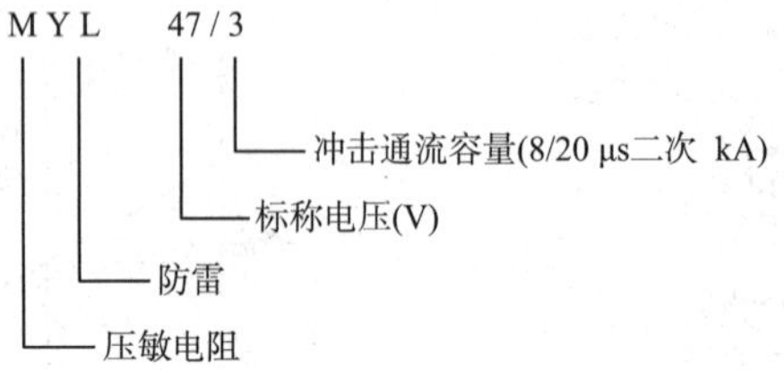

3. 瞬变电压抑制器

瞬变电压抑制器又称瞬态电压抑制器，TVS 管是瞬态电压抑制器(Transient Voltage Suppressor)的简称。它是一种齐纳二极管，与普通稳压管相比，瞬态功率更大，响应速度特别快(为 ns 级)，漏电流低，无损坏极限，体积小，但通流容量小，耐浪涌冲击能力较放电管和压敏电阻差。只能作为雷电细保护，适宜于电子设备的防雷。

TVS 二极管在线路板上与被保护线路并联，当工作电压低于瞬变电压抑制器的击穿电压时，呈现高阻，对跨接的电路没有影响。当雷电侵入出现过电压时，TVS 二极管便发生“雪崩”，能以 10^{-12} s 的速度，将其两极间的高阻抗变为低阻抗，给瞬时电流提供一个超低电阻通路，将过电压限制到一定水平，保护了被保护的设备。当瞬时脉冲结束以后，TVS 二极管自动回复高阻状态，整个回路进入正常电压。许多器件在承受多次冲击后，其参数及性能会发生退化，而只要工作在限定范围内，二极管将不会发生损坏或退化。

瞬态电压抑制器在运用中不可避免地逐渐老化或性能下降，必须定期进行测试。凡达不到指标的元件应及时予以更换。

4. 防雷变压器

普通变压器在初、次级绕组间存在级间电容。级间电容由 3 部分组成，即初级和铁心间的电容 C_1，次级和铁心间的电容 C_2，初级与次级间的电容 C_{12}。普通变压器的 C_{12} 为几十 pF，电压转换系数在 1/5 左右。因此，初级绕组的纵向电压可通过电容耦合到次级。当雷电波侵入初级时，次级可感应出相当高的电压。

防雷变压器在设计、取材和工艺上均采用特殊结构，最重要的是静电屏蔽接地，即在初、次级间串入面积足够大的金属板作屏蔽体，如图 9-13 所示。这使 C_{12} 大大降低。电压转移系数 $T_K = \dfrac{C_{12}}{C_2 + C_{12}}$，当 C_{12} 很小时，T_K 必然很小。$U_2 = T_K U_1$，这样，由初级侵入的纵向雷电过电压，只有极少部分耦合到次级。

四、信号设备浪涌保护器

信号设备浪涌保护器(SPD)用于电源引入处和室内外信号传输线，对信号设备进行雷电防护。

1. 浪涌保护器的结构

浪涌保护器采用密封结构,由防雷元器件组成,如轨道电路所用 FL-GD-1 型浪涌保护器的原理如图 9-14 所示,由压敏电阻和金属陶瓷二极放电管串联而成。可以应付频繁的动作,寿命长。浪涌保护器 L_1、L_2 端子并接在被保护设备输入线路两端,C_S 是测试端子。浪涌保护器具有劣化指示和报警功能。浪涌保护器可安装在室外变压器箱内。

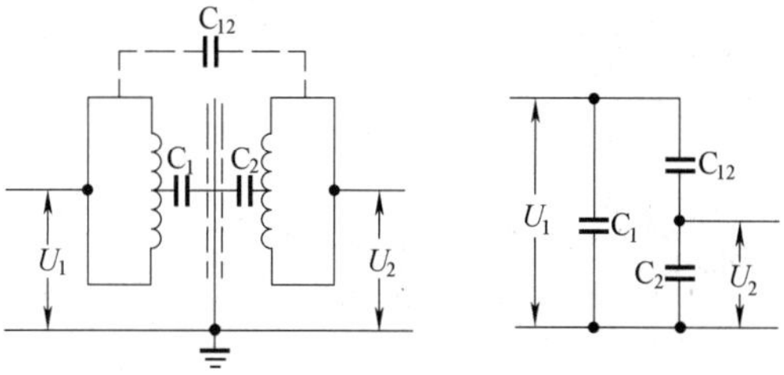

图 9-13 防雷变压器

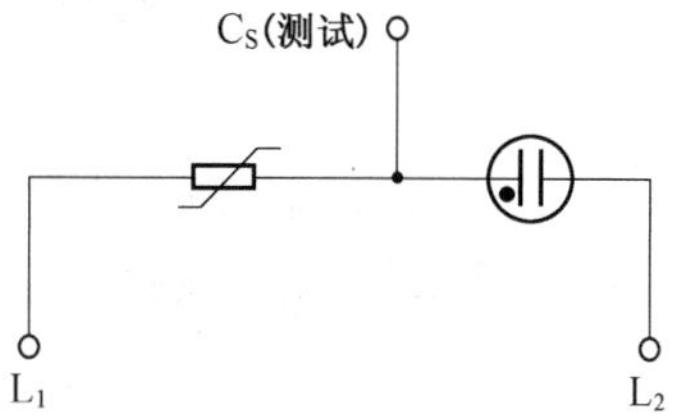

图 9-14 FL-GD-1 型浪涌保护器原理图

FL-GD-1 型浪涌保护器的冲击通流容量(8 ~ 20 μs):≥10 kA,限制电压 1 kV(10/700 μs):≤700 V。

2. 对信号设备浪涌保护器的要求

(1)信号设备浪涌保护器必须取得 CRCC(中国铁路产品认证中心)认证后方可上道使用。

(2)有劣化指示和报警功能的浪涌保护器,当劣化指示由正常色转为失效色或报警后应及时更换。接触不良、漏电流过大、发热、绝缘不良的不得继续使用。

(3)当浪涌保护器处于劣化或损坏状态时,须立即自动脱离电路且不得影响设备正常工作。

(4)浪涌保护器并联使用时,在任何情况下不得成为短路状态;串联使用时,在任何情况下不得成为开路状态。

(5)浪涌保护器对地有连接的,除了放电状态,其他时间不得构成导通状态,否则必须辅以接地检测报警装置。

(6)用于电源电路的浪涌保护器,应单独设置,且具有阻断续流的性能,工作电压在 110 V 以上的应有劣化指示。

(7)室外的电子设备应在缆线终端入口处设置浪涌保护器或防雷型变压器。

(8)室内数据传输线浪涌保护器的设置应根据雷害严重程度确定。

3. 电源浪涌保护器

外电网引入机房建筑物应采用多级雷电防护。第Ⅰ级电源防雷应有故障声光报警、雷电计数和状态显示(三相电源每一相线均应有状态显示)等功能。

(1)信号电源防雷箱

电源防雷应采用信号电源防雷箱方式,电源防雷箱一般固定在室内低压配电箱旁;信号防雷箱设置地点应符合防火要求。

信号设备机房的电源应采用 TN-S 系统。三相电源供电的机房,应采用 L(相线)—L、L—PE(保护地线)和 N(中性线)—PE 全模防护的并联三相电源防雷箱;单相电源供电的机房,应采用 L—N、L—PE 和 N—PE 的单相电源防雷箱。

信号电源防雷箱一般由浪涌保护器、空气开关、雷电计数器、等电位接地端子、防雷地线引接线等组成。例如 FDX-380(Q)电源防雷箱的电路原理图如图 9-15 所示。

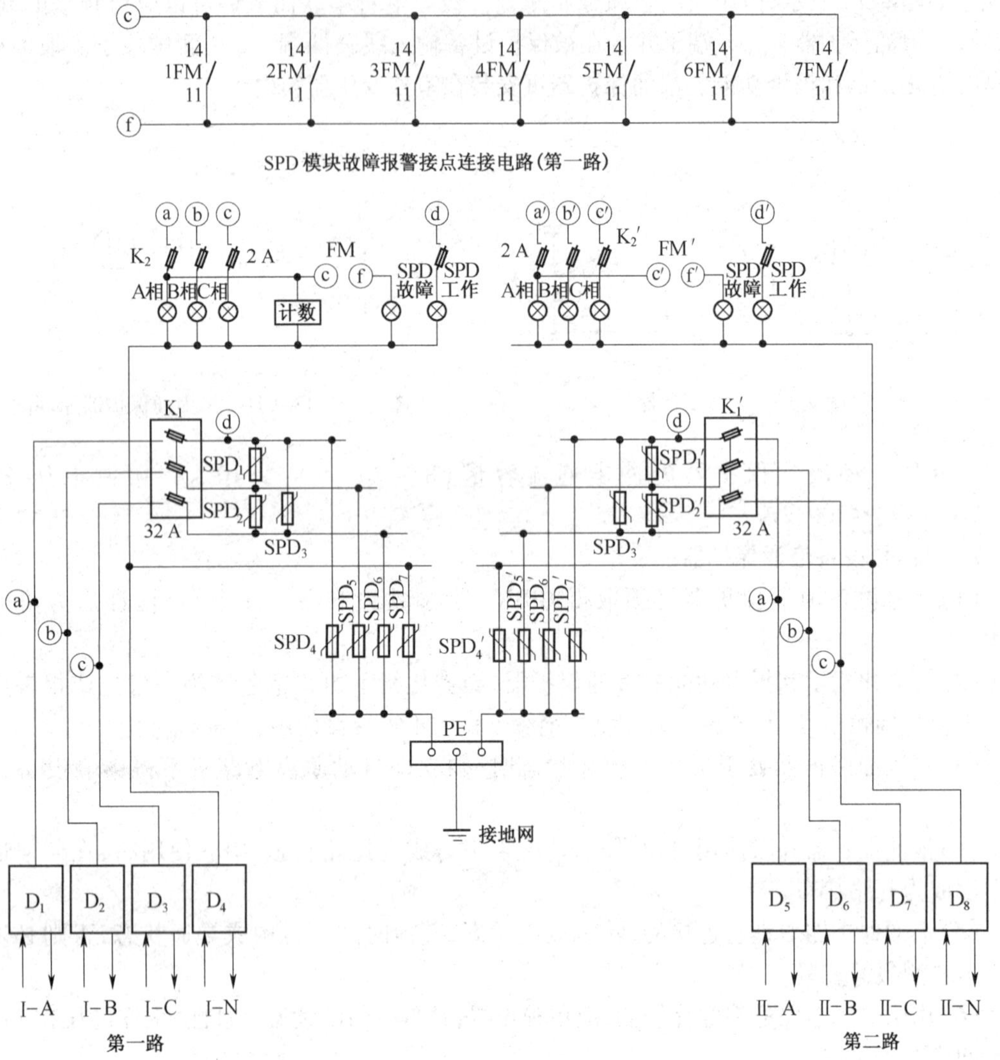

图 9-15　FDX-380(Q)电源防雷箱电路原理图

图中,K_1、K_1'为 MERLINC65N/D32A 型三路空气开关;K_2、K_2'为 MERLINC65N/C2A 型单路空气开关;SPD_1 ~ SPD_4、SPD_1' ~ SPD_4'为 DGTNS230400Uc385FM 型浪涌保护器(德国 DEHN 防雷器件);雷电计数器,每次冲击电压大于或等于 1 kV 时计数一次。

两路 380 V 交流电源输入配线采用凯文接线方式,即室内低压配电箱输出端接至防雷箱的分线器,再由该分线器端子引至用电设备的输入端。

浪涌保护器采用了全保护模式,即相线—相线(L—L)间,相线—保护地线(L—PE)间,和中性线—保护地线(N—PE)间的全模防护。

电源引入线与浪涌保护器之间串接断路器,防护长时间过电流损坏浪涌保护器。

具有雷击浪涌计数和防雷故障指示灯、供电状态指示灯。

(2)电源浪涌保护器

用于电源电路的浪涌保护器,应单独设置,必须具有阻断续流的性能,工作电压在 110 V 以上的,应有劣化指示。

室内电源浪涌保护器应按表 9-1 选取冲击通流容量和限制电压。

表 9-1 室内电源浪涌保护器冲击通流容量和限制电压

技术指标		交流电源浪涌保护器			并联直流电源浪涌保护器
		输入电源防雷(Ⅰ)	电源屏前(Ⅱ)	微电子设备电源前(Ⅲ)	
冲击通流容量		≥40 kA	≥20 kA	≥10 kA	≥10 kA
3 kA 时的限制电压(测试波形 8/20 μs)	并联型单相	≤1 000 V	≤1 000 V	≤1 000 V	注 3
	串联型单相防雷箱	—	≤700 V	≤700 V	
	并联型三相(相线—相线间)	≤1 500 V	—	—	

注:1. 微电子设备电源引入前安装的并联型交流电源防雷箱限制电压达不到要求时,应采用带滤波器的串联型电源防雷箱。

2. 电源防雷箱的功率应大于被保护设备总用电量的 1.2 倍。

3. 直流电源浪涌保护器的选取(测试波形 10/700 μs、幅度 5 kV):工作电压 24 V 时,限制电压≤450 V;工作电压 48 V 时,限制电压≤500 V;工作电压 110 V 时,限制电压≤600 V;工作电压 220 V 时,限制电压≤800 V。

室外交流电源浪涌保护器,冲击通流容量不小于 20 kA,限制电压不大于 1 000 V,三相不大于 1 000 V。

4. 信号传输线浪涌保护器

信号传输线的浪涌保护器应实现即插即用。

(1)室内信号传输线浪涌保护器

室内信号传输线长度为 50 ~ 100 m 时,可在一端设备接口处设置浪涌保护器;大于 100 m 时,宜在两端设备接口处设置浪涌保护器。按照分区、分级的原则,信号传输线的浪涌保护器应集中设置在分线盘处。

室内信号传输线浪涌保护器的选用应符合以下要求:

①采集、驱动信号传输线浪涌保护器冲击通流容量不小于 1.5 kA,工作电压不大于 24 V,限制电压不大于 60 V。

②视频信号传输线浪涌保护器冲击通流容量不小于 1.5 kA,工作电压不大于 5 V,限制电压不大于 10 V。

③RS-232、RS-422、RJ45、G.703/V.35 等通信接口信号传输线浪涌保护器冲击通流容量不小于 1.5 kA,工作电压 10 V,限制电压不大于 40 V。

④其他室内信号传输线浪涌保护器冲击通流容量不小于 5 kA,限制电压按表 9-2 选取。

表 9-2 室内信号传输线浪涌保护器限制电压

序号	信号设备名称(工作电压)	限制电压(测试波形 10/700 μs、幅值 5 kV)(V)			
		交流模块		直流模块	
		并联	串联	并联	串联
1	轨道电路发送和接收端(24 V)	—	—	≤500	≤60

续上表

序号	信号设备名称(工作电压)	限制电压(测试波形 10/700 μs、幅值 5 kV)(V)			
		交流模块		直流模块	
		并联	串联	并联	串联
2	轨道电路发送和接收端(36 V)	—	—	≤500	≤60
3	轨道电路发送和接收端(48 V)	≤600	≤110	≤500	≤100
4	轨道电路发送和接收端(60 V)	—	—	≤500	≤100
5	轨道电路发送和接收端(110 V)	≤650	≤220	≤550	≤220
6	轨道电路发送和接收端(220 V)	≤1 000	≤500	≤800	≤500
7	电码化轨道区段(≥220 V)	≤1 500	—	≤1 200	—

(2)室外信号传输线浪涌保护器

室外信号传输线宜在两端设置浪涌保护器。安装于室外的电子设备宜在电缆线入口处设置浪涌保护器或防雷变压器。与室外传输线相连的各种信号变压器应采用防雷型变压器。浪涌保护器可安装在室外变压器箱内。

室外信号传输线浪涌保护器冲击通流容量不小于 10 kA,限制电压按表 9-3 选取。

表 9-3 室外信号传输线浪涌保护器限制电压

序号	信号设备名称(工作电压)	限制电压(测试波形 10/700 μs、幅值 5 kV)(V)			
		交流模块		直流模块	
		并联	串联	并联	串联
1	信号点灯、道岔表示、道岔启动(220 V 时)	≤1 000	≤500	≤800	≤500
2	道岔启动(380 V 时)	≤1 500	—	≤1 200	—
3	其他 220 V 回路	≤1 000	≤500	≤800	≤500
4	其他 110 V 回路	≤650	≤220	≤550	≤220
5	其他 48 V 回路	≤600	≤110	≤500	≤100
6	其他 24 V 以下回路	—	—	≤500	≤60

注:并联型交流 SPD 的标称放电电流(测试波形 8/20 μs)分别为 20 kA、10 kA 和 5 kA;并联型直流 SPD 标称放电电流(测试波形 8/20 μs)分别为 10 kA 和 5 kA。

第二节 信号设备接地装置

一、地　　线

信号设备应设防雷地线、安全地线和屏蔽地线。信号设备的防雷装置应设防雷地线。信号机械室内的组合柜、计算机联锁机柜、电源屏,以及信号机梯子等应设安全地线,电缆金属护套应设屏蔽地线。

安装防静电地板的机房应设防静电地线,微电子设备需要时可设置逻辑地线。上述地线均由共用接地系统的地网引出。

室内外信号设备设置的综合接地装置、安全地线、屏蔽地线(包括信号计算机和微电子系统保护地线)和防雷地线的接地电阻值应符合以下要求:

综合接地装置(建筑物接地体、贯通地线、地网、其他共用接地体等),其接地电阻值应小于1 Ω。

未设贯通地线的区段,室内、室外信号设备可采用分散接地的方式,接地电阻值见表9-4。任意两种地线间隔距离应在20 m以上,两个接地系统之间不得互相连通。因条件限制,以上两组接地不能分开时可共用一组接地体,接地电阻应小于1 Ω。

表9-4 信号设备地线接地电阻值

序号	接地装置使用处所	土壤分类	黑土、泥炭土	黄土、砂质黏土	土加砂	砂土	土加石
		土壤电阻率(Ω·m)	50以下	50~100	101~300	301~500	501以上
		设备引入回线数	接地装置接地电阻值小于(Ω)				
1	防雷地线	—	10	10	10	20	20
2	安全地线	—	10	10	10	20	20
3	屏蔽地线	—	10	10	10	20	20
4	微电子计算机保护地线	—	4	4	4	4	4

室内信号设备的接地装置应构成网状(地网)。

接地导线上严禁设置开关、熔断器或断路器。

二、地　　网

地网应由建筑物四周的环形接地装置、建筑物基础钢筋构成的接地体相互连接构成。对既有建筑物进行地网改造时,应了解建筑物结构、原有防直击雷装置、原有接地和接地体的分布等。接地体应设置永久性明显标志。

1. 基础接地网

新建建筑物混凝土基础的钢筋必须焊接成基础接地网,网格宽度不大于3 m;既有建筑物为钢筋混凝土基础的,可利用混凝土基础钢筋作为基础接地网。

2. 环形接地装置

环形接地装置由水平接地体和垂直接地体组成,应环绕建筑物外墙闭合成环,受条件限制时可不完全环周敷设,但应尽可能沿建筑物周围设置,以便与地网连接的各种引线就近连接。水平接地体距建筑物外墙间距不小于1 m,埋深不小于0.7 m。垂直接地体应采用石墨接地体。

环形接地装置必须与建筑物四角的主钢筋焊接,并应在地下每隔5~10 m就近与机房建筑物基础接地网钢筋连接。

环形接地装置的标志应清晰明了,应在地面上竖立标桩或在墙面上设置铭牌。

3. 接地体

接地体分为水平接地体和垂直接地体。

(1)水平接地体

水平接地体距建筑物外墙间距不小于1 m,埋深不小于0.7 m。水平接地体可采用以下材料:

①40 mm×4 mm 热镀锌扁钢。

②镀层厚度大于 250 μm、直径大于 14 mm 的镀铜圆钢。

③不小于 50 mm^2 铜带或缠绕的电缆。

④与贯通地线材质相同。

难以避开污水排放和土壤腐蚀性强的地点时，水平接地体应选用耐腐蚀性材料，采用热镀锌扁钢时，镀层不宜小于 60 μm。

(2)垂直接地体

在避雷带引下线处应设垂直接地体，垂直接地体必须与水平接地体可靠焊接。接地电阻不满足要求时，可增设垂直接地体，其间距不宜小于其长度的 2 倍并均匀布置。

垂直接地体宜采用石墨电极。

4. 降低接地电阻的措施

要求接地电阻不得大于 1 Ω。当接地电阻难以达到要求时，可采取深埋接地体、设置外延接地体、换土、在接地体周围添加经环保部门认可的降阻剂或其他新技术、新材料等措施。

三、贯通地线

1. 贯通地线的作用

城市轨道交通正线、车辆段/停车场、强雷区和埋设地线困难地区及微电子设备集中的区段，应设置贯通地线。

设置贯通地线的区段，沿线及站内的各种室外信号设备的各种地线均应就近与贯通地线连接。

贯通地线任一点的接地电阻不得大于 1 Ω，以便各种信号设备的各种地线可靠接地。

2. 贯通地线的材料

贯通地线应采用截面积不小于铜当量 35 mm^2、耐腐蚀并符合环保要求的材料。

引接线(贯通地线与设备接地端子的连接线)采用 25 mm^2 的多股裸铜缆焊接或压接，焊接时焊接长度不小于 100 mm，并套 150 mm 长热熔热缩带防护。

3. 贯通地线的设置

贯通地线与信号电缆同沟埋于电缆(槽)下方土壤中，距电缆(槽)底少于 300 mm。隧道、桥梁应两侧敷设贯通地线；与桥梁墩台接地装置的接地连接线应设置成无维修方式。上下行线路分线时，应分别敷设贯通地线。

贯通地线在信号机房建筑物一侧，采用 50 mm^2 裸铜线与环形接地装置连接，信号楼两端各连接两次。

四、接地汇集线

1. 接地汇集线的设置

控制台室、继电器室、防雷分线室(或分线柜)、计算机室和电源室(电源引入处)应设置接地汇集线。

电源室电源防雷箱处、防雷分线室(或分线柜)处的接地汇集线应单独设置，与环形接地装置单点冗余连接。

信号机房面积较大时，可设置与环形接地装置单点冗余连接的总接地汇集线。信号机房分布在几个楼层时，各楼层可分别设置总接地汇集线。

2. 接地汇集线的材质和连接

(1)控制台室等处的接地汇集线应采用大于宽30 mm、厚3 mm的紫铜排，环形设置时不得构成闭合回路。铜排相互连接应采用双螺杆进行固定，接触部分长度不少于60 mm。接地汇集线之间的连接线应与墙体及屏蔽层绝缘。引入信号机械室的各种线缆的屏蔽护套应与接地汇集线可靠连接。

(2)电源室等处的接地汇集线应单独设置，与环形接地装置单点冗余连接。其余接地汇集线可采用两根截面积不小于25 mm^2 有绝缘外护套的多股铜线或紫铜排相互连接后，再与环形接地装置单点冗余连接。

(3)室内走线架、组合柜、电源屏、机架、机柜等所有室内设备必须与墙体绝缘，其安全地线、防雷地线、屏蔽地线等必须以最短距离就近分别与接地汇集线连接。

(4)走线架应连接良好，不得构成环形闭合回路，已构成闭合回路应加装绝缘。室内同一排的金属机架、柜之间采用截面积大于10 mm^2 多股铜线连接后，再用两根不小于25 mm^2 有绝缘外护套的多股铜线或紫铜排与接地汇集线连接。

(5)信号机房面积较大时，继电器室、计算机房等安装电子系统设备的机房接地汇集线可分别与总接地汇集线连接，也可相互连接后，用两根不小于25 mm^2 有绝缘外护套的多股铜线或紫铜排与总接地汇集线连接。

(6)各楼层可分别设置总接地汇集线时，总接地汇集线间应采用两根不小于25 mm^2 的有绝缘外护套的多股铜线或紫铜排进行连接。

(7)接地汇集线与环形接地装置的连接线，应采用两根不小于25 mm^2 的有绝缘护套多股铜线单点冗余连接。电源室电源防雷箱处(电源引入处)、分线盘处等其余接地汇集线在环形接地装置上的连接点相互间距应不小于5 m。

引下线在环形接地装置上的连接点，与以上3种接地汇集线在环形接地装置的连接点的相互间距也应不小于5 m。受信号楼周长太小限制的特殊情况下，其相互间距最近处不得小于3 m。

(8)无线天线的接地装置应单独设置，并距环形接地装置15 m以上，特殊情况下不应小于5 m；确因条件限制，间距达不到要求时，与接地汇集线在环形接地装置上的连接点之间的间距不小于5 m；无线天线设在屋顶的，其接地线可与避雷网焊接。

(9)建筑物内所有不带电的自来水管、暖气管道等金属物体，都必须与环形接地装置(或与建筑物钢筋、计算机室屏蔽层)作等电位连接。

复习思考题

1. 信号设备为什么要防雷？
2. 雷电是从来哪些途径侵入信号设备的？
3. 什么是横向电压？什么是纵向电压？
4. 信号设备防护有哪些原则？有哪些要求？对机房电磁环境防护有哪些要求？
5. 什么是信号设备综合防雷？包括哪些措施？
6. 简述金属陶瓷放电管的结构和工作原理，二极放电管和三极放电管有何异同？
7. 简述氧化锌压敏电阻器的结构和工作原理，劣化指示压敏电阻器有何特点？

8. 简述瞬变电压抑制器的工作原理。
9. 防雷变压器与普通变压器相比有何区别？如何起防雷作用？
10. 浪涌保护器如何组成？为什么会具有良好的防雷效果？
11. 电源引入处和信号传输线如何防雷？
12. 哪些情况下要设地线？
13. 何谓地网？对地网的材质和连线有哪些要求？
14. 什么情况下要设贯通地线？对贯通地线有哪些要求？
15. 什么情况下要设接地汇集线？对其有哪些要求？

第十章　光纤骨干网

在无线 CBTC 系统中，任何子系统之间的通信都通过数据通信系统（DCS）实现。DCS 包括：轨旁光纤骨干网、AP（轨旁无线设备接入点）、车载无线设备、联锁站和中央控制室的网络和骨干交换机。轨旁光纤骨干网由光纤线路和 SDH 设备组成。

第一节　光纤和光缆

光纤是光导纤维的简称，是直径很细（μm 数量级）的介质光波导，能将一定波长的光信号限制在其中，并沿其轴线向前传播。光信号在光纤中不受外界干扰，低损耗、小失真地从一端传送到另一端。光纤通信是以光波为载频，以光纤为传输介质的一种通信方式。由于光纤具有传输频带宽、通信容量大、不受电磁干扰、耐腐蚀、重量轻和价格低等一系列优点，光纤通信已成为各种信息网的最主要传输方式。

一、光纤的结构和分类

1. 光纤的结构

光纤是用石英玻璃（SiO_2）制成的横截面很小的双层同心圆柱体。其内层称为纤芯，由高纯度石英玻璃制成；外层为包层，其作用是将光封闭在光纤中传播，包层的折射率小于纤芯的折射率，它对光信号形成全反射，从而将光信号限制在纤芯中，并沿着轴线方向传播。由于石英玻璃质地脆、易断裂，为了保护光纤表面，提高强度便于实用，需在裸光纤外再进行两次涂覆构成光纤芯线，如图 10-1 所示。经过涂复套塑后的光纤称为光纤芯线（简称纤芯），再由纤芯制成光缆。

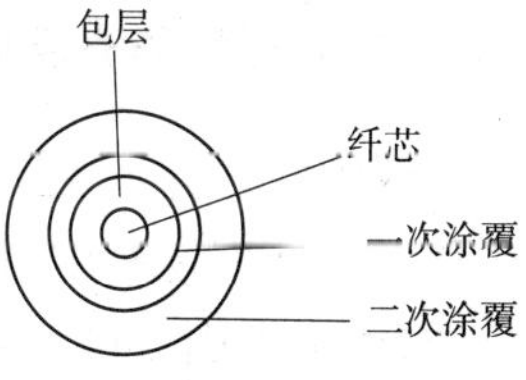

图 10-1　光纤芯线剖面图

2. 光纤的分类

光纤根据构成其折射率分布、传输模式、工作波长、材料成分、制造方法等的不同，可分为很多种类。

（1）光纤按照折射率分布来分一般可以分为阶跃型光纤和渐变型光纤

①阶跃型光纤

如果纤芯折射率沿半径方向保持一定，包层折射率沿半径方向也保持一定，且前者大于后者，纤芯和包层的折射率在边界处发生突变，呈阶梯型变化的光纤，称为阶跃型光纤，又可称为均匀光纤。

②渐变型光纤

如果纤芯折射率随着半径的加大而按一定规律逐渐减小，到纤芯与包层交界处为纤芯的折射率，而包层中折射率是均匀的，这种光纤称为渐变型光纤，又称为非均匀光纤。

(2)光纤按照传输模式分为单模光纤和多模光纤

传输模式是指光纤中光波的波形,实质上是电磁场的分布形式。每个模式对应于一种光波波型,不同传输模式具有不同的传输特性参数。模式不同,其场型结构不同。

①单模光纤

光纤中只传输单一模式时,叫作单模光纤。单模光纤的纤芯直径较小,约为4~10 μm,通常,纤芯中折射率认为是均匀分布的。由于单模光纤只传输基模,从而完全避免了模式色散,使传输带宽大大加宽、传输衰耗小、传输容量大,因此,它适用于大容量、长距离的光纤通信。目前单模光纤已成为通信网的主导光纤,普遍采用工作波长为1.3 μm的单模光纤,其折射率均匀分布。

②多模光纤

在一定的工作波长下,可以传输多种模式的介质波导,称为多模光纤。其纤芯可以采用阶跃折射率分布,也可以采用渐变折射率分布。多模光纤的纤芯直径较大,大约为50~75 μm。多模光纤,由于模式色散的存在使多模光纤的带宽变窄、传输衰耗大、带宽窄,传输性能比单模光纤差。但其制造、耦合、连接都比单模光纤容易。优点是价格便宜。多模光纤主要用于短距离通信。

(3)按光纤的材料可以分为石英系、石英芯塑料包层、多成分玻璃纤维、塑料光纤

石英系光纤的纤芯和包层是由高纯度的SiO_2掺有适当的杂质制成。这种光纤的损耗低,强度和可靠性较高,应用最广泛。目前,在光纤通信中主要使用石英系光纤。

石英芯塑料包层光纤的纤芯是用石英制成的,包层采用硅树脂。

多成分玻璃纤维一般用钠玻璃掺有适当杂质制成。

塑料光纤的纤芯和包层都由塑料制成。

二、光纤的导光原理

遇到两种介质交界面时,光波将产生反射和折射。当入射角增大到一定程度时折射角将大于90°,光波不再进入另一介质,而由界面全部反射回原介质,形成全反射。均匀光纤利用全反射原理,不让光波从包层折射出去而沿光纤以锯齿形向前传播,如图10-2所示。

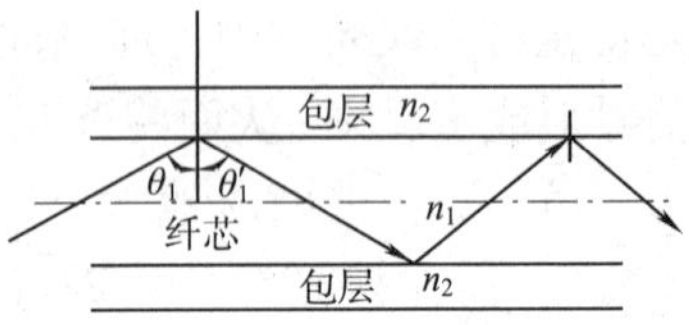

图10-2　均匀光纤的导光原理

三、光缆的结构

光纤细而脆,不能承受施工等各种外力,光纤需要成缆使用。在实际使用中将若干根光纤以适当的组合方式,配上加强构件和防护外套形成光缆,使之具有一定的机械强度,并保证传输性能的稳定可靠。光缆线路在长期使用中必须经受敷设安装和长期维护运用的考验。因此,对光缆最基本的要求是:不能因成缆而使光纤的传输特性恶化;在成缆过程中光纤不断裂;缆径细、重量轻;便于施工和维护。

光缆由缆芯、加强元件和护层组成。缆芯由多根纤芯组成,护套起保护作用,加强元件用来增加光缆的强度。

1. 缆芯

缆芯由纤芯组成,它可分为单芯和多芯两种。单芯型是由单根经二次涂覆处理后的光纤组成;多芯型是由多根经二次涂覆处理后的光纤组成,它又可分为带状结构和单位式结构。

目前,对二次涂覆主要采用两种保护结构:紧套结构和松套结构。

紧套结构在光纤与套管之间有一个缓冲层,其目的是减小外力对光纤的作用。缓冲层一般采用硅树脂,二次涂覆用尼龙,这种光纤的优点是:结构简单、使用方便。

松套结构将一次涂覆后的光纤放在一根管子中,管中填充油膏,形成松套结构。这种光纤的优点是:机械性能好、防水性能好、便于成缆。

2. 加强元件

由于光纤材料比较脆,容易断裂,为了使光缆便于承受敷设安装时所加的外力等,在光缆中要加一根或多根加强元件位于中心或分散在四周。

加强元件的材料可用钢丝或非金属的纤维——增强塑料(FRP)等。

3. 护层

光缆的护层主要是对已经成缆的光纤芯线起保护作用,避免由于外部机械力和环境影响造成对光纤的损坏。因此要求护层具有耐压力、防潮、湿度特性好、重量轻、耐化学侵蚀、阻燃等特点。

光缆的护层可分为内护层和外护层。内护层一般用聚乙烯或聚氯乙烯等;外护层可根据敷设条件而定,可采用由铝带和聚乙烯组成的 LAP 外护套加钢丝铠装等。

四、光缆的种类

光缆结构主要有层绞式、单位式、骨架式、带状式。

1. 层绞式光缆

是将若干根纤芯以强度元件为中心绞合在一起的一种结构。这样光缆的制造方法和电缆较相似,所以可采用电缆的成缆设备,成本较低。纤芯数一般不超过 10 根。

2. 单位式光缆

是将几根至十几根纤芯集合成一个单位,再由数个单位以加强元件为中心绞合成缆。光缆的芯线数一般为几十芯。

3. 骨架式光缆

是将单根或多根光纤放入骨架的螺旋槽内,骨架的中心是加强元件,骨架的沟槽可以是 V 形、U 形或凹形。

由于光纤在骨架沟槽内具有较大空间,因此当光纤受到张力时,可在槽内作一定的位移,减少了纤芯的应力应变。这种光缆具有耐侧压、抗弯曲、抗拉的特点。

4. 带状式光缆

是将 4 ~ 12 根纤芯排列成行,构成带状光纤单元,再将这个带状单元按一定方式排列成缆。这种光缆的结构紧凑,采用此种结构可做成上千芯的高密度用户光缆。

五、光缆的敷设

通信光缆在区间隧道内可采用沿墙架设方式,进入车站宜采用隐蔽敷设方式;高架区段光缆宜敷设在高架区间通信管道内;地面光缆宜采用直埋式或管道式。通信光缆应与强电电缆分开敷设。

隧道内的通信主干光缆宜采用阻燃、低毒、防腐蚀的防护层;站内配线电缆应采用带有屏蔽层的塑料护套电缆。

城市轨道交通敷设光缆不设屏蔽地线，但接头两侧的金属护套及金属加强件应相互绝缘，光缆引入室内应做绝缘接头。

六、光纤传输系统

1. 光纤传输系统的基本构成

光纤传输系统的基本构成如图 10-3 所示。光纤传输系统由光传输终端设备(光端机)、光缆、光中继器和复接设备等组成。复接设备(又称电端机)将数据、图像信号等汇集起来，通过光端机将电信号变换成光信号，经光纤将光信号传送到对方站。该站通过光端机将收到的光信号还原成电信号，再送到复接设备将各类信号进行分路，以送到本站的各类设备。光中继器的作用是将传输中衰减了的光信号进行再生放大，以利于继续向前传输。为了传输的可靠性，光端机和光缆都是双备份的，并以主—备用方式工作，两根光缆应置于轨道的两侧以免同时被切断。当主用光端机故障或光缆被切断时。两端的转换开关同时倒换至备用光端机和光缆。

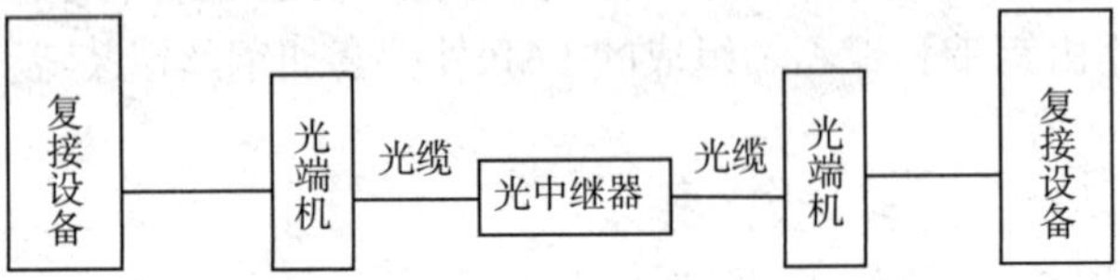

图 10-3　光纤传输系统基本构成

2. 光端机

光端机把收到的光信号和电信号进行转换，其方框图如图 10-4 所示。

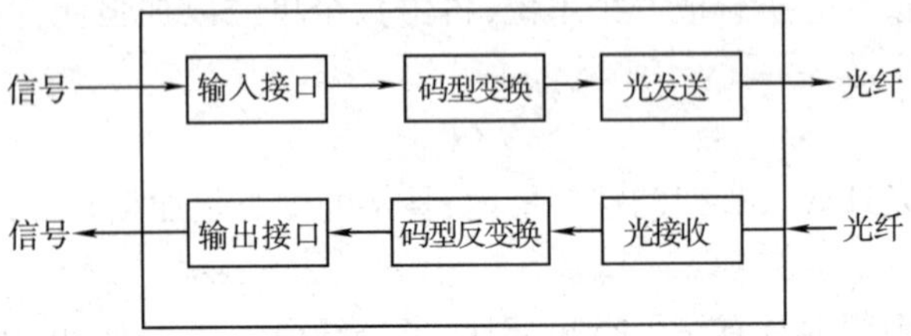

图 10-4　光端机方框图

输入/输出接口实现复接设备的数字信号与 NRZ(不归零单极性码)之间的变换，便于用数字电路进行处理。

码型变换与反变换实现 NRZ 码与适合光缆传输的线路码型之间的变换，其目的是在码流中插入一些监控及通信联络信息。

光发送部分将电信号变成光信号，包括驱动电路和光源(半导体激光器或发光二极管)及一些控制电路，通过驱动电路对光源进行调制，并将调制后的光信号送入光纤。

光接收部分由光检测器和低噪声电子放大器组成，其把收到的光信号还原成电信号。

第二节　SDH 传输技术

一、SDH 概述

1. SDH 的概念

SDH 全称为同步数字体系(Synchronous Digitatal Hierarchy)。SDH 规范了数字信号的帧结构、复接方式、传输速率等级、接口码型等特性,具有比特率、网络节点接口、复接结构、复接设备、网络管理、线路系统和光接口、信息模型、网络结构等一系列标准,在此基础上发展并建成了一种灵活、可靠、便于管理的传输网。

SDH 运用于光纤通信网中时,称该网为光同步传输网。SDH 传输网是一种全新的传输网络,由一些具有标准接口的网络单元(SDH 网元 NE)组成,是在光纤上进行同步信息传输、复接、分插和交叉连接的网络。SDH 传送网由终端复接器(TM)、数字交叉连接设备(DXC)、分插复接器(ADM)、再生器(REG)等节点组成。SPH 传送网一般以大容量光纤传输链路连接,构成具有高度灵活性和自愈功能的网络。

SDH 是 20 世纪 90 年代初走向商用的同步数字传输体制标准。它基于 TDM 传输原理,有非常成熟的 ITU-T 标准和产品,其可用性、可靠性、通用性都很强,是现代电信传输网的基础,技术先进,具有标准光接口、强大网络管理能力和灵活分插支路(同步复接)的能力;组网灵活,可组成点对点、链形、环形等不同拓扑结构;扩容能力强;网络可靠,具有 MSP、通道保护、自愈环等保护手段;支持 IP 业务的传输,传送效率高。由于在通信系统中的成熟应用及良好的业务支持,目前 SDH 已成为发展和建设通信网的首选方式。

2. SDH 的特点

作为一种全新的传输体制,SDH 同步数字体系具有如下特点:

(1)统一的网络节点接口

SDH 对信号的速率等级、帧结构、复接方式、线路接口、监控管理等都进行统一的规范,使含支路信息的网元之间能互通,实现了多厂家环境下的操作,体现出其具有横向兼容性。

(2)全面的兼容能力

可以顺利完成由 PDH(准同步数字体系)向 SDH 的过渡,使其具有后向兼容性;同时 PDH 的信号又和异步转移模式(ATM)的用户环路信元的速率相一致,使其具有宽带业务的支撑能力,即具有前向兼容性。

(3)灵活的上、下话路技术和动态组网技术

SDH 采用软件控制从高速信号中一次直接分插出低速信号,而又不影响其他支路信号,同时也简化了操作,使上下电路快速、准确地实现。

SDH 同步和灵活的复接方式也大大地简化了数字交叉连接功能的实现过程,增强了网络的自愈功能。可以根据用户的需求进行动态组网,便于新业务的引入。

(4)充分的开销比特

在 SDH 帧结构中,拥有丰富的开销比特,可以用来传输大量的网管信息,使得网络的操作管理与维护能力大大加强。

(5)网络同步

在 SDH 网络中,采用主从同步方式,即使用一系列分级时钟,各节点都保持与高精度、高稳定性的主时钟同步,以便使网络内各交换节点上的全部数字流能实现正确有效地交换。

这样,使得 SDH 具有以下优点:具有全世界统一标准的网络节点接口;有一套标准化的信息结构等级,称为同步传递模块;采用页面式帧结构,便于实现集中的网络管理;网络单元都有标准的光接口,传输和复接合为一体,开放性的光接口使不同厂家的产品在光路上可以互通;采用软件技术进行网络配置和控制,组网灵活方便;用 SDH 构成的环形网还具有自愈能力,大大提高了网络的可靠性;速率高、容量大、可从高次群中直接提取低次群信号,便于组网。

尽管 SDH 具有上述优势,但也存在不足:频带利用率低、指针调整机理复杂、软件的大量使用对系统安全性有影响。

3. SDH 工作过程

SDH 工作过程示意图如图 10-5 所示。在发送端将信号经打包封装后成为信息包,通过复接载入同步转移模块 STM-*N*,由 SDH 网络传输至接收端,通过解复接、拆包还原为原信号。

图 10-5　SDH 工作过程示意图

二、SDH 基本原理

1. 容器传送原理

SDH 采用了净负荷的概念和指针技术,将低速支路信号复接成高速信号,其复接过程是进行“容器传送”。容器是有规定速率的、按一定时序结构组成的标准信号结构,而容器传送是指将低于容器速率的信号组织在一起,然后封装起来,实现容器的整体搬运。

SDH 的容器传送过程大致上可描述为:首先根据不同业务信号速率大小选择不同的容器(C)(见表 10-1),接着将业务信号加以封装,并贴上供管理用的标签——开销,又称附加比特。容器加上开销称为虚容器(VC)。然后,将多个小虚容器按一定时序复合到一起并封装到更大的虚容器中,同时给每个小虚容器加上指针,以便随时调用。最后,将这些大虚容器加上指针,复合到一起并添加供管理用的标签后形成同步传送模块(STM),经由传送媒质(光纤等)发送出去。在接收端,接收到的同步传送模块经检验管理用的标签找到帧定位信号,进而查找到相关指针,由指针指示定位到某虚容器,从该虚容器中可以提取出所需要的业务信号。

2. 复接单元

SDH 的复接结构是由一系列的基本复接单元组成,而复接单元实际上是一种信息结构。不同的复接单元,其信息结构不同,因而在复接过程中所起的功能各不相同。常用的复接单元有容器、虚容器、支路单元、管理单元等。

(1)容器

容器(C)是一种用来装载各种速率业务信号的标准信号结构,主要完成适配功能(如码速调整等),存放低速信号,进行速率调整。SDH 常用标准容器,见表 10-1。

表 10-1 SDH 常用标准容器

容器级别	容器尺寸	标准输入比特率
高阶容器	C_4	139 264 kbit E4 信号
	C_3	44 736 kbit DS3 信号
低阶容器	C_3	34 368 kbit E3 信号
	C_2	6 312 kbit DS2 信号
	C_{12}	2 048 kbit E1 信号
	C_{11}	2 048 kbit DS1 信号

(2)虚容器

虚容器是用来支持 SDH 通道层连接的信息结构。为了便于对容器进行管理、监测和控制,信号装入容器后,在搬运之前需给容器加上通道开销(POH)。当容器加上开销以后,便形成虚容器(VC)。由于容器有大小之分,虚容器也对应有高阶和低阶之分。能容纳高阶容器的 VC 为高阶虚容器,容纳低阶容器的 VC 为低阶虚容器。无论是高阶虚容器,还是低阶虚容器,它们在 SDH 网络中始终保持独立的、相互同步的传输状态,即其帧速率与网络保持同步,并且同一网络中的不同 VC 的帧速率都是相互同步的,因而在 VC 级别上可以实现交叉连接操作,从而在不同 VC 中装载不同速率的信号。另外,VC 信号仅在网络边界处才进行分接,从而在 SDH 网络中始终保持完整不变,独立地在通道的任意一点进行分出、插入或交叉连接。

(3)支路单元

支路单元(TU)是为低阶通道层与高阶通道层提供适配功能的一种信息结构。在将若干低阶虚容器复接进高阶虚容器的过程中需要加上指针(PTR),用于指明每个低阶虚容器的位置。低阶虚容器加上指示其在高阶 VC 中初始字节位置的指针后成为一个支路单元(TU),该指针称为支路单元指针(TU-PTR),一个或多个支路单元可复接成为一个支路单元组(TUG)。

可见,低阶 VC 可在高阶 VC 中浮动,并且由一个或多个在高阶 VC 净负荷中占有固定位置的 TU 组成一个支路单元组(TUG)。

(4)管理单元

管理单元(AU)是在高阶通道层与复接段层之间提供适配的一种信息结构。高阶虚容器加上 STM-*N* 中的起始字节位置的指针后成为管理单元,该指针称为管理单元指针(AU-PTR)。高阶 VC 在 STM-*N* 中的位置也是浮动的,但 AU 指针在 STM-*N* 帧结构中的位置是固定的。一个或多个在 STM 帧中占有固定位置的 AU 组成一个管理单元组(AUG)。

(5)同步转移模块

在 *N* 个 AUG 的基础上,加上起到运行、维护和管理作用的段开销,便形成了 STM-*N* 模块。最终生成的同步传送模块(STM)是一种标准化的信息结构等级,由净负荷、指针和段开销所构成,同步传送模块的帧频固定为每秒传送 8 000 帧。

三、帧 结 构

1. 同步传输模块(STM)

SDH 信号以同步传送模块(STM)的形式传输。STM 是用以支持 SDH 内的段层连接的信息结构。它由组织在重复周期为 125 μs 的块状帧结构中的信息净负荷、段开销和管理单元指针组成。

SDH 信号最基本的同步传送模块 STM-1,其网络节点接口的速率为 155.520 Mbit/s。更高等级的 STM-N 模块是将 STM-1 以字节交错间插方式同步复接的结果,N 是正整数,规范为 4 的整数次幂,目前 SDH 仅支持 $N=1$、4、16、64。这样 4 个 STM-1 同步信号按字复接成一个 STM-4,而 4 个同步 STM-4 信号,又可以复接为一个STM-16……

2. 帧结构

所谓帧结构是指在时分多路复接时表明时隙分配形式的一种重复性图形,也就是说帧结构用来表面各路信号在信道上的时隙分配规则,而这种分配规则又是以帧为单位重复出现的。

SDH 网的一个重要功能是能对支路信号进行同步数字复接、交叉连接和交换。SDH 的帧结构必须适应这种功能,同时也要求各支路信号在 SDH 的一帧内能做到均匀、有规律地分布,以便在传输节点中对支路信号进行复接、交叉连接、接入/分出(上/下)和交换。

为满足上述要求,STM-1 的帧结构为一种以字节为基础的矩形块状帧结构,如图 10-6 所示。

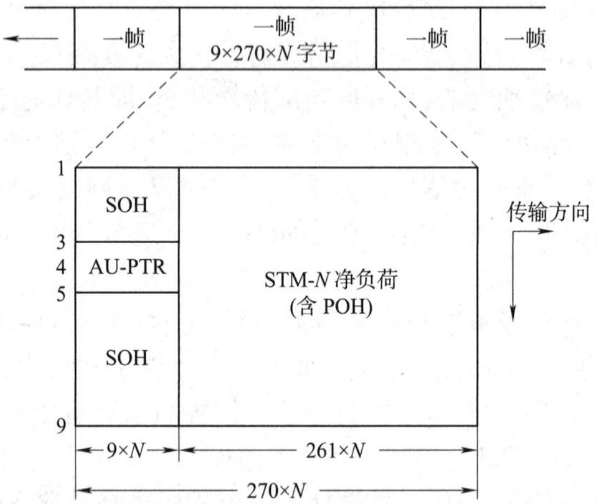

图 10-6 STM-1 的帧结构

SDH 信号是一帧接一帧传送,每一帧内是一行接一行传送,每一行内是一个字节接一个字节传送,在每一个字节内则是一比特接一比特传送。由此可见,SDH 信号以矩形帧结构为单位,从上至下,从左至右连续不断地在光纤上传送。

整个帧结构大体由信息净负荷、段开销和管理单元指针 3 个主要功能区域组成。

①信息净负荷

信息净负荷是帧结构中存放 STM-N 传送的各种有效传输信息码块的地方,也存放少量用于通道性能监视、管理和控制的通道开销(POH)字节。POH 通常作为净负荷的一部分与信息码块一起在网络中传送,直到在接收端该净负荷被分接。

②段开销

段开销(SOH)是指 STM 帧结构中,为了保证信息正常传送而供网络运行、管理和维护所使用的附加字节,段开销包括再生段开销(BSOH)和复接段开销(MSOH)。

③管理单元指针

管理单元指针(AU-PTR)实际上是一组数码,其值代表净负荷中信息的起始字节的位置,在接收端可以根据指针所指的位置正确地分解出有效传输信息。

SDH 中的指针类似软件中的指针，在同步复接过程中起到极其重要的作用。指针的最基本功能是指示净负荷或其他业务信号在 SDH 帧中的位置。如果没有指针，SDH 帧内的净负荷要实现同步复接，就必须从某个固定的起始点开始读入，这就要求 SDH 系统在业务信号接口端具有一个很大的缓存器，能够存储至少一帧的业务信号，等到该特定字节时才能将业务信号读入，且要求业务信号与 SDH 帧完全同步。引入了指针技术，情况就不一样了，可以根据指针所指的位置正确地读出业务信号。指针具有定位功能，指定 VC 在高阶帧信号中的位置，通过指针的正负调整适配 VC 与高阶帧信号的相位差异。

在图 10-6 所示的 STM-1 信号的 9 行 270 列矩形帧中，后 261 列均用于传送净负荷，即实际传输的业务信息；在前 9 列中，第 1 ~3 行传送再生段开销，其中第 1 行传送帧定位字节，用以在连续传送的数据流中辨识出一个 STM-1 帧的开始；第 4 行传送 AU 指针，用来指明净负荷在帧中的起始位置；第 5 ~9 行传送复接段开销。

由于每字节由 8 bit 组成，每帧由 9×270 个字节组成，帧频固定为每秒传送 8 000 个 STM-1 的帧，因此 STM-1 信号的传输速率为：$9\times270\times8\times8\,000=155.52$ Mbit/s。STM-N 的帧是由 9 行 $\times270\times N$ 列 8 bit 字节组成的码块，帧长为 $9\times270\times N\times8=19\,440\times N$ bit，若用时间来表示，对于任何 STM 等级，其帧长或帧周期均为 125 μs。以时间表示的帧长（即帧周期）恒定，是 SDH 帧结构的一大特点。

3. SDH 速率

SDH 信号的速率等级表示为 STM-N，其速率是 155.520 Mbit/s 的 N 倍。STM-N 等级信号速率见表 10-2。

表 10-2 STM-N 等级信号速率表

STM-N	信号速率（Mbit/s）	简　称
STM-1	155.52	155 Mbit/s
STM-4	622.08	622 Mbit/s
STM-16	2 488.32	2.5 Gbit/s
STM-64	9 953.28	10 Gbit/s
STM-256	39 813.12	40 Gbit/s

四、SDH 的关键技术

同步复接、映射和定位是 SDH 中的 3 大关键技术，正是这些技术的使用，使得数字复接技术在软件的支持下，得以灵活的实现。

1. 复接

复接是一种使多个低阶通道层的信号适配进高阶通道或者把多个高阶通道层信号适配进复接层的过程，即以字节交错间插方式把 TU 组织进高阶 VC 或把 AU 组织进 STM-N 的过程。这样，就把多路信号集中在一条光纤线路中传输。

由于 TU 和 AU 指针处理后的各 VC 支路已相位同步，此复接过程为同步复接。

低阶 SDH→高阶 SDH，例如：$4\times$STM-1→STM-4，采用字节间插复接方式。

字节间插复接方式如图 10-7 所示。

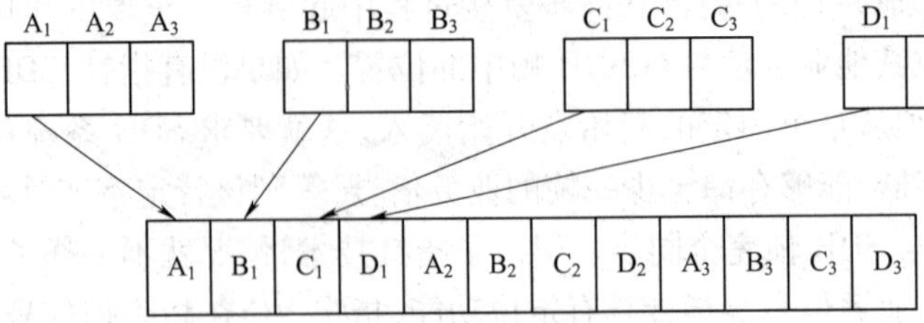

图 10-7　字节间插复接方式

2. 映射

将各种数字信号经过容器纳入各种规格的虚容器中的过程就称为映射。

映射是一种在 SDH 网络边界处使支路信号适配进虚容器的过程，即各种速率的信号先分别经过码速调整装入相应的标准容器，再加进低阶或高阶通道开销形成虚容器的过程。

为了适应各种不同的网络应用情况，有异步、比特同步和字节同步 3 种映射方法与浮动 VC 和锁定 TU 两种模式。

3. 定位

简单地说，定位是将信号经打包封装后按指针收进 STM-N，放在相应的位置。定位示意图如图 10-8 所示。

定位是一种将帧偏移信息收进支路单元或管理单元的过程，即通过附加于 VC 上的支路单元指针（或管理单元指针）调整，使指针的值时刻指向低价 VC 帧的起点，决定在 TU 净负荷中或高价 VC 帧的起点在 AU 净负荷中的位置，使接收端据此正确地分离相应的 VC。在发生相对帧相位偏差使 VC 帧起点浮动时，指针值亦随之调整，从而始终保证指针值准确指示 VC 帧的起点的过程。

五、SDH 传输设备

SDH 传输网是由不同类型 SDH 传输设备（SDH 网元）通过光缆线路连接组成的，通过不同的网元完成 SDH 网的传送功能，这些功能包括：上下业务、交叉连接业务、网络故障自愈等。SDH 网中常见网元有终端复接器 TM、分插复接器 ADM、数字交叉连接设备 DXC、再生中继器 REG。SDH 传输网中的设备归为 3 类：即交换、传输和接入设备，由于它们的功能各不相同，因而构成其功能的逻辑功能块也不同。

1. 终端复接器

SDH 终端复接器（TM）用于 SDH 链路之终端部分，如图 10-9 所示。TM 具有复接解复接功能、保护功能，并提供网管接口。在 SDH 网中终端复接器起到一次完成复接功能，并进行电—光转换，然后将其送入光纤。

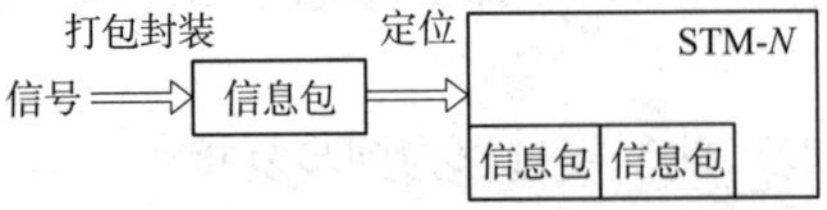

图 10-8　定位示意图

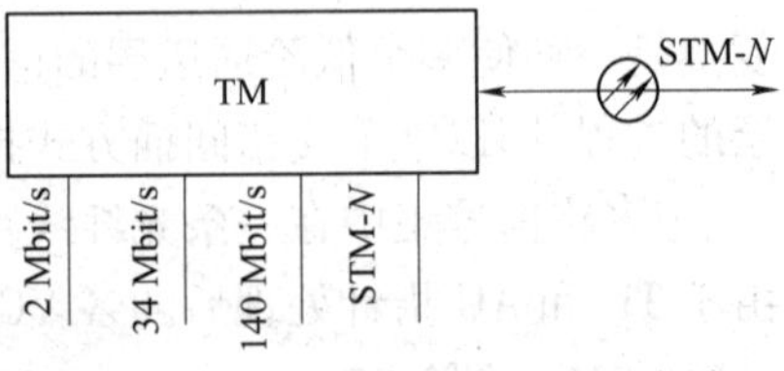

图 10-9　终端复接器模型图

TM 作用是终结群路信号:将支路端口的低速信号复接到线路端口的高速信号 STM-N 中,或从 STM-N 的信号中分出低速支路信号。它的线路端口输入/输出一路 STM-N 信号,而支路端口可以输入/输出多路低速支路信号。在将低速支路信号复接、进线路信号的 STM-N 帧时,支路信号在线路信号 STM-N 中的位置可任意指定。

TM 组网方式如图 10-10 所示。

2. 分插复接器

分插复接器(ADM)串接在 SDH 链路中,用于 SDH 传输网络的转接点处,例如链的中间结点或环上结点,是 SDH 网上使用最多、最重要的一种网元,如图 10-11 所示。ADM 可从过路的 SDH 信号中,分插沿途所需的支路信号。ADM 除了具有 TM 的复接解复接功能、保护功能、网管接口外,还具有数字交叉连接(DXC)功能。

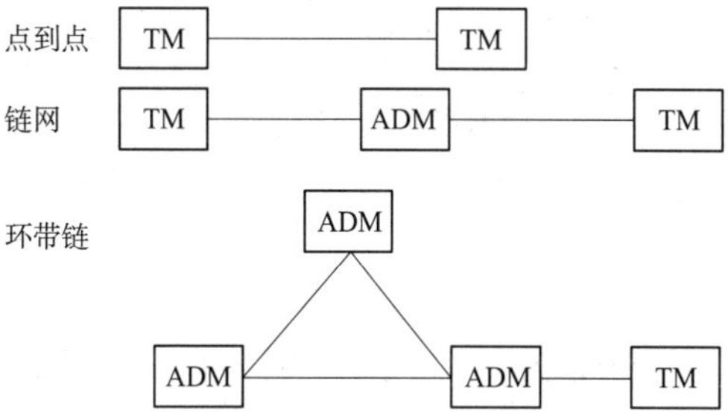

图 10-10 TM 的组网方式

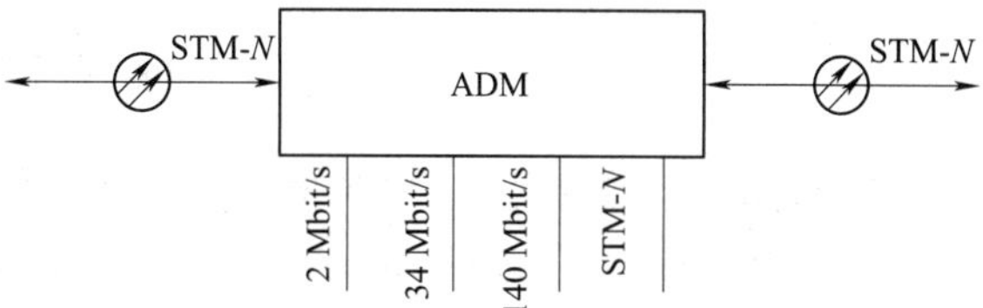

图 10-11 分插复接器模型图

ADM 有两个线路端口和一个支路端口。两个线路端口各接一侧的光缆(每侧收/发共两根光纤)。ADM 将低速支路信号交叉复接到线路上去,或从线路端口收到的线路信号中拆分出低速支路信号;还可将线路侧的 STM-N 信号进行交叉连接。

ADM 是 SDH 最重要的一种网元,通过它可等效成其他网元,即能完成其他网元的功能,例如:ADM 可等效成两个 TM。

ADM 组网方式如图 10-12 所示。

3. 数字交叉连接设备

数字交叉连接设备(DXC)可以看成是计算机软件(网管软件)控制的数字自动配线架。与人工配线架不同的是 DXC 具有复接、解复接功能。DXC 实质上是兼有复接、配线、保护、恢复、监测和网络管理等多种功能的一种传输设备。

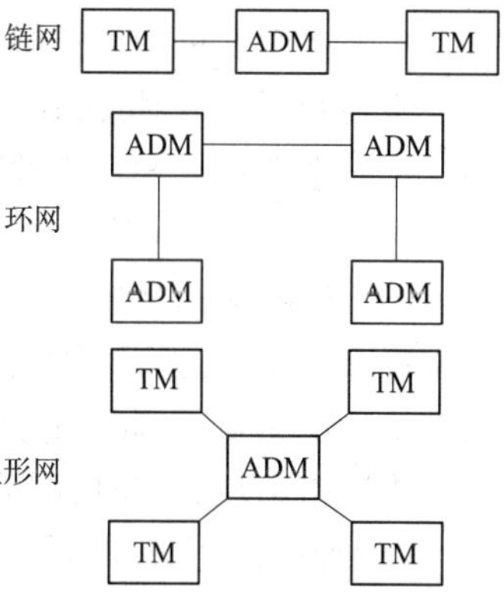

图 10-12 ADM 组网方式

数字交叉连接设备主要完成 STM-N 信号的交叉连接,它相当于一个交叉矩阵,完成各个信号间的交叉连接,如图 10-13 所示。

DXC 构成方框图如图 10-14 所示。线路接口完成对信号的光/电、电/光转换;完成对信号码速率的变换和反变换等。

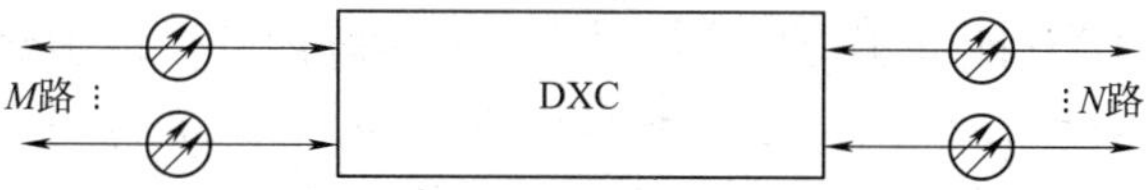

图 10-13 数字交叉连接设备模型图

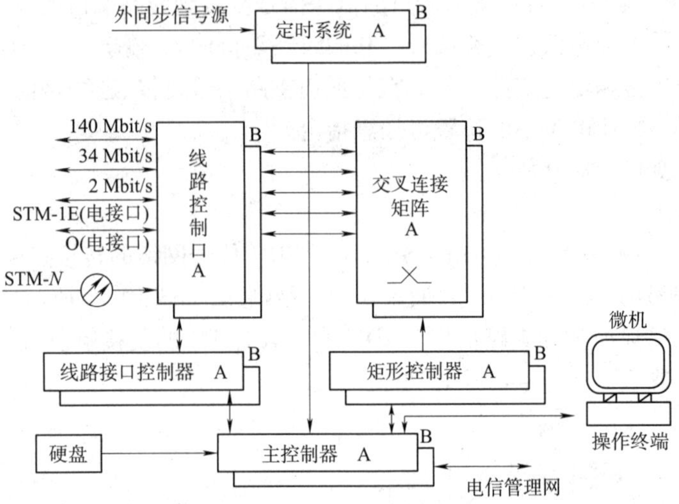

图 10-14 DXC 构成方框图

对 STM-N 信号分解为 VC-N 信号;对 PDH 信号则映射为 VC-N;将交叉连接矩阵输出 VC-N 根据输出端口的需要"组装"为 STM-N 信号,或去掉映射还原为 PDH 网需要的 PDH 信号。

接口控制器完成采集信号,计算系统误码率等功能。

交叉连接矩阵完成对线路接口输出 VC-N 信号,进行无阻塞交叉连接,完成交叉连接后再送回到线路接口。

矩阵控制器根据主控制器的控制指令,控制交叉连接矩阵的交叉连接。

主控制器完成对接口控制器和矩阵控制器的管理,并下达由网管系统传来的控制指令等。

定时系统完成 SDXC 对外信号源的同步,即产生定时信号送到 DXC 的各相关部分。

DXC 的主要功能有:

(1)电路调度功能

在 SDH 网络所服务的范围内,当出现重要情况等需要占用电路时,DXC 可根据需要对通信网中的电路重新调配,迅速提供电路。

当网络出现故障时,DXC 能够迅速提供网络的重新配置。

(2)业务的汇集和疏导功能

DXC 能将同一传输方向传输过来的业务填充到同一传输方向的通道中,将不同的业务分类导入不同传输通道中。

③保护倒换功能

一旦 SDH 网络某一传输通道出现故障,DXC 可对复接段、通道进行保护倒换,接入保护通道。通道层可以预先划分出优先等级,由于这种保护倒换不需了解网络的全面情况,因此倒换速度很快。此外,DXC 还有开放宽带业务、网络恢复、不完整通道段监视、测试接入等功能。

DXC 可将输入的 M 路 STM-N 信号交叉连接到输出的 N 路 STM-N 信号上,DXC 的核心是交叉矩阵,功能强大的 DXC 能够实现高速信号在交叉矩阵内的低级别交叉。

通常用 DXC m/n 来表示一个 DXC 的类型和性能($m \geq n$),m 表示可接入 DXC 的最高速率等级,n 表示在交叉矩阵中能够进行交叉连接的最低速率级别。m 越大表示 DXC 的承载容量越大,n 越小表示 DXC 的交叉灵活性越大。数字 0 表示 64 kbit/s 电路速率,数字 1、2、3、4

分别表示 PDH 体制中的 1～4 次群速率,其中 4 也代表 SDH 体制中的 STM-1 等级,数字 5 和 6 分别代表 SDH 体制中的 STM-4 和 STM-16 等级。例如 DXC1/0 表示接入端口的最高速率为 PDH 一次群信号,而交叉连接的最低速率为64 kbit/s;DXC4/1 表示接入端口的最高速率为 STM-1,而交叉连接的最低速率为 PDH 一次群信号。

4. 再生中继器

由于光纤固有损耗的影响,使得光信号在光纤中传输时,随着传输距离的增加,光波逐渐减弱。如果接收端所接收的光功率过小,便会造成误码,影响系统的性能,因而此时必须对变弱的光波进行放大、整形处理。这种仅对光波进行放大、整形的设备就是再生器,再生器不具备复接功能,是最简单的一种设备。

光传输网的再生中继器(REG)有两种:

(1)纯光学的再生中继器。主要进行光功率放大以延长光传输距离,例如 EDFA。

(2)用于脉冲再生整形的电再生中继器。主要通过光/电变换(O/E)、电信号抽样、判决、再生整形、电/光变换(E/O)等处理,以达到不积累线路噪声、保证传送信号波形完好的目的。

这里指的是后一种再生中继器,REG 只有两个线路端口,如图 10-15 所示。

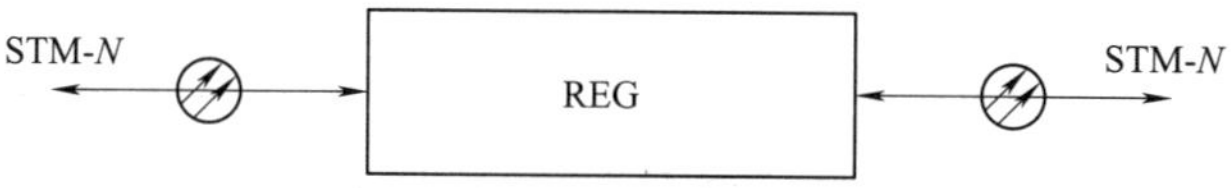

图 10-15　中继器模型图

REG 只处理 STM-N 帧中的 RSOH,并且不具备交叉连接功能。而 ADM 和 TM 因为要完成将低速支路信号复接到 STM-N 帧中,所以不仅要处理 RSOH,而且还要处理 MSOH,另外 ADM 和 TM 都具有交叉连接功能。

六、SDH 系统保护

SDH 网采用线路保护倒换和自愈环两种保护方式。

1. 自动线路保护倒换

自动线路保护倒换结构有 1+1 和 1:n 结构两种方式。

(1)1+1 结构

图 10-16 所示为 1+1 线路保护倒换结构。发送端永久地与主用、备用信道相连接,因而 STM-N 信号可以同时在主用信道和备用信道中传输,在接收端 MSP(复接段保护功能)同时对所接收到的来自主、备用信道的 STM-N 信号进行监视。正常工作情况下,选择来自主用信道的信号作为输出信号,一旦主用信道出现故障,则 MSP 自动从备用信道中选取信号作为接收信号。

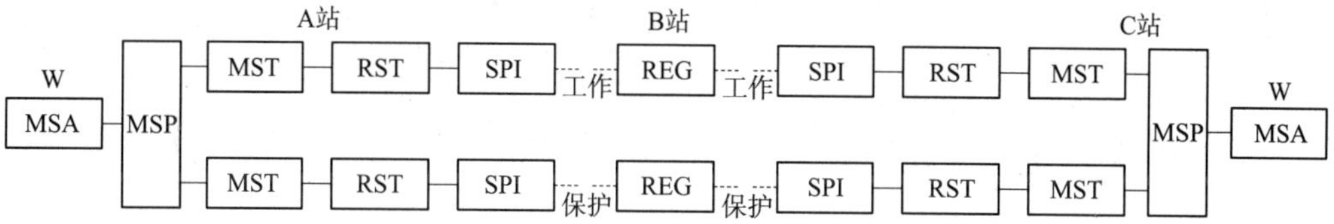

图 10-16　1+1 线路保护倒换结构

MSA——复接段适配;MSP——复接段保护;MST——复接段终端;RST——再生段终端;
SPI——SDH 物理接口;REG——再生中继器

(2)1∶n 结构

图 10-17 所示为 1∶n 线路保护倒换结构。在 1∶n 结构中,备用信道由多个主用信道共享,一般 n 值范围为 1～14。在 SDH 中,通过帧结构中的两个自动保护倒换字节来完成收发两端站间及时、准确、无误地倒换保护操作。

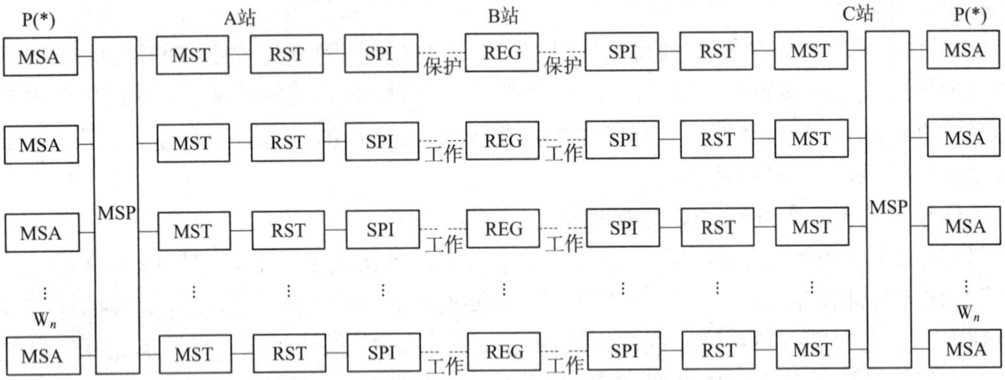

图 10-17　1∶n 线路保护倒换结构

2. 环路保护

SDH 传输网中所采用的网络结构有多种,其中环形结构具有自愈功能,即无须人为干预,网络就能在极短的时间内从失效故障中自动恢复所携带的业务,使用户感觉不到网络已出了故障。因而环形网络具备发现替代传输路由,并重新确立通信的能力,特别适应大容量的光纤通信发展的要求,故得到广泛的应用。

环形网络的结构的种类很多,按插入支路信号在环中各节点间流动方向可分为单向环和双向环;按保护倒换方式可分为通道倒换环和复接段倒换环;按环中每一节点间所用光纤数量可分为二纤环和四纤环。目前采用下述四种结构的环形网络。

(1)二纤单向复接段倒换环

图 10-18(a)为二纤单向复接段倒换环的工作原理图。每两个具有支路信号分插功能的节点间高速传输线路都具有一备用线路可供保护倒换使用。在正常情况下,信号仅在主用光纤 S_1 中传输,而备用光纤 P_1 空闲。

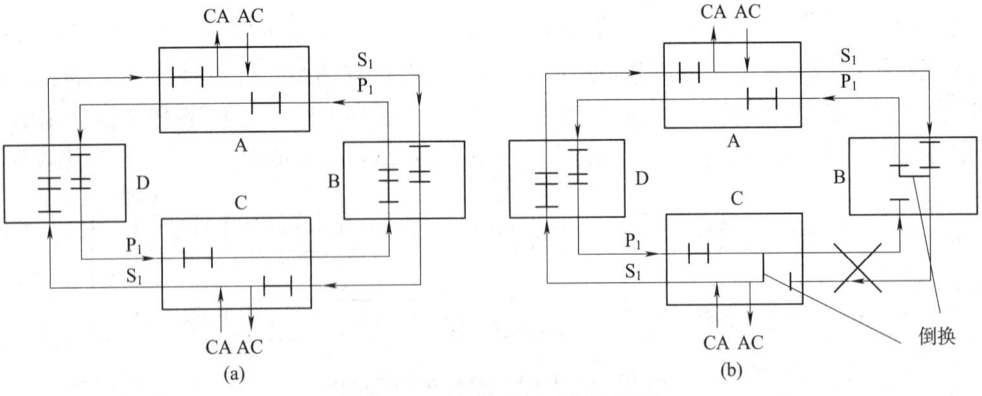

图 10-18　二纤单向复接段倒换环

现以节点 A 和 C 之间的信息传递为例，说明其工作原理。

正常情况下，信息在 A 节点插入，并由主用光纤 S_1 传输，通过 B 节点，到达 C 节点，在 C 节点就可以从 S_1 中分离出所要接收的信息；而从 C 到 A 的信息，由 C 节点插入，同样经 S_1 传输，经 D 节点到达 A 节点，在 A 节点处 S_1 中分离出所需接收的信息。

当 BC 节点间的光缆出现断纤故障时，如图 10-18(b)所示，与光缆断线故障点相连的两个节点 B、C，自动执行环回功能，因而在节点 A 插入的信息，首先经主用光纤 S_1 传输到 B 节点，由于 B 节点具有环回功能，这样信息在此转换到备用信道 P_1，经 A、D 节点到达 C 节点，同样利用 C 节点的环回功能，将备用光纤 P_1 中传输的信息转回到主用光纤 S_1 中，并通过分离处理，可得到由 A 节点插入的信息，从而完成 A 节点到 C 节点间的信息传递，而 C 节点到 A 节点的信息仍是通过 S_1 经 D 节点传输来完成的。可见，这种环回倒换功能可做到在出现故障情况下，不中断信息的传输。而当故障排除后，又可以启动倒换开关，恢复正常工作状态。

(2)四纤双向复接段倒换环

四纤双向复接段倒换环的工作原理如图 10-19(a)所示，以两根光纤 S_1 和 S_2 共同作为主用光纤，P_1 和 P_2 两根光纤为备用光纤，其中各信号传输方向如图所示。正常情况下，信息通过主用光纤传输，备用光纤空闲。

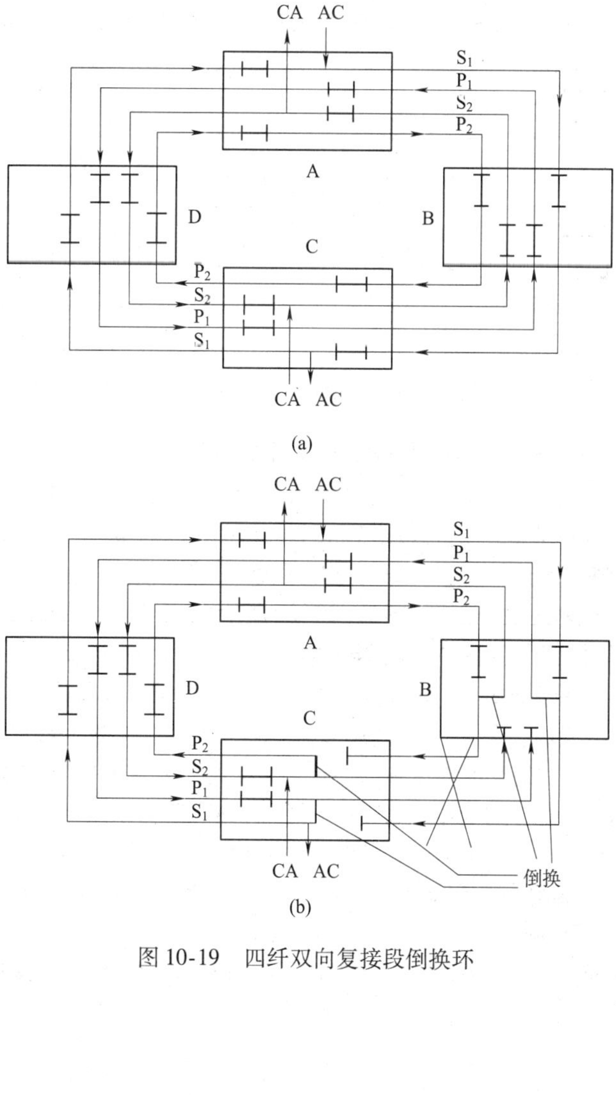

图 10-19　四纤双向复接段倒换环

现仍以 A、C 节点间的信息传输为例，说明其工作原理。

正常情况下，信息由 A 节点插入，沿主用光纤 S_1 传输，经节点 B，到达节点 C，在 C 节点完成信息的分离；当信息由节点 C 插入后，则沿主用光纤 S_2 传送，同样经 B 节点，到达 A 节点，完成由 C 节点到 A 节点的信息传送。

当 B、C 节点之间四根光纤同时出现断纤故障时，如图 10-19(b) 所示，与光纤断线故障相连的节点 B、C 中各有两个执行环回功能电路，在节点 B、C，S_1 和 S_2 分别通过倒换开关，与备用光纤 P_1 和 P_2 相连。这样当信息由 A 节点插入时，信息首先由主用光纤 S_1 携带，到达 B 节点，通过环回功能电路 S_1 和 P_1 相连，又转为 P_1 来携带，经过节点 A、D 到达 C 点，通过 C 节点的环回功能，实现 P_1 和 S_1 的连接，完成 A 到 C 节点的信息传递；而由 C 节点插入的信息，首先被送到 S_2 经 C 节点的环回功能，使 S_2 与 P_2 相连接，这时信息沿 P_2 经 D、A 节点，到达 B 节点，由于 B 节点同样具有环回功能，P_2 和 S_2 相连，因而信息又转为由 S_2 传输，最终到达 A 节点，以此完成 C 到 A 节点的信息传递。

(3) 二纤双向复接段倒换环

从图 10-20(a) 可见，S_1 和 P_2，S_2 和 P_1 的传输方向相同，若采用时隙技术，将一个时隙一分为二，前半时隙用于传送主用光纤 S_1 的信息，后半时隙用于传送备用光纤 P_2 的信息，就可将 S_1 和 P_2 的信号置于一根光纤(即 S_1/P_2 光纤)中。同样 S_2 和 P_1 的信号也可置于另一根光纤(即 S_2/P_1 光纤)中。这样，四纤环就简化为二纤环，具体结构如图 10-20 所示。

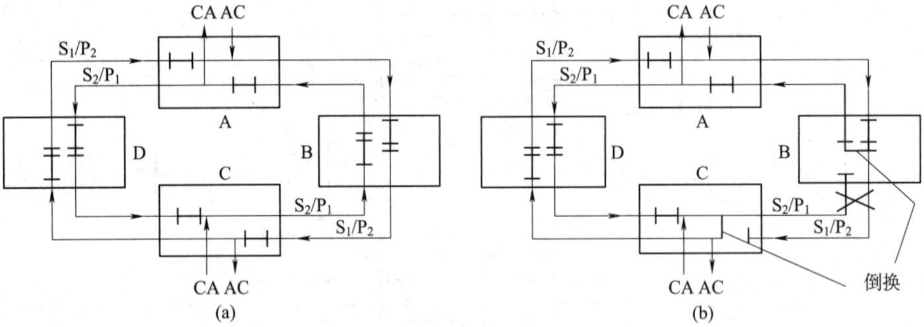

图 10-20　二纤双向复接段倒换环

现以 A、C 节点间的信息传递为例，说明其工作原理。

正常情况下，当信息由 A 节点插入时，首先是由 S_1/P_2 光纤的前半时隙来携带，经 B 节点到 C 节点，完成由 A 到 C 节点的信息传送；而当信息由 C 节点插入时，则是由 S_2/P_1 光纤的前半时隙来携带，经 B 节点到达 A 节点，从而完成 C 到 A 节点信息的传递。

当 B、C 节点间出现断纤故障时，如图 10-20(b) 所示，由于与光纤断线故障点相连的节点 B、C 都具有环回功能，这样，当信息由 A 节点插入时，信息首先由 S_1/P_2 光纤的前半时隙携带，到达 B 节点，通过回路功能电路，将 S_1/P_2 光纤前半时隙所携带的信息装入 S_2/P_1 光纤的后半时隙，并经 A、D 节点传输到达 C 节点，在 C 节点利用其环回功能电路，又将 S_2/P_1 光纤中后半时隙所携带的信息置于 S_1/P_2 光纤的前半时隙之中，从而实现 A 到 C 节点的信息传递；而由 C 节点插入的信息则首先被送到 S_2/P_1 光纤的前半时隙之中，经 C 节点的环回功能转入 S_1/P_2 光纤的后半时隙，经 D、A 节点到达 B 节点，又同时由 B 节点的环回功能处理，将 S_1/P_2 光纤后半时隙中携带的信息转入 S_2/P_1 光纤的前半时隙传输，最后到达 A 节点，完成由 C 到 A 节点信息的传递。

(4) 二纤单向通道倒换环

二纤单向通道倒换环的结构如图 10-21(a) 所示，可见它采用 1+1 保护方式。当信息由 A

节点插入时，一路由主用光纤 S_1 携带，经 B 节点到达 C 节点，另一路由备用光纤 P_1 携带，经 D 节点到达 C 节点，这样在 C 节点同时从主用光纤 S_1 和备用光纤 P_1 中分离出所传送的收息，再按分路通道信号的优劣决定选哪一路信号作为接收信号。同样当信息由 C 节点插入后，分别由主用光纤 S_1 和备用光纤 P_1 携带，前者经 D 节点，后者经 B 节点，到达 A 节点。这样，根据接收的两路信号的优劣，优者作为接收信号。

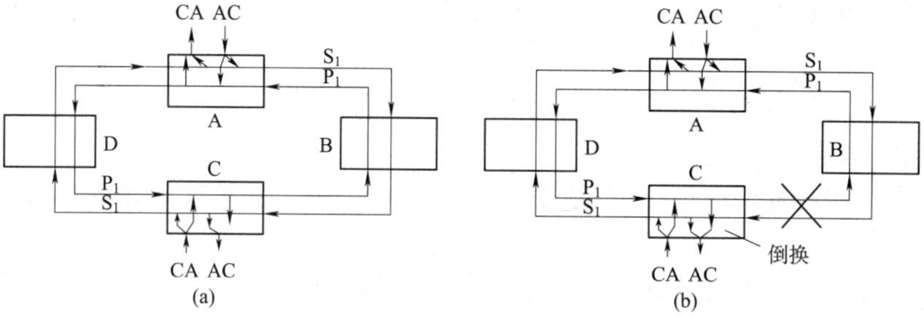

图 10-21　二纤单向通道倒换环

当 B、C 节点间出现断线故障时，如图 10-21(b)所示，由节点 A 插入的信息，分别在主用光纤 S_1 和备用光纤 P_1 中传输。在备用光纤 P_1 中传输的插入信息经 D 节点到达 C 节点，而在主用光纤 S_1 中传输的插入信息则被丢失。根据通道选优准则，在节点 C 倒换开关由 S_1 转至 P_1，从备用光纤 P_1 中选取接收信息；而当信息由 C 节点插入时，信息也同样在 S_1 和 P_1 上传输，其中 S_1 中所传输的插入信息，经 D 节点到达 A 节点，而在 P_1 中传输的插入信息则被丢失，因而在 A 节点只能以来自 S_1 的信息作为接收信息。

对于环形网来说，ADM 必须在所发出的自动保护倒换字节中，明确指示该字节是由环上的哪一个 ADM 来接收，这样字节便会透明地通过其他 ADM。另外，由于在自愈环中实施的是 $1:n$ 保护方式，因此在自动保护倒换字节中无须标识去哪个工作信道，将被倒换到保护信道上去。

七、SDH 在 CBTC 中的应用

CBTC 采用 SDH 网络作为骨干网，由 SDH 节点(多路复接器)和光纤环构成，光纤用于提供完全相同的双环，多路复接器在热备制式下冗余。这种网络结构可以防止普通模式故障，并且对特殊光纤或设备物理损坏具有防护功能。

在控制中心设备室、设备集中站、有 SDH 节点设备的非设备集中站、车辆段设有冗余 SDH 多路复接器，由以太网交换机连接到骨干网。

用两个电接口以太网交换机接入 SDH 节点的网络分别短距离接入到两个网络，另外类似的两个光接口以太网交换机用于长距离网络接入，它们连接信号轨旁设备和无线接入点。

第三节　LTE-M

一、LTE-M 简介

地铁长期演进系统 LTE-M 是针对城市轨道交通综合业务承载需求的 TD-LTE 系统，它在保证基于通信的列车控制系统(CBTC) 车—地信息传输基础上，可同时传输视频监控、乘客信息系统、列车运行状态监测、集群调度业务等信息。

LTE-M 的列车运行控制业务根据列车在线路上运行的客观条件和实际情况，对列车运行速度及制动方式等状态进行监督、控制和调整。

1. LTE-M 的结构

LTE-M 采用双网冗余结构，两个网络的所有网元设备(包括核心网、基站、车载终端等)都是独立的。两个独立的网络应分别为 CBTC 系统提供独立的地面物理接口。

LTE-M 网络冗余覆盖方案采用同站址双网络无线覆盖。两个 LTE-M 的基站放置在同一个地点，可以共用漏泄电缆等传输介质。

LTE-M 核心板卡应进行冗余备份，必须防止任何板卡出现单个故障点时，影响 CBTC 车—地之间正常通信。

LTE-M 系统应具备冗余备份功能，必须防止任何 LTE-M 设备出现单个故障点时，影响 CBTC 车—地之间正常通信。

LTE-M 有专用的通信频道，工作频段 1 785 ~ 1 825 MHz，带宽 1.4 Hz、3 Hz、5 Hz、10 MHz，双工方式。

对于支持集群功能和数据功能业务的 LTE-M 系统架构，基于 B-TrunC 架构，由无线终端、集群基站、集群核心网、调度台和运营与支撑子系统组成，如图 10-22 所示。

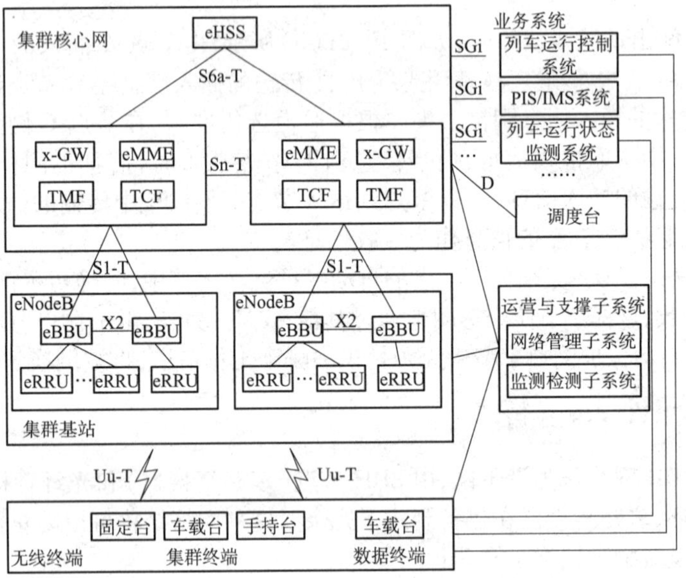

图 10-22　LTE-M 系统架构

(1)核心网

LTE-M 集群核心网提供宽带集群业务和数据业务，包含 eHSS、eMME、xGW、TCF、TMF 五个逻辑实体，eMME、xGW、TCF、TMF 逻辑实体根据实际布署可合设形成实际网元设备。

演进的归属用户服务器 eHSS 是签约数据管理中心和鉴权中心。

演进的移动管理单元 eMME 是移动管理实体，负责移动性和承载管理。

服务网关 S-GM 与分组数据网关 P-GM 合一的 xGW 支持集群业务承载管理、集群数据路由和转发。

集群控制功能体 TCF 负责集群业务的调度管理。

集群媒体 TMF 负责集群业务的数据传输。

(2)运营与支撑子系统

运营与支撑子系统负责对系统网元进行操作维护，包括网络管理子系统和监测检测子系统，主要包括下列功能：提供配置管理、性能管理、故障管理、安全管理、日志管理等网管；

提供系统设备的维护接口,收集、监视网络的运行信息和状况,并能够按照操作人员的要求生成系统运行报告;LTE-M 系统整合后的告警信息应能通过背向接口上传。

(3)基站

LTE 基站支持 LTE 数据功能,设备结构如图 10-23 所示,基带处理单元 BBU、射频拉远单元 RRU 为逻辑模块,在物理实现时可以合设。

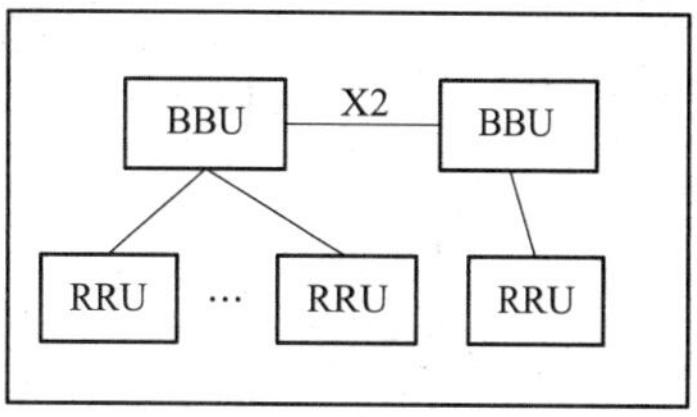

图 10-23 基站设备结构图

(4)无线终端

无线终端包括数据终端和集群终端。数据终端支持 fro-LTE 数字蜂窝移动通信网终端技术要求的基本功能。集群终端除支持数据终端的功能外,还应支持集群业务和功能。

2. LTE-M 与 CBTC 系统接口

LTE-M 系统与 CBTC 系统的物理接口位于核心网的网络设备和/或 CBTC 传输网的网络设备上。接口形式为标准以太网口 RJ-45 或光纤接口连接。

LTE-M 系统接收 CBTC 系统从地面发送来的移动授权等信息,并通过 LTE-M 系统传输到 CBTC 车载设备。同时 LTE-M 网络将 CBTC 系统车载设备发送的列车位置等信息传送给 CBTC 系统地面设备。

LTE-M 系统应满足 CBTC 业务以下功能:

(1)LTE-M 系统应连续、双向、可靠地传输 CBTC 车—地数据信息。

(2)LTE-M 系统为 CBTC 系统提供透明传输,不对 CBTC 信息做任何处理。

(3)LTE-M 系统的车载和地面设备应提供数据记录功能,记录文件应采用通用的简单格式(如文本文件)。车载记录存储时间应不少于 144 h。在最恶劣的运行条件下,地面记录可以在线存储一个月的日志数据。同时,该数据可供发生通信故障时,追溯分析问题所用。

(4)LTE-M 系统应具备网络管理功能。

(5)LTE-M 系统应具有自诊断能力。

(6)LTE-M 系统应采取安全策略,以保证网络的安全性。

(7)LTE-M 系统应为 CBTC 业务提供高优先级处理功能。LTE-M 网络中任何节点出现拥塞时,CBTC 业务能得到足够的网络资源优先处理。

在城市轨道交通车辆上,LTE 终端向 CBTC 系统车载设备提供 100BASE-T 的以太网络接口,接口形式为 M12D Code。

LTE-M 车载设备接收从地面 LTE-M 网络发送来的移动授权等信息,并且传输到 CBTC 车载设备。同时,LTE-M 车载设备将 CBTC 系统车载设备发送的列车位置等信息通过地面 LTE-M 网络传送给 CBTC 系统地面设备。

二、采用 LTE-M 的 CBTC 的车—地通信

采用 LTE-M 的 CBTC,由 LTE-M 的核心网连接各基站,各基站通过漏泄电缆发送信息,由车载设备接收。

各站的系统结构如图 10-24 所示。可见,光纤骨干网连接各集中联锁站的以太网交换机,LTE 环网络连接各集中联锁站的 LTE 环网络交换机。

两个 LTE-M 的基站同址设于轨旁,通过耦合单元传送至漏泄电缆,如图 10-25 所示。基站之间的距离也要根据场强确定,一般为 1 km,最大可达 1.2 km。邻近车站时,为保证可靠接收信息,此距离约 600 m。

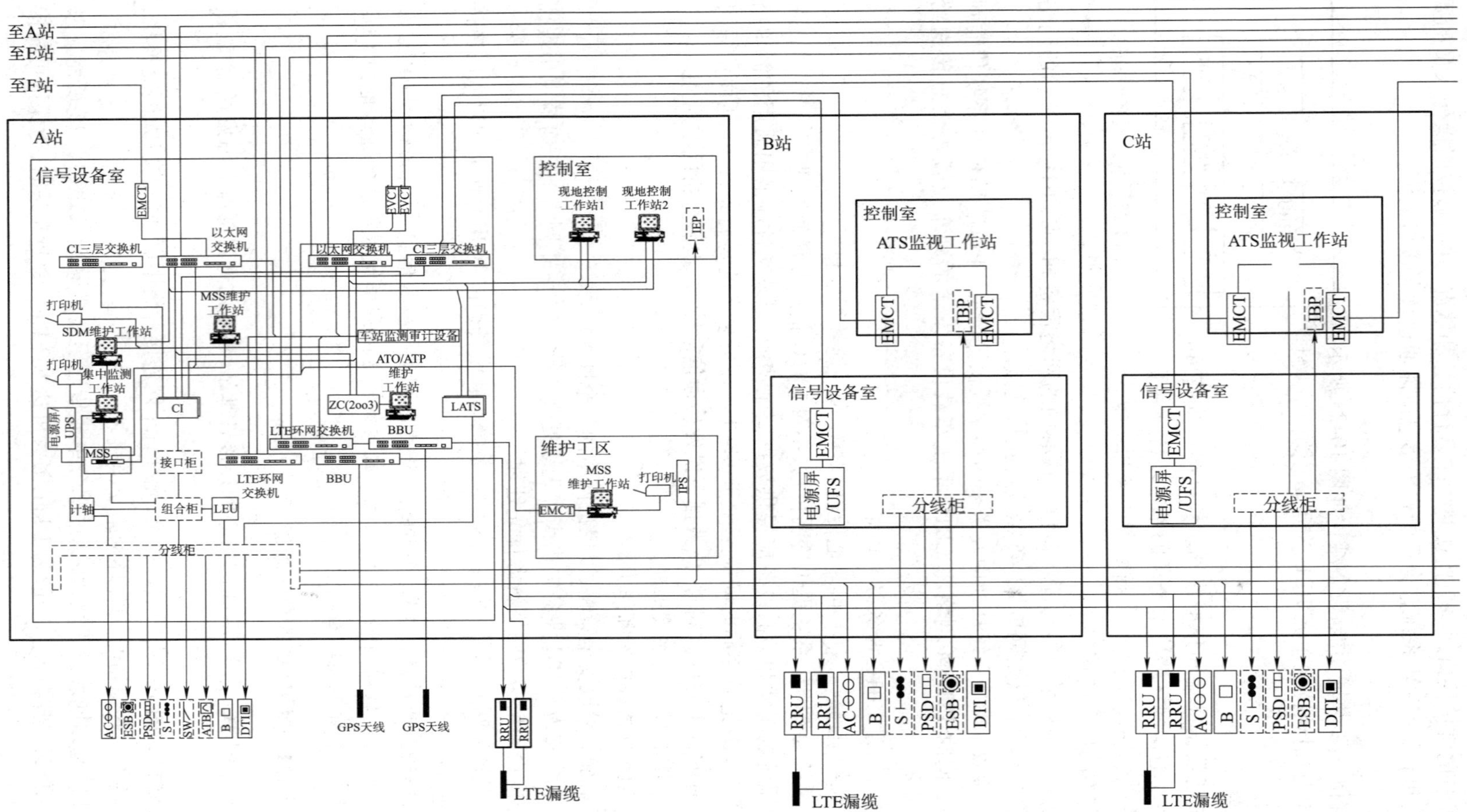

(a) (b) (c)

图 10–24　各站的系统结构图

AC—计轴；ESB—紧急关闭按钮；PSD—站台安全门；S—信号机；SW—道岔；CI—计算机联锁；ATB—自动折返按钮；B—信标；DTI—站台发车计时器；RRU—射频拉远单元；ZC—区域控制器；EMCT—光电转换器；SDM—诊断和维护子系统；NMS—网络管理系统；MSS—维护支持系统；IBP—综合后备盘；UPS—不间断电源；BBU—基带处理单元；GPS—卫星定位系统；LATS—车站ATS

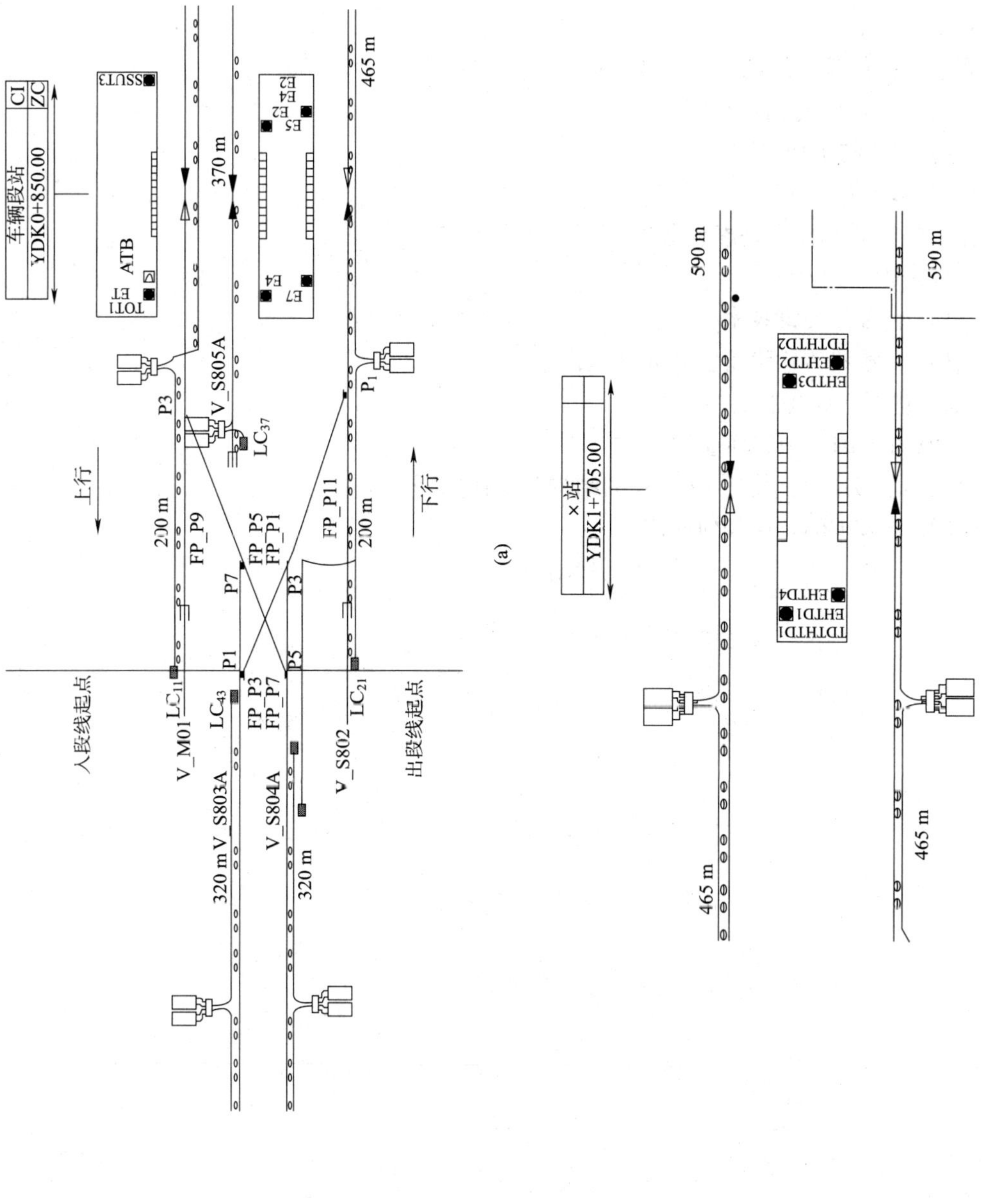

图 10-25　正线设备布置图

复习思考题

1. 简述光纤的结构,光纤如何分类?
2. 简述光缆的结构,光缆如何分类?
3. 光缆如何敷设?
4. 简述光纤传输系统的基本构成。
5. 什么是 SDH? 有何特点?
6. 简述 SDH 的工作过程。
7. 简述 SDH 的基本原理。
8. 什么是容器? 什么是虚容器?
9. 什么是帧结构?
10. SDH 有哪些关键技术?
11. SDH 有哪些传输设备? 各起什么作用?
12. 如何进行环路保护?
13. SDH 在 CBTC 中如何应用?
14. 什么是 LTE-M? 简述 LTE-M 的结构和工作原理。
15. LTE-M 在 CBTC 中如何应用?

名称术语英(缩略语)中对照

英文(缩略语)	中文名称	英文(缩略语)	中文名称
AC	计轴	MSP	复接段保护
ACE	计轴核算器	MSS	维护支持系统
A/D	模数转换	MST	复接段终端
ADM	分插复接器	MTIB	动态初始化应答器
AP	无线接入点	NMS	网络管理系统
ATB	自动折返按钮	NRZ	不归零单极性码
ATM	异步转移模式	O/E	光电转换
ATP	列车自动防护	PDH	准同步数字体系
AU	管理单元	PE	保护地线
AUGU	管理单元组	PFC	有源功率因数校正
B	信标	POH	通道开销
BBU	基带处理单元	PSD	站台安全门
BSOH	再生段开销	PTR	指针
C	容器	PWM	脉宽调制
CAN	控制器局域网	RAM	随机存取存储器
CBTC	基于通信的列车控制系统	RB	无源应答器
CCFL	冷阴极荧光灯管	RCD	剩余电流装置
CI	计算机联锁	REG	再生中继器
CRCC	中国铁路产品认证中心	RST	再生段终端
CPU	中央处理单元	RTOS	实时多任务操作系统
DCS	数据通信系统	RRU	射频拉远单元
DTC	数字轨道电路	RX	接收磁头
DTI	发车指示器	S	信号机
DSP	数字信号处理	SCR	晶闸管
DXC	数字交叉连接设备	SDH	同步数字体系
EMCT	光电转换器	SDM	诊断和维护子系统
EMI	防电磁干扰线滤波器	SPD	信号设备浪涌保护器
E/O	电光转换	SPI	SDH 物理接口
ESB	紧急关闭按钮	STM	同步传送模块
EPROM	可擦除可编程只读存储器	SW	道岔
FSK	频移键控	TC	轨道电路

续上表

英文(缩略语)	中文名称	英文(缩略语)	中文名称
GDT	金属陶瓷放电管	TDM	时分复用模式
GPS	维修定位系统	TM	终端复接器　室内控制柜
IBP	综合后备盘	TU	支路单元
ICU	区域控制中心	TUG	支路单元组
ID	标识应答器	TVS	瞬变电压抑制器
LATS	车站 ATS	TX	发送磁头
LCD	液晶	U/f	电压/频率
LDR	环线应答器	UPS	不间断电源
LED	发光二极管	U/W	电压/脉宽
LEU	轨旁电子单元	VB	可变应答器
LTE	长期演进系统	VC	虚容器
MOV	金属氧化物压敏电阻器	WB	轮径校正应答器
MR	多谐振开关	ZC	区域控制器
MSA	复接段适配	ZCS	零电流谐振开关
MSK	最小频移键控	ZVS	零电压谐振开关
MSOH	复接段开销		

参 考 文 献

[1] 中华人民共和国住房和城乡建设部. 地铁设计规范. 北京:中国建筑工业出版社,2013.
[2] 中国人民共和国住房和城乡建设部. 城市轨道交通技术规范. 北京:中国建筑工业出版社,2009.
[3] 林瑜筠. 城市轨道交通信号. 3 版. 北京:中国铁道出版社,2015.
[4] 林瑜筠. 城市轨道交通联锁系统. 2 版. 北京:中国铁道出版社,2018.
[5] 林瑜筠. 城市轨道交通列车自动控制系统维护. 北京:中国铁道出版社,2014.